哀伤　 1883

注：此画模特为书信中提到的凡高女友希恩。

吃土豆的人　荷兰阿姆斯特丹凡高美术馆　1885

阿尔的舞厅　巴黎奥赛美术馆　*1888*

注：此画是凡高在1888年秋天与高更合作完成的画作。

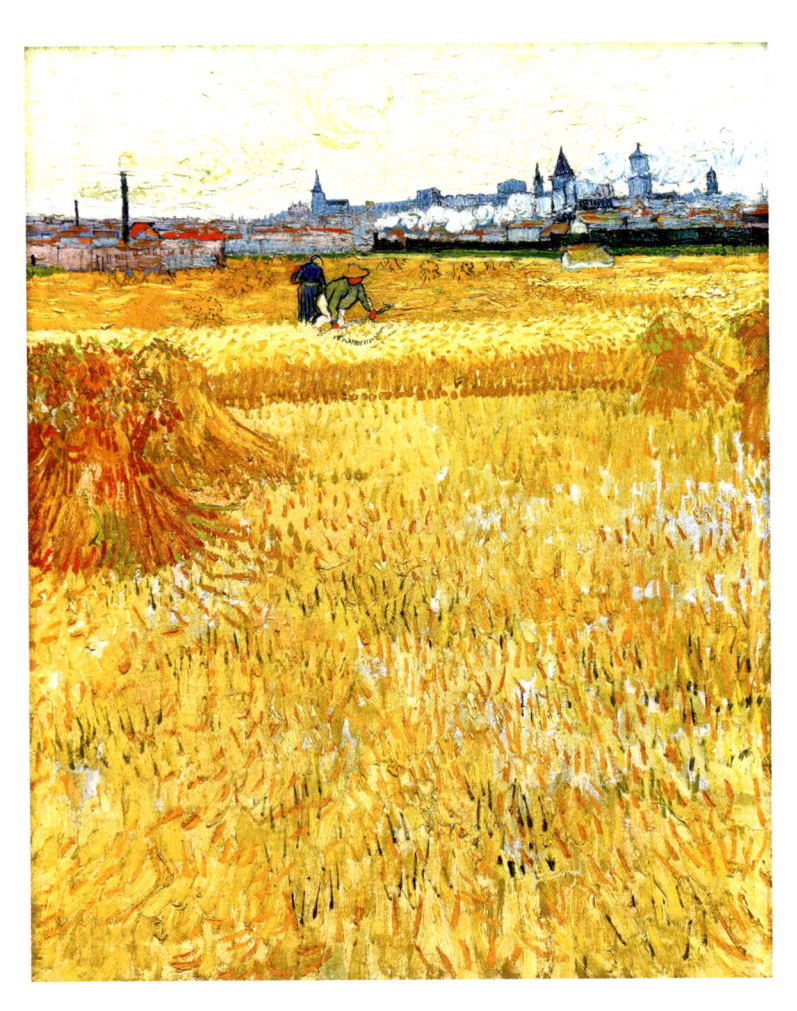

麦田　巴黎罗丹美术馆　*1888*

夜晚露天咖啡座　荷兰奥特罗克罗勒－穆勒博物馆　*1888*

花瓶里的十二朵向日葵　美国费城艺术博物馆　*1889*

星夜　纽约现代美术馆　*1889*

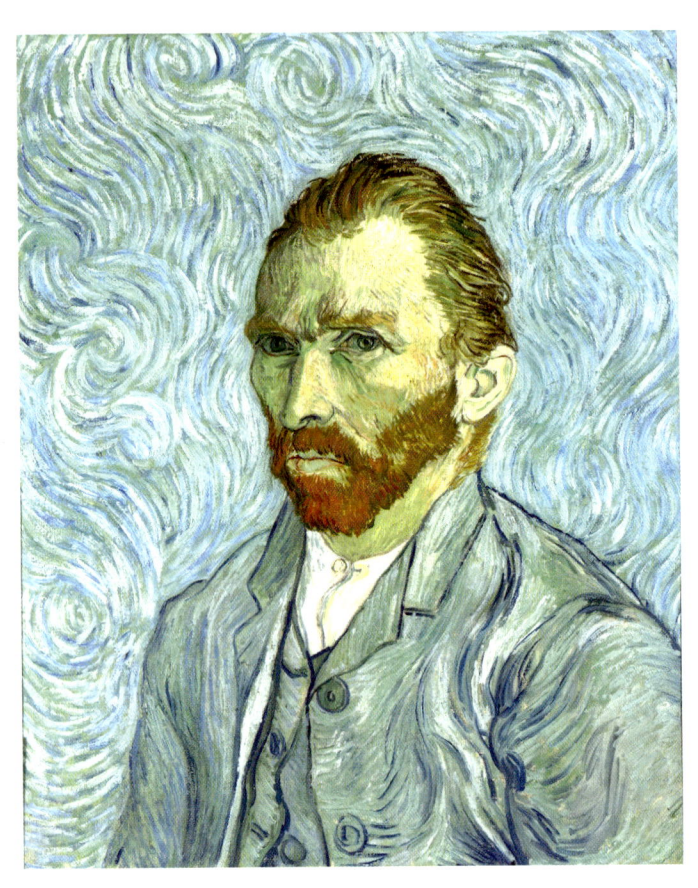

自画像　巴黎奥赛美术馆　*1889*

Dear Theo
by Vincent van Gogh

凡高自传

文森特·凡高 —— 著　　赵习群　赵 越 —— 译

中国书籍出版社
China Book Press

图书在版编目（CIP）数据

凡高自传 / (荷) 文森特·凡高著；赵习群，赵越译. -- 北京：中国书籍出版社，2020.4
ISBN 978-7-5068-7577-6

Ⅰ. ①凡… Ⅱ. ①文… ②赵… ③赵… Ⅲ. ①凡高(Van Gogh, Vincent 1853-1890) — 书信集 Ⅳ. ①K835.635.72

中国版本图书馆CIP数据核字（2019）第269041号

凡高自传

（荷）文森特·凡高著；赵习群，赵越译

策划编辑	刘 娜
责任编辑	刘 娜
特邀编辑	钱 浩
责任印制	孙马飞　马 芝
封面设计	东方美迪
出版发行	中国书籍出版社
地　　址	北京市丰台区三路居路 97 号（邮编：100073）
电　　话	（010）52257143（总编室）（010）52257140（发行部）
电子邮箱	chinabp@vip.sina.com
经　　销	全国新华书店
印　　刷	北京温林源印刷有限公司
开　　本	880 毫米 ×1230 毫米　1/32
字　　数	345千字
印　　张	16
版　　次	2020 年 4 月第 1 版　2021 年 11 月第 2 次印刷
书　　号	ISBN 978-7-5068-7577-6
定　　价	39.00 元

版权所有　翻印必究

目　录
CONTENTS

第 1 章
1873年6月至1881年12月 / 001

第 2 章
1881年12月至1883年9月 / 065

第 3 章
1883年9月至1886年3月 / 213

第 4 章
1886年3月至1890年7月 / 317

译后记
海牙的畅想 / 501

浮生若寄 / 504

第 1 章

1873年6月 至1881年12月

凡高的人生轨迹：

1853年3月30日，凡高出生于荷兰南部布拉班特省的津德尔特村。他的父亲是一名新教牧师。他是家中的长子，四年后，弟弟提奥出生。这个弟弟对于凡高至关重要，这本书就是他写给弟弟的信件摘录。

1869年，"文森特叔叔"出现了，他当时已经是欧洲最大的画商——古皮尔公司的合伙人。在他的推荐下，文森特顺利进入了古皮尔公司的海牙分店，而且一干就是四年。以下收录的第一封信就是凡高在伦敦入职后不久写成的。

伦敦，1873年6月

亲爱的提奥：

我现在的收信地址是：古皮尔公司，伦敦斯特兰大街索瑟普顿17号。你一定盼望着收到我的来信，所以我不能让你继续等下去了。

好兄弟，多希望你能来看看我的住处。这是一个我梦寐以求的房间，屋顶平直，也没有镶着绿边的蓝色壁纸。和我同住的这个家庭总是非常快活，他们开办了一家专门招收男生的学校。

我现在心满意足，经常出去散步。我居住的（街）区十分安静，景色优美，空气新鲜。能够找到这样的住处真是我的幸运。

我急切地盼望着你的来信，所以，不要再让我苦苦等待了，快点儿来信告诉我你的每一天是怎么度过的，以及你身边发生的一切。还有，一定要告诉我你最近都看到了哪些好作品。记得和我分享关于这些作品的一切，因为我现在所在的地方只是一个批发行，看不到多少有价值的作品。总体来说，我过得还算相当不错。我对自己的住所非常满意,而且还有三个喜欢音乐的德国室友,他们经常会在一起弹琴唱歌,所以,我们在一起的每个晚上都过得非常愉快。

我的工作也不像在海牙时那么忙,早上九点上班,下午六点下班,周六时,我们四点就可以关门。有一次,我在周六与两位英国人去泰晤士河划船,景色很棒。

现在的住处没有海牙的有趣,但依然让人满意;我能够预见到,不久,卖画的工作就会变得很忙碌,我便能充分发挥自己的特长。我们最近搜罗来的作品数量很大,卖掉的也不少,但与预期相比还远远不够;我们需要更多的回头客和新主顾,以使销售量稳步增长。这里有很多工作要做,首要的就是收集好作品,这比想象的要难。

我现在过得不错,利用业余时间了解风土人情给我带来了极大的快乐;在这里,我能够亲近自然,欣赏艺术与诗歌,如果这样我还不满足,那我就有些过于贪婪了。

一开始,英国艺术并没能吸引我,这的确需要时间来慢慢浸淫其中。这里确实有很多不错的画家,比如米莱斯①,他的代表作是《胡格诺派教徒》;还有鲍顿;在上一代的画家中,康斯坦布尔的地位不可撼动,他是生活在30年前的一位风景画家,他的画风总会让我想到迪亚兹和杜比尼②;还有雷诺兹和庚斯博罗,两位都以画女性肖像画著称;当然,这个名单中也少不了特纳。

我知道你最近对于艺术十分喜爱,这真是好消息,我的兄弟。

---

① 约翰·埃弗里特·米莱斯(1829—1896),十九世纪英国画家,拉斐尔前派画家中艺术才能最为出众的一位。

② 查里·法兰斯瓦·杜比尼(1817—1878),出生于法国艺术世家,从小跟随父亲学画,巴比松派代表人物。

得知你能够欣赏米勒①、雅凯、沙耶尔和弗兰斯·哈尔斯的作品，我非常欣慰。正像莫夫所说："都是好东西。"特别是米勒的《晚祷》，那真是美景与诗意同在。多多欣赏这件作品，很多人对此都不够重视。

我最近读了一本艺术类图书，作者名叫凡·弗洛滕。对他的一些观点，我另有他见，但是必须承认，他确实很博学。伯格写的书就更通俗易懂，而且我对他的观点大部分都非常认同。

上周日，我与校长奥巴赫先生一起去了乡间的盒子山。这座山距离伦敦大约需要六个小时的路程，路上都是白色的小石头，还长满了低矮的黄杨树。在道路一侧，有一片高高的橡树林。你可以把道路两旁看成是一个大型郊野公园，高高低低的树木错落有致，吸引着游客的目光。这让我又想到了荷兰，特别是海牙和布拉班特。真是怀念我们在海牙度过的快乐时光！我常常想起我们在雷斯威克路上散步的情景。每次雨后，我们都会去磨坊那里喝牛奶。我会给你寄一幅有磨坊的风景画，作者叫做威森布鲁赫，我们都称他为"快乐的威斯"。美丽的雷斯威克路，那里有我人生中最难忘的回忆。

听说你很喜欢塞萨尔·德·库克，这让我很欣慰。他非常了解我们的家乡，这样的画家为数不多。去年我曾有幸与他在巴黎会面。

我希望你能够千方百计获取关于绘画的知识。常去博物馆，虽然那里多是一些已成名的画家的作品，但了解这些也很必要。如果有机会，多读一些关于艺术方面的图书。特别向你推荐《艺术公报》这本杂志。

建议你多去郊外走走，保持对大自然的热爱，这才是深入了解

---

① 让·弗朗索瓦·米勒（1814—1875），法国杰出的现实主义画家，以表现农民题材而著称。

艺术的最佳途径。作为画家，他们必须了解大自然，喜爱大自然，并帮助欣赏他们作品的人们体验自然之美。只要你爱上了大自然，你会发现——美景无处不在。

最近我正忙于打理我的小花园，我在里面种了很多罂粟花、香豌豆和木犀草。我正打算去看看它们长得怎么样了。最近我想重拾画笔，可后来又放下了。也许现在时机还不是特别合适，我打算过几天再考虑这事儿。近来我读书不少。听说你已经开始读米什莱[①]的书，而且体会颇深，真为你感到高兴。这本书告诉我们：爱的力量比我们预想的要大很多，而其内涵也更为深邃。

记得一定要帮我买到阿尔方斯·卡尔的《花园环游记》，就用我寄给你的那些钱。秋天已经悄然而至，这让大自然变得更为肃穆，但也依然静美。

我们的画廊已经准备好迎接参观者，画廊内布置得很漂亮。里面摆放着很多出色的作品，其中包括杜普雷、米歇尔、杜比尼、马里斯和伊斯雷尔斯的作品。你看到过雅利·谢弗尔所画的《喷泉旁的玛格丽特》吗？这样一个"满怀爱意"的女孩，还有谁能比她更为纯洁吗？

不久前我看到了马里斯的一幅画作，让我回忆起了下面的景象：一个古老的荷兰小镇，镇上的房子都是棕红色的，房子的外部都有带着台阶的山墙、高大的门廊、灰色的屋顶、白或黄的大门、窗框和檐口；镇上有一条运河，河上星星点点有几艘小船；运河上还有一座可以开合的大型白色吊桥，一艘驳船正在从桥下经过；驳船上只有一名舵手，他挺立在船头，异常沉稳淡定。处处充满了生机。

---

① 儒勒·米什莱（1978—1874），法国19世纪著名历史学家。

一名搬运工正推着一辆独轮车；一位男士斜倚着桥栏杆，目光落在水中；还有一名带着白色软帽的黑衣女士正从桥上走过。

随信附上我的一幅小画。这是在上周日画的，当天早上，女房东的小女儿不幸夭折。画中呈现的是斯特里汉公共绿地的景色，这是一片开阔的草原，上面长着几棵橡树和数不尽的金雀花。这幅画是画在爱德蒙·罗歇所写的《诗歌集》扉页上的。书里有些诗写的非常有感觉，深沉而忧伤。我为你抄录了几首。

我的好兄弟，"我们该怎么说呢？"科尔叔叔[①]和特斯迪格先生上周六来过，不过很快就离开了。我觉得有些地方他们去的次数太多，比如水晶宫，但是在那些地方他们又没有得到任何收获。他们倒是可以来看看我住的地方。我相信我不会像很多人想的那样一直是这样的状态。等着瞧，这样的日子总会过去的。

凡高的人生轨迹：
文森特在伦敦时爱上了房东家的女儿，而这位姑娘和她的母亲都看不上凡高，令他深受打击，一蹶不振，工作上也出现了很多失误，以致1876年3月被公司解雇。与此同时，凡高的父母搬到了荷兰格尔德兰省的一个小村庄——埃顿。凡高被解雇后，对艺术有些厌倦，想去教书。于是，他给英国报纸上刊登的各种招聘广告写信求职。很快，事情有了着落。英国东海岸有一个名叫鸦门镇的小城，这里的一个寄宿学校需要一名教师助理，凡高答应尽快赶过去。在此之前，他返回父母的所在地去看望他们，然后于1876年4月再次回到英国。这一次他的目的地是鸦门镇，当然，还是要先经过

[①] 文森特的爷爷一共有十二个子女，文森特的父亲排名第七，科尔叔叔排名老九，比他父亲小两岁，也是一位画商。

伦敦。

鸦门镇，1876年4月

在我准备离开巴黎的那天早上，我收到了一封信，是一位在鸦门镇工作的校友写来的。他建议我可以去他们那里工作一段时间（没有报酬），到月底时，他们会评估一下我能否胜任这份工作。

终于找到了一份工作，你能想象我有多兴奋，虽然暂时没有报酬，但毕竟新入职的人都有这样一个阶段，而且我在那里的吃住都是免费的，这也就是说至少我不会再花家里的钱。

耶稣受难节那天，我准备离开家乡回到英国，那一天的经历令人难忘。上午，我们去位于霍威的教堂领受圣餐，这个仪式是由父亲主持的。仪式结束后，他说："站起来，让我们走上前去。"到了下午，我就真的要离开了。从车厢的窗户里，我看到父亲和我们的弟弟科尔站在路旁，看着火车慢慢离去。离开荷兰前，我看到的最后一景是教堂上小小的灰色尖顶。

第二天凌晨，我在从哈里奇去往伦敦的火车上看向窗外，当时，夜色还没有完全褪去，草地与原野都呈现出黑灰色，偶尔有星星点点的羊儿在悠闲地吃草，不时还有荆棘丛和高大的橡树。蔚蓝的天空中还有几点残星，天际线上笼罩着一团团阴云。日出之前，我还听到了云雀的歌唱。

在伦敦停留了两个小时后，我又坐上了开往鸦门镇的火车。这趟路程大约需要四个半小时。铁路两旁有很多小山丘，山脚下是稀稀疏疏的草地，而山顶上则是高高的橡树林。这让我想到了家乡的小山丘。我们还经过了坎特伯雷，这里有很多中世纪风格的建筑，特别是一座十分壮观的大教堂,它的周围完全被榆树环绕。我看过不少画作表现的就是这座教堂。

四个半小时的旅程,我一直在看着窗外,你能想象快到时我的脖子已经酸痛成了什么样子吗?

下午一点钟,我到了斯托克斯先生的住处。他的房子在一个广场外围的街区上,广场中央是一大片草坪,草坪被铁栅栏围了起来,栅栏外面是一圈丁香花丛。到了课间休息时间,男孩子会来这里玩耍。我住的房子也在广场周围。

斯托克斯先生恰好不在家,他的儿子接待了我。

学校不大,只有二十四个男孩,他们中最大的十四岁,最小的十岁。从餐厅的窗户里能看到海面。每次饭后,我们都要出去走走。海边的房子都是用黄色石头盖成的哥特式建筑,多数房子都带有花园,里面种满了雪松和深色的常绿植物。港口里停满了船只,被巨石垒成的堤坝包围在里面。而堤坝上正是散步的好地方。

昨天,一切都是灰色的。傍晚,我和孩子们一起去教堂礼拜。教堂的墙上写着:"主啊,我与你同在,即便世界末日到来。"

孩子们晚上八点上床睡觉,早上六点起床。引起我注意的是一间地板已经破破烂烂的房子,那里有六个脸盆,孩子们要自己洗脸洗澡;这里灯光昏暗,看上去很是凄惨。这里还有一位十七岁的助理教师。他、我,还有四个男孩睡在附近的一所房子里,我有一个独立的房间,只是房间里还没有涂油漆。

我们经常去海边。今天早上我帮孩子们建造了一座沙堡,就像当初我们在津德尔特的公园里那样。我教他们基础法语;有个孩子已经开始学习德语,除此之外还教其他一些东西,比如算术。我会听他们背诵课文内容,偶尔也让他们默写。课程相对比较简单,我基本上没什么压力；当然，不上课时，我也要留意他们的安全。每周六晚上，我要帮其中六个较小的孩子洗澡。我还尝试着培养他们的阅读习惯；我正巧拿着一些适合男孩子阅读的图书，比如《广阔的世界》。

最近一直过得很快活，只是，这种宁静与快活慢慢地要被厌烦取代。人性就是如此，永远不知道满足，一旦发现生活过于平淡，就算衣食无忧，他也会很快不耐烦起来。

今天是你的生日。我向你表示衷心的祝福，愿我们的兄弟之情与日俱增。让我最为欣喜的是，你我之间竟有这么多共同点，不仅仅是童年时的回忆，还包括我们的工作生活经历。你现在工作的地方就是我曾经工作的地方，你去过的地方、认识的人，我也都非常熟悉，而且，你对艺术与大自然也有着同样的热爱。

我跟你谈起过最近我看到的暴风雨吗？海面泛黄，特别是在靠近海岸的地方；海天交界处，几缕耀眼的光芒；抬眼望去，黑云压境，从云中突然放射出无数雨点来，斜斜的打在脸上。远处的小镇据说阿尔布莱希特·丢勒曾在此停留、作画，那里有塔楼、磨坊、石板瓦屋顶和哥特式的房屋。

当天晚上，我从自己的屋子里向窗外远眺，只能看到沉沉夜色中窗外榆树那轮廓模糊的黑影。再一抬头，竟看到了一颗孤星，虽然遥远，却依然十分明亮，挂在天际俯瞰着地上的众生。这一场景我终生难忘。

我画了一幅素描，画的是孩子们与父母分别的场景。每隔一段时间，父母会被允许与孩子们见上一面，随后就要再次分开。这样的场景多少让人有些伤感。孩子们一天的生活比较枯燥乏味，如果没有父母探视，他们一天中唯一可以期待的就是一日三餐了。

斯托克斯先生说他确定不会给我发工资，因为他说他很容易就可以找到只管食宿的老师。这话虽然不中听，却也非常实在。不管他，现在我要想的是还要不要继续待下去。恐怕不会。我很快就会做出决定。

大城市的人们对宗教有很迫切的渴望。很多在工厂和商店工作的劳动者在青少年时期都非常虔诚。但是城市生活有时会剥夺人们看到"清晨的露珠"的机会。不管对"久远的故事"的渴望是否出于诚心，但这种渴望一直是有的。如果有人让我"讲讲那久远的故事吧"，我会欣喜若狂。在巴黎一个我经常拜访的小教堂里，我第一次听到有人这样说。

乔治·艾略特在她的一本小说里描写过工人的生活场景，他们组成了一个规模很小的社团，然后定期在位于灯笼广场的一个小教堂里举行宗教仪式。看到近千人簇拥在教堂周围听他们传福音，总会让人有些动容。

我觉得在伦敦当一名传教士会很特别，他们必须走进普通劳动者和穷苦人中间去传经讲道，如果这名传教士经验比较丰富，他还会与这些听者亲密交谈，从中找出正在拼命寻找工作的外来者或者有其他困难的人们，然后想方设法给他们提供一些帮助。我曾找过相关部门，询问自己能不能担任这一职务。我知道自己的优势：能说多国语言，并且有在巴黎和伦敦的生活经验，接触过底层人民和外国人；我自己也是一个外国人，所以我更有得天独厚的机会与他们融合在一起。我去咨询过两三次，遗憾的是，他们告诉我，要想成为这样的牧师，你必须年满二十四岁，看来我还要再等至少一年。

上周一，我只身从鸦门镇去伦敦①，这也算得上是长途跋涉，而且当天的天气非常炎热，直到我到达坎特伯雷后才热气渐消。当时已近傍晚，但是我依然想继续赶路，于是又走了一段，来到了一片山毛榉和榆树林旁，那里还有一个小池塘，我决定在此过夜。到了凌晨三点半，鸟儿们开始起床歌唱，我也起身继续赶路。我敢说，不是每个人都有在那个时段独自一人走路的经历。

当天下午，我到了查塔姆。在那里，我举目远望，隐隐约约可以看到满是船只的泰晤士河，而身旁是半湿半干的草甸，几棵榆树散落其间。我觉得那里的天气永远是灰蒙蒙的。在查塔姆，一位好心的马车夫带了我一段，然后他进了一家小旅店休息，而我继续赶路，到了傍晚，我看到了熟悉的伦敦郊区景色。

我在伦敦逗留了两天，期间四处奔波，见了不少人。其中之一是一位传教士。我曾给他写过一封信，信中写道：

我父亲就是一名牧师，但是由于家境贫寒，我不得不早早地出来谋生，因此既无时间也无足够的金钱去国王学院深造，而且现在我再去上学也显得年龄稍大。但是，我对上帝的爱依然炽热，所以很想找到一份教职。

我父亲是荷兰一个小乡村中的牧师。我十一岁开始上学，直到十六岁结业。当时我就到了需要找工作的时候，但是我却完全不知道应该如何找起。我的叔叔是古皮尔公司（一家经营艺术品的公司）的合伙人之一，由于他的推荐，我来到了位于海牙的一家分店工作。我在那里干了三年。后来我去了伦敦，在那里一边工作一边学习英

---

① 鸦门镇距离伦敦大约120公里。

语，两年后，我离开伦敦去了巴黎。

由于种种原因，后来我离开了古皮尔公司，去鸦门镇在斯托克斯先生创办的学校当了两个月的小学老师。但是，我一直希望能够投身于服务上帝的事业，所以我很快就离开了这所学校。尽管我没有机会去上大学系统研究神学，但是我的生活经历丰富，去过的地方很多，接触过各个阶层的人们，也从事过很多不同种类的工作，既有体力劳动，也有脑力劳动。而且，除了母语之外，我的英语、法语和德语都很不错。希望这些能够弥补我因为没有上过大学所带来的缺憾。但这些都还不是最主要的，我选择给您写信的最主要原因是：我在心底对上帝的热爱。也许偶尔会热情减退，但每次拿起《圣经》，这种感觉就会由心底升腾而起。尽管带着些许惭愧，因为总觉得自己做的还远远不够，但我依然想说：我人生的目的就是"爱上帝，爱人类"。

上周我去汉普顿宫欣赏那里的园林、宫殿，当然还有那里展出的画作。那里的名家很多，但最吸引我的是荷尔拜因的肖像画。那真是美极了。

能再次看到绘画作品，感觉真是很棒。

凡高的人生轨迹：

1876年7月，凡高转到了位于艾尔沃思的一所学校任教。这一次，他终于领到了工资。这份新工作似乎很理想，他可以在业余时间去一所教堂布道，或者在周日去一所其他的学校教书。这时的文森特十分虔诚，他在给家人的信中大段大段地引用《圣经》原文，反而让家人很为他担心。他很思念家人，特别是弟弟提奥。圣诞节的时候，他就辞去这份工作回了家。

艾尔沃思，1876年7月

这封信是我在上课间隙给你写的。耳边就是孩子们大声读诵课文的声音。在如此嘈杂的声音里，我似乎听到某个孩子在唱一首圣歌，这让我对那"古老的信仰"又增加了信心。

上周六，我又长途跋涉去了伦敦。我早上四点就出发了；天上下着雨，但雨中的公园更显得俊美。远处传来隐隐的雷声。

在伦敦，我去看望了几位朋友，还参观了古皮尔公司举办的一次展览。在那里，我看到了范·伊特森带来的画作，能够以这样的方式欣赏到荷兰的城镇与牧场，我觉得很满足。看过阿道夫·雅兹画的《运河上的风车》吗？那真是一幅好画。

我多么希望你能够和我一起欣赏伦敦街头的景象，特别是黄昏时分，暮色初降，华灯初上，街上行人归家忙，一切都清清楚楚的标明，这是一个周六的晚上。我们感觉到一种安宁，尽管街上熙熙攘攘，明天就是周日，终于可以放下工作，痛快玩儿一场了。想到周日人们欢乐的景象，那也算是对于贫穷和劳碌的一种补偿。

有时我也能从各处看到一些更适合我的工作机会。在利物浦与赫尔港口传道的牧师通常都需要能说多国语言的助手，这样他们就可以为水手或者外来者布道。这样的工作也是有工资可拿的。

长途旅行总是让人兴奋。这所学校里的人们都不怎么喜欢走路。不过，这里还有比远足更让我兴奋的事情，那就是给孩子们讲圣经的历史，在我讲述的过程中，我就会感觉很有安全感。每天我都要向上帝祈祷，每天我都会提及上帝。现在我布道的水平还不是很高，但我相信，有了上帝的祝福与帮助，我的水平一定会越来越好。

不错，每天都有好事和坏事发生。但是，如果没有信仰来增强我们的信心，安抚我们的灵魂，凡尘俗世中的邪恶便会与日俱增。

提奥，传播福音已经成了我的每日功课，只要有一天没有做这件事，我就会感到无地自容；如果没有对基督的信赖与希望，我不知道自己还有什么理由活下去；不过，我现在有了更多勇气。

上周日，我早早地来到敦翰园，在那里的一所主日学校①讲课；那天是典型的英国下雨天。在工作日的时候，我需要激发自己对于主日学校的热爱。那里有不少孩子，但是要想让他们都来准时听课却很难做到。当天下午，琼斯先生、几个男孩和我去跟教堂司事②一起喝茶。

明天，我必须去距离伦敦市中心很远的两个地方，那两个地方都在白色教堂区，这是伦敦有名的贫民区，你应该在狄更斯的小说中读到过，从那里我会坐上一艘小型蒸汽船，到位于泰晤士河对岸的路易斯汉去。

上周四，琼斯先生让我代替他传教。我来到了阿克顿绿地，我从教堂司事的房间里向外望去，看到了那一小片草地。那里有些泥泞，但到了晚上却呈现出不一样的风景：夜幕降临，浓雾升起，站在原野上，看到小教堂的灯光，我的心中暗暗浮现一丝欣喜。

一个周日，我必须在晚上赶往彼得汉地区的一个卫理公会教堂。我告诉教堂里的会众，我的英语不是很好，在他们听来可能会很蹩

---

① 主日学校，一种具有宗教背景的学校，主要为少年儿童和青年服务，这些人由于在平时需要上学或者上班，所以只能在周日的时候来这里进行宗教方面的培训。

② 教堂司事，教堂的管理者，主要负责管理教堂、教堂墓地及打钟和挖墓穴等事务。

脚。但是当我说这几句话时，我在心中想到了一个寓言故事中主人公说过的一句话："请对我多一些耐心，我将尽力报答你们。"

当我坐在斗室中给你写信时，室内外一片安静，抬起头来就能看到你的画像和众多的绘画作品。每当我想到你们以及在这里生活的方方面面，我就想说："主啊，让我成为父亲的同行者，他开创的事业将由我继续。"

几天前，布拉特先生从多特来看望文森特叔叔，他们在谈话中提到了我的工作问题。叔叔问布拉特先生能否为我安排一份工作。布拉特先生说应该没问题，但是他想直接和我谈谈。因此昨天清早我就过去了。最后我们商定，我在新年后去布拉特先生的企业里试工一周，然后决定是否继续合作。这真是我求之不得的好机会，因为这样的话我就能回到荷兰，距离父母和你以及其他兄弟姐妹都更近一些了。工资也肯定比在琼斯先生这儿高一些，现在有必要考虑收入问题，因为一个男人到了这个年龄是需要一些金钱做资本的。

我时常想与你们待在一起，而不是远隔重洋，骨肉分离，特别是在生病或者其他需要家人照顾的情况下。但是金钱却成了我们团聚的障碍。

对于谋求一个教会职务，我依然没有放弃。父亲总是头脑灵活，多知多能，我希望不管在什么情况下，他的一些优秀品质能够在我身上有些许体现。不过近期我必须接受现实，因为接下来我可能要到一家书店工作。

没关系，我能够欣然接受，并慢慢适应新环境。

凡高的人生轨迹：

从 1877 年 1 月到 5 月，凡高在多特拉市的一家书店作店员，主要负责算账和打杂。对于这位新员工，书店主人很不满意。他常在工作时间在纸上涂涂画画，或者没完没了地翻译《圣经》。他在顾客面前显得十分腼腆，有时又会非常没有礼貌。在他自己看来，他不会长期待在这家书店里。他在心里酝酿着一个更宏伟，也更私人的计划——想办法去阿姆斯特丹学习神学，然后像父亲那样成为一名牧师。

多德雷赫特[①]，1877年1月

我很快就适应了书店的工作环境，唯一的问题就是有时候会有些忙乱。我每天早上八点去上班，凌晨一点回家，尽管时间很长，却并不是很枯燥。这样的工作很适合我。

不知不觉间，我就回到了祖国的土地，听着周围人都说自己熟知的语言，那种感觉真是很奇妙。

从我房中的窗户里望去，能看到一个长着很多松树和杨树的公园，公园四周有一些老式建筑，建筑后身爬满了常春藤。狄更斯在书中写到："绿色的常春藤是一种奇特而古老的植物。"这样的景象看起来多少有些肃穆，甚至可以说是阴郁，但是一旦晨光洒满庭院，那就会变得完全不一样了。

上周日，我走进了这里的一座法国教堂，那个场面神圣庄严，极具魅力。从教堂里出来，我沿着风车旁边的一条堤坝散步；蓝天倒映在草地里的水沟中，那景色着实让人难忘。在迪耶普附近的法国海岸，我看到了覆盖着绿草的石头，那蓝天，那大海，以及停满

[①] 多德雷赫特，荷兰西部城市和港口。位于莱茵河和马斯河三角洲的汇合处。

了老式船只的港口，老式船只上都有着棕色的渔网和风帆，这一切都让我想到了杜比尼的画。还有那下着雨的伦敦街头，以及我在小小的教堂台阶上度过的夜晚，这让我想到了去往鸦门镇的那个夏天。但上周日我走在堤坝上时，我心里想：脚下踩着荷兰的土地，这正是美妙的感觉，而且我感到："现在，我在心中与上帝订约。"因为当时我回想起了我们的童年时光，在二月末与父亲一同去里斯伯根的经历。黑土地上长满了玉米嫩苗，云雀在天空歌唱，白云漂浮在闪着亮光的蓝天上——还有长着山毛榉的石子路——哦，我的耶路撒冷，或者说，哦，我的津德尔特！

今天我挺忙的，但忙活的都是一些非常琐碎的小事，不过这些事都是我的职责所在；一个人一定要有责任感，要是没有了责任感，谁还会关心他们脑子里在想什么？责任感会把身边的一切紧紧地联系在一起。很多小事积累起来也会成为一项重大的使命，责任感会让一切都变得高尚而神圣。

昨天晚上，大约一点钟的时候，我从书店回家去。大雪一直没有停，除了雪花飘落的细小声音，其他的什么也听不到。偶尔有几个窗口透出一丝灯光，照在守夜人身上，把他们黑色的身影投射在白雪上。虽然有雪的亮光，但运河里的船只依然显得黑乎乎的。

无论何时何地，心中都不能忘记耶稣，这样做对我们大有助益。布拉班特的农民生活的非常艰苦。我很想知道，他们的力量来自于哪里呢？而又是什么维持着那些穷苦农妇的生活？还记得《世界之光》那幅画吗？我觉得画中想要表达的正是这些问题。

我对《圣经》的热爱简直难以用语言形容。我每天都会花上一段时间来阅读这本圣书，并努力把其中的内容牢记于心。我怀着最热烈的感情去探寻其中埋藏的古老故事，特别是关于基督的一切。

也许在每个人的生活中都会有这么一段时间，那时你感觉自己的一切所作所为都是错误的。这种说法自然有一定道理。你觉得我们是不是应该努力遗忘这种想法，努力把这样的想法从脑中去除？或者应该把它看作"对上帝的渴望"，无需有任何的惧怕心理，而是应该珍惜这样的经历，看看自己能否从中获得更好的教益？是不是这种"对于上帝的渴望"会让我们做出永远不会后悔的选择来？

让我们在信中保持勇气、耐心与温柔，努力分清是非，就算成为一个别人眼中的另类也不用太在意。

早晨，我和科尔叔叔一起去了斯特里克姨夫家，我们进行了一次长谈。我把最近在阿姆斯特丹的生活状况写信告诉了家里，其中也包括这次长谈的具体内容。今天，我收到了父亲的回信。他在信中说，上周日他的身体不是特别好。我知道，对于我有希望和他一样成为牧师这件事，他的心中是非常激动的，他一直期待着能有这么一天。这件事我一定可以做成，我相信上帝会保佑我。

凡高的人生轨迹：

凡高并不满足于在书店的工作，他此时已经把传播福音当作自己的首要人生目标。四个月后，他从书店辞职。他现在想要报考阿姆斯特丹的神学院，以便一步步实现自己的目标。他有一位名叫约翰的伯父，住在阿姆斯特丹，得知这个消息后，答应让文森特来他那里学习，文森特的姨夫斯特里克也答应请家庭教师来帮助文森特复习功课。于是，1877年5月起，文森特拿起了久违的课本，开始为进入神学院而努力。一开始他的学习热情非常之高，有时竟然会点着小油灯连夜温习功课，可是，很快他就意识到，自己要学习的很多东西与服务上帝之间没有必然的联系，于是，他的学习热情急转直下。在熬完了一年的学习时光后，1878年7月，他参加了入学考试，不出所料，他没能通过考试。于是，他又一次很失落地回到了家乡埃顿，与父母商讨下一步的出路。

阿姆斯特丹，1877年5月

读书，写作，上班，练习，坚持不懈一定会为我带来好运。

我的工作很繁忙，但我依然相信我能够抽出时间来做自己喜欢的事情，并最终取得成功。当然，这需要时间。柯罗[①]说过："我努力工作，认真思考，全神贯注，只花了四十年就成功了。"很多人都说过类似的话。对于父亲和斯特里克姨夫从事的工作，肯定需要大量学习，而绘画这件事也不例外。

人有很多时候会自我松懈：那是多么遥远的彼岸啊！一到晚上，我的腿就像是灌了铅，到家就一头栽在床上，第二天早上也不能像自己希望的那样早起。我有时会感觉头重脚轻，火烧火燎，思路也没有往常那样清晰。看来，保持规律的学习状态真不是一件易事。

有时我会回想过去，有时又会遥望将来。将来一定会充满了难以战胜的各种困难。我可能会面临更为棘手的工作，而且这些工作对我来说毫无趣味可言。想到这些，我（更确切地说应该是那邪恶的自我）就不免会有些退缩。我时常感到有无数只尖利的眼睛在注视着我，一旦我没有成功，他们会马上指出我的错处，言语中不免微词。我能够从他们脸上的表情中读出：我们都曾经帮助过你，都曾经为你指引过人生路，你是否真心实意地认真尝试过？我们的一

---

① 柯罗（1796—1875），法国风景画家，与巴比松画派关系密切，对后来的印象主义亦有影响。

切付出会得到什么样的回报？明白了吗？一想到所有的这些痛苦、失望，以及对失败的恐惧、可能面对的羞辱责难，我就真的希望自己能够远离这一切。

不管怎样，我依然没有停止前进，只是比以前更为谨慎，同时希望自己能够积聚力量来对抗前面所提到的一切。这样的话，我就能知道该如何答复那些给我造成巨大伤害的指责，同时认定：就算有各种各样的不利因素，我依然能够完成自己设定的目标。如果上帝施恩，我就会在我深爱的人们眼中看到赞许的目光，而这种目光自然也会存在于我的追随者眼中。

如果我们感觉劳累，是不是说明我们已经走了很远的路？如果我们感到疲惫而头痛欲裂，是不是说明我们作为人类的一份子为了求得生存已经在这个星球上苦苦拼搏了足够长的时间？如果在此前我能够全身心地投入其中，那么我的成就应该远不止现在这样。

今天早晨我在教堂里看到一个个子矮矮的老妇人，她的工作似乎是为礼拜者提供脚炉。她让我想到了伦勃朗的一幅版画，上面是一个正在阅读《圣经》的女士，她最终难敌困意，用头枕着两只手睡着了。

你会不会觉得我们只有到了人生暮年才能"知天命"？当我感到日子过得越来越快，我倾向于相信这个道理，这会让我更为珍惜人生，同时认识到："谋事在人，成事在天。"

有一位犹太书商经常给我提供我所需要的拉丁文和希腊文的书，他那里有大量绘画作品的复印版，我可以在其中尽情挑选，价格都非常公道。我已经购买了一些来装饰我的小房间，因为这对于激发灵感很有必要。

昨天，在斯特里克姨夫家里，他们让我谈谈在伦敦和巴黎的工作生活经历。当我回忆这些往事的时候，身处两地的情景又活跃在我脑中，我对那里的很多东西怀有热忱。这种情愫不仅仅限于伦敦和巴黎，对于自己停留过的地方，我都怀有深厚的感情，无论是在海牙还是在故乡津德尔特。所有这些回忆对于现在的工作和创作都有很大帮助。如今我居住在壮阔的荷兰清教徒教堂之一隅，这些回忆都可以成为我布道过程中的可用素材。

我喜欢在铁路旁的沙滩上闲逛。恕我语言功力欠佳，无法向你尽述黄昏时刻这里景色如何之迷人。伦勃朗、米歇尔以及其他很多画家都曾以此地为素材进行过创作。那昏暗的大地，那一角被落日余晖映照的蓝天，一排排的民房和与之相映成趣的尖塔，各处都有从窗口透出的灯光，这一切倒映在水中，仿佛营造出了另一个世界。路上的行人与车马都变成了一个个模糊的黑影。

我已经开始研究《圣经》，但是这件事只能在晚上或者清晨进行，因为白天还有满满当当的工作要完成。毕竟，这是现在对我来说最重要的学习内容。当然，除此之外，还有其他课程的学习，放心，那些我也没有荒废，而是正在同步进行。

当我们正在完成一项艰巨任务或者为一项善举而努力时，我们就仿佛是在打一场正义的战争，其中最直接的回报就是我们可以避免很多灾祸。人生的漫漫长路上，困难总会如期而至，努力奋斗之后，内心就会逐渐强大。可以说，人生就是一场战斗，我们要学会保护自己，只要乐观勇敢、妥善规划，就能取得进步与收获。

请务必记住：三十岁之前正是我们奋斗的黄金时段，这段时间里，我们要谨防惰怠将我们侵蚀。我们已经被强行征调进入了人生战队之中，那我们就别无选择，一定要打赢这场战争，成为顶天立地的男子汉。现在，你我与此还有一段距离。未来会有大事等待我们去完成，冥冥之中我已获知此事。我们的人生一定与其他人的大不相同。

站在阿尔森先生的墓碑前，死者那庄严肃穆的静默正与生者的俗世喧嚣形成了鲜明对比，正如他的女儿所说："他已经从生活的重压下解脱，而我们还要继续负重前行。"我们对于过去的时光总是无比留恋，因为那里藏着我们的快乐时刻，正与我们现在的颓唐心境相对。想到过去那些美好的时光，我们的心灵就感到快乐欣慰，会像清晨的云雀一样忍不住高声歌唱，心中的犹疑与恐惧在这一刻荡然无存。待到人生暮年时，这些记忆更会像潮水一样向我们头脑中涌来，那些美好的往事并没有消失，而只是悄然睡去，等待着良好的时机来把它们唤醒。

今天早晨四点三刻，一场猛烈的暴风雨突然袭来。我急忙来到窗前观看，正好可以眺望到整座庭院与码头。白杨树、接骨木和其他的灌木丛都被狂风吹得东倒西歪，大雨倾泻而下，狠狠地砸在船只的甲板上。但风雨转瞬即逝，很快太阳就穿透了云层，照着地面上的一摊摊积水，倒映在池洼中的蓝天被镀上了一层金黄色。紧接着第一批工人从船厂的大门里走出来，那景象甚是壮观：上千个灰黑色的身影鱼贯而出，高矮胖瘦各不相同，他们像一条大蟒蛇一样慢慢地在大街上蠕动，阳光透过云层散落在他们身上。他们的脚步声就像是大海的呻吟。

在迪克岛上也有很多船厂。每次去那里，我都十分留心观察那些劳动者。我经常感慨：一个画家，如果不来码头上取景，那将会错失多少画出杰出作品的机会！

我写东西的时候，偶尔会自然而然地画些草图夹在里面。在今天早晨给你写的这封信里，我就画了一幅关于沙漠中的以利亚的草图,天空中阴云密布,预示着即将到来的暴风雨,前景中还有一片荆棘丛。这个绘画题材也没什么特别,只是我觉得它们在我眼前活灵活现、美丽至极,催促着我把它们画出来。我觉得这时候的我,富有观察力和表达欲。

最近我正忙于总结宗教改革的历史,那些久远的史时令我着迷。我觉得,如果能够认真读几本相关的书,比如莫特利、狄更斯,或者格吕松,还有关于十字军的书籍,那就会很自然的在脑中形成关于这段历史的全貌。

门德斯告诉我,如果一切进展顺利,三个月后我们就能够学完所有预期的课程;随后,我们要去阿姆斯特丹的中心地带学习希腊语,那里是犹太人的聚居区。在一个闷热的夏日午后,一想到自己即将要参加很多重要的考试,而考官都是些博学而又刁钻的教授,心里就会感到十分压抑。这让我十分向往布拉班特的玉米田,在这样的日子里,那里的景色让人难忘。

从家人的来信中得知,科斯特大夫给你的账单总共要有四十荷兰盾,这可不是一个小数目。我也希望自己能够在资金方面帮你一把,可惭愧的是我现在也处于一穷二白的境地。我必须想办法挣点儿钱,这样才能买得起教堂里的那些作品。我最近想到了一个可以挣点儿小钱的办法,就是把来往信件上的邮票拿去附近的小卖部换点儿钱。这样做不是特别体面,不过也只能这样了。相信我,只要我们好好想,总能想到挣钱维持生计的办法。

我的兴趣极为广泛,如果我有了钱,我会很快把它们都花在买书之类的东西上,其实自己也知道这些并不是必需品,它们只会让我从必须完成的课业上分神。就算是现在,有时我也要与外界的干扰做不懈的斗争,要是有了钱,情况可能会更糟。

我想，我们总会等到我们能够财务自由的那一天，这样的话，我们不仅能够尽情购买我们喜欢的书籍，还有其他的好东西让我们选择。也许，我们会有自己的房子，也有人值得我们去思念和牵挂。

上周，门德斯告诉了我一个城中非常有趣的地方，那里有很多磨坊和锯木厂，有工人的住宅区，这些房子周围竟然都有小花园，还有各式各样的老房子，让人一眼看不过来，这里人口稠密，水道纵横，各种小河都从这里蜿蜒经过，河面上有各色船只，还有造型各异的小桥。要是我能够在这里当一名牧师，那真是上帝赐予的福祉。

简叔叔打算去赫尔瓦特住一周，他应该会在9月1日出发。我想借此机会去客厅里熬夜写东西。我当然可以在我的卧室里写，但是到夜深的时候我会忍不住想睡觉，而在我的小书房里根本没有煤气灯。

我现在正忙于抄写法文版的《效仿基督》这本书，这是我从科尔叔叔那里借来的。这样做当然很费时费力，但是我不知道更好的研读这本书的方式。这本书近乎完美，作者一定是一个能够透彻领会上帝旨意的人……

本周，门德斯出城去了。因此我有了闲暇时间去欣赏伦勃朗的画作，这是我心中早就有的计划。这里最吸引我的就是《逃向埃及》，这是一个夜晚的场景。我忽然想到，父亲也经常手提灯笼走夜路，去看望病人或者生命垂危者。他的话语就像是一盏明灯，给那些饱受痛苦折磨的人提供恰到好处的安慰。不知他看到这幅画时会是什么样的感受。

而且，我还在这里找到了伦勃朗曾住过的房子。

我如饥似渴的进行阅读，但其实我自己也知道这没有必要，因为所有一切都可以在基督的话语中找到。我随时准备着向耶稣基督寻求答案，还有就是浩如烟海的图书世界。只要有机会，我就会找个借口去书店，然后在那里沉迷一段时间。

我努力把一切工作都处理好，以便挤出足够的时间来为考试做准备，我几乎事事都向门德斯请教，围绕着他的日程安排来展开自己的学习活动，你能够看到我对他的崇敬之情，我想能够像他一样学习。拉丁语和希腊语的学习非常困难，但我却能在其中找到莫大的乐趣，因为我是在做自己一直想做的事情。我已经不再熬夜学习了，叔叔严厉禁止我那样做，不过，我依然坚信在伦勃朗某幅画下面写的一行字："黑夜中，灯光闪烁。"我在自己的屋子里点了一盏小小的煤气灯，把灯光调到最小，让它整夜都亮着。我经常躺在床上盯着它看，思考着明天的学习与工作。

我去看望了斯特里克姨夫，并和他们聊了很长时间。几天前门德斯曾来过这里，我觉得我们在认定"天才"时不应过于轻率，即便是认为世界上天才远比很多人的想象的数量要多得多，但门德斯真的与众不同，能与他相识是我莫大的荣幸。从舅舅和舅妈的口中得知，他并对我没有任何负面评价，这让我很高兴。舅舅问我正在准备的功课是不是很难，我实话实说，承认了功课的难度，同时也向他们保证我正在尽全力赶上，他们也鼓励我。希望父亲得知此事能够对我的表现满意。

但是接下来还有可怕的数学，圣诞节过后我就要开始啃这些硬骨头了。我最近一直在寻找一位好的代数老师，现在已经找到了，他是门德斯的堂兄，在一所犹太贫民学校里教书。他的辅导让我有望在明年十月份参加考试。如果我能够顺利通过考试，我的进度就会比预想的早很多，因为我刚开始准备考试的时候，他们都说前四门功课至少要准备两年。

现在我正在努力学习,尽管花费要比以前大一些,但我觉得这是必要的,现在正是我人生中最重要的奋斗时期。只要我能够坚持到底,我就绝不会忘记这段艰苦的时光,它真的值得我们万分珍惜。任何一个想要取得一定社会地位的人都必须不懈努力、艰苦奋斗,而最终成功与否有时候可能却取决于一些不经意的小差错。在考试过程中,只要一点点失误就有可能造成考试失利。愿上帝给予我现在急需的智慧与能力,让我能够尽快完成学业,并被授予圣职,这样我就可以作为一名牧师去服务广大教众。

昨天我参加了一次清晨的布道,听到牧师讲道"我要永远与人并肩作战",在长久的失望与忧伤后,我们总会等到自己最真切的愿望实现的那一天。如果我有机会在一些小教堂里布道,你愿意来聆听吗?

又一年过去了,我经历了很多事情,年末回望时,我心存感激。我的学习与生活都值得反复回味,总体来说,一切都还算让人满意。

窗外的景色很是迷人,窗外是一个小院子,有一条种满杨树的小路,树干修长,树枝柔细,在灰黄的傍晚天空下显得非常优雅,仓房的影子倒映在水中,就像是《以赛亚书》中所描写的"旧日池塘之水",位于水边的仓房墙壁一片浓绿,但也能看出早已饱经风霜。更远处是一个小花园,围绕花园的篱笆墙四周有很多玫瑰花丛。院子里不时有工人进进出出的身影,还有一只小狗跑来跑去。

有一个亲兄弟的感觉真好;如果一个人有很多事情要去想,有很多事情要去做,他有时就会感到迷茫:我现在在哪里?我在做什么?我要去向哪里?——你的脑子再这么运转似乎也找不到答案,而这时如果一个熟悉的声音在你耳边响起,或者一种你熟悉的字体从信中飘出来，你就会感觉自己又一次把脚放在了大地之上。

本周我和门德斯进行了一次谈话，谈的是耶稣说过的一句话："不憎恨自己的人不会成为我的门徒。"门德斯觉得这样说过于绝对，而我觉得这道出了最基本的一个道理。肯培斯也说过类似的话，关于了解自己和憎恨自己。只要看到别人比自己更好，我们就会很自然的憎恨自己。

上个周日，我一直和简叔叔在一起。对我来说，那是非常美好的一天。那天我起得非常早，上午我来到法国教堂，在那里一个来自里昂社区的牧师正在布道，他来这里的一个目的是为一个福音派布道团筹集善款。他的布道内容主要是工厂里那些穷苦工人的真实故事，尽管他说话的语气稍微有些别扭，但依然非常感人，因为他的话都是从内心发出的，只有这样的语言才可以打动其他人的内心。

父亲曾建议我多去认识一下周围的人。昨天和前天早晨，我起的很早，起来后一直在忙着画一幅圣保罗旅行路线图，我打算把这幅图送给加内宾神父，因为我想在拜见他时表现得更有诚意。我听说他是一位非常博学之人，我相信，如果他喜欢我的话，他会给我提出一些非常好的建议。现在我经常感到惴惴不安，因为我不确定自己能否顺利通过考试。我知道自己能够用来学习的时间应该更长一些，注意力也应该更集中一些，很多别人热衷的事情对我并没有什么吸引力，但总而言之，学习的过程很痛苦，我在这方面确实下了不少功夫。就算我考试失利，我也想用各种方式在这里留下自己的印记。

给你讲个故事吧。有一天，有个人去教堂对上帝说："是不是我的热情欺骗了我，是不是我走的道路有错，是不是我那糟糕的计划惹的祸？上帝啊，如果我能够从这种不确定性中解脱，如果我能够坚定自己的信念，我就可以最终取得成功，尽享信仰的硕果！"一个声音回答他："如果你知道了最终的结果，你会怎么去做？努力行动起来，就如同你已经知道了答案，相信自己就能胜利。"然后这个人带着这样的信念走出了教堂，回到了工作中，从此不再犹疑迷惑。

所以，我也应该像他一样一往无前，不能原地徘徊，更不能因困惑而退缩，踌躇不前会让任务更为艰难，到最后只能从头再来。

有太多东西需要我去学，尽管周围很多人都在鼓励我，但我还是免不了紧张焦虑，解除焦虑的唯一办法就是塌下心来学习，因为这是我的职责所在，不管要付出怎样的辛劳。

一个人在真正开始努力之前，一定要清楚地知道自己想要达到怎样的目标，这样，努力的过程就不会显得那么难熬，而这样取得的成就也就更会被自己珍惜。

埃顿，1878年7月

我现在正借着一个小灯笼的光亮给你写信，蜡烛很快就要烧尽了。上周父亲和我一同去了一次布鲁塞尔，同行的还有来自艾尔沃思的琼斯牧师。我们在那里见到了德·容牧师和佛兰芒培训学校的波克玛校长。这个学校三年毕业，而在荷兰的其他地方，就读神学院的最短时间也要六年。而且，你不必学完所有课程就可以申请成为一名福音传教士，他们最为看重的是个人的演讲能力。你不需要长篇大论，或者显得多么博学，因为传教的对象多是贫苦人士，所以传道过程更应该言简意赅，生动有趣。这就需要申请者具备良好的临场应变能力，而最为重要的还是对于上帝的热爱。我知道需要克服的困难还有很多，这种能力不是可以马上获得的，只有经过长时间的训练，才能在一群人面前既庄严肃穆又饱含深情地讲话，并且显得从容不迫，词句脱口而出。演讲的内容要言之有物，能引起人们共情，使听众心悦诚服地拜倒在上帝面前。

这几位来自布鲁塞尔的先生希望我能在那里住上三个月，以便熟悉那里的环境，但是考虑到费用，我还是决定留在埃顿做一些准备工作。我正在构思一些东西，希望能在将来派上用场。昨天，我写了一篇关于《圣经·新约》中芥菜种子寓言的文章，一共二十七页；希望能有些价值。现在我正在写一篇关于卢浮宫中伦勃朗的《木匠家庭》的文章。

那天傍晚，我和父亲从津德尔特乘车回来，随后我们两人一起散步。红日西垂，挂在松树梢上，天空倒映在池水中；沙地呈现出各种颜色，有黄，有白，有灰，它们与荒原共同诠释了和谐与感伤：看，在我们人生的某个时刻，整个世界都会呈现出和谐与伤感，我们的内心也是如此，我们的整个人生就像是穿过荒原的小路，但也并非总是如此。

此时的田野分外迷人，农夫正在收割玉米，地下的土豆已经开始成熟，地面上的叶子开始萎缩，而荞麦正开着炫目的白花。这里还有各种农夫搭建的小屋，在夕阳下显得格外动人。作为劳动者，看着这些人劳作，我仿佛听到了他们内心的声音，那是几百年来的古训："日出而作，日落而息。"

这时，负责清扫街道者赶着马车回了家，我仔细看了看他那匹白色的老马。德·格鲁克斯曾画过一幅画，名为《穷人的长椅》，描绘的是穷人聚集的地方。可今天当我看到清扫街道者的衣着和面貌时，我忽然感觉他比那些人更为困苦。这种难以名状的苦难总会让我想到上帝。

几天前，我用钢笔和铅笔画了一幅小画，模仿的是埃米尔·布雷东的《周日清晨》。我特别喜欢他的作品！听说你已经找到了充实自己内心生活的东西，我很欣慰。伟大的艺术就有这样的作用，因为它们是创作者用头脑与心灵描绘的图景，其中的字词或者笔触都充满了生机与灵性。艺术的世界是多么博大精深！一个人只要有意识地去记忆自己曾见到过的伟大艺术作品，那他就不会感到孤寂或者无所事事，因为身边总会有这些伟大灵魂的陪伴。

我想从沿途的所见所闻中抽取精彩的部分来作为速写的素材，但是，这可能需要很长的时间，会影响我真正要做的工作，所以决定暂时先搁置一段时间。我匆匆完成了一张速写，题材并没有特别之处，只是我看到这里有那么多矿工，他们本身就是一群个性鲜明的人。画中的小房子距离马路不远，这是为矿工搭建的帐篷旁边的一家小酒馆，工人们到了中午会来这里吃面包，喝啤酒。

我在英国的时候，曾申请过一个在矿工中传教的职位，但是对方没有同意，他们说申请者必须年满二十五岁。我之所以特别想要这样一个工作，还不仅仅是想传播福音，而是我感觉整部《圣经》都是"黑暗中升起的光"。从黑暗到光明。想想，谁最需要这些，谁会侧耳倾听？经验告诉我，那些在黑暗中行走的人们，比如矿井里的工人，会不由自主地被福音中的话语吸引，并深信不疑。

现在我知道在比利时南部有一个名叫博里纳日的地区，那里有大量的劳动者在煤矿里工作。我非常想去那里当一个福音传播者，向最穷苦，也最需要福音的人们去宣讲。如果我能扎扎实实地在那里工作三年，不断学习与观察，那三年后我的收获将不可估量。我要在自己三十岁之前做好准备，经历不同的人生，接受不同的训练，更为出色的完成工作，并且变得更为成熟。

德容和皮特森对我进行的三个月的考验期很快过去了。我和德容及波克玛校长进行了正式的谈话。他们告诉我，我无法与佛兰芒本地的孩子一样进入这所学校。所以，为了能够继续在这里学习，我需要更多的经济援助，而现在还什么都没有。

所以，我很可能会接受在博里纳日地区的工作。

没有对上帝的信念，人可能会完全失去勇气。

凡高的人生轨迹：

放弃了传道士培训之后，文森特萌生了另一个计划——去一个贫困地区帮助那里的穷人。他觉得，就算是没有任何文凭，以自己对宗教的虔诚，总是可以让穷人们得到一些心灵上的慰藉。最后，他选择了位于比利时和法国边境的产煤区博里纳日。正是在这里，他开始对绘画产生了兴趣。

在这里，他找到了一份有报酬的义务牧师的工作。福音传教委员会对他的虔诚非常肯定，因为他是第一个把自己的衣服和被褥都送给穷人的牧师。尽管如此，六个月的任期结束后，委员会却没有和他续约，理由是"他缺乏必要的语言表达能力"。

在一封写给提奥的信中，他说自己想要成为画家，提奥对此非常支持。

博里纳日，*1878年12月*

在博里纳日，我几乎看不到任何画，可以说，这里的人不知道什么是画。不过，必须要承认，这里倒是风景如画，万物都在争芳斗艳，而且各有其特性。

最近这里下起了大雪，一眼望去，全部是银装素裹；这一切都让我想到了勃鲁盖尔笔下的农村与农民，还有那些特别善于表现红与绿、黑与白的众多画家的画作。你在这里能看到空空荡荡的道路上种满了低矮的荆棘丛，路旁的树木枝干遒劲，盘根错节，这都很像丢勒的《死亡与骑士》中的树木形象。

几天前，我看到了矿工在傍晚回家的情景，那真是让人难忘。他们全身上下黑魆魆的，当他们从漆黑的矿井里爬出来的时候，看起来就像是刚刚扫过烟囱。他们的房屋都特别低矮简陋，应该说，称作工棚更为合适；它们散布在大路边、树林里和山坡上。我们不时能看到长满苔藓的屋顶，到了夜晚，灯光会从小小的窗户里透出来。

我租了一所小房子，想在此安家，但现在它的作用只是工作室，或者叫书房，因为父亲觉得我应该和丹尼斯住在一起，我觉得那样也不错。当然，我的墙上有不少版画。

这里的矿工所说的语言不太容易懂，但是，他们却能听懂法语，就算我们语速快一些也没关系，因为这样就很像他们所习惯的方言了。

我已经在公共场合尝试过几次布道，一般都是在很大的屋子里，人数也很多，到了傍晚，也会在矿工的简易工棚里进行布道，这种活动被称作"圣经讲座"。有一次我真的在一个类似马厩的地方协助别人举行过一次宗教仪式，所以，你能够想见条件之简陋。在这个星期的一次布道中，我使用的经文是《使徒行传》的第十六章第九节——在夜间有异象出现在保罗面前：有一个马其顿人向他哀求道："请来马其顿帮助我们。"下面的听者都屏气凝神，听我描述那个马其顿人的样子，以及他是多么急切地想用福音来安慰自己，并获取关于唯一真神的一切知识。我们应该把这个马其顿人想成一个劳动者，脸上呈现出无尽的哀伤、折磨与疲惫，没有任何华丽的装饰，他所拥有的只是不朽的灵魂，这灵魂渴求那永不腐烂的食粮，那食粮就是"上帝的话"。上帝以基督的面貌呈现于我们面前，告诉我们：人应该朴素地度过这一生，不要追求不切实际的目标，而是让自己能够适应低贱，聆听福音，让自己的心灵变得温顺而单纯。

这里的人们文化程度很低，对外面的世界几乎一无所知，绝大多数人根本不识字，但同时让人奇怪的是，他们在面对着自己那艰苦的工作时，又显得那么睿智敏捷，他们简单直接，勇敢无畏。他们特别容易神情紧张，这并不表明他们软弱，他们只是过分敏感而已。对于任何想凌驾于他们之上的人，他们都有一种与生俱来、挥之不去的仇恨。所以，要想与他们来往，就要有与他们类似的性格，不能有一丝一毫的优越感，不然就永远无法与他们打成一片。

我最近刚刚去探访了一位烧炭工人的生病的母亲。她个子小小的，病情很重，但是，她对于上帝的信念很坚定，坚信自己一定可以慢慢好起来。我引导着她读了一章经文，然后和她们全家一起祈祷。这里的人们单纯善良，就像在津德尔特和埃顿的布拉班特人一样。对我来说，来到这里有一种回家的感觉。离开这里的人们会时不时想念这里，而来到这里的外地人会稍稍缓解自己的思乡之感。如果我能在这里得到一份传播福音的职位，那我会非常高兴的。让上帝保佑我吧。

这里经常会发生伤寒和恶性高烧，当地人称之为"烧脑（病）"。这种疾病会让他们晚上做噩梦，然后神志不清。在一户人家，全家人都得了高烧，没有其他人能够照顾他们，他们只能支撑着互相帮助。

这些矿工大多体型瘦削，面色苍白，一副饱经风霜的样子，外貌显得比他们的实际年龄要苍老很多。而这里的女人也都形容憔悴，衣着破烂。煤矿四周都是破旧的矿工住所，周围有几棵被烧焦了的老树，有荆棘丛、垃圾堆、煤灰堆。马里斯一定能描绘出这里的氛围，我最近也打算画几张。

不久前我有过一次有趣的出行经历。在一个煤矿里我整整待了六个小时。这是这一带年代最久远，因而也最危险的一个煤矿，名字叫马卡斯。这个煤矿名声很不好，因为很多矿工葬身于此，有的是在出矿入矿的过程中，有的是因为有毒气体，或者瓦斯爆炸、地下渗水、管道崩塌。本来这里就很破败，在得知了这些让人头皮发麻的事件后，更感觉阴森恐怖。唯一令人欣慰的是，我遇到了一个好向导，他在这里已经工作了三十三年，他耐心地向我解释一切。

我们一起下到了地下七百米的深处，开始探索这个世界最为隐秘的地方。矿工的工作空间特别狭小且距离出口相当遥远，要是有人能够描绘出这里阴冷、逼仄、幽暗、紧张的场景，那一定是一幅前所未有的奇作。我们都知道船员在海上的生活很枯燥，但是，一个在陆地上待久了的船员不可能不思念大海，尽管那里有风浪和寂寞在等着自己，但依然会止不住地怀念。矿工也是如此，地上还是地下，他们一般会选择后者。这里的村庄看起来毫无生气，那是因为人们的热情都在矿井里。不管你在这里住了多少年，如果你一次也没有下过井，那你就永远不了解这里人们的真实生活状态。

现在我已经全身心地投入了工作，所以感觉日子过得特别快，以前那些吸引我的东西，现在已没时间考虑。

今晚，积雪开始融化，我简直无法用文字告诉你正在融化的山丘到底有多美。积雪融化的同时，长满绿色玉米的黑色田野又重新显现了出来。对一个外国人来说，这个小村庄就是一个迷宫，无数

035

的小巷与矿工的棚舍交错，让你根本无法辨别方向。

春天就要到了，这无疑会增加很多新的绘画题材。伊斯雷尔斯在这段时间里都画了写什么？莫夫与马里斯呢？他们在这里一定能找到很多让他们感兴趣的题材。有一次我看到一辆由白马拉着的车从煤矿上把一个伤员往家里送，这马上让我想到了伊斯雷尔斯所画的《遇难》。你看，在这里的每一个时刻，都有无数激动人心的题材等着我们去描绘。

伊斯雷尔斯、莫夫与马里斯的绘画作品有时比大自然本身更有说服力。"艺术是人对自然的注解"，迄今为止我们没有找到关于"艺术"比以下词汇更为准确的解释：自然、现实、真理。但是艺术家会在其中表现出非凡的意义、新奇的观念和独特的性格，而且会以最有表现力的形式来描绘，因为他能够将这些因素破解开来，以清晰的秩序和不受约束的形态来展现。

文学作品也是如此。最近我常常阅读《汤姆叔叔的小屋》——现在，全世界还有不少国家存在奴隶制——在这本出色的作品中，作家给生活赋予了新的意义，在表现受压迫者的生活境遇时，作者投入了真挚的情感和缜密的思考，这就值得读者一再重读，并不断得到新的启示。

非常感谢你来看我。我们在一起的时时刻刻都让我确信：我们都在真实的活着。我们待在一起的这段时间，让我又有了以前曾经有过的感觉：人生美好而珍贵，值得我们好好珍惜，在你面前我又恢复了活力。这种感觉已经好久没有过了。

如同他人一样，我需要亲情和友情，需要关心与理解。我既非钢筋铁骨，也非铁石心肠，一切常人之所需，对我来说亦是必需品。跟你说这些只是想让你明白，你的到来对我是多么重要。

现在我不想回去，只想留在这里。也许我有自己的缺陷，但我对此又没有充分认识。

回忆你的到来我总是非常愉快，自然总是想起我们之间的谈话。我常常感觉那些话语就在我耳边萦绕。我们谈到了各种改善境况的计划，以及如何振奋精神，恕我直言，我对这些有点儿害怕——我曾努力尝试着这样去做，结果却不尽如人意。我们谈的很多内容后来证明都有些不切实际。

在阿姆斯特丹的经历还历历在目。因为你在场，所以你知道整个事件的原委，有时人们确实心怀好意，但是结果却非常让人失望，整个过程显得极为荒诞。这是我人生中的一个低谷。与此相比，现在我虽然生活在一个破败的小村子里，衣食不保，穷困潦倒，但周围的人们却充满关爱。我宁愿永远留在这里，也不愿回忆在阿姆斯特丹的经历。我担心还会有"好心"的劝告、"聪明"的建议。

我想如果我们之间的关系能够更加亲昵一些，那真是再好不过了。如果我真的认识到我是你身边的一个大麻烦，对其他家庭成员也没有什么好处，只是一个贸然闯入者，或者应该被驱逐的人，我与其活着还不如去死——如果事情的发展逼迫着我不得不这样想，那种沮丧与痛苦将会笼罩我的全身，我将不得不与绝望之心做殊死搏斗。如果这样的想法压抑我过多的时间——那在很长时间之后将会滋生出这样的感觉：过去的一切都只是一场噩梦，而今后我们要学会相互谅解，用全新的眼光审视这些过往。

但是，再转念一想，难道这些不都是真实的吗？有没有可能事情会越变越糟，而不是越变越好？很多人都不相信事情会越变越好，他们认为那样的想法愚蠢而又迷信。有时候，冬日的冰霜风雪严相逼，有些人就会说：严寒刺骨，谁还在乎夏天会不会来？至少现在，美好已经被邪恶取代。但我相信，天道自有其规律，苦寒之日已然过去，不知哪天，风儿转向，万物复苏，一切仇怨瓦解冰消。把我们现在的处境与心理和天气做个比较也是有道理的，因为他们都是瞬息万变，因此，我依然怀抱着情况转好的希望。

对于鸟儿们来说，褪去旧羽换上新绒是一段很难轻松度过的时段；同样，对于人类来说，苦难与厄运也是最考验我们毅力的时光。我们的挣扎与蜕变都需默默完成，破茧之美也许最终会被人们看到，但挣扎之苦却要一人承受。在当时的情境下，我没有任何乐趣可言，因此决定独自逃离，逃到一个你们找不到的地方，用自己的双手抚慰自己的创伤。

你知道，我是一个充满热情的人，可性情鲁莽，常做些愚蠢之事，而蠢劲儿过去之后，又多多少少有些自责。我时常说话做事过于唐突，事后想起来，增加些耐心对我会更有帮助。我想不管是谁有时候都会犯同样的错误。这些情况我都了解，现在关键是，我该怎么做呢？我是不是该把自己看作一个危险人物，而且一无是处？但我并不这样认为。问题是我应该为自己充沛的精力找到一个有益的释放渠道。比如，我对读书有无限的热情，这是我不断自学成长的一种有益方式，就像我每天都要吃面包一样。当我置身于绘画作品或者其他艺术品之中时，我的激情也会达到顶点，有时候就像火山喷发一样不可遏制，而且这种狂热不会让我产生任何后悔的念头。如果有一段时间看不到杰出的画作，我就会感觉无精打采，做什么都提不起精神来。美术馆就像是我的第二故乡，我的"思乡"之情会不断喷涌而出。

曾经，我对于伦勃朗、米勒、朱尔斯·杜普雷、德拉克洛瓦、米莱斯、马里斯的画作是多么熟悉。而现在，它们已经不在身边。

不过还好，还有一种可以被称之为"灵魂"的东西。他们说，灵魂永远不会死去，它会永世长存，不断探寻。因此，与其不断"思乡"，我对自己说：那片艺术的故乡，或者称作"艺术之邦"的地方存在于四面八方。与其屈服于绝望，我选择积极的感伤。那是一种包含着希望、渴望和探索欲的感伤，我觉得那远胜于在停滞与哀痛状态下的绝望。所以，我的手边总会有一些较为严肃的书籍供我研究与欣赏，比如《圣经》、米什莱的《法国大革命》，去年冬天我一直在读莎士比亚、雨果、狄更斯等人的作品，最近常读的是埃斯库罗斯，另外还有一些"二流经典"，这里就不再一一列举。

就这样沉浸于文学与艺术的世界里，也许我的一些行为举止会引起身边人的不快，这自然会让人们觉得我在有意违反一些社会规范。如果人们真的往那个方面去想，那我真是觉得很遗憾。比如说，你知道我平时经常不修边幅，穿衣服也很随意，我承认这是事实，也承认这会让身边有些人感到吃惊。但你也要知道，贫穷与拮据也是造成这一状况的原因，还有生活中不时袭来的挫败感也让我无心修饰外表。这样做也自有其好处，那就是能够造成一种必要的孤独感，使你专注于那些较为深刻的研究与思考。

大概已有五年之久（确切时间我也记不清了），我没有稳定工作，只是四处漂泊。你说："从某一时刻开始，你一直在走下坡路，情况越来越糟，你简直一事无成。"真的是这样吗？

不错，有时候我挣的钱只够买有数的几片面包，有时候我生存下来还得依赖朋友的施舍。但我没有放弃活下来的希望，我一直都在尽力而为。对于自己的生活，我没有十足的信心，我的财政困难显而易见，我的前途也很暗淡，我本该把日子过的更好一点；就为了挣钱买面包，我已经浪费了很多时间。我的学习状况也很糟糕，看不到多少希望，而我的需求却非常多，远远多过我现在拥有的一切。但是这就是你所说的"走下坡路"，这就是你所说的"一事无成"？也许你会说："为什么你不按照他们要求你的那样去做？他们想让你去上大学。"我对此的唯一回复是：上大学的花费实在太高，而且，那样的未来不比我现在所经历的好多少。

从我自身来说，我很尊重在学院中做研究的人，但是真正值得尊重的人比想象的要少得多。我这几年一直没有一个稳定的工作，其中一个重要原因是，我与那些负责人员调动分配的先生们有很多不同的观点和看法。他们说是因为我穿着不得体，但事情没有那么简单，我们的分歧主要是价值观不同。这一点我可以向你保证。

你可能会说："你对于宗教的想法完全不切实际，对于道德问题的考虑也过于孩子气。"我认为，一切善良美好的事物以及人们的品行与工作中所体现出的内在道德感、精神性和崇高之美都来源于上帝，而一切邪恶错误的观念和行为都与上帝无关，上帝也压根不会赞同那样的想法和做法。我认为，认识上帝的最好办法就是热爱世间的万事万物和芸芸众生。热爱自己的朋友，疼爱自己的妻子，还有属于事物层面的东西。但是不管你所爱的是人还是物，在你的情感中必须包含崇高、严肃而又切入肌肤的同情之心，要有力量，要有智慧；我们要不断追求了解的更深入，更透彻，更全面。这将使我们更接近上帝，从而带来不可动摇的信仰。

有人非常热爱伦勃朗，不是那种世俗意义上的喜爱，不是看到伦勃朗的画多么值钱才去爱，他们的态度很严肃，观点也非常中肯。不知不觉中，这些人就能够看到这些画作里所存在的上帝形象，而且会对此深信不疑。有人喜欢研究法国大革命的历史，这样的人一定是有信仰的，他们会看到崇高的力量在重大事件中显现。有些人曾短时间在苦难的生活大学上过课，在这段时间里，他用心观察，侧耳倾听，并在脑中反复进行思考；这样，他学到的东西之多连自己都感到惊讶。只要努力去感受伟大的艺术家和严肃的大师们在他们的杰作中表达的思想，那就一定会有亲近上帝的愿望。有些人是写在了书中，而有些是画在了绘画作品里。这些佳作值得你整日为它们魂牵梦绕，这些思考会不知不觉中使你的思想超脱尘世的纷扰。

你去年夏天来我这里时，我们曾在一个废弃的大坑旁散步，你提醒我说，当年我们也经常在老运河和雷斯威克磨坊旁边散步。你说："当年我们在很多事上都有一样的看法，"接下来你说，"可从那时以后，你发生了很大的变化，你跟当年已经很不一样了。"我觉得你说的话有失偏颇。也许我现在的生活境遇没有当时好，前途也没有当时明朗，可是，我的内心状态，我的世界观和思维方式都没有发生什么变化。要是说有什么变化，那就是我比以前更会思考，更坚定了信仰，对一切事物的喜爱也更为深沉。

如果你现在还认为我已经没有以前那样热爱伦勃朗、米勒、德拉克洛瓦或者其他伟大的艺术家，那你就大错特错了，我对他们的爱有增无减。但你还应该明白一点，值得我们信仰与热爱的事物还有很多很多，你可以在莎士比亚的作品中看到伦勃朗的影子，在米什莱中看到柯勒乔的痕迹，在雨果作品中看到德拉克洛瓦，甚至你可以在福音书中看到伦勃朗，或者说在伦勃朗的作品里看出福音书的味道，这完全要靠你自己的发掘。在班扬的作品中，我看到了米勒，在斯托夫人的书中，我竟然读到了阿里·谢佛尔的韵味。

如果你能够理解一个人花费大量的时间去系统研究绘画的历史，那你也应该承认，对于书籍的热爱与迷恋伦勃朗一样神圣，而且我觉得两者可以进行完美的互补。我非常喜欢法布利丘斯的一幅人物肖像画，有一天我在哈勒姆博物馆里对着它看了很长时间。我也同样喜欢狄更斯《双城记》中的西德尼·卡顿。天啊，莎士比亚的作品写得多么优美！而且谁能够像他一样神秘？他的语言与风格就像画家的画笔一样，在手中轻轻颤动，将色彩涂抹在画布上。一个人必须学会阅读，就像他学会观察，学会生活一样。

所以，请不要认为我在逃避责任。虽然际遇有所改变，但我的内心仍与从前一样，现在我所焦虑的是：自己如何能够在这个世界上发挥自己的作用？我难道就不能做一些有益的事情吗？还有，我如何能够持续不断地学习？这些事情一直在我脑中萦绕，同时，我也感到自己坐在贫困的牢笼中，而且有些工作我还不能参加，我得不到我所需要的。因为缺少友情与爱情，我会常常感到空虚寂寞；一种深深的挫败感在啃噬着我心；命运在我与爱情之间放置了路障。我不禁大喊："上帝啊，这样的日子我还要忍受多久？"

现在我还能说些什么？我们内心的思想能够表现出来吗？就好像我们的灵魂深处有一团熊熊的烈火，却没有人敢走上前来取暖；经过的人只是看到了从烟囱里冒出来的几缕青烟，他们只是看了一眼，然后就悄然走开了。现在我想知道我到底该怎么办？

我现在的生活境遇确实很糟糕，这已经延续了很长一段时间，而且在将来还有可能继续；但我觉得，事情往往在糟透了的时候出现转机。我并不是要完全依靠奇迹，也许这一变化始终不会到来，但是如果真有好转的迹象，我也就可以很宽慰地说：我的上帝呀！看到了吧，苦难总是有回报的！

如果你能够不只是把我看成是一个整天无所事事的闲汉，那我会非常感激。世界上有两种截然不同的无所事事。有一种人完全是由于懒惰和缺乏个性，或者本质恶劣。你要是非要把我归入这一类，我也没有办法。还有一种人看起来也是无所事事，但其实内心中却奔涌着马上行动的热浪，之所以看不到他的行动，主要是因为就像困在笼中的鸟儿一样无法自由飞翔。被毁掉的名声（不管其过程是否公正）、贫穷、致命的周边环境或者无法摆脱的困境——这些都可以把人们变成囚徒。这座监狱有很多化名，比如偏见、误解、无知、不自信、虚伪。一个人并非总能清醒地认识到是什么限制住了自己，那种壁垒好像能把人埋葬。在这种境况中下，他们可能没有明确的方向，但有时也会本能地相信：是的，天生我材必有用，我总会找到人生的意义，我知道自己终有一天会脱胎换骨，扬眉吐气！我肯定在某些方面的才能超出常人，只是，到底是哪些方面呢？

你知道什么可以让人摆脱这种囚徒状态吗？那就是真诚而又深沉的感情。不管这感情来自于朋友、兄弟还是爱人，它都会以压倒一切的力量打开牢笼的大门，那种力量甚至可以说是一种魔力。一旦被理解关爱，生命之门就会豁然打开。

但是现在，我必须在自己选择的道路上继续前行。如果我真的无所事事，不再努力学习，不再上下求索，那么我将在凡尘俗世迷失方向。如果至此，灾难定会像我袭来。这就是我现在的想法，前进，前进，这已经是生活中的一种必需。也许你会问：你的具体目标是什么？这个问题我现在还无法回答，但我坚信，我的目标会一点点清晰起来，会一点点变得更为显眼，就像一份草图会变成素描，并进而成为完整的画作，这一过程会非常缓慢，需要我们认真严肃的努力工作，时刻想着自己的初心，并紧抓住每一个从脑中一闪而过的灵感，直到把整个画作完成。

算了，这个话题就到此为止吧，说说其他的。如果说我是在每况愈下，而你却能够蒸蒸日上，如果说我正在失去世界的眷顾，而你却被温柔相待，这也仍然令我开心，请相信我，我这些话都是出于真心。

假如我能够为你做些什么，只要你开口，我就一定全力以赴。我们现在相距甚远，在很多事情的看法上也颇为不同；但是我始终相信，总会有一天，我们会像从前一样，心心相印，成为彼此的好帮手。

我现在正忙于临摹米勒的大型画作。我相信，我临摹的水平绝不会让你失望。我手中已经有二十多幅米勒画作的复制品，如果你能寄来更多，我会对你感激不尽，我现在已经完全拜倒在他的脚下，所以决心认认真真地对他研究一番。我知道有些作品的复制品不太容易搞到，但请一定要替我留心，只要发现有合适的就写信给我，告诉我大约多少钱可以买到。希望将来我能卖出几幅关于矿工的画作，以便挣够钱来买米勒的作品。

我画了一幅表现矿工生活的作品，男女皆有，他们走在雪地上，正要走向清晨的第一缕阳光，路边长着荆棘丛，人影交错，在清晨的阳光中依稀可见。背景是巨大的矿山，还有大堆大堆的煤渣，他们的轮廓模糊，与清澈的天空形成强烈对比。我希望能够将这一题材重新画一遍，相信会比这次的作品更出色。

我在持续地临摹巴格的作品，打算先把它完成再做其他工作，因为我能明显感觉到，这一练习可以使我的头脑和手法既灵活又强壮，这种练习的效果真是非常好。在临摹作品的间隙，我会阅读一本关于人体解剖的书，还有一本是关于透视法的，这也是好心的特斯迪格先生借给我的。这种学习很枯燥，有时候，书上的内容会让我抓狂，但总体来说我还是能够坚持下来。

如果你能找到米歇尔的作品，一定让我看看，特别是他的风景画，现在我看这些画的眼光与我初学画时已经大不相同。

现在你知道了吧，我在发疯一样地练习绘画。不要为我担心，只要我能够坚持下去，所有问题都可以迎刃而解。当然，不要指望马上出现什么大的转机。但是我相信穿越这片荆棘丛，就会开出洁白的花朵。看似无望的努力就像是生育时的痛苦一样，阵痛不可避免，但幸福也会骤然而至。我想你一定希望我能画出好作品来，希望这能够成为我们恢复关系的重要途径，这样我们就可以像以前一样互相帮助。

最近我有一次远足的经历。我对自己说：必须亲眼看看库里埃尔，看一看朱尔斯·布雷东的工作室。工作室的外观很令人失望，不过我想，如果我有勇气走进工作室，我就会完全忘掉外观带来的不适感。但是我还是没有勇气走进去，因此也就无缘亲眼目睹这一神圣之地。我在库里埃尔游逛了很长时间，试图寻找布雷东留下的痕迹，间或搜寻一下其他艺术家的踪迹；我在一个照相馆里找到了一幅他的作品，还在一个老教堂的黑暗角落里找到了提香的《基督下葬》的一张复制品。这会不会是布雷东画的？我也无法确定，因为没有找到任何签名的痕迹。

但是至少我亲眼看到了库里埃尔周围的村庄，看到了这里的干草堆，棕色的土地，或近乎咖啡色的泥土，这些泥土中点缀着不少的泥灰斑点。对我们这些看惯了黑色土地的人来说，光是泥土的颜色就让我们感到新鲜。这里也有一个煤矿。我曾看到上白班的矿工迎着夕阳爬出矿井。不过，这里不像博里纳日，没有穿着男人衣服的妇女。这里的矿工一脸倦意，毫无生气可言。他们的脸上满是煤灰，身上穿着破破烂烂的矿工衣服，其中有一位还穿着士兵的斗篷。尽管这次远足让我疲惫不堪，腿脚酸痛，而且还看到了一些很是凄凉的画面，但是我不后悔有这样的经历，因为我在这一过程中看到了有趣的东西，一个人应该学会如何用正确但又不同于常人的眼光来看待生活中的苦难。

在远足途中，我用旅行箱里的一些绘画作品换了一些面包，因此一路上基本没挨饿。可睡觉问题就没那么好解决了。远足途中的最后几个晚上，我都是在露天度过的。其中一次是在一个废弃的马车上，等着第二天早上我醒来时，发现身旁全都铺上了一层薄霜，这种地方真是不适合晚上睡觉；另一次是在柴火堆里；还有一次是在干草堆里，我很精心地布置了一番，满意之后刚要躺下，天空却下起了小雨，挺好的栖息地就这样被糟蹋了。

即使在这种艰苦的条件下，我却仍能感觉到自己身体内集聚的能量。于是，我对自己说：不管发生什么，我都会重新振作起来；我会重新拿起我的画笔，继续我的绘画练习，而我在极度失落的那段时间里几乎已经丢弃了它。从我产生了这个念头之后，一切都发生了重大的改变，现在我真的已经恢复了练习，画笔在我手中一天天变得越来越得心应手。那些一眼望不到尽头的贫困曾让我心灰意冷，无心做任何有意义的事情。

远足途中引起我注意的另一番景象是纺织工人聚居的村落。矿工和织工构成了一个独特的群落，不同于其他的体力劳动者和手工业者，我对他们的生活境况深感同情，我非常愿意将他们的形象画进我的作品里，好让这些不被人们所知的人群呈现在大众眼前。来自地狱深处的人们，这指的是那些矿工；带着梦幻气质的一群人，有些漫不经心，简直就像是梦游者——这说的是织工。我和他们已经共同生活了两年多，大致了解了他们最本真的性格，特别是那些矿工们。这些贫穷而不被人所知的劳动者属于社会的最底层，常常被世人轻视，而且，世人会凭借自己十分丰富却荒谬无比的想象把这些人看作是罪犯或窃贼之类的形象，但实际上，我却经常可以在他们身上找到动人却又使人心疼的东西。

对于梅龙的作品我有些了解。想不想亲眼看个有趣儿的景象？那就把他的一幅代表作和建筑师威欧乐·勒·杜克或者其他建筑师画的建筑设计图并列欣赏，你就能够看出梅龙画作的力量，使参照物完全成了陪衬。你能从他所画的砖瓦、岩石、铁质扶手或者桥梁的栏杆中看到人类灵魂的影子，因此，面对他的作品，我经常黯然神伤，却又说不清因为什么。据说，梅龙确实有这样一种独特的展示悲悯大爱的能力，就像狄更斯塑造的西德尼·卡顿这个人物一样，他甚至能够对某个地方的石头表现出超出常人的爱意。

在米勒、布雷东和伊斯雷尔斯的作品里，我们也能够发现这种人类灵魂的影子，而且表现更崇高、更优美，或者按照我的说法，更像福音。也许将来你能看到我也是一位艺术家，尽管我现在还不知道自己打算画什么类型的作品；我希望自己也能够画出这种具有人性光辉的作品。但我现在必须先把巴格画完，然后再找一些更有难度的东西来临摹。路是小路，门是窄门，正因如此，门路难寻。

前往巴黎是我的夙愿。但是我怎么去呢？我现在连一分钱都挣不到，即便我努力工作，要攒够足够的钱也颇费时日。要想在那里专心致志地创作，我每个月至少需要一百法郎；如果每月的收入不够一百法郎，就算能勉强维持生计，也一定捉襟见肘。

这里的日常花费相对较低。但是我自己很确定，不能总在这样狭小的屋子里工作生活。这是一间很小的屋子，里面却摆着两张床，一张是小孩子的，一张是我的。我现在临摹的是巴格，很多习作的画幅都很大，你能想象到我在临摹时有多么不方便。我不想给房主

047

添麻烦，让他重新考虑房间的格局，而且他们也已经告诉我：不要想着占用另外那个房间，因为妇女们还要用它来当洗衣房。

凡高的人生轨迹：

在博里纳日住了这么长时间后，凡高终于无法忍受了。那里完全缺乏必要的艺术氛围，凡高认为自己在那里不会取得任何绘画方面的进步。于是，他在1880年10月来到了布鲁塞尔，报名参加了布鲁塞尔艺术学院开设的免费绘画课程。不过他没能坚持多久，原因主要有两个：一，学校老师要求他们不断临摹石膏像，而凡高认为这对于技法的提高没有什么帮助，他更希望能够画真人模特；二，当时凡高已经二十七岁，而他的同学们都是十几岁的青少年，凡高感觉和他们没有什么共同语言，于是感到格外孤独。

布鲁塞尔的消费水平很高，而这时凡高的经济来源主要是父亲每月寄来的六十法郎生活费，可他的房租每个月就需要五十法郎，因此这些钱显得严重不足。这时提奥主动提出资助哥哥，于是，长达十年的马拉松式经济援助开始了。

布鲁塞尔，1880年10月

这封信是我在布鲁塞尔给你写的。因为我觉得非常有必要改善一下我现在的居住状况，这是有多方面原因的；首先，我现在住的这个房间面积过于狭小，照明也很差，在这种环境里画画实在不舒服。好兄弟，实话跟你说，如果我必须在奎姆再住上一个月，我肯定会病得很惨。千万不要以为我在这里的生活很富足，现在我的主要食物只有干面包、土豆，或者几个栗子。如果我能够住进一个更宽敞、条件也更好的房间，并时常去餐厅吃上一顿可口的饭菜，我的身心各方面就都会得到改善。我在那个比利时的"小黑村"住了将近两年时间，期间受苦无数，健康状况也受到了损害，但是，如果我能够在学画方面取得较大的进步，从而用作品表达出我的所思所想，我就会忘掉这一切，而只看事情好的一方面。只要调整眼光，光明面总是存在的。但是我必须通过饮食起居来恢复能量，因为没有了气力，我靠什么来坚持绘画？

父亲给我写信说，现今我可以依靠他通过中间人每月带来的六十法郎来维持生活。不过，这里的费用可远远高于这个数字，这对我来说可不是一个好消息。学习绘画所需的各种材料、画笔、颜料、稿纸、各种绘画书籍，这些都需要花钱，而这些还只是最低需求。

不要指责我不懂得节俭，实际上，过于节省才是我现在的毛病，如果我手头能够更宽裕一些，我会进步得更快。

这里的最低消费水平至少是每个月一百法郎，如果不够的话，那就意味着饥寒交迫、捉襟见肘，不仅没有足够的资源来学习绘画，而且身体也会多多少少受到损害。钱的问题是个大问题，有的人因为金钱充足而屡有斩获，有些人却因为生活窘迫而不得不放弃艺术。"穷困阻碍进步"，这是帕里西说过的一句话，如果你仔细想想，自然会感觉很有道理。我经过深思之后，必须要说：我们家族中有两位叔叔都非常有钱，而在年轻一代中，你我都选择了与美术有关的职业（尽管具体从事的行业不同），在这样的一个家族中，难道我就不能拿到每个月一百法郎的生活费，促使我完成学业，从而成为一名有稳定收入的画师？三年前我与科尔叔叔确实有过一次争执，但那是否说明我们两人会一辈子不再来往？其实，我从来没有把他当成敌人，我认为这是一场误会，我愿意低头认错，承认整个事件都是我的错，不再做任何申辩和讨价还价，因为我已经没有时间再耽搁。

我很清楚，不管我多么省吃俭用，布鲁塞尔的生活成本也要比其他地方高很多，但是，学习画画完全靠自学是不行的，必须有人指导。我觉得只要我努力学习（我可以很负责任地说，我现在确实很努力），也许文森特叔叔和科尔叔叔会做点儿什么，就算不帮助我，至少也会帮助父亲一下。

我知道有些年轻人和我一样刚开始学习绘画，手头也不太宽裕。生活在同样的境遇中，能够并肩前行，能相互鼓励。我真心希望自己能认识一些和我境遇相同的青年艺术家，这样我就可以在一个条件相对较好的画室进行学习。要想真正取得进步，真的需要不断有机会欣赏到好的作品，同时也要了解其他艺术家是如何作画的。这样我才能明白自己的优缺点，从而有的放矢地练习。

就算从一个水平没有那么高的艺术家那里，我们也可以间接地学习很多东西。比如说，莫夫从弗舒尔那里学到了如何用透视法来画马棚和马车，还有马的解剖图的画法，但是我们都知道，后来莫夫的水平远远超过弗舒尔。

时常观摩好的作品也非常重要，它们会不断给我新的灵感，同时坚定我的决心：一定要用自己的双手创造出自己喜爱的作品。

作为一个学画者，要想让自己的作品不断进步，就必须学习实物比例的原则，还有明暗对比和透视法。要是没有这些知识，那将会是盲目的努力，最终也不会取得多少进步。今年冬天我一定要学习一些解剖学的知识，我不会再往后拖延了，尽管这一学习过程会十分昂贵，而且也需要大量时间。

我最近去看望了罗伊洛夫斯先生，他告诉我，从现在起我一定要开始学会对着实物来作画，比如看着一些雕塑或者真人模特，但这一过程中一定要有高人指点。除了他之外，还有很多人建议我去这里的艺术学院学习，这搞得我真想去学一学了，尽管我知道可能学习的过程并不会让人特别愉快。布鲁塞尔的这家艺术学院是不收学费的，画室的条件也很不错，光线充足，温度适宜，这自然是件好事，特别是在冬天。

我越来越能体会到融入艺术环境的重要。想想吧，如果没有其他艺术家作为参照，一个人怎么知道自己画得怎么样？就算你自己再努力，如果无法接触到更为优秀的艺术家，自己的进步也会非常艰难。有一腔热血当然很好，但是如果没有促使你进步的机遇，成功与否还真是一个未知数。你知道我不甘平庸，但是我并不是完全瞧不起平庸之辈，他们也是经过很多努力才到达那个水平的，而且那个水平对于普通人来说也是很难达到的。

我用钢笔又一次临摹了米勒的《伐木工》。我觉得，如果你想学习蚀刻版画，那么用钢笔作画就是一个很好的准备。用钢笔作画也是铅笔画的一个延伸，而且会比铅笔画更难，所以很难一次成功。我现在很想画出一些能够拿出去展览或售卖的作品，这样我就可以实现自给自足了。一旦我掌握好了铅笔画、水彩画、蚀刻画的技巧，我就会回到旷工和纺织工人居住的农村地区，更多地从现实中寻找作画题材，但前提是我现在一定要不断磨炼我的绘画技巧。

最近我正在忙于一个非常耗费时间的画作，但尽管费时费力，我却乐在其中。不卖关子，我画的是一个大型的骨架，是用钢笔来画的，整个画的面积大约相当于五张安格尔纸。画这个东西是因为我受到一本书的启发，那本书的名字叫《艺术家解剖素描指南》。书中还有手和脚的相关素描。画完这个骨架后，我会开始练习肌肉的画法，主要包括躯干和腿部的肌肉，和其他一些次要部分结合起来就成了整个的人体。然后就是人体的后视图和侧面图。你看，只要有了坚定的信念，我可以把自己的学习安排得循序渐进。

我最近完成了至少一打的铅笔画和钢笔画，感觉比以前有些进步。这种风格有点儿像兰肯临摹的一些英国木刻画，只是还显得不那么流畅，还有些笨拙。画中有一个搬运工、一个矿工、一个铲雪的人，还有一个在雪中走路的老人，不好分辨是男是女。我心里清楚自己画的还不算好，但至少已经有那么个样子了。

我每天都会请一个人给我做模特，比如一名搬运工，一位工人，或者某个男孩。下个周日我会请到一两名士兵来做模特。我必须搜集一些工人的服装来穿在这些模特身上。

只有当我正式系统地学习了这些绘画技巧之后，我才能真正描绘出自己所看到的一切，这样我才能以此为生。如果我能找到一份正式的工作，那当然好，但是我还真不能指望这样一份工作，因为我现在的首要任务还是练习绘画，提升自己的绘画技巧，这样一切才会真的好起来。专业的模特价格会贵一些，如果我有钱请得起他们，我的技能一定可以快速提升。不过，到了那时，画室又会变成必需品。

我最近又画了一幅风景画，其中有很多石楠类植物，这种植物我已经有很长时间没有画过了。我很喜欢风景画，尤其喜欢写生，有时那是一种震撼人心的现实主义，其中的大师包括加瓦尔尼、亨利·莫尼耶、杜米尔、亨利·皮勒和德·格鲁克斯。我的作品当然不能与这些大师相提并论，但我希望继续练习我所喜欢的劳动人民题材，等达到一定水平后，我希望自己能找到一份为图书报刊画插画的工作。如果我可以请得起模特，特别是女模特，我的进步会更神速。我敢这么说，是因为我很了解自己现在的水平。我还想多在肖像画上下一些功夫。

科尔叔叔经常帮助一些学画的年轻人，既然这样的话，你说他有没有可能在我急需的时候拉我一把？这种帮助不一定表现在金钱上。不一定非要给我钱，他也可以把一些有经验的画家介绍给我，这样肯定可以促进我的学习，另外，也可以帮我在某家杂志社找一份稳定工作。

我把这件事和父亲谈过几次，我发现人们现在对我是这样的看法：你生在这样一个家庭，却把自己搞到了这样一副窘境。我告诉他们，这只是暂时的，事情很快就会往好的方面发展。我一直很在乎父亲和你的意见，同时也告诉了特斯迪格先生，但是他好像误会了我的意思，因为他总是觉得我想依靠我的叔父们提供的经济资助来生活，于是他给我写了一封很不客气的信，里面说我没有权利这样做。这真让我感到扫兴。

不知道对我现在的处境是怎么看的。他可能会想，我或者其他人，总有一拨儿不正常。而且，他这个人办事非常小心，所以在这样的处境下应该不用指望他会来帮助我。

这样的经历当然让我心情很糟糕。我又在想那个不断萦绕在我脑中的问题：我是否应该继续下去？我到底能不能取得进步？最终的思考结果依然是肯定的。

现在来看，最省钱的做法是去埃顿度过这个夏天。那里有很多题材可画。在那里，我会衣着得体，至少不要引来过多的非议。而且，如果运气好，我还能见到科尔叔叔，他有可能会在绘画方面帮我一把。不管是在家里还是在外面，他们评论我的方式总是多种多样，很多时候，他们之间会自相矛盾。关于这些，我不会去责备任何人，毕竟人们对于艺术工作者的真实工作状态所知甚少。有时候，为了能够找到一个适合作画的角度，我会去一些在他们看来很奇怪的地方，于是他们就会觉得我要做什么坏事似的。但实际上，这只是艺术创作的一种需要。

有个村里人看到我在一个地方一坐就是一个小时，只是为了画一棵树，他觉得我一定是疯掉了，于是便开始嘲笑我。这也可以理解。就像是一个贵族夫人，只要看到衣着破烂的劳动者就会嗤之以鼻，她当然不会理解我为什么要去博里纳日那种地方，而且还要亲自下到矿井里。在她看来，我也是个疯子。

我不太在乎这些人的看法，可是我依然希望我身边最亲近的人能够理解我，比如你、父亲、科尔叔叔和特斯迪格先生。

我最近有几次和拉帕德一起创作。他已经画得非常不错了，但还是缺少一点儿激情。如果能够把内心的热爱更强烈地表达出来，那就更出色了。

不知不觉间，你坚持给我寄钱已经有一段时间了。这真是对我莫大的支持。请接收我发自肺腑的感谢。请你相信，你的付出不会无果而终，就算我不能通过绘画成为巨富，但至少以后可以每月赚上一两百法郎。

要想作品画得好，艰苦奋斗少不了！

凡高的人生轨迹：

1881年4月，文森特在埃顿的一所小房子里建立了自己的第一间画室，正式开始绘画生涯。

1881年夏天，文森特爱上自己新寡的表姐。他向表姐求婚，得到的答复却是"不可能，永远不可能"。不久，表姐就离开了他们家。可文森特依然不死心,他多次给表姐写信,表达自己的爱慕之情;他还给斯特里克姨夫写信,希望姨夫能支持自己。但这些都没有什么结果。文森特痛苦万分,有一次他竟然把自己的手放在煤油灯的火焰上烤,幸亏有人发现才没有造成严重的后果。

埃顿,1881年4月

我的这桩心事一定要跟你说说。

今年夏天,我的心中升腾起了对K表姐无尽的爱,但当我向她表白时,她却说不管在过去还是未来,她的心中只有一个人,她不能答应我的请求。

怎么办呢?她的答复让我纠结了好久。我是不是该接受现实,就此打住?还是在心里保存一线希望,继续争取满意的结果?我选择了后者,而且我不会为此感到后悔。当然,自此之后,我多次遇到了"人间的小悲剧";爱情中小小的挫折也自有其价值。人生难免有绝望的时候,那种感觉就像在地狱中一样,可是,一定要记住,就算在最悲惨的时候也会有好事悄悄露头。

我现在已经大致了解了自己的境况;我知道我现在遇到的最大阻力来自于那些长辈们,他们认为选择只有一个,那就是逼迫我放弃这份感情。他们现在蛮照顾我的,没有马上要求我做出表态,而是先把这件事放一放,等到舅舅和舅妈的银婚庆祝活动结束后再说。活动一结束,他们就会断然采取行动了。

表姐自认为她绝不会改变主意,长辈们也跟我说她不会,可是我能感觉出他们的担心,他们担心,如果表姐真的答应了我,他们该怎么应对。我觉得最终的决定因素不完全在于表姐,而在于我以后能够挣多少钱。如果我能够挣到一年一千法郎，不管表姐同不同意他们都会支持我，他们甚至有可能去劝说表姐呢。这就是我脑子里的头绪，如果你认为这样说把长辈们想得太势利了，那还请你原谅我。你可能从他们嘴里听说我在逼迫表姐答应我，这纯粹是他们的看法，谁能不明白，在爱情中，逼迫没有任何用处。我不会那样做的，永远不会。但是我心里确实希望表姐能接受我，我们可以时常见面，多聊聊天，甚至互相写信，以便增进了解，让彼此更清楚互相是否合适。

你能相信吗？真的有一位长辈私下里闲谈时跟我说：只要你工作努力，在事业上取得一些成绩，求爱成功的机会依然很大。我原来从来没有奢望他会支持我，但他竟然真的说了这样的话，这个人就是文森特叔叔。他很欣赏我求爱遭拒后的反应——别太当回事儿，用幽默的方式来处理。我希望我能保持这种状态，同时更加努力工作学习。我发现，自从遇到表姐后，我的绘画水平也提高了。

我希望自己能够抓住任何一个和她接近的机会，我的愿望是：

天长地久地爱她，

直到她回心转意。

很多人都反对我的做法，可我不想被他们的反对压垮。我会一直保持对爱情的勇气，直到最后成功。

如果我的做法让你不知说什么好，我也不会感到奇怪。

现在我想问问你，如果一份严肃而炽热的爱情遭到了对方的严词拒绝，而当事人的热情却没有受到多少损伤，你会不会觉得多少有些奇怪？我觉得你不会感觉奇怪，恰恰相反，你会觉得非常自然合理。爱情是一种积极的情感，真实而热烈，这种感觉一旦产生，就不会轻易消失，就像一个人不会轻易结束自己的生命一样。

我觉得自己就没有自杀的倾向。生活对我来说还算不错，而且人生中有自己爱的人也是一种幸福。我的人生与爱情可以合而为一。对于表姐的拒绝，我把它看作是一块冰，我把它放在胸前，试图使其融化。最后谁会获胜呢？是坚冰的寒意，还是我心脏的温度？如果他们不相信后者，我就不知道他们的物理是怎么学的。

我知道表姐对已经去世的丈夫还怀有爱意，她要开始一段新的爱情，多少会有一些负罪感。我能看到，她经常会满含深情地把自己掩埋在对过去的回忆中。我尊重她这种感情，这种感情也让我动容，但是我总觉得其中有太多宿命论的成分。所以说，这些都不会让我退缩。我会努力营造新的"恋爱的感觉"，不是为了代替以往的旧情，而是要给自己找到一个位置。

当她真的说出那句拒绝的话时，我的头上像被打了一记闷棍，我陷入痛苦中久久不能自拔。然后，在那触及心底难以名状的痛苦中，有个念头像从黑夜中划过的闪电一样闪过我的脑海：屈服的人将永远选择屈服，而心中有着信念的人将永远跟从自己的信念！于是我挣扎着振作起来，选择跟从信念。尽管我知道在一开始的这段时间里，我在她身边给她带来的不是快乐，而是痛苦，但我还是下决心留在她身边，因为我心中也有一个信念："非她莫属。"这一想法让我变得无比坚定。

在整个事件中，我一直保持着冷静与信心，这对我的绘画也产生了积极的影响，我作画的热情与日俱增，而且我感觉一定可以成功。这倒并不是我一定要变得多么与众不同，"平凡"也很好，我的意思是我的作品至少应该观念正确，合情合理，有存在的权利，也能够达到预想的目的。我认为没有什么比一份真爱更能够让我们重燃对生活的热爱。一个深度了解生活现实的人还可能走上邪路吗？我认为不会。但是我应该把这种奇妙的感觉、这种发现爱的过程比做什么呢？如果你找到了那个值得你爱的人，那绝对是生活中的一种奇迹。然而，如果她对你的回应不是"好啊，我愿意"，而是"不可能，绝不可能"，那就如同晴天霹雳。

我能感觉到，家里人似乎在向我暗示：我要时刻做好准备，她可能会很快接受一个更为富有的求婚者的追求；而她也绝对不会接受我这份"姐弟恋"；还有，不要因为这份荒唐的感情而耽误了随时有可能向我走来的好姑娘。你觉得他们这些话能不能接受？是不是很贴心？

就在今年夏天，你告诉我，最好不要把生活的艰辛说出来，把它们留在心底更好。你这句话让我印象深刻，但是我不是很同意这句话，我知道自己的弱点，我经常会寻求别人的同情，但有时又会找错人。我找的一些人在听完我的倾诉后，他们所说的话不会让我变得更坚强，而是变得更软弱。父母都是心地善良的人，但是他们不太明白我们内心的感受。他们全身心地爱着我们，我们也同样爱着他们，但是，唉，在遇到实际问题时他们并不能提供非常实用的建议。这不能说是某个人的错，而是年龄、立场和环境差异造成的……不管发生什么事情，家永远是我们的避风港湾，我们一定要铭记这一点。对其表示尊重是我们的义务，我举双手赞成，尽管你可能没有想到我会表达得如此直白。

所以，我的兄弟，这就是我的爱情故事。是不是让我渲染得过于多愁善感，实际上却十分索然无味？

我现在正坐在这斗室中给你写信，身边都是临摹的作品，大多数是人体画像，有男有女，还有儿童。现在，我忽然有一种感觉："我已经拥有了一双画工之手。"这真是让人兴奋，尽管有时候它们还是不能完全表达出我心中所想。

如果有机会,我希望你能委婉地劝说父母,少一些悲观,多一些勇气与仁慈。我确实对父母有一些怨言,但那都只是针对我对于表姐的感情,他们认为我做的事"不合时宜,缺乏教养"(后来我告诉他们不要使用这么让人受伤的说法)。在这段时间里,他们对我非常好,可以说是关怀备至,但我还是希望他们能理解我在这件事上的想法。他们希望我放弃,但是我不肯。今年夏天,只要母亲说一句话,我就能找到机会跟她说一些无法在公开场合说出的话。但是她就是不肯说出那句话,相反,她斩断了一切我可以倾诉的机会。

她的脸上总是写满对我的同情,同时说很多表示安慰的话,我知道她在上帝的面前一定为我作了一番真挚的祷告,希望我能接受他们的建议。但我觉得到现在为止上帝并没有听到她的祷告,因为我现在依然充满了追求爱情的力量。

违背众人的劝告,执意坚持自我,有时候会带来一种满足感。当然,在多数情况下,询问别人的意见还是非常有用的,有些建议明显就非常明智,因此也就不需要我们一定要对着干。但遗憾的是,这种情况很少出现,我们听到的更多是糟糕的建议,这种所谓建议比比皆是,不胜枚举。

自从我爱上表姐之后,我就意识到,我的胜算非常之小,除非我能够把自己全身心的爱都奉献出去,完全没有保留;即使这样,希望依然渺茫。但是,考虑这些结果有什么用呢?希望大还是小能影响我炽热的爱火吗?不,所有的计算都是徒劳。爱就是爱,没有理由,不计得失。如果我们能保持头脑清晰,感官敏锐,我们就不应该隐藏自己的感受,也不会刻意压抑自己的感情,我们只会由衷

059

地说:"感谢上帝,我终于找到了真爱。"

有些人非常自以为是,总觉得自己一旦看上了某位女士,那毫无疑问"她就是我的"。对于这样的人,有必要让他在爱情方面碰几次壁,吃几回亏,让他在心灵深处经历惨痛的斗争,爱与不爱被提升到生与死的高度,他的命运就像是波涛汹涌的大海上一艘单薄的小船,在巨浪中飘来荡去。只有这样,他才会真正了解女人的心是怎么回事,这样的女人才值得他为之疯狂。很多年前,我曾幻想过自己坠入爱河之后的景象,但这种幻想不是完整的,因为还有一个较为理智的自己在冷眼旁观,这种半真半假的幻想让我多年来一直感觉羞耻。但是现在,我希望多年以来的羞耻感能够在这次的经历中一扫而光!我深知自己曾经经历过苦痛与折磨,但这些都不能阻止我现在采取行动!

提奥,如果你能有机会像我一样坠入这样的爱河(当然,我希望你的爱情之路能够比较顺利),我相信你一定可以从中发现一个全新的自己。我们两个人在人生的大部分时间里接触的都是男人(虽然你的交往面要比我大得多),而且也都有一份值得努力的工作,在处理这些人或事的过程中,我们主要靠的是理性——其中包含一些人际交往的技巧,但更多的是需要严谨但枯燥的计算。可是,一旦坠入爱河,你自己的表现会让你大吃一惊,因为你忽然发现还有另外一种力量在督促着你采取行动,那就是我们炽热的情感。

我们曾听很多人说过:"做这事我没过脑子,我基本上就是跟着感觉走。"很多时候我们倾向于嘲弄这种行为方式,但是你不能否认这种思维方式的确存在。现在我面临的就是这样一种情况,父母对我这件事基本上不置可否,既不公开支持,也没有公然反对。

对他们这种态度，我也不是很能理解；就像是一杯不凉不热的温吞水，虽然不会烫人也不会让人感觉嘴里冒凉气，但喝起来也总觉得不舒服。

今年夏天我和父亲说起这件事的时候，他莫名其妙地打断了我，跟我讲了一件趣事。他说，有一个人总是喜欢暴饮暴食，而另一个人就基本上什么都不吃，吃东西就跟吃鸟食一样。这让我感觉摸不到头脑。这两个故事没头没尾，于是我不禁想：父亲这是怎么了？也许他是出于紧张，因为他没有意料到。不过我和表姐一起散步也有几周的时间了，他不会完全没有察觉。可是，这双眼睛真的看到了一切吗？当然不会。如果我在说起对表姐的感情时含含糊糊，犹豫不决，他们的这种态度也多少可以理解，可是，现在情况不是这样。这份爱情使我变得果断坚强，浑身充满力量，就像是每个获得真爱的人一样。既然都这样了，为什么他们的态度还那么模棱两可呢？

如果一个人对钱财的追求超过真爱，在我看来，这个人病得不轻。野心和贪婪是我们内心的两个恶魔，他们会联起手来共同对抗真爱。从我们人生的一开始，它们就在我们心底慢慢滋长。随后，伴随着我们人生的脚步，它们也以不同的速率慢慢成长，一边是爱，一边是野心和贪婪。在我看来，如果寻找真爱之心能够健康成长，一个人的性格就不会太差，起码要好于野心和扩张欲望统治的那种人。不过，话要从两面来说，如果一个人只懂爱，却完全没有赚钱的能力，那个人同样存在很多问题。

如果有一天我爱的人爱上其他男人，我会远远走开。如果我看到她为了钱而在一个她并不喜欢的男人面前强颜欢笑，我就会为自己缺乏眼光而请求上帝的原谅。我会说：我错把一张普通的名画复制品当成了真迹。会是这样吗？我觉得不会，因为我已经在绘画方面经过了很好的训练和刻苦的钻研,我相信自己的眼力。

她那听起来无情的拒绝教会了我很多东西;首先,我对于这个世界是多么无知;其次,女人有着属于自己的内心世界。还有,这个世界上存在着多种多样的生存意义。你不能否认某个人生存的意义,除非你可以举出反例。(就像我们的宪法上所说:"每个人都是无辜的,除非你可以证明他的罪行。")如果人们能意识到这一点,也算是思想上的巨大进步了。他们会说:"这个人存在于现实中——我亲眼看到了他的存在,他还曾与我交谈。他存在的证据是他对某件事非常有兴趣。他存在于世间这一事实无可辩驳,因为他目睹了他的存在方式,也知道他在为着什么目标而努力。所以我不会认为他的人生没有意义。"但遗憾的是,很多人不会这样想。他们似乎必须亲耳听到那人说出自己存在的意义后才会相信。

如果我是在二十岁时遇到她,那会是一种什么感受呢?很难想象;当时由于长期的贫困和艰苦劳作,我的体力很差,身体中也很难迸发出惊人的力量。但我依然非常相信自己的精神力量,那时的我从来没有想过索取,而只是想着如何给予。这种想法非常愚蠢,有些虚张声势,也有些狂妄自大。在真实的爱情中,一个人不仅要给予,也要适当地学会索取。给予和索取是爱情中的两部分,缺一不可。《圣经》上说:"像爱你自己一样爱你的邻居。"一个人可能会爱得过多或者过少,这两种方式都有问题。只索取不给予,那是地痞无赖、窃贼和高利贷者;而只给予不索取,那就产生了耶稣会士和法利赛人,依然是流氓无赖!不管你偏向哪一边,最终的结局都是堕落;其他任何人也救不了你。我也曾堕落过,但幸运的是,后来我又奇迹般地爬出了深渊。帮助我改邪归正的重要因素是大量阅读关于身心疾病的书籍。我更加了解了我的内心，同时也增强了对于他人心灵的认知。我逐渐学会了如何去爱身边的人，当然也包括自爱。我那已经枯竭的心灵开始复苏。我越是尝试着与身边的人进行接触与交流，我就越感觉到自己获得了新生，直到我遇到了她。

第 2 章

1881年12月至1883年9月

凡高的人生轨迹：

由于不想和父母见面，凡高从阿姆斯特丹来到海牙，见到了表妹夫安东·莫夫，跟他学了几周的绘画。莫夫对他很是欣赏，这让文森特信心大增。

回到老家后没多久，他就与父亲大吵了一架。父母一气之下把他赶出家门。文森特也情绪激动地说再也不会回这个家，于是他又一次身无分文地来到了海牙。

海牙，1881年12月

我的所有想法和感受都要表现在绘画中。一年后我的绘画水平会是怎样呢？

圣诞节时，我和父亲大吵了一架，我们两个情绪都非常激动，父亲甚至已经打算把我轰出家门。他话一出口，我当天就决定离开。事情的起因很简单：我不想再去教堂做礼拜。而且我还说，如果他们逼迫我去教堂，我会毫不犹豫地拒绝，并且此后再也不去了。我做出这样的决定是有充足的理由的：曾经有一段时间我对宗教很狂热，等恢复理智后，我终于发现了宗教那具有欺骗性的一面；为了不再对过往有太过痛苦的回忆，我决定暂时终止一切宗教活动。当然，这只是理由之一，在众多的理由中，或许我与表姐之间的事情最为关键。

我去找莫夫，跟他说："我在埃顿已经住不下去了，之后我第一个想到的就是你这里。"莫夫说："那就留下吧。"于是我在郊区租了一间工作室（包括一个大房间和一个小隔间），位于申克威格大街上，距离莫夫的住处大约有十分钟的路程。一个月只要七个荷兰盾，非常划算。阳光从南面照进窗子里,感觉很棒。我相信,经过一段时间的装饰,屋子里面会更漂亮。你能想象我当时是多么兴奋嘛!

你能想象到现在我心里在担心什么。但我也很庆幸,现在已经距离那里几百里之遥,我不可能再回头了。既然走了出来,就不要想着回去。眼前的道路都是崭新的,它已经清清楚楚地展现在我面前。

父亲写信说,如果我需要钱,他可以寄给我,但我不会伸手跟他要的。我现在要自力更生,尽管我还没有想出来具体该怎么做。我们之间的关系需要很长时间才能恢复,因为我们的意见分歧太大了。

1月1日我就要搬进新画室了。我不打算在屋里放床,有张毯子就足矣。但是莫夫坚持要我置办一张床和几件简单的家具。他甚至说:"要是有必要,我借给你。"他建议我穿得好点儿,生活不要太节俭。

我不想与其他画家有太多交往。每天我都能发现莫夫身上的过人之处,这就足够了,我还指望什么呢?我现在已经知道了自己的努力方向,所以也没必要把自己藏匿起来。对其他人的态度是:既不回避,也不刻意接近。

我买的家具都是真正的"康斯塔布尔风格",当然,这个说法是你发明的;而且我坚信,我的比你的更具有这种风格。我屋子里有两把厨房椅,还有一张相当结实的餐桌。

莫夫借给了我一百法郎,用来租房买家具,还有装修窗子和安置灯具的费用。一开始我不愿借他的钱,因为我不喜欢负债的感觉,可转念一想,长期来说,这种方式比整天租用家具要划算。顺便说一句,我还在期盼着你寄给我一百法郎呢。至少一月份可以寄吧?

莫夫的帮助给了我很大的希望，我觉得过不了多久我就能挣钱养活自己了。现在我有了自己的画室，这多少能够堵住那些总是说我太业余的人的嘴。

事情发展到了这个地步，我也就不再抱怨什么了；在经历了无数次感情的大起大落后，现在我的内心倒是平静了下来。危难时刻也有安全的避风港。要是我们什么都不敢尝试，那我们的生活会变成什么样子？这些经历给了我很大的动力，尽管让我险些跌倒；风浪很大，有时几乎被吞没，这些都是以前我没有预料到的。我想勇敢向命运发起挑战，认真过好每一天，争取赢得每一个关键点，让生命绽放出光彩。

兄弟，我现在有了自己的画室！你知道这多么让人欣喜！我以前做梦也不会想到幸福会来得如此突然。莫夫最近正在画一张尺幅很大的作品，里面表现的是几匹骏马拉着一艘渔船越过沙丘。海牙这座城市很让我激动，我已经在这里发现了很多漂亮的画面。我一定要把这些表现在自己的作品里。

莫夫打算让我画画模特；这需要一大笔钱，但是从长远来看，对于绘画技术的提高也最有帮助。没有模特，我只能在室外作画，可是你也知道这里的天气什么样，我试过几次，每次都特别煎熬。前几天我都怀疑自己是不是中暑了。我试着找过几个模特，但是费用太高，我真是雇不起。我不打算再跟莫夫借钱了，他帮我的已经够多了。他答应为我争取普尔奇利俱乐部的会员资格，那样的话，我就可以每周有两天晚上去那里画模特，这样也便于和其他画家交流。

今天我去了一趟古皮尔公司，也实在是没办法，我是真心指望特斯迪格能看在多年交情的份儿上资助我一把。还好，他真的借给了我二十五法郎。我希望我们能与特斯迪格先生订立一个书面协议，这样会让我吃一颗定心丸。提奥，我现在非常希望一种财务上的稳定，告诉我每月我能拿到多少钱，我就可以提前做好计划，哪些事情能做，哪些事情不能做，我心里都会有个数。如果他对我不是特别放心，他可以控制数量。怕就怕不断变化，我刚刚做好的计划却要因为钱突然减少而不得不中断。

不管对你还是对我，这段时间都非常难过，但我相信我们正在取得进步，磨砺过后就是收获。

你说："现在莫夫确实很能够吸引你，所以你会夸大他对你的影响力，任何与他不一样的人都不和你的口味，因为你只会在人们身上寻找同样的品质。"

现在我很想把事情处理得好一些，因此我再次给父亲写了一封信，说我现在租了一个画室，并祝家里人新年快乐。我希望我们在新的一年里不会再吵架。也许我做不到，但无论如何也要尝试一下。

你说："将来总有一天你会后悔不迭。"好兄弟，实话对你说，我早就后悔了。我曾经试图阻止，但是没有成功，过去的也就让他过去吧。我还会继续后悔吧？不会了，我现在已经没有时间了。我的所有热情都转移到了绘画上，就像是水手渴望出海一样。

如果这个冬天我能够留在埃顿的话，我的境况会好很多，至少在日常开销方面；不过我不想多考虑这些，因为它们只会让我更伤心。既来之，则安之，我现在就应该全身心地投入自己的工作与事业中，把一切的缺憾都弥补过来。

现在说说莫夫，我确实非常欣赏他。我喜欢他的作品，能够与他共事真是幸运至极。但是这并不表示我会被他的风格所限制，除了他的作品，我还有很多欣赏的画家，而他们的风格与莫夫大不相同。我们的作品是有很多共同点，但也存在很多不同。不错，如果我喜欢某个人或者他的作品，我确实会变得很狂热，但这并不表明我就会排斥其他人，我在有意识地抵制这种非黑即白的思维方式。

我的画室现在越来越漂亮了。我希望你能来亲眼看看，我把我最近的绘画习作都挂在了墙上，我希望你能把我以前的一些作品也寄过来，相信会对我的创作有帮助。这些画可能卖不出去，我也承认它们的诸多缺陷，但我觉得其中确实表现了一些真实自然的东西，因为我在创作时确实心中装满了感动。

莫夫正在教我画水彩画。我对此很着迷，总是在不断涂抹。我已经用水彩画出了几幅小画，还有一幅尺寸比较大。我第一次拿着自己的钢笔画去莫夫家的时候，他告诉我说："光画细笔画是不够的，你一定要学会用粉笔、炭笔和其他各种粗笔去作画。"说实话，用这些新家伙确实给我带来了不少麻烦。我努力保持耐心，可也有保持不住的时候，有时候不耐烦了，我也会把笔摔在地上。过一阵儿我会给你寄去几幅我用粉笔、炭笔和大刷笔作的画。后来我去莫夫家时手里拿着不少新作品，莫夫当然会一一评点，有理有据地指出里面的不足，但是我自己心里知道，我多少还是取得了一些进步。

现在又是一个考验我耐心的阶段。莫夫说我要做好准备，因为要想熟练掌控手里的画笔，至少要尝试十次以上。但我觉得我现在进步很快，而且作画的时候能尽量保持沉着镇定，犯了错误也不会过于懊恼。

现在这里的天气不太好，所以这个冬天不会太好过。不过，我依然很享受这样的生活，特别是有了自己的画室，那种快乐用言语都很难表达出来。

刚才有人告诉我说，某个人来看过我，结果恰逢我不在家。我想可能是特斯迪格先生。我希望是他，我正好有些事想跟他谈。那个人说他明天上午会再来一次。

我正在画一张小型的水彩画，画的是我工作室的一角，有一个小女孩正在研磨咖啡。我正在为它选定合适的色调。

我现在的主要麻烦来自模特。我在努力寻找合适的模特，可找到之后又很难让他们来我的工作室。今天早上，本来约好了一个铁匠的儿子来给我当模特，可是那个孩子来告诉我说，他父亲要求我每个小时付给他一个荷兰盾。从我自身角度来说，毫无疑问我在努力学习作画，可是雇用模特这事完全取决于我手里有多少钱，而且还与我作画的速度密切相关。我当然想画得快一些，可是……不多说了，你应该明白我的意思。在拥有足够的资源与自由之前，我不得不约束一下自己。

在这里定居之后，每天都会有一些意想不到的花销。每个月一百法郎对我自己来说已经足够了，我会尽量节衣缩食（我一般会去救济站领吃的）；可是如果我想每天雇用模特，那花销就不是这一百法郎能够满足的了……我希望你能继续支持我。

一周又过去了。我现在有了一些固定的模特，每天在我这儿从早上待到晚上，模特还相当不错。我现在主要练习水彩，兴趣越来越浓，手法也越来越熟练。明天会有一位大妈来我这儿做模特。

与此同时，我还是想绘制一些小型的钢笔画，风格要与今年夏天画的那种大型作品有所区别：我希望能画出更为质朴与粗犷的感觉。我出门时经常在救济站或者候车厅这些地方做素描。现在面临的主要问题是，这些地方都非常冷，而我又不像一些熟练画家那样可以很快完成，而且我还多加入一些细节，不然对我以后的创作就没有什么用处。

说这些是想向你证明：我并没有无所事事，而是真心想要在这里安定下来，并取得一些成就。莫夫和特斯迪格先生都来看过我，这真是让人非常高兴。我的水彩画进步很大，相信用不了多久就可以卖出一些了。特斯迪格先生就曾说过类似的话，他说如果一些小型作品能够更出色一些，他一定会出钱购买。还记得我寄给你的一幅素描作品吗？上面画的是一个身材瘦小的老妇人，我正在努力完善这幅画，希望不久就可以卖出个好价钱。

请你相信我，我每天都在画布上涂抹，而且乐此不疲，我唯一害怕的就是失去经济来源，导致我无法继续下去。关于画的主题和尺寸，我会好好听取莫夫和特斯迪格的意见。最近我逐渐掌握一些大型绘画的技巧。昨天晚上莫夫跟我说："这张有点儿水彩的意思了。"要是他不只是单纯为了鼓励我，而是所言不虚，那我的时间和精力就没有白费。我会继续在大型作品中练习如何控制画笔以及色彩的搭配与力度，然后再次转向小型水彩画。

我现在已经感受到了自己内心的力量，我正在尽力将其释放出来。我现在的所有花销都依靠你寄来的钱，我很是愧疚，但情况总比去年冬天好一些。我的努力程度只会有增无减，这一点你尽可放心。如果一切进展顺利，我感觉距离我自力更生的日子已经不远了。

真是怕什么来什么。这几天我感觉非常糟糕，浑身难受，只好躺在床上。时常头痛和牙痛，偶尔还会发烧，我真担心情况还会继续恶化。我挣扎着起床，可过不了多久又难受地躺回去。我已经断断续续在床上躺了三天了。很明显，我的精力已经到了枯竭的边缘。

每天都会有意想不到的花销，这让我非常焦虑不安。

情况确实如此，因为我和莫夫在商量借助室外模特作画，我现在手里一分钱也没有，所以犹豫要不要去，可莫夫误解了，他认为我没有胆量去进行这种新的尝试。

如果我继续努力提高画技，相信过不了多久我就可以卖画挣钱了；但是，到现在为止，很多事情总是让我感觉心烦意乱，不能安下心来。有时，模特站在我面前，我在画画时脑子里不由自主地琢磨拿什么给人家发工钱，如果不能按时给人家结账，人家明天还会不会再来。

莫夫又和我见了一次面，他再次鼓励我继续下去，我答应了。但是我依然很生自己的气，因为我现在不能做自己想做的事，在这一刻，我就像被绳索捆绑着扔进深井中一样，完全无能为力，只能任凭命运摆布。

现在我感觉好了很多，昨天晚上我起床收拾了一下东西，今天早上预约好的模特准时来到门前。我和莫夫花了很长时间商量让模特摆出什么样的姿势，摆好以后准备画的时候，我却忽然之间感觉浑身无力，最后也没能完成工作。我觉得自己应该多休息几天，好好休养一下，相信一定会有很大改善。整体来说，我感觉体力确实没有前几年好，那时候我从来没有在床上躺过一整天。

不得不承认，我的青春时光已经一去不复返，我的精力以及对生活的热爱也大不如前，但从整体心情上，我感觉比以前要好，要更无忧无虑，更轻松自如。我想说的是，不管怎样，今后还有很多好运等着我呢。

我希望随着我不断康复，一切都会好起来。

我依然认为，最经济的方式就是持之以恒，不断前进。困难的日子总会熬过去。今年夏天我们在埃顿时，你跟我提到了应该尝试水彩画。那时候我还对此一无所知呢，可你看现在，我越来越痴迷于画画，甚至给你写信或者去拜访某人都需要从画画的间隙硬抽出来时间来。

几天前，我给科尔叔叔写了一封信，告诉他我现在已经有了自己的画室，希望他来海牙时可以抽时间来看看。今年夏天文森特叔叔也说过，如果我能画出一些不错的小型水彩画，一定要给他送去，他肯定会买下来。

请你花时间帮我调查一下，一般杂志上都可以刊登什么样的绘画作品。我想通过杂志扩大一下自己的知名度。

最近我经常和一位年轻画家一起作画，他的名字叫布雷特纳。他与我的风格很不一样，但同样画得很好，我们经常一起去救济站或者候车室画素描。他会时不时来我的工作室看木刻作品，我也偶尔去看他。

昨天莫夫给我上了一节课，内容是关于如何画双手和面部，以使其中的颜色保持透明。我必须试着忘掉我自学的一些东西，然后用全新的视角来看待每件事物。要想掌握物体的比例，那需要很长时间的练习，非常麻烦。我觉得在我最后几幅画中，各部分的比例关系更为协调，而这就改正了迄今为止我画中最大的毛病。谢天谢地，我终于解决了一个非常重要的问题，现在我几乎没有什么可怕的了。

我和莫夫相处起来有很多障碍，原因在于我们都是在别人面前容易紧张的人，他要花很长时间才能把一个观点给我讲清楚，而我的理解力也并不出色，而在理解之后要想用于实际绘画中又需要很长时间。不过我觉得我们之间的交流正在变得顺畅，他对我的感觉也不仅仅是表面上的同情。他正忙于画一些大型作品。那些作品确实很不错，其中有一幅冬季的风景画非常出色。我觉得他可以在每幅画中都加入自己生活的一部分。他有时候累得要死，不久前他说过："我总感觉身体已经被掏空了。"我现在还能清楚地记得他脸上那疲惫的表情。

今天是 2 月 18 日。特斯迪格先生花十法郎从我这里买走了一幅画，这十法郎就成了我这一周的生活费。他告诉我，他只要水彩画，而且尺幅一定要小。我再次向你保证：我一直在尝试画一些容易卖出去的作品，现在看来就是水彩，但是这个也不是那么轻易就能做好的。现在我已经有了很大进步，相信成功指日可待。不管怎样，至少我的画已经卖出去了，苍蝇再小也是肉。

这一周我大致画出了三幅作品，除去特斯迪格先生买去的那一幅。看到自己的进步，我很是欣慰，这给了我继续画下去的勇气。绘画是我的头等大事，不管别人怎么看，当然，要想真正画好依然非常困难。考虑到上述这些因素，我给自己定了一个可行的目标，那就是在一年内画出一些可以卖出去的作品。我们都需要继续努力，直到看见果实挂满枝头。

今天下午，德·波克过来看我，我当时正在画模特，他看到我请的模特后，说他也想跟我一起画，但最终也只是说了说，并没有真正动笔。能够画模特也是件令我欣慰的事。如果我只画风景画，那么很可能我的作品今后能够卖出高价，可是我原定的创作轨迹就会彻底改变。画人物更为复杂，而且耗时耗力，但从长远看来，这一切都十分值得。

最近莫夫很少来我这儿。今天早上我还在疑惑他为什么突然对我如此冷淡，现在多少有些释然了。他的身体也不是很好，常常闹病，这对他来说也是家常便饭。我觉得这是他来得少的主要原因，而不是因为他对我的作品有什么意见。他曾亲口对我说过："我并不是经常有兴致指导你创作，这段时间我确实太累。不过，你一定要增加一些耐心，总会有我不那么累的时候。"

现在来看，威森布鲁赫是唯一能够见到莫夫的人，我觉得我应该去和他聊聊。所以，今天早些时候我去了他的画室。他一看到我就大笑着说："我敢肯定，你来主要是想和我聊聊关于莫夫的事。"他告诉我，几天前他之所以去我的画室里探望我，也是受了莫夫的嘱托，莫夫对我最近的情况不太了解，于是派威森布鲁赫去打探一下。从我那里回去后，威森布鲁赫很快就去了莫夫的家，跟他说："文森特最近画得非常不错，我就可以从他的习作中学到很多东西。"

他接着说道："他们都叫我'无情之剑'，我确实是这样，即便如此，我依然觉得你画得很出色，不然也不会在莫夫面前夸奖你。"现在既然莫夫总是得病，而且有时候还要努力完成他所承接的一些大型作品，要是我想得知他的一些情况，去威森布鲁赫那里是最好的选择。威森布鲁赫告诉我，不用过于担心莫夫对我态度的变化。然后我又问他对我的钢笔画的看法，他说："我从来没见过那么好的！"

我说："我喜欢用钢笔作画。"

他回答说："那就不要犹豫，按照自己的喜好来。"

我跟他说特斯迪格曾批评过我的钢笔画作品。他说："别把他的话放在心上。莫夫曾说你是天生的画家，而特斯迪格加以否认，莫夫马上反驳，当时我就在现场；要是这样的场景再次发生，我也会支持你，这主要是因为我已经看过了你的作品。"

我不是特别在意他是否会支持我。我现在特别在意的是特斯迪格的话，他不止一次地告诉我："你现在应该好好想想，要挣钱养活自己了。"这种说法经常让我情绪不稳，而我只能努力克制自己的情绪。我现在在马不停蹄地工作，从来不敢对自己有任何放松，他不能用我还不能养活自己来指责我。

我觉得自己就是应该多去拜访一下像威森布鲁赫一样的聪明人。而且，今天早上，他还向我展示了他们正在创作的一幅作品，并向我详细讲解了他们的创作思路。这正是我所急于获得的交流机会。我建议你也可以多去观察一下画家作画的过程，好好看，多提问，这样你就会对他们的创作思路有更好的了解，而这正是很多画商都会忽略的学习机会。确实，人通过直觉也可以理解很多东西，但是如果你看过画家创作，甚至自己试着动手创作点儿什么，那种领悟可不是什么人都可以获得的。

今天，我找了一个孩子当模特，画了一段时间之后，他说要休息半个小时，我便用这半个小时来给你写信。

可能下面的这些话很不中听，但我还是要诚恳地告诉你：我知道你在信中写的有些话目的是要让我开心，可是我看了之后却并不开心。能把自己的画卖出去当然让人感到高兴，可是更让我高兴的是得到像威森布鲁赫这样人物的指导。就算是一幅可能不那么好卖的画（可谁又知道呢？），只要他们说"这幅画很贴近自然，我也要画一幅类似的"，我就会感到受宠若惊。钱的确很重要，特别是现在，可对我来说，最高兴的事就是画出一些真正有价值的作品来。

以后我会尽量不随意追随他人，不管他是画商还是其他画家；我真正应该追随的是模特，至少对我来说，如果没有模特，我将不会得到什么进步。

提奥，曙光总是让人感到希望，而我现在可以很肯定地说，我已经看到了曙光。画人物的感觉非常棒，因为他们是鲜活而有生命力的，虽然创作的过程很艰难，但是如果真的用心了，努力了，是很有成就感的。你在信里说很快会来荷兰，这真是让人高兴。你来之后，我希望我们在画室中能度过一段安静而充实的时光。

我已经收到了你寄来的钱，所以现在我基本上每天都可以雇佣模特了。这更增加了我创作的热情，我几乎废寝忘食地投入其中。现在我找的这些模特都来自于一个家庭：一个大约45岁的女士，她的女儿大约30岁，她的第二个孩子大约在10到12岁之间。他们的家庭非常贫穷，所以他们很乐意当模特挣这份钱。

明天我要画两个孩子，这就要求我一边画一边逗他们乐，不然他们就会不耐烦。下个周日，会有个来自孤儿院的男孩做我的模特，我对这种人物类型非常期待。

我希望为我的画室增加一些人气，所以有意识地和四周的邻居结交。确实，我不太善于和健谈的人交朋友，但却能够和穷苦人（或者叫作普通人）相处得很好，这也算失之东隅，收之桑榆。我尽量顺其自然，并经常对自己说：不管怎样，我住在一个我能够理解，同时也有倾诉对象的环境中，这对一个艺术家正是求之不得的。和模特的交流过程非常让我享受；我们可以从他们身上了解很多。整个冬天，有好几个模特让我难忘。

又进入了新的一个月。

布雷特纳最近正在忙于创作一幅大型画作，是一个挤满了人的集市场景。昨天晚上我和他出去观察街道上的行人，以便考虑在回到画室之后应该让模特摆什么造型。当时我在吉斯特（Geest，这里有一座疯人院）上画了一个老妇人的画像。

我现在必须吸引一些人来买我的画，但在这件事情上我很犹豫，因为如果不是迫于经济压力，我真的一幅都不想卖，我想把每一幅画都保留下来，以便在继续学习过程中作为参考。当我在画单个人物时，一般我都会把他们放在某个环境中，再加上一些其他人物作为背景，比如说一个三等候车厅，一个当铺，或者其他室内设施。

这种描绘背景的工作比画单个人物要难得多，需要慢慢磨练技艺。举个例子，如果我想画三个工作中的女裁缝，就大约需要九十个裁缝作为背景！吓人吧！

特斯迪格先生又来过我这里一次。

在你2月18日的信中，你写道："只要特斯迪格来我们这儿，我们就会谈到你。他跟我说，不管你有什么需要，都可以向他求助。"可前几天我跟他要十法郎的时候，他倒是很快给了我，但是接下来就是一大套的数落，弄得我十分尴尬生气，差点儿没有控制住自己的情绪。我本想把那十法郎直接扔在他脸上，可是转念一想，我得用这些钱给一位模特发工钱，我就强压住了怒火。那个模特是一位很贫穷的妇女，而且还生着病，我不能再拖延人家工钱了，那样我的良心也会不安。于是我低着头没有说话，但我心里暗暗发誓：半年之内我不会再去找他，既不会跟他说话，也不会给他看我的作品。

我亲爱的兄弟，你可能会说："你必须跟特斯迪格先生搞好关系，他就像是我们的大哥一样。"可能对你来说是这样，可对我来说，这么多年来，他展现的更多是严厉和刻薄的一面。

过去这几年，就是我从离开古皮尔到开始学习绘画（现在回想起来，我应该更早一点拿起画笔）这段时间，还有，我在国外衣食无着的时候（在伦敦，我多次在室外露宿；在博里纳日，我曾经连续三个晚上睡在外面），他给过我一块面包吗？他鼓励过我吗？真是一次也想不起来。有一回，我向他借一本画册，我苦苦向他求了四次他才勉强答应。我把最初画的几幅画送给他时，他没有给我一分钱，而只是给了我一个颜料盒。我知道我那几幅画确实也不值几个钱，可像他这样的人肯定会说："我认识他这么长时间了，理应帮他一把。"他当时也应该知道我真正需要什么。

今年夏天我又把自己的作品拿给他看，他说"你的表现让我出乎意料"，但是也并没有收回自己以前说过的话。后来我自己来到了海牙，没有征询他的意见，他似乎很不满意，于是处处和我作对。我曾听说，他曾嘲笑过我，说我根本就不是当画家的料。我猜测，莫夫本以为我的画作完全不入流，可后来见到我之后发现与别人嘴里描述的很不一样。我没有开口和莫夫要过钱，可他自己却说："你现在需要钱；我会帮着你挣钱——你尽可以放心，你的苦日子结束了，朝阳正在为你升起，你的不懈努力一定能得到回报。"可以说，没有他的帮助，我就不可能拥有自己的画室。

要是我整天无所事事，他就有理由数落我，可情况恰恰相反，我工作非常努力，可以说是废寝忘食，没日没夜。我做的很多事他都认为非常简单，看来他是真不了解绘画到底是怎么回事。我已经这么努力了，他还是说着一些特别恶毒的话：

"实话告诉你，你成不了艺术家。"

"我这么说是有理由的，你起步太晚了。"

"你现在的首要任务是挣钱养活自己。"

当然我也没客气，我直接打断了他的话："闭嘴，别再说了。"

这种话让我的心情长时间不能平复，我今后再也不会允许别人这么说我。

当我遇到经济困难时，我常常会迷失自我，然后就想着能不能画出一些能够从某些角度吸引人的东西来，最后的结果自然非常糟糕，每到这时，莫夫就会非常生气，他跟我说："你不应该这样画，快把它撕掉。"但是，特斯迪格生气的原因跟这个不一样，他完全忽略我画中的过人之处，他只是强逼着我画"好卖的东西"。所以，尽管两个人都会批评我，但角度完全不一样。

莫夫常常告诫我："文森特，只要你拿起画笔，你就是一个画家。"因此我会花很长时间练习用笔的手法、画面比例和透视法。而特斯迪格对这些完全没有兴趣，他来了之后，看一阵我画的作品，然后就会摇头，说些"这样的东西不好卖呀"之类的话。我真的很想了解真正的画家对于他这些话会怎么想。有时候，我好不容易找到一个模特，价格也合理，人家也非常配合，他看到了却会说："少用模特，那样太浪费钱。"这真是让人丧气！我节衣缩食省出雇用模特的钱，他却这样说我。要是不能对着模特画，大部分的人物画家都很难成才。

他还说："你现在画这些东西就是在自我陶醉，为什么不去好好学水彩？那多好卖！"这倒是个不错的建议，只是有些情况他还不太了解。我现在之所以不去画水彩，主要是因为我还想在画面比例和透视法方面再提升一下自己。

我真希望特斯迪格能拿出一周时间来体验一下我的生活状况。花和我一样数目的钱，做我必须要做的这些事，这样他就会明白我并不是一个整天喊着"实现个人梦想"的理想主义者，而是要面对很多生活中的实际问题。只有当他了解了穷日子是怎么个过法之后，他们才会明白为什么我现在会是这个样子，为什么会有这么多他们不能理解的状态与举动，也就不会嘲笑我还要靠你的资助才能生活下去。我的人生价值能不能配得上别人给我的帮助？我希望你能来亲眼看一下，我说的话里有没有假。

好了，我不想多说了。他批评我的作品，其实，其中有很多进步之处，但是我也不指望他能够看出来，并因此夸奖我。但是，我还是非常希望他能够买我的画，于是这就需要我抛弃对他的厌恶，仔细考虑一下他的一些喜好。我依然可以不喜欢他，但我会尽力让他喜欢我的画，为此我确实需做出一些改变。

如果我有机会多对着模特画上一段时间，我觉得自己会取得很大的进步，这比他说的那些什么好卖什么不好卖的空话要管用得多。我曾经也卖过画，现在自己也画了几年的时间，我相信自己的经验与判断。

在最近的几幅作品中（特斯迪格对此不屑一顾），我已经开始显露出了一些个人风格。在这件事上，我宁可没有他这个朋友，也不会屈从于他的意志。可能你会觉得我的言辞有过于激烈。但既然话已经说出来了，字也写出来了，我就不打算收回。不过可以告诉你的是，我并没有刻意制造敌对情绪，如果我们两个人的关系不好，我也不会觉得好受。不如这么说吧，我和他各走各的路，尽量不要再有什么交集。

现在已经两点了，我手里的工作还没有完全做完。尽管时常感觉到压力，但我依然可以保持镇定，这种精神状态应该归功于我严谨的工作方式和深刻的反思。有时候我容易冲动，这一方面是因为我的情绪容易波动，也是因为我经常会有创作的灵感，但这都不能影响我基本保持镇定的状态。在艺术创作中，一个人很难保持长时间的耐心——这个词与这一项工作并不吻合。

相信我，在艺术的世界里，下面这句话放之四海而皆准，那就是：忠于自己最重要。不要总想着赶时髦或者揣度大众的喜好。有时候我也在犹豫要不要跟跟风，赶赶时髦，可想来想去还是决定忠于自己的感受，不管表达的技法是否纯熟，至少表达的内容是我内心中真实的感受。

我时常在想，如果我现在耐住性子，真正沉下心来练习素描，也许过不了多少时间我就能画出很好卖的东西来。但我总感觉那是在温室中成长起来的花草，好看却不自然。所以我决定，如果你们真想买我的画，那就要像等水果自然成熟一样增加一点耐心。我跟他说过：到时候我会拿出你喜欢的水彩画来，可现在还不行，因为时机还不成熟。所以，多点儿耐心吧。也许你们会不高兴，可事实就是这样。我不会被欣赏者或者画商牵着鼻子走。如果你喜欢，不妨走过来；如果你不喜欢，尽快走开。到了合适的时机，我一定会拿出让你眼前一亮的作品，当然前提是，我能坚持到那时候。

我最近给一个擦鞋男孩画了张素描。画笔还是有点儿不听我的使唤，但是我想表达的男孩的主要特征还是显现出来了。尽管不是特别成功，但我相信在今后的训练中会越来越好。因此我又把自己的画室描绘了一番，其中有炉子、烟囱、画架、脚凳和桌子；当然，这样的画不太能够卖得出去，但我好好地在其中练习了一下透视关系。

你知道我是多么盼望你能来我这里。我希望你能用公正的眼光来审视品评我的作品。来的时候不要忘了带安格尔纸，最好是我特别喜欢的厚厚的那种，这对于我练习水彩也会有很大帮助。

提奥，我有好消息向你宣布！

科尔叔叔向我订购了十二张小型的钢笔画，要求画出海牙这座城市的特点来，恰好我事先就已经对此有所准备。

他来之前似乎见过特斯迪格，而且两人谈论过我，所以，他一来我就听到了"要好好挣钱"这样的陈词滥调。我实在有些忍无可忍，马上回击道：您这样说是什么意思？您是说我现在没有钱还是我现在的作品不值钱？如果您说我现在经济困难，没有钱赚，那只是因为我暂时运气不好，但是我敢保证，在我身上花的每一分钱都是值得的。如果您说，在你身上花钱就是浪费，那就是对我的侮辱。而且，就算您是在提醒我应该好好赚钱，我也不会对您心存感激，因为我时时刻刻都在想这件事，不用您提醒，您的提醒不会产生任何积极影响。也许我这些话完全出乎科尔叔叔的预料，所以他后来再也没有说过类似的话。

但是没过多久，科尔叔叔又把我激怒了一次。那是在我们谈话的过程中，我们偶尔提到了德·格鲁克斯，科尔叔叔马上说："你知道吗？德·格鲁克斯在私生活方面声誉很差。"我的火气又一次顶到了脑门。我马上冲他说："艺术家要对公众负责的只是他们的作品，而人家的私生活我们完全管不着。只要作品好，私生活多么不堪也不能影响他在我心中的地位。在我看来，德·格鲁克斯就是一位大师，和米勒齐名的大师。"

说完这些，我已经准备好迎接他的怒火，但是他却出乎意料地没有发作，而是要求看看我最近的作品。我拿出很多完成或者未完成的作品让他看。一开始他只是默默地看，直到看到一幅小画时他突然问我："这样的画你能不能再多画一些？"我拿过来看了一眼，原来是我在某天晚上完成的一幅素描。那是我在午夜与布雷特纳散步时画的，画的是从皮特市场的角度看到一处犹太居住区。第二天早上，我又重新描画了一次。

听到他这样问，我赶紧说："没问题，我喜欢画这些小型的风景画，对我来说是一种调剂，因为总对着模特画其实非常累人。你看，我画的吉斯特鱼市。"

"那就再给我画十二幅。"

"当然可以。只是我想先把价钱谈好，以免将来大家搞得不愉快。我大概估算过，这种尺幅的画，不管是铅笔的还是钢笔的，价格应该在两法郎五十生丁左右。您看能不能接受。"

"可以接受。如果你画得好，我还想让你再画十二张关于阿姆斯特丹的，到那时候我来定价，肯定比你期待的还要高。"

你看，只要有人来，就可能有好消息。现在我要努力把这十二张小画画好，并在其中融入自己的特色。我觉得这种画还会有其他人喜欢。只要加以练习，我基本上可以每天画出一幅来。这样就意味着，每天我都可以挣出买面包和雇模特的钱来。夏日临近，白天变长了，我计划在清晨或者傍晚完成一幅小画，然后在白天的时间里专心对着模特研究人物画。

明天早上我要出去寻找素材。

而且，我还遇到了莫夫，他说很快就会来看我。

还有一件事让我印象深刻：我告诉我的模特今天不用来了，但这位女士还是来了，我有点儿生气，她却说："我今天来不是为了挣钱，而是看看你今天还有没有吃的东西。"她给我端来了一盘蚕豆和土豆。

生活中总有温情长存。

米勒真是伟大。我从别人那里借了一本他的传记，正在熬夜拜读。我只有晚上有时间读书，白天还得画画。

就是在昨天，我读到了他的名言：生活就是一场战斗。

最近真是忙，我基本上从早画到晚。我已经完成了科尔叔叔要的十二幅小型风景画。我希望他能马上付款。这些画比他见到的样品要更出色。

我最近在练习如何画头像。接下来还要练习画双手和双脚，这几项任务都非常急迫。等天气暖和一点后，我还必须尝试一下如何画裸体。不一定要像各种画院里摆的那些姿势，就画这里的普通劳动者摆出的姿势就可以，比如矿工或者纺织工。我就是想感觉一下他们在衣服下面的肢体动作感，至少需要十几次我才能练习地比较纯熟。每次练习至少需要一天时间。但这不是问题的关键，关键是有哪些模特愿意承担这样的任务。可能对大部分人来说，裸体坐在一个地方还是会非常不自在的，这种心理障碍需要慢慢克服。

哦，我的兄弟，我真希望你能辞掉现在的工作来和我一样试着成为一名职业画家。只要你愿意，你一定可以非常成功。我一直相信你的内心深处藏着一个伟大的风景画家。你应该擅长画桦树，田地里的深沟，雪景，还有蓝天。到现在为止，你可以说完全是个自由人，可是如果你和古皮尔公司签订了终身协议，那你可就完全失去了自由身。

有时候想想，我到底为什么要怕身边这些人呢？特斯迪格说我的画不好卖，缺乏魅力，可我为什么要听他的呢？有时候当我情绪低落时，我会看一看米勒画的《劳动者》和德·格鲁克斯画的《穷人的银行》，忽然我就感觉到特斯迪格是那么渺小，那么无关紧要，他所说的那些话也显得那么苍白无力。这样，我的精神就重新振作起来，我点上烟斗，准备好练习作画。

你可能会问,这些作品是不是对我也合适？我的答案是："提奥，是谁给我提供的面包？是谁一直在资助我？这些事情当然对你是不合适的。"不过有时候我也会异想天开：为什么提奥不是一个画家呢？这种所谓的"文明"难道真的对他没什么影响吗？

我想再说说特斯迪格，我认识他的时候正是他人生中的一段特殊时期，用个时髦的名词就是"上升期"。他当时给我留下了很深的印象，他这个人很现实，聪明也乐观，不管大事小情都能充满活力。我当时很尊重他，而且还有一点儿敬畏在里面，因此我经常和他保持一段距离。但是慢慢我发现似乎我的这一印象有些偏差，不过我没有勇气拿起手术刀去仔细剖析他性格的方方面面。原来我以为他是那种有意识把自己装扮成商务人士或者上流人士，在坚硬的外壳下面有着丰富的情感和一颗善良的心。但后来我发现，他的外壳过于坚硬，这让我怀疑他那颗心到底藏在哪个角落里。

当我听他说着"好卖不好卖"或者"吸引不吸引人"的时候，我心里在想：如果作画者在一幅画上呕心沥血，而且还努力在其中表现出自己的风格与真情实感，那这样的画很难不吸引人，也一定会卖个好价钱。提奥，我可不希望你变得像特斯迪格那样唯利是图。

现在天气真好！到处都可以闻到春天的气息。我知道自己现在应该专心于人物画，应该多面对模特作画，但是这么好的天气有时会勾引着我走出门外。

我不得不承认，我最近花钱有点儿多，自从来到海牙后，我已经花了一百多法郎，但是这些钱都没有乱花，都是用在了买绘画材料或者雇用模特上，如果我不能经常画模特，我觉得自己不会有多少进步。这个结论可以从其他画家身上得到印证：有些人出于各种原因就是不喜欢画模特，他们的进步明显很慢。而英国画家几乎天天画模特，他们在比例和透视方面的进步就显而易见。如果你有多年画模特的基础，那么你可以尝试从记忆中搜寻当初的印象。不过，总体来说，这种做法也是很冒险的。即使像伊斯雷尔斯、布罗莫斯和纽惠斯这样的大画家都不敢轻易尝试。

今天的信里有一幅我的画，借此表达我对你的感激之情，没有你的资助，这个冬天会特别难过。去年夏天，你给我看了米勒的大型木刻画，当时我就想：这里的每一条线都值得我练上一阵子的！而且，我在寄给你的这幅画里加入了自己的风格。希望能够使你满意。我给这幅画起名叫作《哀伤》,这是我迄今为止画的最好的一张,只要加一个灰色的背景就会非常完美。

当然,我并不是总画这种风格的作品,但是,我确实很喜欢这种方法画的英国素描,于是就尝试了一次,我相信你能够理解我画这幅画时的心境,那种多愁善感是逃不过你的眼睛的。

科尔叔叔又给了我一项新的任务,这次他要六张,但是要求景色中加入更多的细节,这就比以前要难多了。但不管多难,我都要圆满完成任务,因为据我估计,这六幅画的钱可能相当于以前的十二幅。

画画是一个可以谋生的职业。我们完全可以把一个画家和一个拿工资的人来进行比较。如果非要找出和画家相似点更多的职业,我会说铁匠或者医生。我还记得当初你鼓励我去当画家,我当时觉得这事太不实际,根本就拒绝考虑。真正让我不再疑惑的有两件事,一件是当我看到卡萨内写的那本关于透视的《初级绘画指南》;第二件是,一周后我画了一张关于厨房的画,里面有炉子、椅子、桌子和窗户,位置基本准确,形象基本立体,在透视法方面也有一些感觉,这让我很是惊喜,因为以前我总认为,能把透视关系画出来要么是偶然,要么是巫术。第一张画就像那么回事儿,这就开了个好头,我就想马上画出成百上千张画来表达自己内心的感受。我现在大约还需要一年的时间来让自己的眼神与画笔更为稳定,这样我就可以画出一些既有个人情感又被别人喜欢的作品。所以,我还需要时间,至少几个月。这已经是很快的速度,不能再往前赶了。如果我的手里有了一批能够卖得出去的作品,我就可以非常安心地继续在技巧上加大努力,而不用为了挣个小钱去画一些我不喜欢的内容。

如果某一天，有人说我只会画线条画，对油画却一窍不通，我会突然拿出一张成型的油画来吓吓他们。有两种看待绘画的态度，一种叫作"不该"，一种叫作"应该"："应该"指的是多在笔法上下功夫，而不太看重色彩；"不该"就是过多在色彩上下功夫，而忽略了基本技法。画出一张五颜六色的油画不是太难，难的是把画面本身做好，比如线条的流畅，画面比例的协调，以及透视关系等等。很多人在欣赏作品的时候都会忽略这些因素。要想画出一个室内空间正确的透视关系，要想画出风景画中流畅而有力的线条，不学着画裸体画就基本上不可能达到上面说的这些效果。

我听说了，妈妈正在生病，还有其他一些不那么让人愉快的消息，有关于我们家的，也有关于亲朋好友的。我并非对此无动于衷。如果我无法感觉出哀伤的情绪，我也不会画出《哀伤》这幅画来。但是我感觉我不去看望父母可能会更好，因为去年夏天发生的事已经使我们的关系降到了冰点，我们之间的陌生感和相互厌恶还会持续一段时间。见面之后，我们会不知该说些什么，不如再搁置一段时间，让时间渐渐抹去我们之间的隔阂。

我觉得，如果我们能加强相互理解，分享我们的痛苦与欢乐，并始终记得父母与子女应该永远是一体的，那样的话对我们就会有更大的帮助。我们都不是故意想要犯错，这些误解的产生多半归咎于艰难环境中的不可抗力，而我们繁忙的生活也会让我们焦躁不安，更增加了误解的程度。

不说这些了。父母在他们的工作中求得慰藉，而我也同样很享受自己绘画的过程，这就够了。一个人与他做的事情之间经常有一种特别亲密的关系，但有时候我们不太容易界定这种关系到底是什么，在这个问题上，很多人都会做出错误的判断。我的好兄弟，我可以很负责任地告诉你，尽管生活中确实有很多不如人意之处，但我绘画的热情却没有受到任何影响。

今天，我又完成了一幅裸体画，是一个跪在地上的女体画像，昨天也有一幅，是一个正在编织东西的女孩的裸体画像。我还重新画了一次《哀伤》，不过这次尺幅要更大一些，而且我觉得比上次感觉要更好；我还在画一幅街景，街上有几个工人正在挖土，似乎是要埋设水管，我给这幅画起名叫作《挖沟人》。我画的时候正在下雨，我就站在泥地里，周围充满了雨声和其他混乱的声响。这次的速写证明我已经很善于捕捉画面了。这幅画也是科尔叔叔要的。

我也试着画了一些风景画，比如位于申克威格街上的一家托儿所。我发现，我确实不太适合画纯粹的风景画，在这些画里，我总要加上一些人物的形象才觉得舒服。

今天的信里夹着我的一幅新作。这幅画是黑白的，也许"不好卖"，也许"不吸引人"（可谁又知道呢？），但我希望你能从中看出我的风格来。我总是想知道为什么总有些人想改变一位艺术家的创作技巧或者创作观念。他们这样做真是非常蛮横不讲理。在绘画创作中，画家不应该总想着如何让自己的画好卖，而是应该努力在画中表达出自己真挚动人的情感，使其具有真正的价值。就算不断遭受打击，他也不应该。

这几天非常冷，而且经常刮风，这对我来说不是好消息，因为我正在努力完成科尔叔叔订购的小尺幅风景画，如果不能出门去画，那交稿日期就有可能被迫推迟。不过,我相信天气会很快好起来的。

有时候我也会想入非非，要是我的经济状况能够更好一些，我是不是会画得更好？我觉得那是无可置疑的，因为就算现在生活状况这么窘迫，我也依然在进步，相信你能够从我近期的作品中看到这一点。至少我从这些作品中看到了希望。不过，实话实说，几乎每天我的生活中都要经历各种或大或小的困难，有时候真的很难忍受，让我几乎要发疯。

最让我难以接受的是，本来预期会对我很好的那些人突然之间态度转变，比如莫夫。最近，莫夫对我的态度变得非常冷淡，让我大感心寒，我猜测他可能对我的作品还是不满意，这让我非常沮丧，简直抬不起头来。

前几次来的时候，他的态度还很不错，他让我放心，说一切经济问题都会帮我解决。可是，没过几天，他再来的时候态度就完全不一样了，我感觉我面前完全换成了另外一个人。我心里暗想：看来是其他人在他耳边吹的风起了作用。不过我还不知道这股邪风会朝哪个方向吹。正想着，莫夫开始了他的表演，他开始模仿我的举止和说话方式，然后说："你的脸上看起来老是这个样子，而且你还喜欢这样说话。"说这些的时候，他的脸上充满了厌恶之情。不过我要承认，他模仿得很像，只是态度恶劣，如果说我的脸是一张画像，他的模仿就像是一幅充满嘲讽的漫画。等他表演完毕后，我对他说："朋友，你是只知其然，不知其所以然。你在伦敦的街道上冒雨露宿过吗？你有过在博里纳日无家可归的经历吗？身无分文，饥饿难忍，而且还发着高烧？如果没有，你就没有资格嘲笑我脸上丑陋的皱纹和沙哑的声音！"

他后来说的话跟特斯迪格的都是一样的调调。我禁不住问他："最近你见过特斯迪格吗？"他说没有。可是，没过多久他就说漏嘴了，因为大约十分钟后他说特斯迪格要去找他。于是我想，他之前说的这些话会不会都是特斯迪格指使的？

后来我也去看过他几次，但他的态度一直不好。有几次我去了还吃了闭门羹，于是我去得也就少了，而他自那次之后更是一次也没来过。

在我眼里，莫夫现在已经变得心量狭窄，而他以前可不是这样。他曾告诉我说，我应该多临摹石膏像，这非常重要。我不喜欢这种方式，但还是按照他的要求在画室里挂上了几只石膏做的双手和双脚。有一次他用最丑恶的嘴脸教训我，我想就算是画院里最差的老师也不会这么说话，我当时忍着火没说话，但回到家后还是怒不可遏，便把那几块石膏摘下来扔进了煤箱里，摔成碎片。我当时就下定决心：只要世界上还有真实的手和脚，我就不会对着这些石膏来画。后来我找到机会跟莫夫说："伙计，以后不要再让我画石膏像了，我已经受够了！"

后来他给我写了一张便条，说他最近两个月正在忙着画一幅大尺幅的作品，没有时间照管我。在那段时间里，我虽然真的没有再画石膏像，但是做了很多其他练习，这段时间我收获很大。两个月后，我写信祝贺他完成了自己的作品。

现在，距离他所说的两个月已经有一段时间了，他依然没有来过我这儿。我感觉这事儿跟特斯迪格有关，于是便给他写了一张便条："让我们不要再对彼此怀有敌意，让我们重归于好吧；我不再希望你来指导我的创作，因为我们两个人的创作理念不同，过分强求没有什么意义。但是我对于你的感激之情却难以改变。"

莫夫没有给我回信，之后我也没有再见过他。我不得不跟莫夫分道扬镳，因为他已经被特斯迪格深深地影响了……

我这个人是个矛盾体，有时做事充满激情，可身上也有不少缺点和毛病，但是我可以向任何人保证一点：我绝不会抢别人的饭碗或者朋友。有时我也会跟别人斗嘴，但绝不会因为意见分歧而真的去损害别人的实际利益，我觉得那不是一个诚实的人该做的事，至少不是合理的手段。如果某人完全不再考虑别人的利益，而是要置别人于死地，这种行为就有点儿恶劣，说的更准确一点儿，这就是没有人性。我怎么定义自己呢？这么说吧，我只不过是在事业上刚刚起步，还看不到多大希望，我所需要的只是一个安静而不受别人打扰的工作环境，以及别人的一点点同情，没有这些，我的人生将难以继续。

这个冬天我还在努力坚持。但我的心却遭到了重大打击。为什么？因为我曾经真的很喜欢莫夫这个人，现在，他对我的态度变差，我觉得生活中少了一个给我带来巨大快乐的源泉。

特斯迪格对我说："你以前很失败，以后也一样；你注定就是一个失败者！"闭嘴！现在的情况完全不一样。他这种逻辑完全是一种诡辩术。不管从市场角度还是专业角度来说，我都有资格成为一名画家。换句话来说，要是我真的有能力成为一名牧师或者艺术品经纪人，我就不该从画廊辞职。

我确实觉得我拥有他们所说的"艺术细胞"，我对于画画这件事简直可以说是疯狂。你可以回想一下，自从我决定当一名画家以来，我怀疑过自己吗？我是否动摇过，是否犹豫过？你应该清楚，不管快慢，我一直在进步，一直在取得一次次的胜利。你可以好好看看我寄给你的那两幅画。画成这样不是一种偶然，我随时都可以画出这样的水平来，而且只要我继续努力，就一定还会有提高。

有一点我倒是比较担心，那就是我画得越好，有可能反而会招来更多的批评与反对。我会经历更多的痛苦，这主要是由于我那顽固难改的奇怪个性。首先来说，我的外表，我的穿着和说话方式。还有，一旦我挣到了足够的钱，我就会去探索其他大多数画家不曾涉猎过的领域，因为我对于事物的认知和思维方式都要求我这样做，这基本上是不可逆转的。

我真正想说的是：我在寻找绘画题材的过程中，经常需要与劳动人民住在一起，而且必须到当地去画，这经常是一件又脏又累的活计，所以，商人穿的那种服装和行为举止就完全不适合我。也许在卖画的时候我也需要穿得像模像样的，好跟一些衣着高雅的先生女士谈话，但是在创作过程中却完全没必要，而且也不现实。不过，换句话说，哪位先生小姐会喜欢挖坑人这样的题材呢。所以说，我和特斯迪格根本就不是一类人，要让我的穿着打扮和行为举止都像他一样，除非我放弃绘画这个职业。对我来说，最好还是保持本色。

我喜欢跟劳动人民待在一起，喜欢他们所在的那种看起来不太光鲜的工作环境，要让我穿上制服在画廊里迎客，我会觉得非常无聊，而这种无聊也会传递给来画廊的顾客。而留在矿坑里或者纺织工人简陋的住宅里，我会觉得身上穿的与周围的环境正好搭配，我也能找到自己的状态，满心欢喜进行创作。要是我穿得太正式，我想至少会造成两种不良后果：要么那些劳动者会害怕我或者不信任我，要么他们会觉得我是上流社会的人，于是在谈价格的时候我就吃亏了。

有些人抱怨："我在海牙根本找不到合适的模特！"我可不觉得。我想问一下那些为《笨拙》和《画报》工作的画匠，他们一般去哪儿找模特？他们会不会亲自去伦敦的穷街陋巷找？他们对人们的了解是本来就有的，还是在长期与这些人同吃同住并仔细观察才得来的？我和我画的人们待在一起是不是一种自降身份？我去那些劳动者的家里，或者把他们请到我的画室来，这样算不算是自降身份？

所以，如果有人对我的日常习惯、穿着、发型、或者说话方式品头论足，指指点点，你说我该怎么回答？

你能相信吗？他们竟然说我是不懂礼貌、不知廉耻的一头怪兽！他们说，像我这样的人就应该完全与社会隔绝才不会造成公害。特斯迪格就说："他这种人就应该被赶出海牙。"

当我与莫夫和特斯迪格面对面时，我总觉得自己笨嘴拙舌，无法畅快地表达出自己内心的想法。如果你有机会，一定告诉他们我现在的生活状况到底怎样。我相信你的表达能力，相信你能找到更为合适的词句来说明一切。同时也要告诉他们，他们对我的态度已经对我造成了巨大的伤害。他们对这些真的一无所知。在他们眼里，我就是一个木头人，没有感情，也不会受伤。如果你能通过各种方式告诉他们这些，那真是帮了我的大忙。我希望他们能够接受我这样一个人，我的优点与缺点，我的顽固与执拗。莫夫一直以来对我很好，但这么一段幸福时光转眼就不见了，真是让人怀念。

我想告诉你我将来的计划，当然不会离开绘画这个行业。不过你一定要来我这里一趟。

今天我见到了莫夫，是在沙丘附近。我们的谈话很不愉快，由此我明白了：我们之间的关系就到此为止了。他抛出了不少狠话，恐怕收都收不回来。我本来是邀请他去我那里看看我近期的作品，然后评点一下，结果他却黑着脸直截了当地说："我以后肯定不会去你那儿了。我们的关系到此结束了。"

然后他还说："你这个人真邪恶。"

我只好一个人回了家。

我确实说过"我是一个艺术家"，但这里面没有任何傲慢的成分。并不是说我已经洞悉了一切。我的意思是，作为艺术家，就是要不断寻找，不管最后能不能找到。我想对着天空大喊："我在寻找！

我在努力！我对绘画全心全意！"

我的听力正常。如果有人对我说，"你这个人真邪恶！"那我接下来该怎么办？

他们是在怀疑我，怀疑我在策划什么阴谋，那一定是非常见不得人的事情。天哪！怎么会有这样的指控！

好兄弟，我一直把你看作一位绅士，颇具修养，举止得体，那现在请你评评理：如果一个女人已经被别人抛弃，那我们是不是应该挺身而出去对保护她？这样才算是绅士所为，对吧？我就是这样想的，我觉得这种想法非常自然合理。任何一个能够自力更生的男人在类似的情况下都应该选择这样做。

这个冬天我遇到了一个有孕在身的女人，他刚刚被男人抛弃，肚子里怀的就是那个人的孩子。一个孕妇，孤苦无依，在寒冬天气里还要出来挣钱买面包吃，你能想象那是多么凄惨的画面。我知道这一切之后，便请她做我的模特，这一直持续到寒冬过去。我没有办法付给她全额的模特费用，因为我的钱也不多，但至少我帮助她付了一部分房租，而且我还经常把自己的面包和她分享。我自己感觉，有了我的帮助，她和她的孩子在这个冬天过得还算不错。

我也算开始了一段新生活，并不是有意开启的，只是上帝给了我这样的机会，而我没有拒绝。

我当时用"就是她了"来表达对表姐的感情。而她的回答是"永远不可能"。这并没有使我退缩，我依然心存爱意，我依然心存希望。但在那段时间里，我总是感觉焦躁不安。当时我的压力很大，这主要是因为她总是保持沉默，不说一句话。后来我去了阿姆斯特丹。在那儿，有人对我说："你说非她莫属，而人家回答的是根本不可能，这事儿就到此为止吧，坚持下去有什么意义呢。"我把一只手放进了油灯的火焰里……

但时隔不久，我就感觉这股爱意已经慢慢消散。之后心中就出现了一种空虚，无尽的空虚。你知道我是忠实的信徒，我也并不怀疑爱情的力量，但是当时我的感觉是："上帝呀上帝，为什么你要将我遗弃？"一切都变得毫无意义。我当时在想："我是不是在欺骗自己？是不是根本就没有什么上帝？"那种空虚，那种难以名状的痛苦让我不禁想到：我能理解为什么有些人会投河自尽了。但是我并非对于自杀已经完全接受，我在"精神之父"米勒的书中找到了反对自杀的理由："在我看来，自杀非诚实者所为。"

莫夫为我打开了心扉。在他的鼓励下，我开始疯狂作画。但后来他也遗弃了我，我大病了一场。大约在一月底，我遇到了克里斯汀。当我从阿姆斯特丹回来之后，我发现自己炽热的爱火已经被暴雨浇灭。我心如死灰。幸好，就算死掉了也还有重生的机会。

没过多久，她就变得像小鸽子一样温顺，原因并不是我在迫使她这样做，而是她已经意识到我不是一个性格粗野的人。她曾跟我说："我知道你没有多少钱，可就算你身无分文，我也和你继续待在一起，永远不要分离；也许你无法理解我对你的依恋，但不管怎样，我已经受够了孤单。"听到这样的话，我怎会不心动，而且她更多地表现在行动中，而不仅仅在语言上，所以，在她面前，我渐渐地摘下了矜持的面具，别人以为我冷漠，但她现在知道，那不是我的真面目。

也许在别人看来，我们两人身上都有很多缺陷，不是完美的伴侣。可事情就这样发生了，而且我们在一起都感觉很安心，这样有什么不好？她的性格变得越来越开朗，脸上也出现了更多的笑容，这与我在去年冬天见到她时完全不一样了。那时她是多么苍白虚弱，你难以想象。其实我也没有帮助她什么，我只是时常告诉她，你应该这样或者那样做，那会使你感觉舒服很多。她在大部分时候会听取我的建议；如果她没有听取，我也不会生气，而是想如何更好地帮助她。去年冬天她非常虚弱，我在遇到她的第一天就注意到了这一点。现在，通过调节饮食，多出去散步，并时常洗澡，她已经变得健康多了。不过，毕竟她是在怀孕期间，以后的分娩还会是一个难题。

你还记得我们在津德尔特时遇到的那个名叫黎恩·威尔曼希恩[①]的护士吗？希恩也是她那一类的人。她头部的形状和侧影的线条都像极了兰德尔所画的《天使的激情》中的主人公。虽然她出身卑微，却有着优雅的线条和高贵的气质，只是她身边的大部分人都看不出来。当然，我的这些类比也没有办法让你确切地知道她的样子，只是给你一些总体印象而已。她的脸庞并不细腻光滑，这多少影响了点容貌，但是这并不能影响她面部与身体线条的优雅与高贵。如果你看到过弗兰克·霍尔的《逃亡者》，你就会在脑中描画出更准确的轮廓。

我欣赏她的原因在于她从来不会卖弄风情，总是安安静静地做事情，会勤俭持家，努力融入新环境，而且很愿意学习各种新东西，所以我觉得她一定会有助于我画画。

她身上的很多地方都是别人无法忍受的，但是我够明白这是什么原因。首先，她的声音并不好听，这主要是由于她身患疾病造成的，她用的很多词都是其他一些人永远不会用的，比如我们的妹妹

---

① 即克里斯汀，此名为凡高对她的昵称。

威乐梅。但是我并不是特别介意她说话粗俗，因为她在表达自己的真情实感，总比那些言辞讲究却内心冷漠的人要好。她的心地很善良，只是脾气不太好，这也缘于她患的病给她带来的神经紧张。

我能理解她，这就使我不会过度感到难以接受，因此她的各种奇怪举动都在我的接受范围之内。而她也理解我的脾气秉性。如果我忽然觉得应该暂时换一个模特来作画，她也能欣然接受，而且知道那不过是我一时的选择，最终我还是会选定她。而当我在练习过程中遇到各种障碍而暴跳如雷时，她经常能想出各种方法来安抚我，而如果没有她，我不知道自己什么时候能冷静下来。我们之间有一种无声的默契，知道如何接纳对方，安慰对方。

她的容颜已经开始衰老，青春之美貌已经慢慢褪去，但也正因此，她变得更为成熟，不会去做那些年少时的傻事情，这些正是我需要她的原因。她没有给我带来什么麻烦，而是对于我的绘画有很大的帮助。她不会去要这要那，就算只有面包和咖啡，她也不会抱怨。摆各种姿势对她来说有时很困难，但她每天都在练习中进步，这对我非常有帮助。我敢说，我在绘画中取得的进步有一半是她的功劳。我会随信寄上我的一些习作，让你看看一个模特对我创作的帮助。那个戴白帽子的女人是她的母亲。

如果我跟你说的关于她的事让你感到压抑，那真是非常抱歉，但是这些都是真实存在的情况，我不想让你以为我生活在玫瑰园里，恰恰相反，我正身处残酷的现实中；我也不想让别人来同情我，我们的父母就很善于表达这种让人不爽的想法。

关于爱情，我不知道你是否已经知晓了其中的奥秘。你是否觉得我在装腔作势呢？我觉得，要想体会真正的爱情是什么，最好的情境是坐在病榻旁，而口袋里连一分钱都没有。爱情不仅仅是春天里的草莓园,我们一定要记得秋冬季的时候园中是多么的荒凉萧瑟,但是,正是在这样的环境中,我们学到了很多新东西。

我打算和希恩结婚,我们彼此了解,相互吸引。我想亲身体验家庭生活的苦与乐,以便从自身经历出发去画出真实的生活。见证了这个世界的傲慢与偏见之后,我知道自己要做的就是从自己的阶层中抽身出来。(当然,现在不用了,因为我早已被抛了出来。)可是他们所做的也就只有这些。我与他们之间有了一道难以逾越的鸿沟。在他们看来,我现在所做的完全是在降低自己的身份。在我看来,自己这样做没什么不对的,但他们却对此大呼小叫。我现在就是劳动阶层中的一员,这使我与其他劳动者可以打成一片。很早之前我就想这样做,但却一直没有机会。

我很欣赏你之前说过的一句话:"如果一个人有阶级歧视观念,那这个人一定头脑狭隘。"你说得没错,很多人就是这样,他们看不到每个人身上的人性之美,而是把财富的多寡作为一切的衡量标准。他们关注的就是这些人在这一世的世俗生活。关于他们死后将会怎样,他们才不关心呢。持这种"一世定输赢"观念的人自然敢于任意胡为。而我自己能够把每一个人当作拥有独立人格的人来看待,对他们的所作所为既有同情之处,也有厌恶之因。

如果我不打算与希恩结婚,那就最好与她尽快分手,这样会对她更有帮助。但是如果她又成了孤身一人,生活的压力可能又会让她重操旧业,最终她还是会走上绝路。

很多时候,我会让事情顺其自然,心里想着,我不会这样或者那样做,这样就不会给别人造成伤害。但是到了真正关键的事情上,一个人就既不能屈从于其他人的意见,也不能任由自己的冲动胡作非为。我们要记住自己的基本道德底线:不管你做了什么,在面对上帝时,你都不会感到羞愧。克里斯汀的第一个孩子的生父对她很好,但是并没有和她结婚,据那个人说,他要考虑到自己的阶层和家庭背景。这个人将来在面对上帝时应该感到愧疚,但是在世人眼里却又被轻易地原谅了——"至少人家付钱了。"

我并非要刻意标榜自己,但是我从内心深处认定:我和他从本质上不是一样的人。我不关心别人是否认可他的行为,他可能求得了世人的所谓谅解,但我不会原谅他,毕竟,他不仅欺骗,而且抛弃了一个女人。

我开始照顾希恩,尽管我们将来能不能结婚我还不确信,但是随着我对她的了解逐渐加深,我越来越坚定了照顾她的决心,而且这不是一时冲动,我会严肃对待自己的这一决定。我把自己的想法和盘托出,并问她:"我没有多少钱,但我并不是为了你的美色与你在一起。你是否能够接受我?如果能,我们继续;如果不能,我们最好尽早分开。"然后她说:"我会和你在一起,尽管你也是一贫如洗。"

现在,我决定努力让我的生活走上正轨。如果我们能够结婚,我们一定会精打细算,万分节俭。慢慢地,我会挣到自己的钱,那样我们就可以相对经济独立了。我的理想状态是每周有固定的收入,我正在为此而奋斗。我今年三十岁,她三十二岁,我们都不是孩子了。说到孩子,这两个孩子都不是她的耻辱。一个女人,如果她能成为母亲,我都会对她怀有敬意。

我们都能接受彼此的过去。并不是每个人都适合成为画家的妻子,而她十分乐意,每天都在为此而学习。如果此生我只能结婚一次,还有谁比她更合适呢?

现在我什么都可以去做,只要不影响我对她的忠诚。如果有人认为我不适合留在海牙,那我可以选择离开。你可以提一些建议,建议我适合在哪里居住,不管是城市还是农村。我总会找到适合的人物与风景来继续绘画。但前提是我不能离开克里斯汀,因为我已经承诺了要娶她。

去年夏天,如果K表姐能多听我说说我喜欢她的理由,也许她就不会在阿姆斯特丹那么果断地拒绝我,那样的话,事情会朝着完全不一样的方向发展。现在,如果我想在激烈的竞争中占得先机,那我就必须马上动手,寻找合适的素材,尽快画出能够畅销的作品。消极等待已经属于过去。既然我已经找到了努力的方向,我就会时刻保持清醒,并尽快采取行动。

创作的过程与生活中的很多场景有很多相似之处:有时我们必须当机立断,用全部精力攻击一个目标,像闪电一样勾勒出大致轮廓。这时不容我们迟疑。我们要眼神镇静,画笔沉着,迅速把目标锁定。然后迅速勾画,一气呵成。有时画家自己都不知道这幅作品是怎样完成的。

这样的创作速度不是唾手可得,那需要大量时间来反复练习;但也并非遥不可及,只要努力练习,终有一天会下笔如神。有些水手能利用风浪使船只运行更快,而又不会被打翻在海面上。我没有去刻意追求这一点,但现在看来,我已经摸到其中的部分诀窍了。

这样一步步走下来,我发现自己的视野越来越开阔,可画的东西越来越多,而几乎任何一个身边的人都可以成为我的模特。别人在评价我和我的作品时应该考虑这一点。我的职业使我有能力进入婚姻,如果我不是一名作画者,事情反而不好说。

没有人关心她,没有人需要她;她孤苦伶仃,无依无靠;而我接纳了她,把自己内心中所有的爱、温暖与柔情都毫无保留地投入在她身上；她能够感觉到这些，在我的帮助下，她的生命正在重新焕发生机。

我的人生中只有一件事最为重要——画画，而她现在能做的也只有一件事——做模特。我们都知道贫穷是什么滋味。贫穷有利有弊，但尽管我们一贫如洗，却依然在做着各种有益的尝试。渔民知道海上的风浪有多么可怕，但他们不会因为海上有风浪而永远待在岸上。这种人生哲学很多人都能接受。风暴已经开始肆虐，夜晚也已慢慢降临，我们该怎么办？是危险可怕，还是对危险的恐惧更为可怕？对我来说，我选择接受现实，迎接挑战。

我在深夜给你写信。克里斯汀身体不太好。很快她就要去莱顿了，那里有一座不错的妇产科医院。

现在是一个危急时刻。我跟她说："亲爱的，我会一直帮你，一直到你去莱顿为止。等你从莱顿回来的时候，我不知道你还能不能找到我。那时也不知我的生活会变成什么样子。但不管怎样，只要我有一口吃的，我就会保证你和孩子不会饿着。"在过去的一年里，你是我们最主要的经济来源。也正因如此，其实我每天都生活在不能自立的恐惧中。我每天都在练习绘画，只是对于绘画材料一点也不敢浪费，总是物尽其用，尽量节俭。

提奥，我们之间的这种关系会不会影响你对我的印象？

如果你对我的态度确实有所改变，请在你决定不资助我之前预先告诉我，并告诉我你真实的想法，这样我心里就会踏实很多。

我知道你不会像其他人一样对我的事情那么看不上眼。但是，身边确实有很多那样的人，他们完全无法理解我的所作所为。所以，一旦你决定放弃对我的资助，我也不会生你的气，我只会想：原来他也不是特别了解我；他们都是一样的人，并非出于恶意，而仅仅是缺乏共识。

与莫夫的关系给我好好地上了一课。我原本以为莫夫说的每一句话都是真心的，而特斯迪格也完全了解我曾经的生活境遇。后来发现，这完全是我的一厢情愿，而且其中也包含了自己的幼稚与短见。我觉得莫夫拒绝继续帮助我的主要原因是：他觉得，一旦一个人没有了钱，他就自然失去了存在的价值。在当今这个世界，金钱就是强权。顶撞这样的人，后果是致命的，其结果不是会让他们反思，而是给你胸口一击，他们会说"我再也不会买你的画了"或者"我再也不会帮你了"。

如果情况真是这样，我在表达和你不同的意见时其实就是在拿自己的脑袋下赌注，我的生活完全依靠于你的资助，我的画家生涯也完全在你的掌控之中。不过，你是否已经看到了，我在绘画方面还是有一些天赋的，这种天赋会在今后一点点显露出来。我现在真是左右为难：如果我说"我会甩掉克里斯汀的"，那我就又办了一件邪恶无比的事；而如果我一意孤行，就是要和她生活在一起，我的财政情况确实捉襟见肘。如果让我选择，我在犹豫之中还是会选择后者，我会大喊：干脆杀了我吧！"但是，从内心深处，我还是不希望自己失去这一切，因为我的画家梦与我的生命一样重要。

我希望身边善良的人们能够明白，我的一切举动都出自真情和对爱情的渴望；一切的轻率、傲慢与冷漠都不是驱动我生命机器的源泉，我能够采取这些行动正是自己深深地扎根自然的明证。我不觉得自己应该订立所谓更高的目标，或者改变自己的个性。我的作品藏在人民的心里，我觉得自己必须抓住其中的关键。

我没有其他选择，只能这样一路走下去，只有这样才存在成功的可能性。如果我侥幸能够使你明白我的真心，那克里斯汀、她的孩子，还有我就有救了。

我已收到你寄来的一百法郎，真是万分感谢。这几天我一直在期盼你的来信。也许你在不久后就会明白，一旦有了妻儿老小，就会有度日如年的感觉。我细细读过了你的来信，如果我没有理解错的话，你觉得我应该把精力都放在绘画创作上，不要再像以前一样胡思乱想。

为了不再胡思乱想，我来到了沙地中，躺在一棵老树旁，开始涂画树根的样子。当时我穿着亚麻布衬衫，嘴里叼着烟斗，时而看看深不见底的蓝天，时而看看身边的杂草或者苔藓。这让我的心绪复归平静。这就像是克里斯汀或者她妈妈给我当模特时，我在脑子里设想着比例，然后建议他们把身体像我期望的那样做些轻微的调整。我的思绪已经飘到了千里之外。

最近我又完成了两件作品。一件是《哀伤》，这次我把尺幅扩大了很多，而且里面只有人物，没有其他背景。人物的姿势也有所改变，头发从肩上垂下来，不是松散的，而是松松的梳成了辫子，人物的线条也比以前更为细腻。另一幅是《根》，描绘的是沙地上的一个大树根，如果你喜欢，可以把这两幅画挂在你的新家里，我是为你的生日准备的。生日快乐！

另外，如果时机成熟，能不能把挂在你房间里的画给适合的客人介绍一下？我并不是要催促你这样做，但是如果你能抓住时机，效果会非常明显。这是能够把它们卖出去的第一步。我现在会努力画出一些风格不同的作品来，尽快寄给你，如果那些客人看到了出自同一个画家的不同风格的画作，他们就会对我有更为全面的了解。这样的话，你的新家就是我的画廊了。现在我就是要赢得你的同情与支持，如果我能成功，我不愁我的画卖不出去。但是我没有任何胁迫的意思。如果你觉得我这些画还不够成熟，我会暂缓邮寄，继续努力。我会尽力获得更多经验，学到更多此类知识；这需要的是时间和耐力。不过我依然觉得我现在可以每月寄给你几张。有时我一天能画五幅，但有人说过，每二十张画里才有一张特别有卖相的。我感觉，在每周的作品中，有那么一两幅是我感觉很不错的。相信我，我会竭尽全力。

威森布鲁赫看过了我的大尺幅的《哀伤》，他的评价非常肯定。这让我心里更有了底气。这里的人们都喜欢批判绘画技法方面的问题，但是他们说的经常是一些陈词滥调，比如他们就喜欢拿英国绘画作品来举例。一开始我也不太了解英国绘画，于是特意花了不少时间研究一番。确实我在英国绘画中发现了很多非常高级、非常高贵的表达方式，其中我最喜欢的包括米莱斯、赫尔科莫和弗兰克·霍尔。

在绘画技法方面，我并没有师从任何人，我完全是自学的，因此如果说我的技法和别人都不太一样，这也可以理解。但这也并不意味着我的画就一定卖不出去。现在我面前就有一幅自己的作品，画的是一位穿着黑色毛衣的女士，我敢肯定，如果你好好欣赏几天，你就会完全认同我的画法，而且会觉得任何其他画法都无法传达出类似的感觉。《哀伤》《老妇人》《老人》都可以找到买主，对此我深信不疑。没有几个人愿意帮助我，只有你一直不遗余力，而且尚不确定我能否取得成功。我一定会竭尽全力，争取让你尽早看到你所期待的结果，让那些嘲笑你太傻的人哑口无言。

有些人跟我说，"你的道路走偏了。"你也这样认为吗？科尔叔叔经常跟我说什么是正确的道路，他的说法和特斯迪格和那些牧师没有什么区别。但科尔叔叔也很瞧不起德·格鲁克斯。我希望他们能别再喋喋不休地谈论我的道路正确与否，而是真心实意地支持我的创作，那样将会出现更为让大家都满意的结果……

莫夫曾跟我说："你的那位叔叔之所以跟你订画只不过是因为他曾来过你的画室一次，那并不意味着他一定会非常欣赏你。这个订单也就是一锤子买卖，以后再也不会有人对你的画感兴趣了。"这种话真是让人难以接受，我的情绪一下子低落了下来。我给科尔叔叔画了十二张素描，他给了我三十法郎。但我在这些素描中所花的心思、付出的辛苦远非这可怜的三十法郎可比，我不想如同做慈善一样这样减价卖给他。我已经在准备他的下一批订单，但他却突然告诉我他不再需要了。所以，你看，不是我懒，而是他反复无常。

以前，画家之间的关系很好；而现在，他们之间只剩下了勾心斗角，而那些已经成名的，注意力就都放在了别墅和其他大型建筑上。而我宁愿像现在这样待在潮湿阴暗的小巷子里，在这里我永远不会感觉厌倦，而如果让我搬进那些豪华的大房子里，我就会对自己说："这不是我该待的地方。我以后再也不来这里了。"

我发现我越来越难以理解莫夫，但愿他再也不要来打扰我，那样我就对他感激不尽了。感谢上帝，我现在有事可做，但唯一与别人不同的是，我做的事至少现在赚不了钱，而是需要花钱才能继续下去，这就是我现在的困境。有人说我的画不吸引人，或者卖不出去，但我每次盯着他们看时，都无法产生与他们一样的感觉。我不是那种办事慢慢吞吞、毫无激情的人。画画承载了我的所有热情，我已经全身心投入其中。我对未来没有太远大的计划；有时我的内心会升腾起对无忧无虑的富足生活的强烈向往，而再次回到充满困扰和痛苦的现实生活时，我并不会感觉沮丧，而是会想：有梦想当然很好，立足现实更为重要；正是从现实中我学到了一切，并不断进步。这并不是一条绝望之路。我只是希望各种艰难困苦不要过于让我难以忍受，我有信心活出个样子来，虽然不会成为富翁，但却可以凭着自己的才能与劳动挣出自己的一份家业。

过去的两周，我身体一直不好。好几个晚上，我都睡不着觉，而且还经常发烧，心绪焦躁。但我还是挣扎着起来工作，因为现在不是养病的时候。克里斯汀和她妈妈住进了一所小房子，房前有一个小院子，我本周打算把这所房子画在自己的作品中。

三月份的时候，医生还没办法确定克里斯汀何时分娩，但现在基本可以确定是在六月下旬。这次医生问了她很多问题，其中包括她现在住在哪里，和谁一起住。从他的说法中，我大致猜到了他的意思。医生想表明，要是她怀孕后还是在街上流浪，那她很有可能会死在街上，而我在去年冬天提供的帮助非常及时。医生说她现在的状况比三月份好很多，新生儿的衣服也已经准备好了——当然都是最为基本的那种。

我知道自己生活在残酷的现实之中，所以就要更加脚踏实地。如果我今年的每个月能拿到一百五十法郎，我就会更有信心把创作推进到一个新的高度。要是你决定不再资助我，那对我来说就是晴天霹雳。难道你会安心吗？我真的会一蹶不振，而克里斯汀也会遇到巨大的生活困难。

连续三个晚上，一直暴雨不断。上周六，狂风把我画室的窗户吹开了，四块窗玻璃都摔得粉碎，而窗框也摇摇欲坠，画室里的东西被吹得七零八落。在邻居的帮助下，我们把床单钉在窗户上，总算挡住了狂风。后来房东答应出买玻璃的钱，而我要负担安装费。

我希望能搬到临近的一间房子里去住。那里比这里要大一些，因为那里有一个阁楼，正好可以当作一个卧室，而画室的面积也比这里大，条件也好很多。房东事先跟我谈过，他也希望我能住进来。房租是每月十二法郎五十生丁，就可以得到一座盖得更结实、布局更合理的房子。之所以房租这么便宜，是因为这座房子的位置不好，房东本来希望能够吸引一些有钱人，结果发现基本上不可能。我说这些并不是希望你能马上给我加钱，你只要保持邮寄原来的数目我就非常感激了。

这两周过得很是艰难。现在到了五月中旬，我在还清了面包店的欠款后身上只剩下三法郎了，现在吃饭对我来说都是个大问题，每天我们的主食是干干巴巴的黑面包，搭配着一点儿咖啡，希恩也是如此，主要原因是我们为即将出生的孩子买了一些东西，她现在已经去莱顿了。到了六月份，我就必须付清房租了，到时我真的是分文没有了。房东告诉我，那是最后期限，如果我还是不交，他就要去拍卖我的家具。求求你，不要让我们到时候丢人了。

父母给我写来了一封信，他们的态度出奇的好，都有点儿让我难以置信，希望他们能一直如此。不过，如果他们知道了我现在的生活状况，他们还会不会对我这么好？他们在判断一些道德问题上缺乏必要的能力。如果他们知道了，他们一定又会拼命阻拦，这当然会让我心里很不好受，但也不会阻碍我的行动。

非常感谢你的来信，以及里面附带的东西。我非常欣赏你的坦诚，你完全说出了对我和希恩关系的想法：她肯定包藏祸心，我正在被她愚弄。我能理解你为什么会这么想，因为类似这样的事情确实发生过很多。你说我们两个人之间的关系并没有必要以婚姻为目的。我和希恩也是这么想的：我们都渴望家庭生活，我们希望能够每天都待在一起，工作也在一起。如果我们不结婚，周围的人会说我们的关系很不正常，我们是在非法同居；如果我们结婚，因为我们都非常贫穷，这也就相当于放弃了任何想要隐瞒自己社会地位的企图，但不管怎样，我们对待彼此都是真诚的。

我和希恩确实能够吸引彼此。对希恩的感情肯定没有去年我对表姐的感情更深邃，但是这是我现在能够找到的最好的。她和我是两个不快乐的灵魂，我们需要彼此相依，共同承担生活的重担，只有这样，生活的凄苦中才能融入些许快乐，难以忍受的痛苦才会变得不那么让人绝望。她妈妈就像是弗里尔画中的人物。她精力旺盛，曾经多年独自支撑着一个有八个孩子的家庭。她不想依靠别人来生活，一直在当清洁工。

相信你能明白，如果我们家不太重视所谓的门当户对之类的，我当然不会在乎这些，我只想忠实于希恩。但是我敢确信，父亲会对对方的门第出身特别看重，他当然反对我娶希恩为妻，但是这样一直同居更会让他强烈反对。父母会说："你娶的人完全与你不般配，而且你现在没有什么经济来源，建立家庭只会把你拖垮。"而我会这样回答他们：如果我只想着过富裕的生活，结果会非常糟糕。其实我想要的只是一种简单的生活方式，这个目标是比较符合实际的，两个人住在一起会比一个人更节省。

也许父亲会要求我就这样等下去。我现在已经三十岁了，脸上已经有了皱纹，乍看起来就像是四十岁的人一样，而我的手上也是沟壑相连。而父亲却一直把我当成一个小男孩。一年半之前，他在信里这样对我说："你还年少不更事。"

他经常说教育我花的钱要比其他孩子多。所以这次我一定不会跟他要钱。希恩和我的生活还能勉强维持。现在我们绝对不能缺少的就是你每月寄来的一百五十法郎，我要用它们来支付房租，买面

111

包、鞋子和各种绘画材料。对你的资助,我感激万分,同时恳求你:不要让这勉强维持下来的生活再遭不测,让我能够养得起我那虚弱而又被生活无数次蹂躏的妻子,而且我不能接受父母的资助,因为他们资助的条件一定会伤害我与希恩之间的感情。

其实我也很想回家,但我知道时机还不成熟,关于这个想法,我从来没有跟父母说过。我必须考虑如何让自己的事业有所进展。如果我能画出一些成品来,那些业余爱好者会非常喜欢,可我画的一些草图或者素描,你也看过了,相信你能够欣赏,但是那些业余爱好者就很难欣赏的了。所以,他们是否下决心购买,大部分还要看你怎么说。

我的好兄弟,我希望能够避免所有"具有戏剧性"的场景,那些有着所谓"大智慧"的人能不插手我和希恩之间的事情。如果我真的表现出对希恩的爱,那大部分也是你的功劳,因为没有你的帮助,我将失去所有的依靠。

现在你可能会说:"文森特,现在你应该考虑一下你的透视法,重新审视一下你的那张《晾鱼棚》。"我会说"说的没错",然后马上对这幅画进行重新加工,很快你就会收到一个新的版本,以此证明我是多么沉浸于自然与艺术之中。

当然,如果你觉得这幅画没有问题,我就会马上转向科尔叔叔的订单。现在还差六幅,但是我要画出超出六幅的数量才能挑出足够让人满意的。我不知道我具体需要画多少幅,但是我会尽量让数量减少。希望我能在六月份拿到钱。

这几天来,我和希恩一直在沙丘附近露营,从早到晚,已经坚持了好几天,就像是真正的波西米亚人一样。我们从家里拿了一些面包,一小袋咖啡,还从附近一家小店的女主人那里借到了热水。

那位女士和她的小店是我见过的最能入画的地方。我一般在早晨五点就去那里写生，那时，街上的清洁工也会去店里要一杯咖啡喝。那情景真是太美了！让这里的人给我当模特摆姿势肯定要花不少钱，但我一定要试一次。

现在我基本上每天早上四点出门写生，这主要是因为在白天的时候会有很多行人和淘气的孩子们打扰我的工作，而这时的线条轮廓也最为清晰明快。今天的信里我会给你寄两幅画，一幅是《晾鱼棚》，那是我在沙丘上画的，另一幅是《木工房与晾衣间》，那是我从画室窗户中看到的视角。

我面前摆着一本狄更斯的书。插画非常漂亮；作者是巴纳德和菲尔德斯。这些插画中描绘了很多伦敦老城的风景，由于独特的木刻技术，其中的很多视角都与我画的《木工房》非常不同。如果今年冬天我们在颜料上少花点儿钱，我就会拿出一部分钱来制作一个研究比例和透视的器具。我在丢勒的书里发现了对于这种器具的描写，很多过去的荷兰绘画大师都用过类似的东西。

倘若你的衣柜里有你不再穿的上衣和裤子，能不能给我寄过来？我现在只敢花钱买绘画所用的材料，衣服完全不在我的预算之内。但是我时常在街上作画，常穿的那套衣服已经非常破旧了。我倒是不太介意自己穿着普通的衣服上街作画，可是本来一身很讲究的衣服已经让我穿得这么不堪，终究觉得不好意思。我有一套工作装，倒是打理得很整齐，这主要是希恩的功劳。

我很想知道希恩在你心目中是怎样的形象。她其实也没有什么过于特别之处。她只是芸芸众生中一个女人而已，但是在我看来却有很多神圣之感。对于两个普通人，爱与被爱都是很幸福的事，这时我们也不会过多去考虑生活中的阴暗面。

如果我没有遇到希恩，也许我很快会变成又一个态度冷漠，对一切都持怀疑态度的人，但是对于绘画的热爱以及对于希恩的依恋让我变得越来越有活力。还有一件事我必须告诉你：她能忍受着贫穷与一个画家住在一起，并心甘情愿做我的模特，这对我的帮助很大，所以我敢说，和她在一起要比和K在一起对我更有益。

我最近作画速度很快，科尔叔叔的订单已经基本上完成了。

周六的时候，拉帕德来看我，这真是意外之喜。我们两人的想法在很多方面都很一致，而且他也能够理解我现在面临的困难。他看了我给科尔叔叔画的那几幅画，从他的表情中，我知道他很是欣赏，特别是一张尺幅比较大的，那上面画的是希恩妈妈住的那个小院。我真希望在交画前能让你也看看。其中还有一张，画的也是木匠车间，那里面有很多人在忙碌，这也是我比较满意的。拉帕德给了我两法郎五十生丁，因为他看到其中有一张上面有一处被撕坏了，他便跟我说："你应该把这张修补一下。"我说："我也想，可是我没钱。"于是他便很爽快地给我一些钱。本来他想给我更多，但我没有接受。为了感谢他给我的这些钱，我给了他很多木刻画和我的一张作品作为交换。

我真的很希望会有其他人像科尔叔叔一样跟我订买画的合约，条件应该差不太多。当然我也希望科尔叔叔也能够继续跟我订画，我感觉后面这一批比前面的还要好，而且以后的水平还会继续提高。这个价格对他来说真的非常划算。

我已经把《哀伤》这幅画展示给了海耶达尔，我希望能有其他画工（比如亨利·皮勒）看看我最近画的三幅作品。我觉得这些作品应该能吸引他们的目光，当然前提是他们对画中人物有一定的同情心。

对于木匠所有的铅笔,我是这样看的。设想一下,前辈大师们都用什么笔来作画呢?肯定不是法贝尔牌的2B、3B的铅笔,而只是一块粗糙的石墨。我猜想,当年米开朗基罗和丢勒所用的应该会很像现在木匠用的铅笔,用这种东西画出来的效果和用尖细而昂贵的法贝尔铅笔迥然不同。我喜欢用原生态的石墨,而不愿用那种打磨得非常精致的铅笔。如果在画面上稍微涂上一些牛奶,光泽感就会显著降低。在室外用炭精笔作画时,室外强烈的阳光会让人看不清自己画出来的东西,所以就会以为自己画的太暗;而石墨的颜色更接近于灰色,所以要想提亮色调,你可以用钢笔再涂画几次,这样的话,石墨那种最强烈的效果在钢笔墨水的映衬下就会变得更有亮度。

用炭笔作画也是不错的选择,可是如果一个人用这东西时间过长,它就失去了新鲜度,为了保持这种触觉的敏感度,你需要快速将其固定下来。在风景画中,我见过很多人使用这种手法,比如路易斯达尔、凡·郭岩、罗伊洛夫斯。但是如果有人能够发明一种适合在室外好用的钢笔,最好再配上相应的墨水瓶,那钢笔画的魅力就会被更多人欣赏到。

今天我收到了科尔叔叔寄来的二十法郎,但是除此之外没有给我写一句话。所以我也无从知道他是否对我的作品感到满意,或者是否还有再订购的计划。但是从这次的钱数来看,他似乎是不太满意,因为上一次他给了我三十法郎,而这次的画比上次要有更大的进步。我必须承认,对于看惯了水彩画的人来说,钢笔画的粗糙性会让他们不太舒服。但是有些人反而很喜欢这种粗粝,就像是有些人喜欢在暴风雨中散步一样,比如威森布鲁赫。

我没想到他会比上一批画少给我十法郎。但即使这样,如果他还跟我订购新的作品,我一样会答应,因为我不能错失任何挣钱的机会。我会努力改变风格让他满意,就算他给我的钱只够付房租的,那也值了。

最近我总是在想你,想起很早以前你来海牙看我的那一次,我们一起在雷斯威克路上散步,然后在磨坊里喝牛奶。也许那时的经历影响了我的绘画风格,我总是想画得尽量质朴,就像我的眼睛所真实看到的一样。

想到那些日子,心中骤然升起无限惆怅。但是我总感觉自己没有办法把当时的所见所感描述出来。这些年来岁月带给我的改变并没有改变我心底的感受。它们只是以一种另外的形式呈现了出来。我现在的生活与从前相比似乎显得更为黯淡,但是我不想回头,因为经历过各种痛苦与挫折之后,我看到了阳光的一面正在慢慢升起,我将其称为"努力表达自己的真实情感"。

凡高的人生轨迹:

大约在1882年6月,文森特向当地医院承认自己染上了淋病,并主动接受治疗。他在医院里大约待了一个月,出院第二天,希恩就生下了一个男婴。

你要是在六月底来看我,一定会看到我在努力作画,可现在我已经进了医院,但时间不会太长,顶多两周。过去三周,我一直失眠,还经常发低烧,膀胱也有些问题;所以我只能安安静静地躺在床上,吃很多奎宁药片,还要时不时地注射针剂,有时候是纯净水,有时候是明矾水。病情并不是多严重;但是既然有了问题就应该早点儿治疗,要是一味拖延只会使病情更糟。这些事你最好不要告诉别人,因为人们就是喜欢拿这些事来传闲话,在他们嘴里,我的病情要么特别可怕,要么就是某种难言之隐。我把实情告诉你,你没必要主动跟人说,但是要是有人主动问你,你也不必隐瞒。反正也不是什么大病。

希恩刚刚来看望过我,待了没多长时间就走了,因为她还要照管着我们的画室。我要求她尽快去莱顿,因为我觉得她待在医院里会更让人放心。她想留下来照顾我,但很快被我打消了这个念头。我最近经常想她——希望她能一切顺利。

这病确实不是特别严重,我本来可以坚持,但是我觉得还是把病看好了再去作画,这样的状态也会更好。住院半月一共花了十法郎五十生丁,这些钱要在住院前付清。每个病房里有十个病人。诊疗条件特别让人满意。我在医院了也不感觉烦闷,整体的治疗效果好极了。

我入院的第一天,父亲过来看望我,时间很短,我们都还没有正式谈话,他就匆匆离开了。我当然希望他能够来看我,但这个时间段对我来说有些尴尬。我现在的感觉很奇怪,一切就像在梦中一般,偶然醒来,才意识到自己正躺在病床上。能够听到老家的消息,我十分欣慰,这能够表明,他们对于我的态度已经开始有所转变。他们还给我寄来了一个大包裹,里面有各种内衣外衣,有雪茄,还有十法郎。这让我十分感动,因为这完全在我预料之外。但是他们可能根本就不知道我的生活现在具体是个什么样子。我现在很虚弱,简直浑身无力,我只有静静地躺在床上,如果你有什么让人心绪平和的消息,就请尽快告诉我。

入院之前,我收到了科尔叔叔的一封信,里面洋洋洒洒写了一堆关于他对我的"兴趣",这样的话我从前就大致听特斯迪格说过。

他还说，他觉得我对特斯迪格没有感恩之心。我现在心平气和地躺在这里养病，可要是哪个人胆敢在来看望我时说类似的话，我一定会跟他翻脸。我已经受够了特斯迪格，不想身边有第二个他。

我床头放着一些关于透视法的书，还有几本狄更斯，除此之外，还有艾德温·德鲁德；从狄更斯的小说中，我也可以学习透视法。天哪，这是多么伟大的艺术家！希望我这次养病经历会对我的创作有积极的影响。有时候一个人应该放下手边一直在做的事，去另外的环境里待一阵，然后回头再看自己的作品时，就会有焕然一新的视角。

窗外的景色很迷人。我能看到运河上的船坞里停着几艘船，有的船上装满了土豆，还有一些房子的后身，有些工人正在准备拆掉其中的一些，还有某个花园的一部分景色；再远处，有一个被行道树和街灯环绕的码头，有一个布局很复杂而且还带着小花园的庭院，再有就是各种各样的屋顶。这种能够鸟瞰的角度简直是可遇不可求，特别是在清晨和傍晚，在灯光的映衬下，这景色竟增添了些许神秘色彩，就像是路易斯达尔或者范·德尔·弥尔画出的效果。这段时间我很难有机会作画，因为医生根本就不让我下床，但是每天晚上我都会偷偷爬起来欣赏这难得一见的景色。

这段时间的休养对我的身体帮助很大，我不仅健壮了许多，而且情绪也比以前更为平和，前一段时间以来一直让我焦虑的事情现在看来都不是什么大事。而且，病房中的生活并非无趣，我就像以前在三等候车室里一样可以充分了解世态人情。

说实话，现在我特别想亲近充满绿色的自然景色，同时呼吸一下经过草木过滤后的新鲜空气。我在医院里已经住了两周，医生告诉我大概还需要两周才能康复，而且让我提前把住院费交清。他说，如果我恢复得好，大概八到十天后就可以出院。我比他预想的要恢复得慢一些。今天早上,我问他我的病会不会留下什么后遗症。他说不会,但还是建议我多在医院里待上一段时间。

我现在唯一可以做的事就是读书,可现在手边没有什么书可读。现在我确实感觉很无聊,就这样看着日子一天天过去真是一件很让人感觉煎熬的事。

希恩现在正在莱顿的医院里。我觉得我住进医院跟她离开我这里有关,一想到没有她的日子,我的心里就会产生深深的焦虑,这种焦虑导致了现在我的各种症状。说起来这也是人之常情,总会有什么事情让你心情无法平静。她在那边也很孤单,你知道我是多么希望自己能快快好起来,然后飞到她身边。现在她的情况应该也不会太好。我忽然想到,男人不管会遭遇多少痛苦,可比起女人生孩子时的痛苦来,这些又算得了什么?在忍受痛苦方面,女人可以当我们的老师。她走之前的几天里,定期来看我,还给我拿来一些熏牛肉、糖和面包,现在这些东西都已经吃光了。我现在不能去给她带些吃的过去,这让我感觉非常惭愧,因为我知道她那边的饮食也不是很好。

除了希恩、她的母亲和我们的父亲之外,很长一段时间里没有其他人过来看我,我觉得这也没什么不好。但是后来,特斯迪格先生来了,这真是出乎我的预料,他的到来让我又惊又喜,尽管他停留的时间并不长,我们也没有过多时间说话。又过了几天,伊特森来了,其实我不是特别想见他,后来简·凡高也来过。不知不觉中,我在拿现在和我在去年冬天第一次去见莫夫时做对比,现在似乎更为糟糕,这种想法像一把刀子一样直接插进了我的心脏,同时又像一块巨石一样压在我身上,但我正在努力挣脱,把这块巨石扔到海水里去。

最近我收到了拉帕德写来的信。还记得他借给我用来修补作品的两法郎五十生丁吗？过了不久我就还给了他，然后他就写来了这封信。信里他又重复了他曾在我的画室里说过的话：他很喜欢我的作品，他能从我的绘画风格中感受到我对画中人物的悲悯之心。他还说，如果还有类似的作品，一定要寄给他看，他能帮我找到一个好的买主。这封信仿佛让我置身天堂一般。有人能够看懂你所要表达的东西，还有什么比这个更快乐呢？

在床上躺了很多天后，今天我终于重新坐了起来。真希望我能尽快痊愈！要是医生允许，我真想在病房里做一些绘画练习！在我们的病房里有一位老人，他的形象特别适合作为圣杰罗米的模特——身材瘦长，肌肉明显，棕色的皮肤上布满皱纹，而每一个关节都特别适合入画。如果让他当我的模特，我一定可以画出几幅好作品来。医生的样子也特别让人倾心，他的长相就像是伦勃朗画的某个半身像之中的人物——额头光洁有型，而表情中也经常有着对于病人的同情和关爱，我从他身上学到了很多。每次他来到病房，我都会仔细观察他的一举一动，一言一行，并暗下决心：今后我对待自己的模特就要像他对待病人这样。他特别善于打消病人的各种顾虑，让他们按照自己的要求接受治疗。我觉得可能医生在这个病房里会比在高档的病房里更为直接一些，似乎他们不是特别害怕伤害到这里的病人。不过还好，他的言行还都在我可以接受的限度之内。

现在我已经回到了画室中。你能想象吗？那种感觉就像是猛虎下山、小鸟出笼一样。在路上，一切的一切都变得那么美丽夺目：阳光更为清澈，世界更为广阔，万物都值得仔细品味，认真欣赏。更让我激动的是，大约一个月没有动画笔，我现在已经迫不及待地跃跃欲试。而且，一个月没有抽烟斗，现在终于又能把它放在嘴边。在病房里，我周围的物品中最常见的就是夜壶，而现在回到了画室，这里有我喜欢的作品和工具。当然，病房窗外的景色我永远不会忘，特别是那个小花园，很多病人都会去那里散步，看着他们一点点恢复健康，也着实是一件让人欣慰的事。

离开了医院并不表明我已经痊愈。下周二我还要去和医生见面，他对我进行一番检查后才能确定我是否可以正式出院。我现在只是祈祷自己已经完全康复。

我现在已经来到了莱顿。我是跟希恩的妈妈和女儿一起来到这里的。你能想象我们见到希恩之前心里是多么忐忑，因为这段时间根本就没有她的任何消息。到了医院之后，医生说："孩子是在昨天晚上出生的。你们现在可以去探视，但不要和她说太多话，她还很虚弱，需要静心修养。"看到希恩后，我们都很兴奋。她的病床在窗户旁边，窗外就是一个小花园，花园里绿树成荫，阳光普照，让人心情非常舒畅。见到我们她也很高兴，睁着眼睛看了我们很长时间。我们真是很幸运，因为这会儿距离她分娩结束正好十二个小时，而且每周只有一个小时可以探望产妇，而这些都让刚刚到达的我们赶上了。我们也看了看孩子，是个很漂亮的小男孩，躺在摇篮里，脸上的表情看上去要比实际年龄成熟很多。

她的分娩过程并不顺利，在某个时段甚至有生命危险。我真是感激那些助产的医生，他们的医德与医术都无可挑剔！这些事情都是医生告诉我们的，因为她当时处于半昏迷状态，醒来后就什么都不记得了。看到我们她也特别高兴，还说我们很快就可以一起作画了，我也希望是这样。想起我住院的那段日子，我忽然感觉当时所遭受的痛苦是自己应得的，这不是诅咒或者批判自己，而是说她在生孩子的过程中忍受了那么多痛苦，而如果我一点儿事情都没有，只是看着她受苦，那样心里反而感觉不自在呢。我们都应该遭受一些厄运，这样才显得公平。但是死亡的威胁是无处不在的，这就是为什么丢勒大师会在他那幅著名的画作中把死神画在一对年轻夫妇的身后。

我的好兄弟，不得不说，如果没有你的帮助，有可能希恩已经不在人间。她曾经的生活是那么困顿无助，这让她筋疲力尽，虚弱无力，而现在她不再需要过那样的日子，一切都朝着好的方向发展。当她摆脱了各种厄运之后，她便迎来了新生，当然，她已经不可能回到青春年少的时候，但是那又怎么样呢？任何人都不能将时间倒流。但是就算她是一棵老树，也照样可以开出动人的花朵，就像我们在春天看枯树吐新芽一样。

我正在希恩母亲的房间给你写信，窗外是一个不错的小花园，我曾两次画过这个花园。那两幅画都在科尔叔叔手里。如果你有时间去看他，一定要趁机看看这两幅画，我非常想知道你的意见。

我回来后遇到的第一个人就是我那位木匠朋友，他曾多次给我提供工作机会，尽管工作时间都很短，赚钱也很少，但我依然很感激他。

要是住进这套房子里一定会很舒服，这里看上去很干净，建筑样式也很漂亮。从顶楼的窗户里往外看，风景就像在童话中一样迷人。等我们两个人的身体都恢复一阵之后，我一定会租下这个地方。这里的空间很大，空气也通畅，不仅有利于身体健康，而且在这里工作也非常享受；光线可以从南北两面照射进来。房间里有一个小厨房，我想以后多在这里工作，因为从这里的小窗户里可以看到外面庭院的景色。

在生下孩子两周后，希恩就必须离开医院。这就促使我赶紧决定是否要租下这套房子，因为我一定要在她遭受那么多痛苦后为她提供一个温暖的家。所以，我赶紧和房东达成了协议：第一，他要帮助我尽快搬家，而且如果需要的话，还要帮我从外面雇一些人来搬运这些笨重的家具，因为现在我的身体还不允许我干重活；第二，从我或者希恩入住的那一天开始算房租，之前的时间他不能跟我收任何费用。我猜想，希恩会比我先出院。

这套房子的布局非常完美，就算完全由我来设计，也不会设计出比这更好的效果。这条街上的所有房子从外面看基本上都一样，但是里面的布局千差万别，但没有哪一套比得上我们现在这套。

我现在的感觉非常好，我知道自己能够很快康复。我的手已经迫不及待要抓紧画笔了。

在这忙忙碌碌的各种变动中，我还是打磨出了一幅画，这次是一幅水彩。住院之前我就打好了草稿，才出院不久我就赶紧将其完成。画中表现的是岸边捕鱼的情景。一艘艘渔船躺在海边滚烫的沙滩上，远处的大海笼罩在蓝色雾霭之中。那天虽然阳光充足，但我是在背光作画，所以只能从各种影子和沙滩上如烟一般的热气中感受到后背的阳光。一切都只有一个印象，但我感觉这些印象都还比较准确。

这间画室里的所有东西看起来都那么真实；常见的灰棕色壁纸，精心擦洗过的木质地板，白色的棉布窗帘；一切看起来都那么整洁干净。当然，墙上挂着我的习作；我不希望自己的画室里有任何的古玩或者挂毯之类，单凭墙上我的习作就可以使这里看起来与众不同。画室两端各有一个画架，还有一张很大的白色工作台。紧邻画室有一个小隔间，那里放着我的画板、画夹和各种盒子，那里还有各种木刻画。角落里有一个小橱柜，里面有各种瓶瓶罐罐，还有我的所有书籍。

客厅面积不大，那里有一张桌子，几把餐椅，一个煤油炉，一把柳条编织出来的安乐椅（这是我家里的女主人准备的），从窗外望出去，能看到码头和草地，我寄给你的画里就有这些景色。窗边有一个小小的铁质摇篮，摇篮的顶棚是绿色的。每次我坐在心爱的女人旁边，脚边就是孩子的摇篮，那种感觉总是让我陶醉。我把伦勃朗的一幅大型作品挂在摇篮上方，画中的摇篮旁有两个女人，其中一个正在烛光中阅读《圣经》，烛光只能照亮一方小小的区域，而光线之外那巨大的阴影使得整个屋子有了一种强烈的明暗对比效果。客厅里还有其他不少名画。

厨房的窗前是她的固定座位，那里总是有鲜花陪伴着她。阁楼上有我们两人的大床，孩子们睡在我原来那张床上。她母亲和我这几天一直很忙。最困难的事情就是拿什么铺床，我们买来海草和稻草，有的用来铺床，有的用来塞进各种褥套里面。现在只能用这些将就，不然花费就会变得过高。

去年的时候，我做事还想着征询一下父母的意见，可是今年我已经放弃了这一想法。父母真的不了解我，不管是我的长处还是错误。他们无法理解我的感受。现在我的计划是：省吃俭用，争取下个月省出十到十五个荷兰盾来，然后请求父亲再来我这里一次并住上几天，这次由我出钱。我希望父亲对我能够有全新的认识。这是恢复我们关系的最快办法。

我会让父亲见见希恩和她的孩子们，这可能会让他大吃一惊，同样让他吃惊的还会有家里面整洁的环境和画室里我最近一段时间练习的成果。我会亲口告诉他，希恩和我如何在她怀孕期间相互支持度过了这个寒冬；你对我们的无私帮助；还有就是希恩在我生活与事业上的巨大贡献：第一点就是我们在共同患难期间所建立起来的深厚感情，第二点就是她已经开始竭尽全力支持我的工作。希望借助这些能让父亲同意我和希恩的婚事。

我所说的婚事不是仪式性的，而是实质上的；我们对于彼此的感情与相互帮助已经使我们在事实上成为了夫妻关系。我已经下定决心要娶她为妻，而且是越快越好。关于这事，你一直反对，你一直以为希恩用假象欺骗了我。我不想直接反驳你，我相信，只要你与她增加接触，你就会慢慢开始接受她。这种婚姻的承诺能够让她不再被人看作是我的情人之类，而且这一决定并不是头脑一热才做出来的，我已经反复考虑过了后果。

尽管我想尽早与希恩结婚，但似乎现在还不是最佳时机，我可能需要把这一计划往后推迟很长一段时间，直到我能够每个月挣到一百五十法郎为止，这样我就不再需要你的资助了。这一承诺我只为你做出。我这样做也是在向你表明，我不会不考虑你的感受，做一切重要决定之前我都会征询你的意见。说实话，在与希恩结婚这件事上，我考虑得更多的是她和两个孩子的生计问题。我绝不想再让她回到我刚刚遇到她时的那种困顿和凄凉中。我不想让她感到自己又一次被别人抛弃。我已经开始承担责任，那就让我把这份责任承担下去。

只要和希恩待在一起，我就有一种回家的感觉，就像是坐在自家的火炉旁，由此可知，我们的人生轨迹早已缠绕在一起。这种感情只是因为互相吸引，而不是对于过去的彼此互相怜悯。而且，一想到她我的心中就会充满安宁与平静，仿佛一条大路就摆在我的眼前。

我无法承认去年我所付出的那份感情只是一种幻象。可父母是这样想的。但我还是要说：这事也许不会发生，但如果发生了又能怎么样呢。这绝对不是幻象，但他们却认定那一定是。我就是无法理解为什么K会那样回复我，而父母又怎么会如此决绝地反对，不仅言辞犀利，而且完全缺乏对自己孩子的温情。现在，我的伤疤已基本痊愈，但是对当时的事还是非常敏感。

那么，今年冬天我能够感受到"新爱"？看来不行。但是，不要忘了，我内心深处的人类情感并没有消失殆尽，我的忧伤也确实需要他人的抚慰，难道这也错了吗？在一开始，希恩对我来说只是一个和我有着类似遭遇的可怜人。只要我没有被生活打倒，我就会给予她非常实际的支持，这同时也是对自己的一种激励，使我可以不被生活的重压打倒。

在长时间的接触中，我们开始彼此依赖，以至于我们已经完全无法离开彼此——如果这还不算爱，那我们可以称之为什么？我们对彼此的感觉都是真挚的，那不是一场梦幻，而是真真切切的现实。我盼着你早点来，亲眼看看这一切。我一点儿都没有变得沮丧消沉，而周围的环境也会让你眼前一亮——一间新画室，一个充满生气的家，画室中没有那种让人不舒服的神秘气息，而是完全扎根于现实生活。而且，画室中还有一个摇篮，一把宝宝椅。这里没有停滞不前的迹象，而只有年轻人所带来的种种活力。这里没有半点奢华，一切都那么质朴实用，我现在当然还要依靠你的资助，但是你能看到，你的每一分钱都没有浪费。从这间画室里将会产生越来越多的好作品。

我又要去医院待一阵，然后就可以回来继续作画，而我心爱的女人会抱着孩子为我做模特。如果你想真真切切地表达自己对家庭生活的热爱，最好的办法就是组建一个家庭，并全身心投入其中。心意到了，拿着画笔的手才会变得灵活。不要试图磨削这种感觉，那无异于自寻死路。就算把绘画事业与家庭生活结合在一起也没有什么坏处，特别是对一个人物画家来说。我清楚地记得奥斯塔德画室的内部景象，里面既没有来自东方的带有异国风情的武器，也没有波斯挂毯，有的只是一幅幅的小型钢笔画，里面画的很可能都是他房间的每一个角落。

不要以为我自以为是。我经常会陷入忧郁中，或者大发一通脾气，而我内心又极度渴望别人的关心，一旦失去了，我就会说话尖酸刻薄，态度也会变得冷漠，有时候，我会气得直接把颜料扔进炉火中。我不喜欢待在人群之中，也不愿和他们打成一片，更讨厌与他们喋喋不休地说话。但是你知道这主要是因为什么吗？很简单，就是因为紧张。我这个人在身体上和道德意识上都非常敏感。在过去的几年里，由于遭受了那么多让我的健康极度受损的事情，我开始变得非常容易紧张。如果去咨询医生，告诉他我曾经在寒冷的夜晚无处安身，饿着肚子在大街上流浪，一直找不到合适的工作，家人和朋友都有些疏远我，那他就能够理解：我的绝大部分怪异的举止和秉性都与此有关。但是，这并不是说我这个人就完全一无是处，我还是有好的一面的，但是怎么好多人就会忽略这些呢？

明天我要回医院一趟。现在夜已很深了；画室中一片寂静，而窗外却是暴雨倾盆，这反而更衬托出室内的静谧。多么希望你能够出现在我的画室中，我的好兄弟。我真的有太多东西要向你展示。

最近我常常想你，其中主要有两个原因：首先，我的一切都依靠你的给予；就连我的精力和对于生活的热爱都拜你所赐。另外一个原因也许是更为主要的，那就是在你的帮助下，我终于有了自己的家庭。不久前，每次我回到家里，看着一件一件的家具，我就会想，为什么我总是孤身一人？我的妻子在哪里？我的孩子在哪里？这种孤单的生活有什么意思？相信偶尔你也会有这样的想法。

也许上帝并不在此地，但是他总会存在于世界的某处，在人生的某一个时刻，你能够感觉到他的存在。我一直相信上帝，我认为正是他让男人不会总是一个人生活，他会赋予他妻子儿女，让他的生活变得更为丰富多彩，这才是正常的人生。

我希望你能理解我现在的所作所为，并把它看成是非常自然的事情。只要把希恩看作一个平常的母亲和家庭主妇就好，她现在没有别的身份。这些也是她真正想拥有的身份，因为她知道生活的另一面是什么样子的。

我对你很有信心。我知道，我们两人在内心深处都平和，所以我们都可以保持乐观的心境；这种平和乐观的心境都是由我们对自身职业的热爱所引发的，艺术在我们心目中占有重要地位，正是它使我们的生活变得丰富多彩。

刚刚置办了一些餐具，包括盘子、刀叉和汤匙。买的时候我就在想，一定要为你和父亲分别准备出一套来。所以，我已经规划好了你在客厅的位置和你在用餐时的座位。盼着你快些来，真的。

当你来到我这里的时候，你会看到一个生机勃勃、充满欢乐的温馨家庭。如果你想到这一切都与你的资助密切相关，相信你一定会有一种满足感。你知道，我在过去的岁月里并非每天都这样快乐，现在通过你的帮助，我重新焕发了青春，也真正明白了自己努力的方向。希望你能够亲眼看到我的这些转变，以便在人们认为你帮我这件事很傻的时候对他们的话不屑一顾。另外，希望你好好品评一下我的画作，以便从其中看出我将来的努力方向。

我去见过了医生,他说我恢复得不错,已经不需要再去住院了。今天下午,我送给他一幅画以示感谢。画中描绘的是一个女孩编织东西的情景,这是在莫夫的画室中完成的,我认为是我画过的最好的水彩画。莫夫在其中起了很大作用,他看着我一步一步画下来,给我指出了不少问题,并指导我修改。

　　明天早上我打算搭车去海滩,然后在那里画上一阵子。最近特别容易感觉疲倦,可能是前一阵长时间在病床上躺着的缘故,现在乍一起来,多少有些不习惯。但整体来说,比去年冬天还是有很大提升。这让我很兴奋,同时满怀感恩之心。现在天已经很晚了,明天我就要早起奔向海滩,这让我想起住院前我在海滩的沙丘上画画的情景,一切又回到了从前,仿佛什么都没有改变。

　　你在信中描述了巴黎的夜景,这让我非常动心,因为这也让我想到了曾经我在巴黎的日子。在医院时,有位艺术家给我留下了深刻的印象,他用大师的笔法描述了巴黎的方方面面,这位作家名叫左拉,他在《爱情的一页》中的描写让我能够清晰地在脑中描画出每一个场景。那本书写得实在好,它让我迫不及待要读一下任何出自左拉笔下的东西,不过现在我找到的都是一些短篇。左拉真是很聪明,也很有才。

　　我的好兄弟,从你的信中我发现你也可以成为一名艺术奇才,继续努力培养,让它生根发芽,然后开花结果,不要轻易展示给别人看,把它留给自己的内心。在你信里对事物的描写中,我能够看出其中的"色彩"来。尽管这与真正的创作还有一定距离,因为那是要经过一些苦痛和折磨的,不过至少你有创作的欲望与自觉。知道吗,用文字来描绘事物也是一种让潜藏在内心的力量慢慢苏醒的重要方式?就像是从烟囱里冒出来的烟就可以让我猜到炉内的火烧成了什么样子。

希恩也来到了我们这个新家，现在我们终于又团聚了。一切都很好，不管是她还是她的宝宝。孩子一直很安静，而希恩会精心照料他。我还担心她分娩后是不是要吃很昂贵的东西，但实际上我们的一日三餐都非常简朴。我觉得，一个月一百五十法郎足够我们一家人的基本花费。

现在天气一直不错，在家中团聚的感觉真是温馨，希恩对于一切也非常满意，所以精神状态很好。最让她高兴的是她重新见到了自己的大女儿，我给女孩买了一双新靴子，她穿在脚上非常漂亮。

真希望你今天能来看看希恩！她的样子已经和去年冬天大不相同，简直是巨变。这在某个角度来说要感谢为他治疗的医生。但医疗方面的因素只是其中的一部分，更重要的是我们之间的感情。一个在恋爱中的女人愿意做出改变，而如果一个女人没有自己喜欢的人，同时也没有人喜欢她，那她就会陷入消沉，容颜也会更快地衰老。爱把她内心的美慢慢牵引出来，而她的改变也完全依赖这种感情。一切都应顺应自然，女人要的就是一个可以终身相守的男人。并不是每个女人都能够这么幸运，但这至少是每个人都应该去追求的方向，不然就是违背自然的做法。他现在的面容和以前已经大不相同，眼神温和而坚定，脸上也不时泛出笑容。曾经的痛苦并没有完全消退，而这种乐与苦的交融更显得动人。也可以这么说，曾经的痛苦与折磨让她变得更为成熟稳重。

在医院里的时候，医生护士都特别照顾她，这可以看出，她是一个值得好心人同情的人，而他们的照顾又反过来使她更为焕发容光。我希望你们见面后能够彼此喜欢。

我很依恋现在的这个家，它是我心中的一方净土。我不禁想起了米什莱的一句话："女人就是一种宗教。"

既然身体已经基本康复，我就可以把全部精力放在绘画上了。现在的画室面积也大，光线也好，没有什么可抱怨的了。既然我和希恩已经住在了一起，花费反而会比两个人分开住要少一些，所以我就可以把你每月寄来的一百五十法郎中更多的部分用在购买绘画材料上。因为刚从医院出来，所以我还是要稍微注意一下我的健康状况，但既然医生已经说没什么复发的危险，我就可以找合适的机会去室外作画。不仅要去作，而且要比以前更为用心，更加投入。希恩现在恢复得不错，她又可以为我做模特了，她现在的身材依然保持得很好。只要她身体允许，我想多画一些裸体画，画裸体画真的可以教会我很多东西。要是我最近确实不能去室外作画，我会选择室内合适的物品来练习静物画，至少不会闲坐着什么都不干。

今天早上，特斯迪格来我这里，他看到了希恩和两个孩子。我本以为他会对待一位刚刚生完孩子的年轻妈妈好一点儿，但看来是我期望太高了。他说话的方式还和以前一样，相信你也能够猜到。

这个女人和这个孩子待在你这里有什么意义？

对于和女人生活在一起这件事，你怎么看？特别是还有一个孩子？

我承诺自己：把自己的病，或者说是病的后遗症，当作完全不存在一样。艺术这东西有很强的嫉妒心，它不想让疾病之类的东西比它显得更重要，我打算顺从它的意愿。我浪费的时间已经够多了，我的手现在已经显得苍白无力。可以说，像我这样的人就不能得病。我应该从早一直画到晚，没有任何理由可以让我间断。我不想再听到别人说："他现在已经拿不出新作品来了。"

慢慢地，很多事都对我失去吸引力。最近，我很少和其他画家交流。这对我没有什么负面影响,作为艺术工作者,我们应该更多地去倾听自然的声音,而不是总听那些能言善辩的艺术家喋喋不休。和六个月前相比,我现在多多少少能够理解莫夫的话了:"别再跟我提什么杜普蕾,说说岸边的水沟什么的也比那强。"话虽然不中听,但却很有道理:对现实世界中事物本身的感受要比对一幅画的感受重要得多,你可以从中获得很多灵感,也很有可能画出更多作品。

现在,我对艺术和生活有着视野开阔而又感情充沛的感受,而在其中,艺术是其中最为重要的因素,如果有人想要限制我在艺术方面的追求,他们的声音在我听来都是那么虚假和刺耳。我的艺术追求确实很高,但并非好高骛远。

我希望自己的作品能够真正打动人心。《哀伤》只是我初试牛刀;而像《米德沃特大街》《莱斯维克草地》《干鱼棚》这样的小型风景画也只不过是起步阶段的作品。但值得欣慰的是,在这些作品中,已经有一些东西是从我心底自然流露出来的。

不管是人物画还是风景画,我在其中想要表达的,不是假惺惺的多愁善感,而是发自内心深处的苦痛。简而言之,我希望人们在看我作品时会这样说:他表达的情感深沉而敏锐,尽管形式上显得很粗糙。不,也许正是由于这种形式上的粗糙,才能够让这种情感跃然纸上。

现在说这样的话也许会显得自己过于自命不凡,但是这正是我努力的方向。我在大多数人心目中是个什么形象?这人一无是处,性格乖戾,没有任何社会地位,而且将来也不会有。也许他们说的没错,但是我就是想要用自己的作品证明:像我这样一个一无是处而又性情古怪的人心中藏着什么样的想法。

这就是我的壮志雄心,不是出于愤怒,而是出于深切之爱;并非头脑不冷静时的胡言乱语，而是出自一颗已经完全平静下来的心。不错，我以前确实经历过常人无法想象的苦痛，但就算在这样一个人的心里，依然保留着安静而纯洁的平和，而且还飘荡着动人的音乐。在最贫瘠的茅屋中，在最肮脏的角落里，我依然能够欣赏到最伟大的绘画。我的头脑会被一股无形而又不可抗拒的力量带入迷人的艺术世界。相信我，有时我会放声大笑，因为周围很多人都会以为我内心阴险，而举止又荒唐可笑，可这一切都是他们凭空想象出来的，没有一丝一毫的证据——我只是大自然的一个朋友，一个爱好绘画的朋友，同时更是普通人的朋友。

在很多现代绘画中，我发现了很多过去的大师所没能呈现出来的魅力。我想，这似乎可以反映出，很多现代画家具有更为深邃的思想。不管对于他们的同时代的人还是对于我们，伦勃朗和路易斯达尔都可以在画中表现出那种崇高与神圣的感觉，但是在现代画家的笔下，我们会有更多亲切之感，这在古典绘画中很难找到。

最近我一直在读《娜娜》。左拉真是伟大，他可以被看作第二个巴尔扎克。巴尔扎克描述了从1815年到1848年的社会现实，而左拉正好从1848年之后写起，他写到了色当时期，或者更准确地说，他一直写到了现在。读他的书真是感觉很棒。如果你有时间，建议多读一读他的书，你会受益匪浅，对社会有更多新鲜的认识。

我曾和你谈过人性之爱的话题，有些人确实具备这样的品质。但我直到现在也没有帮助某人的人道主义计划（我知道人道主义这个词有很多负面意义），但是我在内心深处总是能够感觉到想要帮助他人。我曾经照顾过一位被烧伤的可怜矿工，坚持了将近两个月。还有一年，我在整个冬天里都和一位贫穷的老人分享自己的面包。这种帮助人的事情我做过的绝不止这两次，但我实在懒得再去搜肠刮肚的去回忆了。现在，我有了希恩，她是我最近帮助过的人。我从来不认为这是傻事或者错事。因此我自然也理解不了别人待人冷漠的态度。我还想说，如果说我帮助希恩都是错的，那么你如此持之以恒地帮助我也就不会有什么合理性——但是，那些认为这是错事的人该是多么荒谬的人呢？

你还记得吗？我曾在去年冬天跟你许诺过，一年后你将会见到我画的水彩作品。

相信你能够看出来，我不再害怕使用一些以前基本上不会用的颜色，比如鲜嫩的绿、柔和的蓝，以及几千种不同的灰色。我发现，世界上几乎没有什么颜色没有掺杂着或多或少的灰色——红灰、黄灰、绿灰和蓝灰。

对于黑色的认知，你我所见略同。在自然界里，纯黑根本不存在。就跟白色一样，它会融合在任何颜色之中，构成各种各样的灰色，这些灰色只不过是黑色在其中所占比例不同而造成的。只有三种原色，那就是红黄蓝，而复合色也有三种——橙绿紫。通过添加不同比例的黑或者白，我们就会得到无穷无尽的灰色变化；要想指出到底有多少种灰色，那简直是不可能的。

有了这些简单的规则知识，整个的色彩化学也就变得不是特别难懂了。懂得了这些，你就不会对着有七十种不同色彩的颜料套装发呆，不知道该拿起哪一个来。只需给我三原色，再加上黑与白，我能够调配出来的颜色肯定要多于七十种。调色师的过人之处在于，只要在自然界看到一种颜色，他们就能够马上分析出这是哪几种颜色的组合，比如，这种灰绿色只不过是黄加黑，而且还加了一点点儿蓝。换句话说，他们能够在调色板上找到与自然界最为接近的灰色。

我给你看这些画只是想表明：如果我能够认真学习透视法和绘画比例问题，这些对于我画水彩都会有很大帮助。在过去六个月里，我一直在练习绘画基本功，现在尝试一下水彩，看看自己在那些点上还需要提高。

当然，你在我的画中也许还是会发现一些问题，但是请放心，我会在以后的练习中多加注意。我不会被一种绘画模式所束缚。特斯迪格会这么想，但他就是一个想法很消极的人。有时候，我会看到某些画家在为自己的水彩画水平不高而发愁，我真想告诉他们：伙计，不是你的水彩画水平不高，而是你的整个画法本身就有问题。

我一点儿都不后悔自己没有一开始就着手于水彩和油画的创作。只要我努力，我会把这些缺憾都弥补回来，到那时候，我的手再作画时就会更为稳定，而透视法方面也会更为成熟。我发现很多年轻画家不喜欢对着实物作画，他们都喜欢从自己的回忆中搜索素材，然后盲人摸象似的进行所谓创作。这种画法真是让我感觉恶心。他们一旦对自己的作品不满意了，就会怀疑自己是不是没有绘画天赋，而我为了避免同样的遭遇，会非常有意识地注意从现实中寻找素材。这样坚持了一段时间之后，我发现自己越来越喜欢这种感觉了。

我希望你能够理解我之前为什么热衷于画素描、速写之类的草稿类作品，这主要有两个原因：首先，在我看来，绘画中最为重要的就是手法，我一定要练到画笔稳定无误为止；第二，油画和水彩都需要非常昂贵的绘画材料，如果绘画基本功不好，按照拙劣的草图画出来的东西无异于浪费材料。要是我因为购买油画或者水彩材料而负债累累，或者画室里堆满了质量不高的成品（我见过很多画室都是这个样子），我是不能原谅自己的。现在我感觉自己的基本技法已经过关，于是迫不及待要用油彩或者水彩试验一下了。

我希望莫夫能够理解我，我就是按照他告诉我的来做的：先练习基本功，再考虑成品画。

其实，画彩色的水彩或者油画并不比画黑白素描难多少，或者说，素描才是最难画好的。一幅成品画，它成功与否四分之三都要看素描底稿是否出色。

我一直想把速写和素描提升到一个新的高度。在素描版的《晾鱼棚》中，各种绘画要素都已经展示得非常明确，你从这里面就可以猜到成品的效果。

现在我的身体已经完全恢复，而精神状态也变得出奇的好。在现在的这个画室里创作真是一种享受。它比前一个画室条件好了很多，特别是很适合根据模特画人体画，因为画室面积比较大，我就可以和模特保持非常合适的距离。看来，多付一点房租对我的创作还真是有帮助。

我有一个计划，那就是将来某一天要把摇篮画进我的水彩画中，最好是在某天下雨的时候，因为那样我就不能去室外作画了。但现在我要重点给你看我的风景画。我打算今年冬天专攻人物画，那时我来这里也就有一年的时间了。在此之前我要多画裸体画，特别是蓝白色调的。

过不了多久，希恩就能够通过给人做模特来挣钱了。我那幅《哀伤》就是她为我做模特画成的，我个人觉得，那是我近一年来最好的作品。这段时间我还是会多画人物画。我爱风景，但更爱人物。

为了画好风景画，我要着重培养自己的整体观，然后在此基础上使画面得到升华。但这些都需要大量的练习，首先就是要观察，然后是相对枯燥的反复磨炼，在此之后，还要学习解剖和透视知识。

我身边挂着一幅罗伊洛夫斯风景画，但这只是一幅草图，不过就算是草图，我们也能够从中看出画家的功力，几乎画家的一切思考与角度都已经呈现在了这幅草图中。米勒的《高背扶手椅》比这一幅还要有说服力。看到这样的话，我就更加明白了素描的重要性。我在画《哀伤》前，就在草图上下了很大功夫。当然，在强调线条的同时，也不能忽略色彩给观者带来的印象。

　　昨天，我看到了德·波克的一幅小型炭笔画，天空中白色与浅蓝都用得恰到好处，比他的其他作品要好很多。

　　知道你要来，我简直欣喜若狂。这次会面对你我都有好处，但条件是，我们不要一起去拜访特斯迪格或者莫夫。主要原因倒不是我们之间的关系，而是非常实际的问题：我在作画时一直穿着同一套工作服，而我在沙丘或者草地上作画时经常忘情到不知道自己该怎么待着才好，所以我会直接坐在那里，有时甚至会躺在地上（在沙丘作画时，我一般不用椅子，顶多会坐在一个旧鱼篮子上），因此，我这身衣服很像是一件乞丐服，如果你非要带着我去别人家做客，那会使在座的每个人都感到尴尬。除了不要去别人家做客，你到此地之后的所有安排我都会满足你。

　　我们可以去海边，去草地，这些都随你。我特别推荐你去草地上散散步，我在那里发现了几条小路，那里环境清幽，景色优美，一定会让你流连忘返。我还发现了很多处工人们的简易住宅区，还有一些带着水边花园的房子，这些地方也都很有特色，在其他地方很难发现这样的景色。

　　特斯迪格总是拿异样的眼光来看我。他曾对我说："你的画跟以前比起来根本就没什么变化，总是这样可不行啊。"我真想马上回击他："这位先生，我跟其他任何一位画家比起来都一点儿也不差，你的话根本不会改变这一点。"

算了，不想跟这样没有艺术品位的人争论，根本没有什么意义。我知道自己身上的每一个细胞中都充斥着艺术气息，我还是回到画架前比较实际。

请在脑中想象这样的画面：凌晨四点，我已经坐在了阁楼的窗户前，手里摆弄着透视工具，研究着窗外的草地与庭院。窗外的人们有的在点灯，有的在冲咖啡，而从远处晃晃悠悠走来了第一个工人。在暗红色的屋顶上，一群白鸽在黑色的冒着烟的烟囱间兜兜转转。向远处望去，一望无际都是暗绿色的草地，灰色的天空低垂下来，就像是在柯罗和凡·郭岩的画中一般。这些构成了我绘画中的主体。

我不知道自己将来能否成功，这要取决于自己能不能画出像样的东西来——换句话说，取决于能否冷静地观察窗外的自然景物，并把自己的爱与信念融入画面中。

我寄给你这些画是想表明：我希望你能理解，我并没有故步自封，而是在朝着最有希望的方向进步。至于说到我的画到底卖多少钱，我不想妄加猜测，如果它们卖得没有别人的好，我会大感意外。那一天多久后能够到来，我也不确定，但是现在我只是想充满热情地从自然中汲取营养。首要是对于自然的热爱，其次还要观察别人对自然的反应。作为一名画家，我们就是要将自己融入到大自然中，然后利用自己所有的才能去在作品中表达这种自然之爱，并让观者感同身受。只去迎合市场是不对的，那是在欺骗业余爱好者。真正的优秀的画家不会去迎合，他们也许会遭受暂时的非议和困境，但由于他们的赤诚之心，他们总会得到其他人的认可。对此我深信不疑。

"喜欢"与"爱"不是同一个概念，"喜欢"你的作品的人不一定真正懂你。现在我也是在寻找卖画的途径，因为我不想过多滥用你的好意。好兄弟，相信我，几年后（也许时间更短）我就会看到让自己满意的作品，同时还要好卖。

我的精力会越来越转向绘画方面。有些人一直非常敌视我，他们的这种态度我很难扭转，但幸运的是，只要我在事业方面方向正确，努力程度足够，我就可以找到更多志同道合的人，而他们的支持会使我不至于被那些人的恶意所压倒。

只要一个人能够充满理性，同时又真心去爱大自然，这种真心就会为他带来一层无形的铠甲来对抗别人的恶意。大自然有时也是严酷的，但它绝不会欺骗我们，它会始终帮助我们继续前进。那种崭新的人生体验，那种充满光明的前进之路，没有经历过苦痛的人怎会明白？

现在暂时先写到这里，因为我的画已经干得差不多了，我还要去把它润色一下。在这张画里，远处的屋顶和房檐处的排水沟就像打在弓弦上的箭一样挺立，我在画这部分的时候基本上一气呵成。

我从很早就知道自己对绘画有着浓厚的兴趣，但是我一直压抑着，因为我知道基本条件还不具备。但是通过你的帮助，我的艺术大门逐渐打开。我觉得自己比同龄的很多画家都要幸运一百倍，因为你的帮助让我能够不用过多考虑生计问题。很多学画者在坚持了一段时间之后，由于费用太高而不得不最终放弃，而我却可以一直坚持下去，毋庸置疑，这都是因为你的资助，对此我一直心怀感激。我比别人起步晚得多，要想赶上人家，必须付出几倍的努力。而在我努力的过程中，你一直是我最坚强的后盾。

我想跟你说说我最近都买了些什么。首先是一个大的调色盒，里面可以放十二管水彩。这个盒子有两个盖子，其中一个可以用作调色板。另外，盒子里还有放六只画笔的空间。这是户外绘画的必备工具，但是价格也非常昂贵。以前为了省钱，我一直在用普通的茶盘来作为调色板，但是茶盘不太方便携带，因为出门画画要带很多东西。现在我终于下定决心买下了这个调色盒，希望在今后的练习与创作中能够越来越发挥出它的巨大价值。另外，我还买了一些水彩颜料，替换并补充了一些画笔。

到现在为止，我画画所需要的材料基本上都置办齐备了。说到颜料，我买的都是大管的，因为这要比买小管的便宜很多。你知道，我画油画和水彩时用的颜色并不多，一般就是赭石色（包含红、黄、棕三种颜色）、钴蓝色和普鲁士蓝，还有鹅黄、棕黄、黑、白，再加上少量的胭脂红、棕褐色、朱红色、海蓝色和橙黄色。我买颜料还是很节制的，很多颜色能自己调就自己调。我相信，这个调色盘能够解决我在色彩方面的大部分问题。在加入海蓝或者胭脂红的时候我会特别小心。这个新的调色盒正好可以放在我的绘画包里，基本上里面可以装上任何与绘画有关的东西。

有了这个工具，我就忍不住会设想把它放在各个地方的情景，到时我就可以把这里的一切都用绘画呈现在你的眼前，好好等着吧。

昨天我去一个储存绘画用纸的仓库转了一圈，那里有各种画纸，质量好而且价格便宜，之所以便宜是因为这是一批订单的剩余，老板急于出手。于是我买了一大摞抱了回来。

希望上面说的话不会让你以为我在大手大脚地用你的钱，我买的都是绘画急需的东西，很多东西都比我预期的价格要高很多。

我最近新买了一条裤子，这条裤子不仅结实，而且保暖。在你来之前，我还会去买一双不怕磨损的鞋，这样我就可以风雨无阻地去画画了。下周一我打算用我的新工具去开始一幅大型炭笔画的创作，同时也可以绘制一些习作。一月份的时候我就试过，但后来放弃了，因为我对自己的绘画技巧还有一点儿担心。现在已经过去了六个月，我已经对自己很有信心了。

我想从风景画的创作中获得一些与人物画有关的技巧，比如怎样使用不同的绘画材料营造氛围等等，总之一句话：如何使作品有更为出色的整体感。如果你能来我这里，那将是对我莫大的鼓励，你的想法一定会很有见地。现在我觉得我还是应该多练习一些黑白色调的作品，也就是多画一些草图。放心，我的创作之舟已经起航。

从你走后，我一直在尝试一些新的画法。这段时间我完成了三幅作品。其中一幅画的是草地上一排修剪后的柳树，另一幅是附近的一条煤渣路。今天我又去了一趟那个农场的菜园子，看到运河旁有一块地里种着土豆，一男一女正忙着收土豆，那个男的穿着一件蓝夹克，我很快就把整个场景记录了下来。这块地里有很多白色的沙土，有些地方已经被农民用农具翻过，而另一部分还覆盖着一排排干枯的农作物秸秆。那里杂草丛生，一片荒凉。抬头远望，能看到深绿色的草地，点缀其间的是几座房子。

这个菜园子有一种荷兰独有的风格，因此特别吸引我。最近我发现，画画这件事并不像你想的那么有陌生感。恰恰相反，我与它越来越亲近。我现在已经找不出其他更有效的表达自己思想感受的方式了。如果你想表达自己的款款柔情，只需在崎岖不平的地面加上一抹柔和的绿色。

我还画了很多沙丘画，这些画用的颜料比较厚重，一看就有一种黏黏糊糊的感觉。

我并非不愿意画油画，但是由于费用的关系，我不得不抑制这样的欲望。要是不知道怎么节省着用颜料，那每张画的成本都会很高。不过，看到自己手边的那些新鲜而又质量上乘的颜料，真是手痒。再次感谢！我会很用心的让每一块颜料都物尽其用，你绝对不会为自己的慷慨而后悔。

上周六，我完成了一幅梦寐以求的作品。画面中是一片开阔的绿地，几个圆锥形的草垛点缀其中。一条沿着运河修建的煤渣路蜿蜒穿过草地。在画面中央，远处的地平线上，火红的太阳放射出耀眼的光芒。这样的效果很难在一瞬间就画好，但至少你可以在画中看到我在构图方面的思考。要想画成油画，主要还是色彩的问题。

自从买了新的绘画材料之后，我就废寝忘食开始作画，到现在已经有了七幅作品。但由于太过劳累，我的身体已经有些吃不消了。其中有一幅里面有比较突出的人物，那是一位妈妈带着孩子，在一棵大树的树荫下，旁边是一座沙丘，而夏日的骄阳遍洒阳光。我感觉这幅画有一种意大利风味。我能感觉到自己现在有多累，但是又不想休息。我知道劳累是正常的，但这种感觉很快会过去，如果继续努力，收获就会来临。

黑白画社最近有个展览，其中有一幅莫夫的画，画的是一位妇女正在织布，地点应该是在德伦特，我觉得效果很不错。还有几张伊斯雷尔的画，其中一幅是威森布鲁赫的肖像，他嘴里叼着烟斗，手里拿着画板。威森布鲁赫也有几张画参展，其中大部分都是风景画，有一幅是海边的风景。还有一张来自马里斯，尺幅很大，画的是城市的风景。看到这些对我很有启发，我知道自己还需要在哪些方面努力。

有件事我必须告诉你：在绘画过程中，我内心逐渐出现了对于颜色的感觉，这是我以前从来没有过的体验，这极大地扩大了我作画时的视野，也让我的画笔更有力量。它给了我更宽广的空间，使我看到以前不可能看到的景象，这让我兴奋不已，于是画得更投入。

我深信，在将来我会有更加多样的方式去表达我对自然的热爱。所有这些体验都让我陷入狂喜之中。

而这距离我开始学画只有两年时间！

1882年8月19日

上周，我这里风雨大作，海面上也卷起了巨浪。虽然天气不好，但我觉得海面的风景一定特别壮观，于是带上各种工具，冒着雨跑到海边去写生。我一共完成了两幅速写画，每画一幅都要与风浪做艰苦的斗争。在画其中一幅的时候，海水涌上沙滩，风沙完全扑在了画面上，我不得不赶紧拿起工具，想把画上的沙子抹掉。但风沙实在太大了，我什么也看不见。于是只好跑到附近的一个小酒馆避风，趁机把画面收拾干净。等风稍微小了一些，我又跑回海滩继续观察。所以，我的画面上还残留着很多沙子，这也算是风沙留给我的纪念品。

这段时间里的海滩简直美不胜收。不管是风平浪静时，还是狂风肆虐时，大海都呈献给我不同的面貌。风暴未临前，海面非常平静，几乎听不到任何声响。大海上的颜色就像洗衣服时脏脏的肥皂泡一样。海面上还有一艘小渔船，也许是船队中归航最晚的一艘，船上隐约可以看到几个暗色的人影。你越长久地注视着海面，就越发赞叹大海之宽广与深邃。

而当狂风吹起来后，海面上的层层波浪就像刚刚犁过的土层一样齐整。波浪一层层拍打过来，后浪拍前浪，在强烈的撞击下产生了大量飞沙一样的水汽，这层水汽在海面前方形成了一层薄雾，就像是为大海蒙上了一层神秘的面纱。

绘画带给人的感受无穷无尽，我已经感觉到了我在描述时语言上的贫乏。用绘画表达情绪的过程妙不可言。不同的色彩在对比中产生和谐，他们相辅相成，密不可分。

我希望自己明天还能去户外写生。

1882年8月20日

我还在树林中画了一些大型的素描作品，我希望能把他们画成油画。我自认为最成功的一幅画的是一片刚刚犁过的土地，在暴雨后呈现出黑白棕混合的颜色。我画的时候还在下着雨，但是我不想就此放弃，于是找了一棵枝叶茂密的大树，在树下继续工作。过了一阵，雨过天晴，几只乌鸦开始飞上天空，虽然衣服已经被打湿，但我一点儿也不后悔，因为雨后的土地呈现出少有的美丽深沉色调。

在下雨前，我在画这幅画的时候，为了能够取得最好的视角，我只能跪在地上，而现在，大雨已经把地面打湿，我也只好跪在泥水中。有了这次的经历后，我才明白，我必须要有一身耐穿的工作服，这样就不至于经常把衣服磨破了。莫夫曾说过，要画出坑洼不平的泥土并符合基本的透视原则是一件很不容易的事，但我觉得我这次做到了。我已经用实际行动回应了莫夫早半年前说过的话。

另一幅在树林中完成的作品画的是几棵高大而茂密的山毛榉，地面上铺满了枯叶，一个穿白衣的小女孩站在树边。这幅画的难点在于，由于每棵树所在的位置不同，所以要想让每一棵都能够看得清楚，就要使用很多透视手法。最后的结果我比较满意，可以说，看着这幅画，你就像是真的在林中散步一般，能够呼吸到林中的新鲜空气，并闻到树木发出的香味。树上的绿叶与树下的黄叶相映成趣，而且能够衬托出人物的身体特征。

我在期待着秋天到来。到那时，我手里应该有不少作品了。

在画这些习作的时候，我的心里充满了喜悦。还有，在海边，某一天早晨的雨后，沙丘上出现了一番与众不同的景象；草地依然碧绿，在草地上面，黑色的渔网摆放得像是一个巨大的圆圈，这使得土地的颜色显示出深深的黑红和灰绿。在这阴沉的大地上，男人和戴着白帽子的女人在整理或者修补渔网，他们或坐或站或走，黑色的身影好似幽灵；抬头看去，天空中是单纯的灰色，只有地平线上露出几点微光。尽管还下着小雨，我依然坚持把这一景象画在了一张涂过油的水彩画纸上。

雨后的景色总是那么迷人。我绝不会错过任何一场雨。这是自然中最吸引我的部分。

雨中绘画让我收获颇丰。但不幸的是，我在雨中又着了凉，只好在家里待上几天。

我刚刚收到家里来的一封信，信中能够看出，你对他们讲过了我最近的状况，他们对我的印象改变了不少。我同意你所说的：父母在当今时代是非常少见的一种类型，他们有优点也有缺点，但不管是优点还是缺点都与其他人的特质不同，这样的人越来越少，而那些所谓新型人类一点儿都不让人满意。总之，我非常感激父母的理解。

如果他们来到我这里，他们一定会四处寻找所谓"真正的油画"。他们不太容易明白，那要等到很晚之后才会出现。我猜，他们看看我墙上挂的，或者箱子里装的画，就会感到失望，因为那上面的东西在他们看来就是随意的涂鸦。而且，他们一直把学习素描之类基础技法看作是"预备学习"，我一直很讨厌这个词，因为它会减少速写与素描在练习中的重要性。他们要是看到我还在努力地练习素描速写，就会认为这段时间以来基本上没什么进步。我在做的事情是不断修改自己的作品，与实景进行比较，而这些修改的结果会让他们认不出这是什么地方，那是个什么人，然后他们就会想：他还是不懂画画，真正的画家不是这样画的。

我觉得父母可能一辈子都无法理解我的艺术创作，在这方面我没有抱多大希望。这不是他们的错误；我们看东西的视角不同，尽管我俩都是他们养育的。他们似乎永远无法真正欣赏绘画这门艺术。田野里的一个劳作者，刚刚用犁翻过的土地，沙滩，海面，天空，这些在他们看来稀松平常的景色在我看来都是绘画创作的最好素材。要想把这些充分表现出来绝非易事，而我就是要用毕生精力让人们看到这平凡事物中深藏的诗意。

当然我还是希望他们能够理解我，但如果我对此抱太大希望，那就有些不明智了。

你在信中跟我描述了他们现在居住的新环境，我觉得很有意思。我很想借助你的描述把它画出来。一个古老的小教堂，教堂的庭院中有小小的沙丘和年代久远的木质十字架。我最近还收到了威乐梅写来的一封信，信里也详细描述了纽南附近美丽的乡村景色。我还去信让他详细描述一下那里的织布工人的一些细节，我对这些人兴趣很浓。我在加莱的时候见过这一职业，我觉得他们劳动的场面非常迷人，用语言都很难描述出来。

你在信中写到了石楠和松树，这让我想起了老家，那里也有石楠和松树，而且带有独特的风格——矮小的女人在拾柴火，一个农民在挖沙子，这些平常的事物会让我想到大海的广阔。如果条件允许，我特别想去安静的农村里待上一段时间。不过，就算待在现在这个地方，我也有很多东西要画——树林、海滩和草地。

最近，我读了一本基调很忧伤的书——杰拉德·比尔得斯的《书信与日志》。他是在我现在这个年纪去世的。他过得非常不开心，经常被别人误解，这当然有他身边人的问题，但是我也发现了他自己的弱点——他的性格中确实有一些病态成分。一开始，一切都很好，他在老师教导下非常活跃，就像在温室里生长的花草一样，进步特别快。可是后来，他来到了阿姆斯特丹，从那时开始，他就开始变得形单影只，性格孤僻。在那里待了一阵之后，他发现自己无法施展自己的才华，于是又悻悻地回到了老家与父亲住在一起。尽管也创作了一些油画，但他已经彻底灰心丧气，最终在二十七岁的时候因肺病去世。

我不喜欢他的地方在于，他在作画过程中总是显得特别消沉，好像对一切都无所谓，而又显得无能为力。他在朋友圈子里以忧郁著称，但是他又特别喜欢参加各种社交活动，就算身体不好，也会强撑着去参加，结果搞得身体更为虚弱。事后，他会在日记或者书信中写道："这个星期我的心情特别不好，什么都是一团糟。刚刚去过了某个音乐会（或者某出歌剧），但那只是让我感觉更加悲伤。"

比起他的书来，我更喜欢读关于米勒大师、卢梭[①]或者杜比尼的书。最近读了一本米勒的传记，非常让人振奋。米勒经常对自己说："今天我一定要把这个完成。"而他真的会把事情做完做好。这种态度正是我要学习的。

比尔得斯是在我刚开始学画的这个年龄去世的。读到这里，我就不再为我起步晚而感到难过了。在我看来，比尔得斯确实具有浪漫气质，而且一辈子都生活在自己的幻象之中。我在开始学习绘画

---

① 西奥多·卢梭（1812—1867），法国巴比松派的风景画家。

时也有着类似的幻象，我觉得这不是坏事，反而是一种优势。现在我要加倍努力，弥补曾经浪费的时间。但是我们要承认，如果我们丢弃了所有的浪漫幻象，那很多乐趣也都会随之消失，画画就变成了一种乏味的工作。

今天早上，我把自己所有的习作都挂在了墙上。我喜欢在画室中看到自己的作品，它们会让我想到每天早上我出门写生时都看到了什么景象，这样我就知道当天或者第二天我应该去往哪里，画些什么。在很多画里都有人物，只是比例都很小。我现在正忙于完成一幅大型作品，这幅作品很需要花费心思，我已经重画过两次了。也许你会觉得我过去草率，没有耐心，但其实我只是觉得通过不断重画，我可以把自己心中的想法更好地表现出来，这当然要花费更多的时间和精力，但我觉得即使这样也依然值得。

画油画让我有机会去思考如何处理不同的色调、形式与材料。到现在为止，我对这些还不是特别有头绪。油画中隐藏着无穷无尽的玄机，有些我都不知如何用语言表达，但是在用画笔表达自己印象与感受的过程中，我得到了巨大的快乐。在各种色彩中，我能够感觉到那些深藏不露的对比与和谐，这些在其他形式中都很难体会出来。

最近我几乎从早画到晚，有时甚至忘记了喝水吃饭，这才能画出那么多习作来。我猜，如果你有机会看到我的作品，你一定会说，继续画下去，把这件事当成自己生命中的重中之重。但我心中也有一些不安，那就是尽管我喜欢画画，可如果这样一直画下去，而又卖不出去，那在金钱上也是巨大的浪费。

在我看来，我的油画习作在某些方面比我的素描或者速写还要好一些。

1882年10月1日

最近这几天,我专心于水彩画。你还记得位于纺织大街上的莫尔蒙国家彩票销售处吗?在一个下着雨的早上,我从门前走过,看到一群人正在那里等着买彩票。大部分都是老年妇女,对于这些人,我们一般都不知道她们以什么为生。对你我来说,他们对于获大奖的热情真是可笑,可是,当时他们脸上的表情深深地吸引了我,于是我赶紧把这个景象画在了我的速写本上,我觉得从中能够体味出更深的社会含义。

我想给这幅画命名为《穷人与金钱》。他们的境遇凄惨,于是把生活的唯一希望寄托在"买彩票,中大奖"这样的幻象上,他们省吃俭用,用从牙缝里挤出来的钱去买彩票,当然会对它抱着很大的希望。这听上去很荒谬,但仔细想想才能明白其中透露出的辛酸。

我正在创作一幅彩票销售处的大型油画,同时还在酝酿一幅以教堂长凳作为背景的作品,很多来自救济院的人都会来这里(当地人管这些人叫作"孤男""孤女",这一称呼倒是挺能反映他们的生活现状)。我觉得你会喜欢这些身着平民服装的人物群像。

写到这里,正赶上我的模特到达了我的画室,于是我只好放下给你写的信,拿起画笔和他一起忙活到晚上。他穿着一件很宽大的旧外衣,这显得他的身形特别宽阔。我让他坐下,嘴里叼一根烟斗。他耳朵已经失聪,秃顶,大耳朵,胡须已经花白。

我相信你应该很喜欢我现在画的这些东西。也许你已经注意到了,我花费大量时间来练习画人物,对此我非常用心,而且几乎每天都需要模特。我越来越意识到,让自己练习到能够画得跟模特的实际比例基本吻合不仅有用,而且必需,像我这样做的人能够在绘制人物画的过程中重新发现模特的价值，并意识到创作人物画的难度。这一周我又请了一位来自救济院的女人给我做模特，但现在问题是我手头已经没什么钱了。我又需要买一批纸笔。你很难相信一个学画的人有时候要耗费多少资源。

这几天，户外的景色非常迷人，我一定要把它们留在我的作品里。这是真正的秋日景色，阴雨连绵但却充满诗意，如果这会儿有人走在街道上，与周围的景色相互映衬，那一定是一幅让人产生共鸣的作品。

我非常同意你所说的：有时候，我们对自然之声充耳不闻，而有时候，大自然也厌倦了对我们这些麻木的灵魂说话。我也经常有这样的感觉。有时候我们显得无能为力，只能看着一切悄悄逝去，而在很多时候，我通过不断变换主题颇有效果地驱走了这种冷漠感。现在，我越来越喜欢人物画了。

我记得曾有一段时间我对于能够把光线和地形角度安排地特别完美的画特别有兴趣。而人物画家能够给我留下印象的是他画面中呈现的冷静的尊重，而不是表达热烈的同情。我对于杜米尔的一幅画特别感兴趣，那幅画表现的是在香榭丽舍大道的栗子树下的一位老人（这是巴尔扎克小说中的一幅插图）。那幅画并不出名，但我对于画中所呈现出的观念却印象非常深刻，而且还想到：如果能够有这样的思想和感受，那将是一件多么幸福的事情，画面中的事物繁多，但是画家就应该抓住最有思想性的事物来重点表达，同时让画中的人物突出，而不是作为风景的附庸。

我同样特别喜欢英国画家和文学家所描述的人物，他们总是能够带着冷峻的眼光来观察，他们长于表达质朴的感情，长于分析和把握事实，他们所表达的一切都那么踏踏实实而充满力量，在我们感觉脆弱的时候给我们带来能量。在法国作家中，具有同样特点的还有巴尔扎克和左拉。

从画室的窗户向外望去，我可以看到壮丽的光线效果。城市的上部有塔楼，有屋顶，还有冒着浓烟的烟囱，在远处的光线映衬下，整个城市仿佛一幅昏暗的剪影。远处的光线非常广阔，在最辽远处有一片阴云，底部非常紧凑，而顶部仿佛被秋风吹得支离破碎。而在这样半明半暗的时刻，远处的光照在湿漉漉的屋顶上，不时泛出点点如珍珠一样的光点。

我真想把这样的场面画出来，但是整个下午我都在画搬泥炭的工人画像，实在没有时间。我的精力都集中在这幅人物画上，没有机会分神。

我常常会想起你。你给我讲过很多巴黎艺术家的故事，他们性格各异，而且喜欢跟女人生活在一起，据说他们的头脑比一般人要开放很多。他们在努力保持青春气息，看来你的观察力真的很不错。这样的人不只存在于巴黎。但是如果你已经有了家庭，要保持青春气息就会更为困难，那就更像是逆水行船。可以想见，在巴黎有多少艺术家最终变得绝望——那是一种平静、理智、符合逻辑而又准确无误的绝望。

我相信，一个人要想成功，绝不能有绝望的情绪，尽管他可能已经处处碰壁，尽管有时候你感觉事情已经不可收拾，完全不像自己所预想的，那也不能绝望，而是应该鼓起勇气，再去尝试一次。伟大的事情都不是一时冲动而一次性完成的，它是一系列小事不断聚合的结果。而伟大的事情也不是偶然，一个人必须有坚强的意志才能像蚂蚁啃骨头一样一点点将其实现。绘画到底是怎么回事？一个人该怎样一步步取得这方面的成功？在你的思想感受与你可以表现出的效果之间仿佛隔着一堵无形的铁墙，需要你想方设法一点一点去攻破。

我们两个人有一个共同点，那就是喜欢做各种各样的分析，这就好像是在看戏的时候喜欢找机会溜到后台去。这种特点对于绘画有很大帮助，我们应该努力把这种能力发挥到极致。从某种程度上来说，是大自然给予了我们这种天赋，这种天赋的形成可以追溯到我们在布拉班特的童年时光，那里的环境造就了我们的这种习惯，而在成年后的工作与思考中，这种习惯与能力日臻成熟。

明天我又会请一位模特过来，是一个拿着铁锹的小男孩。他是一个建筑工地上的勤杂工，长相有些奇特，扁平的鼻子，厚厚的嘴唇，乱蓬蓬的头发根根直立。尽管是这样一个很邋遢的形象，但他的举止中却隐约透露出了优雅和独特的个性。

我要尽量画得快一些，这也是迫不得已。在海滩上，我曾让一些人为我做一会儿模特，但他们只答应为我做一小会儿，他们所谓的"一会儿"根本不能满足我的需要，我希望时间能够长一些，而且不能够只是站姿。要想好好地画一幅画，模特至少需要保持一个动作半个小时以上。

没有什么能够代替对着模特作画。在我脑中，有两件事情一直占据着重要地位，而且他们互为补充：首先，要有天马行空的创造力，而这种创造力又需要在与自然的密切接触中不断变得更为敏锐而有针对性。狄更斯曾说："伙计们，对着模特作画不是你的最终目的，你要借此努力给予你的思想与灵感合适的形态和力量。"

今年冬天我一定要找一些好的模特，房东答应为我物色一些，到了找工作的淡季，经常有人来他这里看看有没有什么活可干。他们提的价格比较合理，几个钢板就可以让他们为我摆半天的姿势。

又到了周日，一如既往的是雨天。这周又有一次暴风雨，树上的叶子已经所剩无几。但这深秋的景色依然动人，特别是在莱茵火车站。灰黄的天空低垂，很有冬日的感觉，偶尔会有冰雨飘下，数不清的饥饿的乌鸦在天空盘旋。寒意侵入屋中，我已经点上了炉子，由于连日阴雨，烟斗似乎都已受潮而不易点着。

在这样的日子里，一般没有人愿意出门，但正是在这样的日子里，人才最需要朋友的陪伴，不然就会有空虚寂寞之感。这时我才意识到绘画对于我是多么重要，正是它给我的人生带来一抹亮色，别人支持还是反对都已经变得不再重要，这样的日子容易让人忧郁，而有一个生活或者工作的目标会让人心里踏实很多。我觉得，如果你想画好人物画，那你最好能够对画中的人物有一种亲近感，就像是《笨拙画报》在其上面刊登的一幅圣诞画中所说的，这幅画有着"对所有人的善意"。这就是说，一个人要热爱自己的同胞。想到这里，我不禁有些遗憾，因为我现在不能和与我有类似境遇的画家交流，要是能和他们一起坐在火炉旁一边欣赏好作品，一边说出自己的感想，那该多好啊。

现在我已经不能去室外作画了。对于冬天，我还是热烈期盼着的，因为那时就可以很有规律地工作。我希望自己能够一切顺利。但遗憾的是，春夏两季的时间是多么短暂！有时候我觉得去年秋天和今年秋天紧密相连，也许主要原因是在这期间我一直在养病。现在我的身体还不错，就是不能太累。我休息的方式是长时间的散步，去海滩或者别的什么地方。

出乎我的意料，这周我收到家里寄来的一个包裹，其中有一件冬天穿的外衣，一条特别保暖的裤子，另外还有一件厚厚的女士外衣。这真是让我暖心。

关于那幅有长凳的画，你说画法有些陈旧，我同意你的看法。但我可以告诉你实情：我或多或少是有意这样做的。

我终于开始读维克多·雨果的《九三年》了。他的文字让我想到了德坎普和杜普雷的画作。他所抒发的感情我们在现在的文学作品中已经基本看不到了，而就算有类似的情感表达，写作手法也没有那么精准。

开始进入1883年

此刻，我的女人和孩子们就坐在我身边。想想去年这时候，情况已经有了很大改变。身边的女人已经变得很强壮了，而且不再像去年那样经常焦虑不安，小宝宝快乐而健康，漂亮的就像小天使一样，只有那个小女孩还时常沉浸在过去的痛苦之中，我时常为她担心，但就算是她也比去年的状态好很多。去年，她的举止经常就像是一个暗夜里的小幽灵，而现在她看上基本上就像正常的孩子一样，只是要比正常孩子显得忧郁一些。

一个女人，不管在本性上多么纯洁高贵，如果她没有稳定的经济来源，在现在这个社会，她也会有很大的危险滑入那种让公众普遍不齿的职业。保护这样的女人不是一个男人应尽的义务吗？我们的人生是好是坏在很大程度上取决于我们和身边女人的关系，如果处理不好，那将是很大的悲剧，所以，永远不要轻视女人。

有些事情，我们从感觉上知道是正确的，尽管用理性的眼光来看，很可能其结果暗淡无光。尽管当今这个社会很多时候会把这样的事情认作缺乏考虑，任性鲁莽，或者不知出于什么原因就开始反对，但是，要是我心中隐藏着的同情与怜爱就是这样无可救药地被激发了出来，那该怎么办呢？也许理智已经成为这个社会的主流，我们不允许自己被所谓的多愁善感或者一时冲动所驱使，因此，很多人相信了这些，他们也就习惯性地用理性来麻痹自己的真实感情，甚至完全泯灭了良知。我很可怜这样的人，在我看来，这样的人就像是大海上漂泊的小船，因为没有指南针，所以完全不知道正确的方向是哪边。

如果有人有着和我一样的境遇（我是说与女人有关的方面），我想他们一定会犹豫不决，在内心激烈地自我交战，这就是因为他们的人生没有方向感，完全不知该怎么办。但我们是不是要承认，如果我们不是袖手旁观，而是积极伸出援手，就算最后证明是一个错误，我们也可以从中学到很多，从而让自己更快地成长起来？如果那个人选择退缩，那这个也许在很多人看来所谓意志坚强的人在我眼里也只不过是懦夫一个。救护一个生命的行为永远闪耀着人性的光辉。给一个无家可归者安置一个温暖的家，这样的行为总不会有错。我已经决意继续做下去，不管别人怎么说。

尽管现在的日子怎么说也称不上富裕，但这也是我去年这时候想都不敢想的。我的心里很充实，而且这让我无时无刻不想你。就在刚才，我又完成了一幅希恩的人像画。

今年的经验告诉我，尽管生活窘迫的日子总是少不了，但从总体上来说，有妻儿的日子总比没有强。如果条件允许，我当然也希望能够更多地了解彼此，先谈几年恋爱，然后顺理成章地走进婚姻殿堂，那当然好，而且是最好的过程与结局。但是，如果我不收留希恩，也许她还会流落街头。我们要考虑现实情况。

1883年2月8日

如果说生活是一个谜，那爱情就是谜中之谜。米什莱曾说："一开始，爱情就像蜘蛛网一样脆弱，可后来就慢慢变得像缆绳一样结实，但这必须有一个条件，那就是彼此之间的忠诚。"想要生活多变化，没有忠诚就绝不可能。想要充分了解女人，你就最好忠贞不贰；在与同一个人的恋爱过程中，你一定能够经历不同的阶段和各种变形。

有时，我会觉得和我生活在一起的这个女人可能一辈子都理解不了阅读和艺术的重要性。尽管她确实到现在为止在这方面依然没有太多进展，但我却对她十分迷恋——这难道不是我们之间感情的明证？也许将来她也会接触我现在沉迷其中的这些东西，这样我们之间的感情就会更为牢固，但现在她要把全部精力用在孩子身上。在养育孩子的过程中，她与现实生活有着最紧密的联系，这会让她不知不觉中学习到很多。艺术与阅读都与现实紧密相连。那些没有充分生活经验的人常常让我感到十分无趣，而一旦投身于真正的生活之中，你的思想与感受就会瞬间敏锐犀利起来。

如果我没有尝试过从现实中寻找艺术，那我很可能会觉得身边的女人又笨又蠢。我也许会希望生活是另外一番景象，但现在我对生活非常满意。男人的思想中经常充满了能量与活力，而且他们也善于反思和分析，如果我们发现女人的想法无法表现出这样的特质，我们也不应该责备他们，因为她们中的大多数人都需要拿出很大一部分精力去应对生活中的痛苦。也许她们有时无法理解男人的思想，但是当男人对她们好时，她们能够很敏锐地感觉出来，这种事情不是每次都是这样发生，但"她们的灵魂愿意去感受"，所以你有时会在女人身上发现一种出乎意料的温存。

最近我经常在满是沙砾的空地上散步，我就是在那里认识的现在我家中的这位女士，当时我们经常在那附近的街巷中闲逛。那个地方的景色一直很迷人，我回到家后对她说："那里跟去年简直一模一样。"你曾说过让我对我们的关系不要抱太多幻想，但实际情况并不是这样的。不错，现实中的爱情也像自然中的花朵一样，有开放之时，也有枯萎之日，但是只要存在过，它就不会完全消亡。涨潮有时，落潮有时，但大海的存在却无法让我们质疑。不管是异性之爱，还是艺术之爱，有时我们也会心生厌倦，感觉无能为力。但是，要知道，"爱"这个字眼并不仅仅是一种感觉，而更多的是一种行动，因为我们已经付出了巨大的努力，所以厌倦感和厌烦感也就很能让人理解了。

有些人认为爱情会让人头脑发昏，失去理智，但我觉得这种说法非常可笑，我的切身体验是，它不仅没有冲昏我的头脑，而且还让我思维更为缜密，办事更有活力。一个人坠入爱河前后的区别就像是油灯点燃还是没点燃的区别。一盏油灯在那里静静伫立，它是一盏好油灯，可以被点燃，但是只有当它真正被点燃的时候，它才发挥出了自己真正的功用。爱情让人在处理很多事情的时候都更为冷静，因此可以做出更好的作品。

我不知道海耶达尔能不能从与女人的日常交往中发现可以入画的场景，反正我觉得杜米尔已经做到了。

近几天里，风雨不断，特别是在昨晚。这时的海面一定波涛汹涌。真想和你面对面聊聊，当然，这样通过信件交流也还不错。最近我的练习与创作基本处于停滞阶段。我应该找一个富有同情心的人来聊聊，在这儿我找不到一个能跟我交心的朋友。我并不是觉得这里的人都不可信，我当然不是这个意思，只是我现在还没有跟任何人开始接触，真是很遗憾。

我现在正在用黑白两色做色彩实验。我现在想到一种新画法：先用木工的铅笔打出草稿，然后再用石版画用的那种粉笔在上面着色。我用这种手法画了一幅人物画，画的是一位老人正在灯下读书，灯光照射在他的手上和书上，还有他那已经谢顶的脑门上。

我已经有好几个月没有见过德·波克了，前几天，在街上恰好遇到了他。他最近应该混得不错，因为他穿了一件皮毛大衣，应该价格不菲，但是华丽的装扮似乎无法掩饰他内心的空虚。不知你在生活中是否遇到过这样的人，他们的生活很不快乐，但却要装出一副非常快乐的样子，好让周围的人羡慕不已。我倒是很同情这种类型的人。如果我想跟这样的人交朋友，他们会以为我在拿他们开玩笑，你很难取得这些人的信任——如果我给他们提一些建议或者意见之类的，他们就会说："我已经确定了自己的努力方向，不会轻易更改。"这样的话，我们对彼此就不会有任何的影响。德·波克就是这样一个人，我很关心他的生活状况，也很欣赏他的作品，但是我觉得我们不会喜欢对方的生活圈子，我们的生活态度很不相同，艺术观点也有很大差异。

我不愿放弃任何一段友谊，但是，如果我到了某人的画室，我就会不由自主地想：如果我们在这里只是聊一些无关紧要的话，而不去触及自己真正的艺术观念，那还不如让我回到自己的画室一个人去思考，去创作。我需要真正的友谊。只要有约束就会有不信任，而不信任就会导致各种阴谋诡计。这样彼此之间的怨恨就变得不可避免，因为谁也不想让自己的自由受到限制。

今天，我看到积雪在融化，春天似乎正在走来，从那遥远的地方。过不了多久，我们就可以在草地上听到云雀的歌唱。我盼望着春风早点儿吹临,这样就可以吹掉我整个冬天在室内作画所积累起来的疲惫之感。我应该好好休息几周,多出门走走,换换脑筋。我打算把自己的一些习作画成水彩,但现在感觉用处不大。

最近我感觉非常虚弱。也许是感冒了,但我觉得更可能的原因就是最近过于劳累。这似乎是在提醒我:小心身体,不然它会给你带来大麻烦。有时我觉得眼睛特别难受,但没怎么注意。昨天晚上,我的眼睛里分泌出很多黏黏糊糊的东西,把眼睫毛都粘在了一起;视力也在下降,看什么都模模糊糊的。我的眼睛和脸看上去就像是刚刚从狂欢活动中回来一样,但实际上完全不是那么回事——恰恰相反,我一直过着苦行僧一样的生活,但是很有可能我在路上走着的时候,人们会说:你这是又要去哪儿浪啊?从十二月中旬开始,我就一直在废寝忘食地画画,大部分时间都花在了这些头像画上。我应该多洗冷水澡,特别是多用冷水洗洗头。

不知你能不能体会我的感受,那就是十分努力后却依然没有进步,看自己的作品特别蹩脚的那种感觉。废寝忘食的工作让人劳累,而止步不前让人消沉。生活的颜色比洗碗水好不了多少,或者说更像是垃圾堆。到了这种时候,人就会特别渴望朋友的陪伴,也许只有挚友才能帮助自己清除头脑中铅灰色的雾霾。尽管如此,我依然没有放弃,最近正在努力完成一幅水彩画,又是几位矿工的素描,实际上他们可能是修路工,就在街上工作着,但效果很不好。我还用蜡笔画了一些人物画,整个画面都用海绵涂抹过,阴影已经变得相当柔和,光线也做了调整,这次自己感觉好多了。

知道最近我在思考什么吗?我觉得,在一个画家刚开始练习绘画的时候,他会不由自主地被一种紧迫感所辖制:我到底能不能掌控自己的画笔?我急于取得进步,可进步怎么来得这么慢?这种时候，人免不了心烦意乱，越是没信心就越会逼迫自己继续努力，尽管这种逼迫反而会造成更大的压力。这是每一个初学画者必经的阶段，没有其他人能够帮得了你，你只能自己调整心态，解决所有问题。

有时候我想我可以去多画一些实验性的东西，用完全不同的方式去画画，想得更大胆一点，画笔更冒险一些。但后来又想了想，觉得还是对着模特练习人物画比较实际。

我给父亲寄去了一幅画，那是我按照他的建议把画着那位老人的素描进行修改后的样子。我这样做并不是认为父亲说的都是正确的，而是想迎合一下他的品位：既然他觉得这样画更好看，那我就画出来让他看看。不过，可能结果也不会让人满意。我总觉得，在迎合别人这方面，我完全没有天赋，不管自己多努力，别人也会觉得你做得不够好。

春天的气息越来越浓烈，特别是上周一，如果你告诉别人那是暮春，他们也不会怀疑。我觉得，穷苦之人（包括像我这样的穷画家）对于季节的变化非常敏感。像在吉斯特或者救济院这样的地方，我们总会觉得冬天特别难熬，既压抑又让人心里紧张，而到了春天，这样的坏情绪会一扫而空。如果你仔细观察，你就会觉得第一个春日就像是福音书一样让人身心舒畅。

无数人走到了室外，他们脸色灰白，神情憔悴，不为做什么，就是为了看看春天是不是真的来了。看到这里，我不禁有些伤感。那么多人涌到了街上，在街角有一个人正在卖番红花之类的球茎类植物。有时候我还会看到一个政府办事员在街上走动，他们穿着破旧的黑色大衣，领口已经非常油腻——他们对于街边卖的这些植物的态度非常一致。每个人都能够感觉到春天的气息，但那些有钱的中产阶级对此并没有什么特别的感觉，春天的来临不会给他们带来任何新鲜的想法，就连他们的生活喜好也没有什么改变。而一个普通工人就会说："春天来了，真好。你看那些植物，已经开始吐出新芽。想想他们在冬天的感受，我很能理解，因为那时候我自己也没少受罪。"

落日时分，我会去林边走走，那时，夕阳近旁的乌云会镶嵌上一条银边，真是迷人的景色。相信这会让你想到我们青少年时期一起散步的情景。从画室的窗户看出去，景色也很不错。空气中偶尔会飘来淡淡的香味。

草地上的各种颜色经常会让我想到米歇尔，他就喜欢在自己的作品中使用与此类似的颜色：棕黄色的泥土，泥泞的小路上满是水坑和枯草，四周的树干都呈暗黑色，天空是一片灰白色，远处的房屋与整个画面显得非常协调，而红色的屋顶又为沉郁的气氛增添了些许亮色。这阵子，蒙马特地区的画面中也有着这样神奇的效果。这真是让我很惊叹，而我在想，米歇尔之所以能画出这样的效果（威森布鲁赫的某些作品也有异曲同工之妙），主要在于他懂得如何测量事物的距离与长短，能够在前景与背景间制造一种合适的比例，同时让线条引导读者的目光体验画面的透视效果。

尽管这些地方看起来都非常简单，但实际上其中蕴含了非常复杂的科学道理，比如杜米尔的作品，其画面看起来更简单，但仔细分析起来，其中的科学原理依然复杂。这些效果肯定不是偶然得到的，我想在米歇尔画成之前，他一定经历了很长一段时间的失望与彷徨，因为那时他会怎么看都觉得自己的画面有问题。

如果我感觉眼睛不舒服，我会用茶水洗一洗。整体来说，我的视力还算可以，只要它们不向我抗议，我就让它们顺其自然，最近，它们似乎已经适应了我作画的强度。只是，刚刚过去的这个夏天，我闹了一次牙疼，除此之外倒是没有什么其他困扰。所以我感觉最近的各种身体症状只是由于过度劳累，恢复一下就好了。希望从这里开始，我能够有规律地继续作画。

几周前我读了弗里茨·路特尔《这家监狱是我的》，里面用非常睿智而幽默的方式写了他们在监狱中的生活。他和同伴被关进了一个城堡中，他们与负责看守他们的人进行了几次非常成功的争斗，终于争取到了很多本来难以想象的特权，从而使自己在狱中的生活变得非常舒适。受这本书的启发，我最近打算和房东谈一谈，看看能不能让我的工作和生活环境再上一个新台阶。

画室里有三个窗户，这就使得房间内的光线过于充足，有时我用纸板挡住之后效果依然不好，我正在向如何能够让光线在我的掌控之中。我曾经和房东谈过这个问题，他说不管需要置办什么，都得我自己掏钱。最近我又去争取了一次，这一次收获颇丰，他给了我六扇百叶窗和六块长板子。百叶窗上下结构的，所以我可以自己控制是让上边还是下边进光。那些木板被我放进了小隔间的衣柜里，这样就可以在里面放我的作品、名画的复印件和我的那些图书，上面还可以挂衣服和帽子。

现在的建筑不仅盖得难看，而且待在里面还会显得特别不舒服，当初的建筑师和施工人员只要多下一些功夫，就能够让这些房子完全不同。可现在这些房子看起来却没有吸引力，有的只是冷冰冰的工业建筑的感觉。这对我的工作都有一定影响。比如说，我看到一个女人在自己的小房间里忙碌，就可以感觉她身上一种神秘的东西，可是当我让她坐进我的画室的时候，那种感觉就完全消失了。而一位老人在小巷子里散步的时候也会比在我的画室里更有效果。这真是让人感到无名的怒火。

昨天下午我把自己的一幅水彩的素描稿寄给了你。我是在几个月前开始构思这幅作品的。这段时间以来，我画了大量人物习作，特别是头像，其背景就是这幅画中表现的景色，只要能够把人物的头部、手和脚表现出来，这幅画就算是非常成功了。希望在这幅画中你能看出我对色彩的感知能力，在一片灰暗的阴霾中，我依然可以让各种色彩非常新鲜。也许你会觉得这幅画还完全没有完成，或者说其中还有不少缺陷，但我感觉我已经把自己想要表现的情绪传达得非常清楚。我现在很有自信，任何我亲眼见过的景色我都可以画出来，而且其中会很明显带有我的表达特色。

大型的头像习作就是为这样的作品而准备的。也许以后我还会画出很多不成功的习作来，因为我相信水彩画的成功与否在很大程度上都取决于手指的灵活与速度。为了取得画面的和谐，你必须在某些部分的水彩干燥之前把画面完成，所以你就不会有太多思考的时间。所以，在练习过程中最重要的事情就不仅仅是快速完成习作，而是努力在习作中表达出你的知识与能力。你必须能够快速地完成二三十个头像习作。惠斯勒曾说："你看到我在两个小时内就完成了这幅画，但你不知道的是，我练习了很多年才达到了这样的手法与速度。"

你还记得去年夏天你给我买的一块硬蜡笔吗？我在这里面感受到了灵魂与生命的力量。就像也许两把小提琴从外观上看没有什么不同，可是一旦把琴弓搭在琴弦上，两把琴的音色就会高下立判。

今天我用剩下的这块蜡笔画了一幅素描，然后用深褐色进行了一下渲染。如果这几幅小型习作有些不合你意，请不要感觉失望，我在创作过程中脑子里一直想着你的话。我发现蜡笔是一种很好的表达对自然感受的方式。今天早上我去城外散步，走到了附近的一处草地，那里还有一个公共垃圾场。我长久地伫立在那里，看着一排被砍去树梢的柳树，这些柳树枝干扭曲，树干上疙疙瘩瘩，这是我见过的最让人心情抑郁的柳树。柳树旁边是一块菜地，似乎刚刚有人翻过土。这些柳树旁边还有一些脏脏的小水沟，水沟中竟然还能够倒映出柳树的影子。水沟非常脏，但岸边新长出的绿草还是透露出春天的消息。粗糙的棕色树干和新翻过的土地都给人一种一切都会丰饶起来的感觉，而这些正好与阴暗的底色做出了很好的映衬，这又让我想到了你给我的那块蜡笔。要是我还有机会得到这种蜡笔，我一定要用它画一画风景。

我正在读雨果的《悲惨世界》。布里昂画的插图与书的整体风格特别吻合。重读这本书是一种享受，初次阅读时的很多感受和想法又会重新被唤起，特别是对于人的大爱。人们可以想象，每个人的行为最终都基于对人的爱，其实有些人却会假装还有更为有价值的东西存在。听到他们的人生理论，我真是大开眼界，但又不知是喜是悲。人类之爱已经过了几千百年的验证，对我来说这已经足够了。

下午的时候我沉浸在阅读中有几个小时之久，日落时分才走进画室。从窗口望出去，近景开阔而色调阴沉——刚刚翻过土的菜园土地，在它的斜对角位置是一条黄沙铺成的小路，两边有绿草和纤细柔弱的白杨。再往远处看是灰色的城市轮廓，其中非常醒目的是尖塔、烟囱和车站的圆屋顶，极目远眺，一轮红日挂在天边。真像雨果书中某一页的描写。

昨天早上我去看望凡·德尔·威尔。他正在创作一幅画，画中有工人、马匹和拉沙子的车。整个画面都笼罩着灰色的清晨雾霭中，非常迷人。笔触与构图都非常有力度。个人特点十分突出——这是迄今为止我见过的他最好的作品。

你知道什么会让我特别欣喜吗？你应该还记得，这个冬天威尔曾来看过我。当时我正在练习如何画工人的形体。他只是看了看，什么都没说，看来这种题材对他根本就没有吸引力。但是后来，为了画一幅大型画作，他专门请了几位工人给他当模特，并且还亲自去观察他们的工作情况，也就是去自然环境中观察人体的动态特点。所以，他在最近看到我的习作时，观点和几个月前完全不一样了。我越来越注意到，在我自己和别人身上，如果总说"这样或者那样是不对的"那该多么愚蠢。一个人言之凿凿，什么什么就是怎么怎么样，可一旦他知道了真相，他绝对会后悔自己当时怎么那么鲁莽。

感谢你对我的生日祝福。恰好今天我也非常幸运，因为我找到了一个工人模特。有时候我都不敢相信我都已经三十岁了。一想到别人总把我看作一个失败者，我就觉得自己衰老了很多，如果生活状况不发生改变，也许我就是一个彻头彻尾的失败者。这种想法让我更为失落。当我情绪稳定的时候，我为三十年已经过去而感到高兴，因为我从这些年的经历中学到了很多，一想到下一个三十年，我就准备大干一场，因而浑身充满了力量。当然前提是我能够活那么长时间。在我的想象中，那三十年中，我的工作更艰巨，而且也会比现在更为快乐。但那段时光到底会是什么样子不是完全由我决定的，我周围的环境也会起很大作用。

对于一个工人来说，三十岁应该是人生进入平稳期的开始，想到这里，他应该会感到重返青春岁月，因而充满活力。可与此同时，想到这么长的一段人生已经过去，也会让人惆怅不已，因为有些事情已经一去不复返了。就算有无限悔恨也不是愚蠢的多愁善感的表现。

有一件事我可以向你保证：我对工作的热情越来越高涨。我已经采取了诸多行动，如果说一个人在工作上没有明确的目标也可以干得很起劲，那么他要有了明确目标的话，他的积极性会增加一倍。你在信中写道："有时候我真不知道自己该怎么渡过这个难关。"我也有同样的感受，而且不仅仅是在财务方面，在面对艺术道路以及自己今后的整个人生也是如此。你觉得会有人有例外吗？我觉得每一个有胆量有精力的人都会有类似的时刻。每一个有意识要把生活过好的人都会有这样的情况。时而消沉，时而焦躁，时而苦闷。有些人看起来似乎缺少这样的自我意识，但是，拥有自我意识的人过得并非就很不快乐，而且，发生在他们身上的事情也不会有什么不同。

我的好兄弟，你要知道，对于你持之以恒的帮助，我深怀感激之情，同时又满心愧疚。我的内心很矛盾，所以有时都不知道该怎么说出口。所以，只要我的作品没有达到自己的要求，我就会非常失望。不过，换一个角度来想，似乎又大可不必，就好像一个同时掌管着很多个线头的纺织工绝对不会有时间进行这种哲学的思考，他能够把工作做好，完全靠的是感觉而不是解释。尽管我们在交谈中很难得出一个明确的计划，但我们应该彼此打气，强这样的感觉——事情正在变得成熟起来。这就是我想要的结果。

我刚刚收到父亲写来的一封信，语言很亲切，看来他写信时心情不错，而且里面还附带着二十五荷兰盾。他在信中说，他最近收到一笔意外之财，高兴之余就想到了我。不过，读这部分的时候我心里想：是不是父亲知道我现在生活比较拮据？我希望不是这样，而且我现在的状态也没他想得那么糟。

在我自己看来，我现在就像国王一样富有，我当然指的不是金钱方面，而是说我已经找到了自己为之奋斗的东西，而且把自己的全部精力都投入了其中。的确，有时我的情绪不太稳定，可在大部分时候都心情平静。我深信艺术的魅力，对自己也有很大信心，这就像一股洪流一般能够让人到达岸边，当然这也需要付出辛劳。有时我的生活会遇到很大的困境，有时日子的确过得很消沉，但只要我能找到自己真心喜欢的事情做，我就不认为自己不幸。有时候我并不是没有勇气去做某些事情，而只是因为这些事情的花费太高，我实在承担不起，比如请模特，满足温饱，交房租，还有买各种绘画材料的钱——就像是一架织布机一样，我要学会把各种线头都好好地分隔开，不然就会乱成一团麻。不过，即使这样，我比很多人也已经幸运很多了。

我们需要克服的东西都很类似——这就使我想到，既然所有画画的人都需要克服同样的困难，那我们为什么要孤军奋战，而不是像同一个战壕的士兵一样团结起来，共同对抗这丑恶的现实？而有些花费较少的艺术分支为什么会得到如此严重的歧视？伊斯雷尔斯所画的那两张大型蚀刻画是多么漂亮！一张是一位正在点烟斗的男人，另一张是一个工人家里的装饰。要是伊斯雷尔斯能够继续画这一类的画，他必将取得更大的成就，特别是当其他人都知难而退的时候。尽管他已经满头白发，他却能像年轻人一样取得进步，而且是巨大的进步——我称之为真正的青春与永恒的能量。于是我又不禁疑惑：为什么那么多人会放弃呢？要是他们能坚持下来，那荷兰将会给这个世界贡献多少蚀刻画杰作。

我打算用这二十五荷兰盾购置一些与水彩有关的材料。最近我一直在用油墨作画，当然要用松节油稀释，还要用粗画笔涂抹。那种暗黑色调非常有感觉。再用一些中国白稀释，就会出现很好的灰色调。加上或多或少的松节油，就可以把黑色变得非常稀薄。有时我觉得有些绘画材料的价格太高，这让很多人都没办法从事这一行业。我要尽快还清欠别人的钱，然后再购置一些实用的东西，让画室的功能变得更为齐全。我爱我的画室，就像是水手喜爱自己的船。

我用你寄来的蜡笔画了一幅大型作品，当然还用了画平板画所需的粉笔。画的是一个正在掘地的人——我的模特来自救济院，是一位个子不高的老人。他有些秃顶，弯着身子面对脚下的土地，这一情景让我想到了《圣经》中说的：你必汗流满面才得糊口。我还画了一些拿着铁锹的女性习作，这些画让人看起来不会觉得作者在使用什么复杂的绘画技法，或者说不会过多考虑作者的画法，而是直接被画中人物所营造的氛围所感动。通过制造一种灰灰的色调，以及在黑色中融入的丰富性与着重点，我们就可以避免普通的铅笔所带来的单调的金属感。能够营造出这样的效果，我的辛苦就没有白费。

今天早上，一位画家偶然看到了我的这两幅习作。他的名字叫纳肯，本来并不是来找我的。我正在作画，他敲我的门，问我是不是凡·德温特，其实那个画家住在另外一条街上。我告诉他怎么去那边，然后顺便说了一句："既然都到门口了，要不要进来看看？"他倒是挺通情达理，欣然走了进来。我画得《掘地人》就摆在画架上，他看了看说："画得不错，看得出来，你下过功夫。"不管他说的是真是假，这样的话总是让人觉得很欣慰。而且，从我对他的了解来看，他应该没有说假话。

德尔·威尔又来看过我一次。他说会介绍我与皮埃特·凡·德尔·威尔登认识。威尔登以画农民和渔民而著称。我曾见过他一次。他这个人完全不修边幅，说得过分一点，看上去就像一块抹布一样，但正是他这一点吸引了我。从外表看，他完全不像一个有文化的人，可实际上他的文化底蕴是很多其他画家望尘莫及的。他让我想到了乔治·艾略特笔下的《费利克斯·霍尔特》。他是一位真正的艺术家，我真希望能尽快与他相识，这样我就可以从他那里学到不少东西。

这一周，我一直在画一个在荒地上捡煤渣的女人，还有一个跪在地上的男人形象。

在你生日的时候，我希望你能正好收到我的祝福。希望你幸福快乐，万事如意。我们又有一年没见过面了。真希望你能抽时间再来一次。我已经积攒了一年的作品要向你展示，我们还要谈谈彼此的未来。你写信说有些美术爱好者希望将来能够把我的画买回家，当然这还需要有些时日。不过，我相信这一切都会发生的。如果我能够把温暖与爱融入我的作品中，我相信会找到欣赏和喜欢这些作品的人。关键是继续画下去。

习作的数量在稳步增加。我希望能够通过量变产生出质的变化来。我应该可以在画中表现出更多的热情来，现在时机已经基本成熟。最近我常画的是有数的那几位模特，而我的理想是与更多的模特合作，这样就可以让更多的穷苦人走进我的画室。对他们来说，我的画室应该可以成为他们在寒冬里的一个避难所，或者是在失业后勉强维持生计的一个地方。至少我的画室有炉火，能多多少少吃点儿东西，喝上一口热水，而且还有钱可以拿（虽然数量很少）。这个"避难所"面积不大，但名副其实。

为了实现我的计划，我还是需要增加一些收入。不管我多么省吃俭用，到了月底我还是攒不下多少钱，如果在绘画材料方面节省的话，我很有可能会半途而废。我有时候确实想说："要不是因为价格的原因，我应该会画出来什么什么样的作品。"但自己也知道这样说很伤人，也很无耻。但这也是事实。我的精力是没有问题的，所以只要有足够的钱，我可以完成很多别人无法想象的工作。请不要误解，我这绝不是抱怨，而只是希望你理解我现在的处境，同时说出来自己也痛快痛快。英国人说："时间就是金钱。"确实，看着时光流逝，而自己却被钱所困，无法去实现自己的愿望，这真是一种痛苦的体验。

我希望能够有更多的钱花在绘画材料上。就算现在还没有人买我的画，我依然认为我在这上面花的钱都是值得的。画室的条件已经改善了很多，我的蒸汽机却只能"半速前进"，我想要的是"全速"。我知道你也在掂量你自己的能力，所以在这种情况下，既然我们不能用强力解决这个问题，就应该多一些耐心，等待事情出现转机。

还有一件事也在刺激我，那就是拉帕德最近的状况。他现在可以说已经进入了全速前进的状态，跟过去相比真是天壤之别，我也想跟上他的步伐，因为这样的话我们可以彼此受益。他现在画画的时间比我长，作品数量也比我多，但其实我们还大致在同一个水平线上。我不是想在油画方面与他竞争，我只是不愿意让他在绘画技法方面打败我。他正打算把一幅大型作品送到阿姆斯特丹去展览。上面画的是围坐在一张桌子上的四位画家。我从别人的转述中知道，很多人对这幅画评价很高。尽管我现在没有画大型作品去参加展览的计划，但我不想被认定画不过拉帕德。我还想过这种情况：他在朝某个方面努力，而我会朝着不同的方向进发，但我们对于彼此都很欣赏。这一想法很让我着迷。竞争分两种：一种纯粹出于嫉妒，而另一种出于尊重，这两种完全不同，绝不要混淆在一起。我非常瞧不起嫉妒心重的人，但是如果两个人为了保持所谓的友情就不去进行良性竞争，那这种友情也没有什么价值。

现在我作画的工具只有画笔和复印画作用的油墨。说实话，现在确实只能数着铜板过日子。拉帕德曾写信说他会过来看我，可一直没有来，我多少会有些不高兴。如果我跟他借点儿什么东西，我想他一定不会拒绝，因为他在去年的信中曾经提到过，但遗憾的是，后来他就生病了。我记得他父亲曾给我写信说:"我儿子病了,所以最近一段时间没办法去看你。你要是有什么困难,可以直接跟我张口。"他父亲的话真是贴心,可是如果我真张嘴要钱,就有点儿不识趣了。于是我回信说:"十分感谢你的好意。还是等拉帕德病好了再说吧。"

今天早上我收到了你寄来的钱,这就终结了我在这一周身无分文的困境;而且,我的所有绘画材料都已经用光了。我和史莫德斯谈了很长时间,终于赊账从他那里拿了一些美术纸回来,严格来说,价格不是很合理,但是我急需用这些东西,所以也就顾不得了。另外还有油墨和粉笔。我最近需要置办一些东西,还要给模特们结账,如果再不能给他们一点儿钱,他们很有可能就不会再来了。

最近手上有几件事必须要完成。如果你能给我再寄十法郎来,那一切都会比较顺利,如果没有这十法郎,也许就会有一些我不愿看到的事情发生。请不要对我生气,这是几件事的总费用,而且都是迫不得已,无法回避。就算你真的挤不出这十法郎来,我们的日子也会继续。一分钱难倒英雄汉,有时候真是这样。

下周我约好了和德尔·威尔一起去沙丘附近画画,他说会给我看一些东西,具体是什么并没有细说。我在沙丘附近作画也已经有一段日子了,但现在急需一个模特,不然我真的没办法继续下去。

最近我和身边这个女人有些矛盾。真是让我烦心。

现在,我觉得自己已经能够很好地适应各种天气,雪景有其美丽之处,而骄阳也会让视线开阔,暴风雨能够显示大自然的力量,而风轻云淡真是她温柔的一面,不管是冷是热,都会带来不同的体验,于是乎一年四季没有一天不是好日子,每天都会期待第二天大自然给你带来的惊喜,可就算一个男人已经修炼到如此地步,他依然会感觉女人就是一个永远也解不开的谜,特别是自己身边的女人。不管你是否满怀勇气,对人性之美虔诚膜拜,并且觉得自己时时能够做到心静如水,在处理与女人的关系时内心依然会充斥着关切、不满和怀疑。

那位在她生产期间照顾她的医生对我说,她要想完全恢复健康可能需要几年的时间。也就是说,在这几年里,她的神经一直会高度敏感。最大的危险是她有可能重操旧业。这实在是我最不愿看到的。她的脾气有时候简直让人无法忍受,就像我这样善于忍耐的人也会被她逼疯。她不但经常无理取闹,而且一旦发起火来就会像爆竹一样火爆。实话跟你说,有时候我真是绝望。她的脾气时好时坏,闹过一阵之后,她偶尔也会对我说:"我都不知道自己竟然会这么粗暴,可那时候我完全控制不了自己。"

有时候我们之间会非常紧张,特别是我终于鼓足勇气要批评她的某些错误的时候,这些错误我已经看到了岂止几十遍,我的火气终于忍不住了。举个例子,就像给孩子们做衣服或者缝补衣服这样的事。不过,必须得承认,她在这些事情上比以前还是有一些进步的,但是在我看来还是不够。她错误的主要方面在于粗心大意,漠不关心,既没有做好事情的能力,而又不愿意尝试。说起她的问题来,真是三天三夜也说不完。这些错误都出于一个根源——没有受过好的教育,多年来形成的错误人生观,还有就是身边总有一些坏人对她施加恶劣的影响。可她这几十年就是这样过来的,她该怎么办?我该怎么办?

也许你会觉得我现在很消沉,其实完全不是,我说这些话的时候依然很有信心。我只是想让你明白,我并非靠着你的钱生活在安乐窝中,而是像每个上班族讨厌周一的早晨一样平淡无奇。我自身要做很多改变，我希望通过自己的改变，能够让她在我身上找到一个勤奋与耐心的榜样。我知道，这样的事很难，但我不会放弃，我一定要把自己的人生境界和为人态度提升到一个新高度，这样就可以像唤醒沉睡的人一样让她有所感觉。

我听过这样一种说法："一个男人结婚，他娶的不仅仅是这个女人，还要把她的整个家庭牵扯进来。"这也许没什么不对，爱她就要爱她的全部，可是怕只怕她的家人素质不高毫不讲理。母女之间的感情一般总是积极向上的，可难免有例外，那样的话，如果一个男人爱上了她，并且想要尽自己的全力把她引向光明，那这个男人就必然会遇到无穷的阻力。这样的想法很消极，但事实如此。她母亲和以前一些所谓朋友的碎碎念完全有可能让她的思想出现严重倒退，让引导她积极向上的努力前功尽弃。这是多么悲哀的事情，因为这种转变在她身上是非常必要的。

我现在已经非常确信，我所遭遇到的与身边这个女人的问题有十分之九都来自于此。我不认为这样的母亲真的有多么邪恶，她们只是完全不明白自己在做什么。五十岁左右的女人一般都有很重的疑心病。我不知道她们是不是都会这样去操控女儿的生活，而且是用这种完全难以理喻的方式。也许她们的这些想法有其过去的生活经验作为支撑，但总不能因此就认为男人都是混蛋和骗子，只有欺骗他们才是正道吧？如果这种母亲的办法不幸用在一个诚实正直的男人身上，那这个男人不是白白地遭受冤屈了吗？

家里这个小家伙简直是一个活力的象征，他似乎这么小的年纪就要挑战所有的社会常规。据我所知，这个年龄的孩子一般都会很喜欢面包屑熬的粥，可是我们家这位却坚决抵制。现在他还没有长牙，却非常喜欢啃整块的面包，其他任何吃的也都不拒绝，只要能

173

放在嘴里，他都会一边笑一边哼哼唧唧的慢慢享用，可是一把面包片粥放在他嘴边，他马上就会闭嘴。他经常和我坐在屋子一角的几块麻袋片上，他有时候看到我的画时会叽叽咕咕地说个不停，可大部分时候，一进画室他就会安静下来，因为它会完全被墙上的各种东西吸引住。真是个可爱的小家伙。

拉帕德刚刚来过我这里，我跟他借了二十五荷兰盾，并答应在秋天的时候还给他。见到他我真的很高兴，我们花了差不多一天的时间看我的各种习作。明天我会去他的画室里看看。对我来说，今天真是完美。我比以前更喜欢他了。他的肩膀比以前更为宽阔，而且似乎对各种事情的看法也比以前开阔了许多。他的画在阿姆斯特丹已经有了一定的市场。

他借给我的钱让我可以买很多急需的东西。我为了在室外作画订购了一些大型的画架，其中有一个是为画水彩准备的。我很快就用新材料画了一幅水彩——主体部分是沙丘附近的一所房子，前景有一个独轮车，而背景是一个工人小小的背影。好兄弟，相信我，总有一天我会掌握水彩的诀窍。

今天是周日。我近乎疯狂地工作了一段时间，现在坐下来安安静静地给你写信。

你还记得我在刚开始学画的时候寄给你的一些习作吗？其中包括《冬天的故事》《阴影飘过》。当时你说人物动作表现得不好，于是这几年里我花在这方面的时间最多。要想画好一个人物真是难比登天。这件事就像打铁一样，如果你想直接对一个铁块做点儿什么，那结果自然会让人非常丧气。你需要用自己的热情将其融化，这样它才会变得可以进行锻造，当然，锻造过程也会十分漫长。这种工作十分枯燥乏味，我有时候都感觉自己的所有创作激情与灵感都在这无休无止的重复中丧失殆尽，感官已经迟钝，头脑已经麻木，但刚刚与拉帕德在一起的时候，他的话让我心里充满了暖意："你一开始画的那些画非常不错，希望你能用同样的方式再画上几幅。"在这一瞬间，我的激情再次燃起。

　　本周我一直在一张大型作品上下功夫。画好了我会寄给你看，你能从中看到我在早期作品中经常流露出的热情，但同时又增加了一些动感。画中描述的是一群在沙丘附近挖煤的工人。从那个地方，我能找到无穷无尽的绘画题材，最近我经常去那里，也画出了不少习作。拉帕德看到了我的这些习作，但当时我们还没有想到如何把这些人物组合在一起。他走后，我一直在脑子里思考如何构图。很快我就有了想法，落到纸上后效果还真不错，所以今天早晨我四点就起床跑到阁楼上去画。现在已经基本上完成了。我先用炭笔画了一遍，然后又用粗画笔和印刷油墨在上面涂抹了一遍，这样画面就显得重点突出，而且很有层次感了。等你下次来，一定要看一看我在素描上下的功夫。我是在一个苗圃中的沙丘上完成这些习作的。希望你能静下心来仔细看看这些素描，相信你能一点点从中看出更多的东西。我一直想画出一些能够引起观者思考的东西来。等这幅画完成以后，希望你可以带走，让那些与插画行业有关的人看一看，相信这样比单看我的习作有更好的宣传效果。

　　构图过程让我非常享受，我决定再去画一些这样的作品。上次和德尔·威尔去沙丘时，看到那里有人在挖沙子；之后，我几乎每天都去那里作画，而且每天都会有不一样的模特，现在第二幅画也已经画得差不多了。里面的工人有的推着独轮车，有的在挖沙子。真希望自己能多画出这样的作品来。我一直有画这些画的打算，但苦于钱不凑手，这次通过拉帕德的帮助，我终于实现了自己的小愿望。我还想去树林中去画伐木的场景，去垃圾场画清洁工人和垃圾翻斗车，以及去沙丘附近去画挖土豆的农民。

要想画出好的效果来，还真有必要在这些大型作品上花一些钱。作画过程中必须要有模特，就算对着自己的习作来画，事后也要通过与模特对比来进行修正。要是能够增加模特的数量，画面效果就会更好。所以，在我找到自己的谋生手段之前，你的资助真是十分必要。但请你相信，一切都会偿还给你。

在我面前摆着两张画纸，我要在上面施展我的才智了。以后我一定要保证每天雇用一位模特，下大功夫把他们画好。我要准备开始了，不过还有一件事我不得不对你说：过不了几天我又会身无分文，在这个月10号前我只能坐等你的资助款。

好兄弟，我真的希望能有人买我的画！对我来说，挣钱是一种必需。我不能再等了，一切都变得不再重要；也就是说，在这一刻，我对于其他一切的兴趣都消失殆尽，一旦我不能继续作画，我的伤感就会涌上心头。这就像是一个绣花女看着自己设计好的图案因为种种原因半途而废，一切的喜悦和努力都变成了徒劳。

我把脑子里构想的两幅画的一些素描稿都寄给了科尔叔叔，希望他看了之后会喜欢，并资助我把这两幅画完成。能不能不要把我寄给你的素描拿给我们的朋友维塞林[①]看？万一被他看到了，千万告诉他，这些画如果能装进木质画框里效果会更好。如果他有机会来海牙，告诉他一定要来我的画室看看。如果他能来，我一定会好好接待。

你还记得你在海牙期间见到过谁对我的画有兴趣吗？我实在想

---

① 维塞林，阿姆斯特丹画商。

不出来，不过有一位，他的名字叫兰特谢尔。他好像是拉帕德的一位叔父。曾有一次，拉帕德给我写信，说他曾把我的一张素描给他这位叔父看，他叔父很喜欢。今天晚上，德尔·威尔又来看我的画。他的评价很高，这让我很高兴。所以，你可以尽情地向别人推荐我的作品，我对自己的创作很有信心；我相信很快就能找到知音。另外，你能否在给特斯迪格写信的时候顺便提一句？就说现在我手上有几幅大型的作品。

我急切地盼望你来。我想让你亲眼看看，你对我的帮助已经结出了果实，而且还会结出更多。

再来荷兰的时候，我希望你能与拉帕德再见一次面。我觉得，我们的画室都会让你想到过去，而不仅仅是现在。他的作品一定会引起你的注意。至少我就非常喜欢，有一次我们待在一起的时候他说：和我在一起让他也有很多提高。

今天早上，我四点钟就来到了室外。我想画一幅镜框画，或者说，我已经开始动笔了。这幅画需要我首先练习如何画马，于是我来到了莱茵火车站的马厩，画了两幅马的习作。垃圾翻斗车也是一个很入画的东西，但是画起来很复杂，需要耗费我不少时间。早晨的时候，我画了几幅素描；其中有一幅画的是闪着露珠的草地全貌，我对于这一幅最为满意。不管是前景中的女人还是背景中的马匹都要以这片草地作为参照物，画面上方是一抹天空。从明暗对比来看，女人和马是亮色部分，而清洁工和垃圾堆是暗色部分。在前景中有各种破碎的和被抛弃的东西，比如旧篮子，沾满尘土的街灯和摔碎的罐子。

尽管我现在基本上已经身无分文，但为了能画好这幅画，我还是雇用了几个模特，而且还打算从有数的钱里挤出来一些购买一个女士礼帽和披肩。这是我的画中不可缺少的道具。只要有了这几样东西，这幅画一定能够成功，我向你保证。

好兄弟，我们一定要鼓足勇气，把全部能力投入到工作中去。有时候我们会遭遇困境，不知如何能够渡过难关，但这些都是成功路上不可避免的。

早上，我在一个救济院里看到了一位身材矮小的老太太（我和她说好了让她当我的模特），她还带着她女儿的两个孩子，而据说她女儿是别人的情妇。老太太对待孩子特别好，我从中看到了慈祥与温情。后来她女儿也来了，衣衫破旧，头发凌乱。这不仅让我想到了我自己身边的这个女人，现在的她与我刚刚见到她时的不同，忽然感觉很欣慰，因为如果没有我，她也会像明日黄花一样枯萎凋零。

但是，她的家里人却想让她离开我。理由是，她和她母亲要去为她的一个兄弟操持家务。他这个兄弟刚刚与妻子离婚，据我看，这是一个十足的无耻混蛋。他们鼓动她离开我的理由是，我挣钱太少，而且对她也不好。而且他们还说，我和她在一起只是为了让她免费给我做模特，一旦她在我眼中失去了用处，我就会把她抛弃。可实际情况是，现在她的大部分时间都要用来照顾孩子，能用来陪我画画的时间其实并不多。当然，这些话他们都是背着我说的，只是最后她直接告诉了我。我跟她说："你看着办吧，反正我不会主动离开你，我不会眼看着你回到过去的生活。"这是我最怕的，因为我现在经济拮据，她那个混蛋兄弟就会话中有话地希望她去重操旧业。我只和她妈妈谈过这件事，其他人我都不熟悉，也完全不信任。我觉得最好的办法就是她能够与这些家里人彻底断绝联系。我自己当然不会希望她走，但如果她执意要走，我也拦不住。

最近收到家里一封信。信写得非常暖心，随信还寄来了一个包裹，里面有一件女装，一顶帽子，一包雪茄，一块蛋糕和一些钱。

今天我去了一个老年人收容所。从窗口中，我画了一幅老花匠的素描，他站在一棵弯弯曲曲的苹果树旁边，那里还有一家木工作坊，我曾在这个作坊里与两位老人一起喝茶。我可以参观男士的病房，那病房就是我们能够想到的样子，简直一毫不差。有一个个子不高的老人坐在专为虚弱老人设置的椅子上，他脖子细长，但神态却很安详。还有一个场景让我想到了梅松尼尔的一幅画，那是两个人坐在桌旁喝茶。我还请求管理人员能不能允许我去女士病房和花园里去写生，但我觉得可能希望不大。

去年冬天我去参观了一家老式救济院。这个救济院规模不大，但比我刚刚提到的那一家更有我们心目中救济院的感觉。我到达那里的时候正是黄昏时分，老人们正围坐在火炉旁。这些救济院的房屋真是漂亮！我几乎很难用语言准确地把它们描述出来。尽管伊斯雷尔斯画这种建筑已经画得不错了，但我依然觉得能够画出这种风貌的画家实在太少。在海牙，我每天都会看到人来人往，但这与大部分画家画出的场景都不太一样。

另外，还有一个好消息，我已经买到了那种披肩。不管从面料、颜色还是款式都非常适合，我拿到后很快就对着它画起来。我画垃圾翻斗车的水平也在提高，不管在什么光线条件下，我都能画得非常自如，特别是我已经能画出室内像羊圈一样的感觉。接下来我要画的是有一群女人倒垃圾的情景，现在已经基本上成形。

我在这幅画上下了很多苦功夫，效果真的不错。我已经在第一稿的基础上做了很多修改，在不同的地方，我添加了很多黑白色调。现在我要把这幅画在第二张纸上重新画一次，因为第一张纸在经过多次修改后已经有很多地方破损了。这样,我就等于把这幅画重新画了一遍。早晨一般我都起得很早,因为那时候我能找到我想要的效果。希望我能够把我脑中的一切都呈现在纸上。我真希望我现在能跟莫夫谈谈这幅画,因为我自己也不知道什么样是最好的效果。首先,画油画不是我最重要的目标,我希望自己能够尽快学会画插图,这样就不会听到那些对画插图没有兴趣的人给我提的外行的建议。

你曾说过,与同行接触太多不会带来什么好结果,我很同意,但是,这也并不是说就完全不能接触。适当的接触还是有很多好处的。有时候,人确实需要与志同道合,志趣相投的人进行一番深入的探讨。如果两人的创作理念非常接近,那这种交流就一定能够释放出灵感的火花。一个人不能总是远离自己的国家,而这里指的国家还不仅仅是一个地理概念,其中还应该包括有着共同生活背景和思维习惯的人们。只有这样,这个国家才能给人提供一种时刻在家的感觉。正是出于这个原因,我才特别欢迎德尔·威尔的到来。当然,和拉帕德在一起的时候才是我最惬意的时刻。

不久前的一天,我又去了一次海滩。在那里,我看到了一个足以入画的场景:男人们推着车,车上装着堆成小山的渔网,而这些渔网在不久前还摊开在沙丘上。我买的那个披肩真是不错。我还想买一件带着立领的渔民短袖夹克,还有一顶女式遮阳帽。我一定要画出这里的海滩景象,而且要在短期内完成。

刚刚接到一个坏消息:救济院现在起不允许我在那里作画——他们说这种事以前没有先例。他们还说,他们正在进行春季大扫除,而且病房的地板都是新换的,我在那里画画会给他们添乱。就这样吧,其实,救济院也不是只有他们一家,只不过他们院里的有个人曾经给我当过模特，我来这里比较熟悉而已。

不久前我曾给你写道："我坐在两张大型画纸前面，不知道应该在上面画些什么。"现在，其中一张纸上已经画上了一辆垃圾翻斗车，而第二张纸上现在也有了一些进展，我已经确定要在上面画一堆煤，就像是我从画室的窗口看出去，能看到莱茵火车站上就有这样的煤堆。有很多工人正在铲煤，还有人推着小推车来买煤，到了要生火的季节，买煤的人会很多。特别是在雪后，景色大有变化。我考虑这个主题已经很长时间了，那景色真是非常迷人，于是当天晚上我就画了一张素描。我让我的模特爬到煤堆上去，站在不一样的地方，这样我就能够看出人物在不同地方的不同比例。

在进行素描练习的同时，我脑子里又慢慢孕育出一个大型作品的轮廓。这幅画应该表现出农民挖土豆的情景。这个场景在我脑中挥之不去，我想你也大概能够了解到我为什么会这么喜欢这样一个画面。我打算在最近几天里就着手准备。首先，人物习作我已经画了不少，这些我都可以拿给你看。另外还要找一块土豆地去画素描，尽力表现出地面的纹理与线条。到了秋天，当他们真的开始挖土豆的时候，我就可以对着他们的劳动场景来进行一些必要的调整。由于所有的人物都是对着模特画的，所以这幅画能够真实地表现出他们的身体比例和动态场景，这就与那些只对着石膏像或者服装练习的要好很多。

去年我在这里看到了挖掘的场景，前年在布拉班特我也看到类似的场景，当时我已经被吸引住了，再往前推一年，我在博里纳日也看到了这样的场景，只不过主要人物换成了矿工。这么多次的观察让我对这样的景象了然于胸。

最近我的工作热情空前高涨，而且几乎没有什么累的感觉，这主要是因为我实在对于这个主题充满兴趣。很长一段时间以来，我一直都克制自己的欲望，尽量不去考虑构图方面的问题，可现在我发现自己的观念已经发生了很大的变化，时机已经成熟，我比以前呼吸更为自由，束缚我的各种羁绊也已经离我远去。不管怎么说，我很庆幸自己能够在习作上下很大功夫，因为现在已经见到明显的成效了。这不禁让我想到莫夫说的一句话："有时候，我发现自己真是不了解牛身上的各种关节。"

去年的这个时候我还待在医院里。在那之前我也画过不少油画习作，现在看起来真是很糟糕；之所以会提到这个话题，是因为我正在翻看以前画过的一张描绘煤堆的画。从现在的眼光来看，我发现自己当时真是画的很凌乱。之后，我几乎将全部精力都转向了人物素描方面，对于油画涉猎较少。

这让我想到了去年我和一个人的对话。他对我说："油画就是带色的素描。"而我回答："不错，那样也就是说，黑白两色的素描就是黑白两色的油画。"有些人会说："油画就是素描。"而我说："素描就是油画。"只不过当时我只能用语言为自己辩解，因为我当时的技术还非常差，根本不具有说服力。而现在，我已经不必再去用语言表达，因为我的作品已经在无声中说明了一切。

昨天我收到拉帕德的一封来信，信的内容很具有拉帕德的个人风格。我之前跟他说过我想画一幅关于挖土豆的大型作品。在看完他的信后我马上拿起了画笔，因为他信中的词句实在是具有极强的鼓动力。这幅画的创作过程真是让我着迷，我昨天晚上奋战了一夜。整个画面在我脑中栩栩如生，我要尽快把它呈现出来。这是我迄今为止画过的最有个人特点的作品。我在画的过程中感觉自己在某些方面很像一些英国画家的风格，尽管我并没有刻意去模仿他们——

也许在内心深处我已经被他们的某些气质征服了。

也许你会很吃惊：我怎么可以在这么短的时间里画出这么多作品？其实，画好一幅素描要比画好油画更难，你的想法和专注力都在发挥着很大作用，因此，我喜欢持续工作，直到完成一幅画的大部分为止。有人说，如果你真的喜欢你正在画的作品，你一定会想一鼓作气将它完成。

我经常想到我第一次看到布廷的作品（那是一幅他后期的作品）时的情景。画的名字好像是《码头》，画的是在一个暴风雨肆虐的夜晚，一位站在瞭望塔上的妇女在翘首期待渔船的归来。自此之后，我在卢森堡和其他很多地方都见到过这幅画。我发现布廷的画风非常诚恳而严肃，就在他匆忙的笔触中我都能感觉到这一点。我并不认识他，但是从他的作品中我能想到他的工作方式。希望通过长时间的训练，我的画笔也能够变得更为灵活。

为了尽快完成这幅作品，我不得不熬几个通宵了。在万籁俱寂的深夜一个人抽着烟斗作画是非常惬意的事。而到了黎明时分，窗外的日出景象也让人振奋。

现在还不到四点钟。昨天黄昏时分雷电交加，到了夜里就下起雨来。现在雨已经停了，但我在室内依然可以感觉到室外湿漉漉的一切，天色阴沉，各处散落着或白或黑的云块，有些还呈现出黄白色，缓缓地在天空移动。由于天还没有大亮，各处的叶子都笼罩在阴影之中，看上去色感极强。在湿乎乎的路面上，一位穿着蓝色罩衣的农夫正骑在一匹马上向这边走来，这是他刚从草地上牵过来的。

背景中的城市也是一个巨大的灰色轮廓，同样很有画面感，而湿漉漉的屋顶在画面中显得特别打眼。如果把这样的场景画出来，一定会有杜比尼的效果，特别是地面上的多种色彩，绿色，以及呈现在一切事物上的亮感。大自然的早晨比任何时候都要漂亮。

好兄弟,一定要好好享受生活,我现在的生活就很不错,当然,要把经济负担排除在外,也不能过多考虑那么多让人发愁的事情。我所说的"不错"是就我的工作而言,我现在很享受创作的过程,而且确信自己已经"走上了正轨"。

你应该在拉帕德的信中读到过:"我曾经尝试着模仿这个或者那个人的风格,而完全没有自己的特色;可这最近的几幅画似乎已经显现出了我自己的特点,这说明我已经逐渐找到了自己的道路。"我现在也有这种感觉。

急切期待着你的来信。万分感谢!我现在再一次身无分文。最近几天来,我身边的女人已经没有了奶水,而我也好几次因为饥饿而几乎晕倒。带着一线希望,我去找了一趟特斯迪格先生。当时我想:这没什么不好意思的,现实地说,只有我主动采取行动才会把关系搞得更好一些。去的时候我手中拿着一张大型素描,上面画的是一排掘地的人,有男有女,前景中是一堆堆土,而背景中是一个小村子里的几个屋顶。

我跟特斯迪格说,我很清楚这样的一幅素描在他看来没有什么过人之处,但我之所以要拿来给他看是因为他已经有很长时间没有见过我的作品了,而且我也想说明我对去年发生的事情不再介意。他说他对我也没有什么恶意,至于绘画方面,他去年说过我应该多画水彩,这样的画他觉得没必要过多重复。我告诉他我已经画了很多水彩作品,我的画室里就有很多,但现在我对另外一种样式的绘画更有兴趣,特别是对人物素描。

他说他很高兴听到关于我在绘画方面的进步,我说他没有必要质疑我的努力。这时他有一封电报要接,我也就趁机告辞。但最终我也不知道他对我的这幅素描到底有什么看法。昨天我花了几乎一天的时间来修改完善这幅素描。

如果他觉得我这幅素描的水平实在不高，这也不会让我感到奇怪。就算是这样，我也不会让他的这种论调影响我的情绪，而且也不会把他的看法作为最终审判。我觉得很有可能让他改变对我的看法，不管是现在的作品水平，还是去年时我们之间的小矛盾。但这主要应该由时间来决定，如果他坚持要在我的作品和行为中挑错，我会对此进行冷处理，然后继续沿着自己既定的路线走下去。我告诉他我希望尽快与莫夫言归于好，他听后没说什么。要是他还认为我像在去年那样做荒唐事，那他的脑筋真是被冰冻住了。

我最近又画了四张与挖土豆有关的习作。其中一个男人正在准备把叉子插进土里（挖土豆的第一个动作），一个女人也在做同样的动作，而还有一个男人正在把土豆扔进筐子里。在这一地区，挖土豆的人用的是一种短把叉子，而且他们需要跪着挖。我设想画面中的背景应该是一片广阔而平整的土地，一群跪着挖土豆的人，时间最好在傍晚时分，因为这个时候会给人带来一种敬畏感。我已经在认真观察相关的地点以及傍晚时分的明暗对比。

好兄弟，我想实话实说：我不认为我很快就能把这些画卖出去，但我记得伊斯雷尔斯曾对德尔·威尔说过："你这张画很难卖得出去，但是不要因此就灰心，因为通过展示这幅作品，你可以认识更多的朋友，保不齐他们会看上你其他的作品。"

我给科尔叔叔写过信，但一直没有回音。很明显，我不太可能通过他卖出画去。去特斯迪格那儿也没有给我带来什么好消息，但我仍认为：我们还是有可能互相原谅的。不过我依然记得你跟我说过的话："有时候我跟他握手的方式都会让他生气。"

你在信中不断表明你已经在我的作品中看到了很多进步，不用怀疑自己，其中确实很多地方已经比以往有了提高，而特斯迪格先生竟然完全无视这些，这对于我来说不啻为一种敌意。这是我最为珍视的东西，从我学画以来，你就完全无私地帮助我，如果我接受了你的帮助，却不在绘画技法上下功夫，从而取得巨大进步，那我怎么对得起你呢？如果你真的在我的画中看到了我的诚意，我这一年的辛苦努力就没有白费。

我一边写着信，一边想起了曾经的旧时光——不知你还能不能记得，因为那是很多年前的事情了——当时，莫夫还住在军营旁边，你我都在，他拿出一张照片来，上面是他的一幅作品——一个耕地用的犁。当时我怎么也不会想到，后来我竟然会开始学画；而我同样想不到，我和莫夫之间竟然会有这么大的分歧。我总觉得，这些分歧总有一天会自行解决，因为仔细想象后就会发现，我们两个人在很多方面的看法都非常相似。

跟前一段时间相比，现在我已经在这里找到了家的感觉。我现在有很多事情要去做，而且也做得非常开心快乐。我的脑子里有很多想法，我一定要将它们一一实现。原来也很不喜欢用炭笔作画，但现在这种厌恶感已经在一点点消失。其中一个原因在于我已经找到了一种方式来固定炭笔画，然后用印刷用的墨水在上面涂抹出自己想要的效果。总有一天，当我的收入较为稳定之后，我会在画布上画出精致的素描，然后开始我的油画之旅。我现在脑子里就有一些很好的想法，用油画表现出来效果一定会非常不错。

有时候我真想去布拉班特待一段时间。我想去画位于纽南的老教堂，还有那里的纺织工人。我想花一个月的时间去那里写生，回来后就可以利用这些素描作为素材画一张大型的作品，比如一个让人感觉庄重而又不沉闷的葬礼。

等你来我这里的时候，我会给你看一系列的作品，我称之为"现代艺术家木刻代表作"，这可不是在什么地方都能轻易看到的。这些作品的创作者对于大部分收藏鉴赏者来说都比较陌生。这些人的作品放在一起，就会让我们强烈地感受到他们笔触的犀利，个人的特色，在观念、穿透力以及最后修饰阶段的用心，而他们画得都不是什么重大主题，而只是街头、集市、医院或者救济所这样的普通场景。

我正在画那幅《挖土豆的人》。我已经开始画第二张习作，画的是一位老人。另外，我手上还有一个在大片田野中的播种人的习作。除此之外还有点燃荒草的场面以及一个人背着一袋土豆的画面。我不禁又想起了特斯迪格给我的建议——一定要画水彩，可是如果这些场面都画成水彩的话，我难以想象那将是多么荒谬的场面。

如果你所追求的是色调和氛围，那水彩还是不错的选择。我必须承认，如果你追求这些，你完全可以用水彩表现出很不一样的效果。但问题是：那不是我想要的。只有黑棕两色的素描作品才能完全表现出我作画时对这些劳动者的尊敬，难道这也错了吗？

有些水彩画的线条也非常有力，他们的作品我经常看到，而且也时常考虑自己如果用这种画法能不能表达出自己内心的情感。不过，就算我采用这样的画法，特斯迪格也还是会不满意。他一定会说："这种东西卖不出去，把东西卖出去才是最重要的。"我觉得他的潜台词是："你就是一个平庸的人，而你却过于狂妄自大，不想回头。你一直在提什么'找寻'，可你究竟找寻的是什么？可能连你自己都不清楚。只能给别人带来笑柄。"恐怕他会成为我生命中那个"永远在说'不'的人"。这种情况绝不会只是发生在我身上，任何一个有所追求的人，屁股后面都会跟着一个只会说丧气话的家伙。

在我经常画的几种人物类型中，有好几种会被很多人认为是过于落后于时代，不管是在造型上还是在情感表达上。比如，我画的挖掘者的形象更像是在哥特式教堂长椅上的浮雕，而不像是现代绘画作品。我经常想到布拉班特的风格，那里的一切对我来说是多么熟悉。我希望自己在秋天的时候能去布拉班特写生。我要好好观察一下那里耕地的犁、纺织工人，以及位于纽南的教堂庭院。想法确实很好，可是这又是一笔不小的费用。

我最想画的其实是这样的场景：父亲走在荒野中的小路上，父亲的动作神态要非常认真地进行刻画，一定要画出与众不同的感觉，棕色的杂草遍布四野，一条狭窄的白沙路从中穿过，碧空如洗，只有几缕淡淡的浮云，而浮云的姿态却也很显遒劲。父亲和母亲挽着胳膊在这样的秋日风景中走着，或者背景中出现带着枯叶的山毛榉林也是不错的选择。

在画农民葬礼的时候，我自然也会把父亲画进去。先不论我对宗教的态度，我总觉得，一个能够体现出风格的乡村牧师的形象对我来说是绝对要用作品表现出来的，如果我不去表现，那就没办法表明我真实的感受。我想画出的效果也许并不是每个人都能够理解：人物形象会被尽量简化，不必画出的细节都会被省略掉。我要画的不是父亲的肖像画，而只是让他代表乡村牧师这一形象去拜访患病之人。同样，夫妻二人在路上行走的场景也不会成为父母的肖像画，而是代表着所有一生患难与共、白头偕老的夫妻，不过我肯定会让他们来当我的模特。希望他们能够理解，并非任何绘画都要以像不像来作为标准，这是非常严肃的绘画理念。

最近我脑子里时刻在想着如何让人物形象更简化一些。关于人物的神态表情，我越来越认同这个观点——这些东西不存在于形体特征中，而是存在于人物的整个态度上。

我最近一直在想要不要搬到农村去，要么去海边，要么去那种以耕地为生的农村，在那里，各种劳动场景会扑面而来，既有利于我的创作，也能够节省很大一笔开支。我在人物画上已经取得了很大进步，但在收入方面依然毫无进展，甚至可以说入不敷出。画画这件事本身就很耗费钱财，我画得越努力，花的钱也就越多，而画出来的作品由于近期还没办法卖出去，所以还不能马上带来收入。

待在这里的一个好处是，我现在的画室条件很不错。这就让我没有完全脱离开绘画圈子，因此可以时常看到一些新鲜的作品。我热爱自然，但这里却有很多东西把我束缚在了城市里，特别是那些杂志，那些复印出来的东西。我可能好几天都看不到一台蒸汽机，但却会天天看到印刷机。如果你有类似的感受，那你一定会在某一时刻产生一种冲动，要去见见某位许久没有谋面的人。

我对德·波克就是这样一种感觉。我在他的画室中看到的第一张作品就是一张大型的素描，上面画的是一架被雪覆盖着的风车。这幅画中既有写实的元素，又有浪漫的氛围——这种风格的混杂倒也不让人讨厌，笔触非常犀利，画面的动感也很强，但确实有些粗糙。另外还有一些笔法精细的油画和素描。有些素描在色调上已经比去年更成熟，背景图案也更稳定，但在我看来，实物与空白处的比例还不尽如人意。他应该都去临摹柯罗、卢梭、迪亚兹、杜比尼和杜普雷的作品。这些画家的作品有一个共同点，那就是非常看重画面比例，背景图案的安排也极具表现力，而一点儿也不显肤浅。我这样说也并不是全盘否定他的作品，因为我确实从中看到了很多好的方面，只是如果能画得更为符合现实就更好了。

还有一件事我也不是很理解：为什么他总是重复画某个固定的

主题？举例来说，本周我也画了一些风景习作，其中一张是昨天画的，那是在灯塔后面沙丘上的一块风景极佳的土豆田，这是我和德·波克共同发现的。前天我画的是一棵栗子树周围的景色，还有一幅画的是煤堆。我画风景的时候并不多，而我画的时候会选择很多种不同的主题。德·波克明显是要成为一名风景画家的，可他画的却总是沙丘和小树，要么就是海边的草地，这难道不是在束缚自己吗？

7月1日的时候，我们的小家伙已经一周岁了，他非常活泼好动，总是喜气洋洋的，我感觉正是他妈妈的付出让他如此健康成长，当然，这也让她非常劳累。我希望她能去乡下住一段时间，远离城市的喧嚣，也远离她的那些家人，这会对她产生极大的好处。她的性格极大地受到了身边环境的影响，而那种环境里充满了消沉与冷漠，以及对信仰的不以为然。

我和德·波克讨论过海边租房的问题，但觉得这基本上不太可能。而且，我现在的房租已经很低了——德·波克每年要支付四百法郎，而我却只需要一百七十。要是我想住在海边，海牙的海边是完全不能考虑的，也许我可以去更远的地方试试。

我特别想去海边作画，但是这就需要解决如何搬运绘画材料的问题，我请求德·波克在他的小阁楼上腾出一块地方让我放这些东西，这样我就没必要每次都背着这么沉的东西跑来跑去。如果每次都需要负重走很长时间的路，到达那里的时候人已经非常累了，工作就会进展缓慢，作画时手还有可能不稳定。而我的工作热情非常高，一到地方就要开工，这就弄得自己特别劳累。如果我能在德·波克的画室里寄存我的绘画材料，并偶尔搭车来往，我觉得自己作画时就会更加全神贯注。

上个星期日，我一直待在德尔·威尔的画室里。他正在画一头在溪边的老牛，为此他已经画出了几幅习作。他时常去农村写生。

你见过卢梭画的这幅画吗？那是雨后的秋日景色，往纵深看去，能看到背景中一大片沼泽中的草地，牛儿们正在悠闲地吃草，而画面中前景的色调非常漂亮。这是我珍爱的精品画作之一。这不仅仅是对于自然的简单描绘，其中蕴含了天启的味道。在我看来，人们要无条件地尊重这样的画面，而不是像某些人说的：太夸张，或者过于矫饰。

昨天布莱特纳过来看我，真是让我又惊又喜。在我刚搬到这里时，他经常和我一起出去寻找绘画素材，和他在一起的日子总是特别惬意。我们一般不去乡村，而就是在这座城市里四处寻找。可以说，他是唯一一个能和我一起作画的海牙人。很多画家都觉得这个城市丑陋无比，实在找不出什么可以值得画的地方，但我不这样认为，她有时候真的会呈现出非常美丽的一面。比如昨天，我就看到一群工人正在拆除宫殿对面的建筑，他们的身上沾满了白灰，周围还有很多车辆和马匹。昨天的天气有些凉意，还刮着风，天空阴沉，而这个地方的景色特别让人难忘。

德·波克刚刚来看过我。这让我非常高兴。他看了我去年的一些习作，对这些很是欣赏，不过我对这些习作已经不太满意了。我希望在今年能画出更好的效果。希望我和德·波克的良好关系能够继续保持下去，这对我们两个人都没有坏处，我们可以互相学习，共同进步。我跟他好好谈了谈，他现在答应我在去海边写生的时候可以把一些绘画用具放在他的住处。我最近还打算去看看布罗莫斯。

我决定近期主要在海边作画，一早就赶过去，然后在那儿画上一整天，如果中午太热的话，可以回家待一阵子，然后再过去，一直画到晚上。相信这样的工作方式既可以给我带来灵感，也能让我得到适当的休息，这种休息不是通过完全的松懈下来，而是通过改变环境与作画方式。

我现在的绘画材料已经置办得非常齐全了，而且还购买了很多有轨电车票。这些花销很有必要，不过也确实让我身无分文。等我对海边的环境熟悉了之后，我会带希恩去海边为我摆姿势，主要是练习人物与环境之间的比例关系。我已经找到了另外一个模特，是一个农村孩子。他可以很早就到海边，如果需要的话，还可以跟我一起去沙丘地带。

昨天晚上，我收到了一件让我大喜过望的礼物——两个土地测量员送给我一件有立领的短夹克，虽然已经很破旧了，但依然可以遮风挡雨，对我来说足够了。这两个测量员都是非常好心而且乐观的家伙。

我已经收到了你的来信，你在信里说："我没办法给你的未来带来什么希望。"看到这样的话，我真是难掩忧伤之情。

如果你指的只是金钱方面，我还不是特别介意。你应该记得，大约一个月前，你给我写信说现在钱不好赚，我回信说："没关系，这就更要求我们双方都一起努力。你努力寄来能够够我温饱的费用，而我努力取得更大的进步，这样的话，也许用不了多久就会有杂志来跟我订画。"此后我画了好几幅大型作品，主题不再只是单个人物的习作。

但如果你指的是我的创作水平，那我就不明白了，难道最近以来我真的没有进步吗？这真是给了我当头一棒，让我跟跄着差点儿倒下。后来我急于给你寄照片也是想证明自己的进步。莫非你身边发生了什么事，又不好意思跟我直说？

在你写的那句话后面还有一句："让我们盼望着好日子出现吧。"这句话更是让我痛心。在我看来，盼望着好日子不能只靠等待，而是要实实在在做点儿什么。正因为我对未来很有信心，我才会用尽全力去创作，完全不去想将来会是什么样，也不去想自己的作品能否带来经济收益。

在海边，我一直在画《修补渔网》。还有两张关于沙丘中劳动者的大型画作，尽管很耗费时间和精力，但却是我一直想要好好创作的。它们描绘的是一排被市政雇佣的挖掘工，画起来很有难度。

原来一想到去海边作画，我就会暗下决心：一定要好好画，一定要完成作品。可是现在我有些后悔，因为费用太高了，我现在已经捉襟见肘。可是这段经历更加激发了我对油画的兴趣。

去年夏天，你来到我这里，给了我足够的钱来置办各种生活必需品以及绘画用的材料，于是我开始了绘画生涯。没过多长时间，你又对我说，最近可能会有一笔新的收入，等这笔收入到账后，你就会帮我购买各种颜料和调色盒。可后来并没有如愿，因为你自己也遭受了一点儿厄运。不过，在初冬时节，我收到了一笔额外的钱。整个秋天，我都在努力作画，就算在海边天气不好的时候也没有停止过，可是冬天就要来了，我担心自己剩下的钱会不够用，因为取暖是要花费很大一笔钱的。后来我又开始雇用模特，之后我感觉自己在人物画方面进步很快。

在练习人物画的时候，根本就没有条件来买颜料画水彩。不过我还是在不可能中努力创造了一些机会。我从拉帕德那里借过几次钱，父亲也给我寄过几次。我感觉自己就像是一只吊在绳子上的甲虫，虽然可以爬上几步，但却最终没办法找到出路，所以到现在为止，我还基本上没有画出过自己心中想要完成的作品。我最想画的，也是我认最为有必要的就是人物习作,可这种类型耗资颇巨,我不知道自己能坚持多长时间。

  时间一点一点过去,每时每刻我都在担心自己如何能够应对作画所需的庞大支出,就算我绞尽脑汁想各种节省的办法,依然发现兜里总是没有足够的钱。你的汇款一到,我就要用它去支付各种欠账,直到兜里没有几个钱了,我才想到后面还有大约十天要熬。希恩要给孩子喂奶,但很可能是因为营养不良,她的奶水也不是很多。有时候我坐在沙丘旁,会感到肚子里一阵绞痛,自己似乎要晕倒一样,我知道是因为自己吃的太少,饥饿感在吞噬我的理智。在这种时候,走在沙丘旁边的小路上,我就感觉自己置身于大沙漠里一样。全家人的鞋子没有一只是完好无损的,这些或大或小的烦恼让我的脸上新添了很多皱纹。

  我一直模模糊糊地相信:一切都会好起来。可是你的话对我来说就是"压垮骆驼的最后一根稻草"。我现在该怎么办?我在海边见过布罗莫斯两次,我们聊过一阵子,他看了我画的一些东西,然后说希望我能去他那里坐坐。我在海边画了一些油画习作,有海面的景色,也有修补渔网的工人。后来,我在画室里画了一个在土豆田里种白菜的人,当然,他是在土豆秧的空隙处种白菜。我手头还有一张修补渔网的画,尺幅很大。我在创作的过程中,偶然看到了画室中挂着的去年画过的一些东西,这让我的思绪又回到了一年以前。我真的很想画挖土豆的人。现在正是好时候。我已经为此画了很多习作,但现在我还没有找到足够的模特。要是一切顺利,按说我能够在今年秋天完成这幅作品。而我所喜爱的海面景色必须以油画的形式完成,不然人们就很难抓住画面的精髓。

  但我感觉我的热情正在一点点耗尽。有时候一个人就是需要别人的强大支持。你说"希望在于将来",这让人听起来好像你自己对我没有什么信心。真的是这样吗？我没有什么朋友,只有依靠你,无论什么时候,只要我情绪低落,我就会想到你。

如果周围的人对我怀有敌意或者对我的努力漠不关心,我就会变得心灰意冷,完全失去了继续下去的勇气。但过一段时间,我就会重新振作起来,投入到工作中,并对自己遭遇的不公置之一笑。我现在每天的日程都安排得很满,我绝不会让自己松懈下来,因此我感觉自己的将来会是一片光明,尽管我没有花过多时间思考未来,因为我觉得那是一种浪费时间。将来好也罢,不好也罢,都不是我们想出来的,我们想的再多也无济于事。抓住现在,不虚度每一天,这就是我的职责所在。希望你也能够有这样的信念,让我们从现在开始,一直坚持。

尽管有几个月没有尝试油画了,但重新拿起画笔来的感觉非常不错,而且画面质量也比去年大有进步,这给了我很大的勇气。曾经我试着画人物油画,但效果非常之差,让我几乎绝望。现在已经大有不同,因为我已经基本解决了画面中比例和笔法的问题,这就让我在画油画时轻松很多。坐在自然景色面前,我现在只需思考油画中用色之类的问题,而绘画手法已经成为我技能中的一部分,不仅不会给我制造麻烦,而且能够助我一臂之力。

你说画面中的笔法有些单薄,这倒不出我的意料,因为我知道自己的身体状况,而一个人的身体状况确实能影响他笔法的力度和准确性。为了能够画出力度,按说我应该吃得好一点儿,可现在我真是拿不出钱来改善生活。照片中的几幅画在色调上也不够深入,它们都没有准确表达出自然所带给我的感受,但如果你拿它们跟我去年的作品做个比较,你就能够看出其中的明显进步。

我当然不支持那种花的比挣的还要多的做法,但是选择是坚持还是放弃，我自然会选择坚持，而且是坚持到最后一分钱，坚持到最后一口气。米勒等一些其他的前辈都有过一直作画直到被警方逮捕的经历，有些被送进了监狱，有些只有不断地搬家，但他们没有一个人放弃绘画事业。我现在只是刚刚起步，我能看到失败就像是远方一块巨大的阴影，有时会让我在作画过程中心情沮丧。

好兄弟，如果只是钱方面的问题，请不用过于照顾我，作为朋友，作为兄弟，你已经给我提供了极大的支持，不管我的画最终能不能卖出去，我都会万分感谢你。为了再节省一些，我想过要不要搬去农村居住，这样就能够省下将近一半的房租，在这里，我们花钱买的食品质量都一般，而在农村，食品质量会好很多，这对于我们都有好处，特别是对希恩和孩子们来说。而且农村里的模特应该也不是很难找。

我还想过能不能去英国。据说，在伦敦他们新出了一种杂志，名字叫《新闻画报》，很有影响力，和《伦敦新闻》《画报》有着一样的地位。也许在那里我能找到一份工作，挣的钱足以让我衣食无忧。如果我在那里与其他一些艺术家取得联系，相信我能学到很多东西。泰晤士河边的码头有着非常美丽的风景，在那里搞创作肯定是一种享受。

我把去年夏天画的一些习作挂了出来，这是因为，我发现在创作新作品的过程中可以不断与以前的作品进行比照。这些画潜移默化地在去年冬天和今年春天帮助我有了提高。我现在打算画一幅大型作品，描绘女人们坐在草地上缝补渔网的情景，不过在你来之前我可能无法动笔。现在我感觉有些沮丧，因为这样的画耗资不菲，所以我在犹豫要不要启动。这段时间，我已经完成了七幅描绘夏日风景的水彩。

我一直想画一幅描绘挖土豆人的大型画作，估计明年才能完成，但我计划在今年至少完成一半的工作。据说德尔·威尔很快就要回来，到时我会跟他多见几次面。听说他的那幅《挖沙工人》在阿姆斯特丹获得了银奖。希望我画的挖土豆人也能得到人们的认可，至少我可以从他那里听到很好的建议。我现在要练习油画，画一些习作，这会比素描更麻烦，今年如果准备得充足，我就可以获得很多灵感。要是我的钱能再多一点点，相信我会取得更大的进步，只是我现在找不到让自己挣到钱的出路。

这两天一直感觉不舒服。昨天晚上都没有睡好。

今天早上，生活的重压似乎约好了一起来拜访我，真是让我防不胜防。每个人都要和我算算账——房东，颜料店老板，面包房，杂货店主，天知道还会有谁，可是我手里已经没有几个钱了。最糟糕的是，经过了几周这样的生活后，我的抵抗力在下降，强烈的疲惫感劈头盖脸向我袭来。我真希望自己是钢筋铁骨，可谁又改变得了我们血肉之躯的事实呢？

我真是有些崩溃了，因为我已经完全看不到未来。我不知道用语言如何表达，我不明白自己的作品怎么就那么不成功。我已经将自己的全部心力都投入到其中，在这一刻，我感觉自己犯了一个巨大的错误。

可是，我的好兄弟，在现实生活中，有什么事值得我们去付出全部的精力呢？不管什么事，我们必须要试一试。有时候结果可能会不尽如人意，当周围的人都认为你做错了的时候，你就像是困在了高墙之中，可是，就算这样，也不能放弃尝试，难道不是吗？

有时候，我真觉得自己应该在博里纳日病死，这样我就不会有什么成为画家的念头，也就不会成为你的累赘。现在，这一切都不是我能够决定的了。要想成为一个好画家，一个人必须经历几个不同的阶段，不过，只要一个人不断努力，在每个阶段所画出的作品也都不会太坏，但这也需要有个前提，那就是周围有人能够看出他的进步，而不是一味要求他画出马上就可以卖钱的东西。

我现在感觉前途无望。要是我没有家人，独自承受这一切就好了！可我身边的女人和孩子也是这样想的。可怜的孩子们，他们本应该是被保护的，却要因为我的事业不成功而遭受痛苦。我没办法向他们诉苦，因为那会更加增加他们的痛苦，可是如果这种痛苦完全由我一个人来承担的话，我觉得自己也会很快垮掉。拼命地工作是现在唯一的解药，如果这都不起效，那我就真的承受不了了。

希望你已经看到了我寄给你的照片，有这些具体的形象在你面前，我想你能够更好地理解我现在的精神状态。我现在画出的作品只是我创作意图的影子，但是这一影子已经有了很确定的形态。我所看到的，我所追求的并非模糊不清，而是非常实实在在。只有通过耐心而有规律的工作才能让我达到这一目标。穷困潦倒之际能够继续工作是一种让人佩服的精神品质，只是连生活必需品都没有的状态一定会让人非常沮丧。

问题是，我能否继续作画完全取决于能不能把自己画过的东西卖出去。如果卖不出去，而又没有别的收入来源，就没有办法继续作画，也就无法进一步有所发展。

我现在真的很焦虑。我还能不能继续下去？我已不知道。我只好靠长时间的散步来让自己的心情平复下来。

不过，有时我又会想：虽然没有什么钱，但我至少还是有自己的追求的，这与没有任何生活目标的人生比起来是不是要好一些？所以，让我们不要失去信心，让我们继续相互鼓励，争取将来能有更好的结果。

我刚刚和布罗莫斯谈了谈我的创作体验,他希望我能够继续下去。我感觉,在完成脑子里已经想好的十到十二幅画后,我应该在创作方向上做些改变,而不是一味简单地重复。

现在首先要克服的就是我的抑郁,不能让它成为一种慢性病。我想到了一些办法来对抗这种疾病,但试来试去总感觉用处不大,最好的办法还是努力恢复自己的体力。我真是怕这种病会继续发展下去,要是不尽快处理,真有可能到最后无法收拾了。我现在急需一些钱,一是为了恢复自己的体力和精力,二是为了增添一些必要的绘画材料。

我是绝对不可能休息的,我会更刻苦地工作。你建议我可以向威森布鲁赫学习,我也有同感。但有的事情我是学不来的,比如,他要去一个填海造田的地方待上两周,而这对于我是做不到的,因为那样的费用太高,就算待在家里,我现在也不是完全清楚该如何充分利用手中所剩不多的几个钱。但是我可以在绘画主题和风格上做些改变。在画了很多人物画之后,我觉得也有必要去看看大海,看看田野里古铜色的马铃薯叶子,庄稼收割后只剩下短茬的农田,或者是刚刚耕过的土地,不过,这些对我的吸引力还不够强大,过不了多久我就会又回到人物画上来。

最近几天我又画出了几幅习作,你很快就能够看到它们。这几幅的用色都更为成熟而稳定。其中有几幅画的是雨中的一个男人走在泥泞不堪的小路上,不管是色彩还是绘画手法都很好地表达了我对此的感受。大部分的背景都只留下了一个印象而已,我觉得还是颇有韵味的。

最近在作画时,我能够感觉到一种色彩的力量在我体内苏醒,与以往的感觉截然不同，而且更为强烈。可能我最近的精神问题与我一直在寻找的作画方式的改变有关，而这种方式我已经期待很久了。

时间能够证明一切。现在我对作品的色调方面有了不一样的看法。

我希望对作画的疯狂能够让我渡过难关，就像是一艘眼看就要撞到礁石上的小船会被突然袭来的巨浪救起一样。就算这次失败了，我也不会太介意，因为我已经失败过太多次了。但不管怎样，一个人应该让自己的人生多结果子，而不是慢慢枯萎。

好兄弟，你近期必须来我这里一次，因为我现在已经不知道自己还能撑多久。最近压力太大了，我感觉自己已经是在点灯熬油。当我在画架前努力工作时，似乎还感觉不到劳累，可一旦离开画架，那种让人浑身无力的疲惫感便瞬间袭来。有时我会头晕，有时头痛欲裂。这跟我节食有一定关系，但又有什么办法呢？

你一定不要跟其他人提起这些事情，不然，他们肯定会说："我当时说什么来着？我早就预料到了，他肯定会变成这个样子。"这样的人不仅不会帮我，而且还会努力切断一切能够让我恢复精力的机会。我觉得现在这个状态也并不难理解，这只是劳累过度加上营养不良而引起的虚弱，但有些人就会认为我是旧病复发，这是最为无耻的恶意中伤。

刚刚从海边回来，我就收到了你的来信。信里的很多内容都让我非常惊喜。首先，我已经从中确认了你我之间友谊的牢固，就算未来吉凶未卜也不能改变我们对彼此的忠诚。而且，你还在我的作品中发现了一些进步。你的收入已经直接或者间接地在养活至少六个人，这真是一个可以夸耀的成就。而你给我的一百五十法郎也在养活着至少四个人，而其中还不包括雇用模特的费用、买各种绘画用品的花销等，这同样是一种了不起的成就，真的是这样！

我现在真是有点儿焦头烂额了。今天早晨，有个人来到我这里，他在大约三周前为我修过一次灯泡，而在他的威逼利诱下，我又从他那儿买了一些瓷器。他今天来就是为了找茬儿，他说我把一笔钱给了他的邻居而不是他，然后就是各种胡搅蛮缠和侮辱谩骂。我跟他说我一拿到钱马上就会给他，可现在我真是一分钱也没有。一开始我请求他离开，他不依不饶，我就有些生气，动作就有点儿大，他说我在推搡他，（这是他不可多得的好借口）然后就抓住我的脖领子，直接把我推到了墙上，我站立不稳，咣当一声就摔在了地上。

好多时候就是这样，你必须忍受这样的侮辱和欺凌。这家伙比我壮，打起架来人家一点儿都不怕。我周围的这些店主大部分都是这样的人物，一旦钱跟不上，他们就会上门来吵闹。可是，能对他们有什么指望呢？他们自己也不是什么有钱的人。

好兄弟，我现在真是心力交瘁。钱不够使，一切都变得非常困难。周围的环境给我造成了很大压力，我本来想通过努力工作赢回以前的一些朋友，现在看来已经不太现实。我跟你说我现在非常虚弱，这一点儿都不夸张。现在我的两个肩膀之间经常会疼痛，还有些血管也会疼，这个毛病以前就有过，从以往的经验来看，我现在必须十分小心，不然以后很难康复，而且我还添了心悸的毛病。我怕我的心脏也已经受到不可逆转的影响了。我对这些不是很懂，所以也不敢瞎说。我不知道这只是神经紧张所致，还是已经成了不可修复的病症。

我在给拉帕德的信中写道："我不认为生活的唯一目的就是保命。"这话的意思是说，在有些情况下，我们需要在工作与吃饭之间做出选择。我倾向于选择工作，并且认为自己的这个选择很有道理，因为我们总有一天会死去，而我们的作品可以长存于世，而作为人，我们的第一要务就是去创造。我还跟拉帕德说，下面这句话虽然听起来自相矛盾，但其中却有很深的道理："刻意保命者终将丧命，为我丧命者必得永生。"

因此我知道："在接下来的几年里，我一定可以完成一幅重要作品。"我不必急于求成，那样反而不会有任何好处。但我必须持续不断进行工作，心情平静，与世无争，全神贯注，精准而简单。对于这个世界，我总有一种负罪感，于是想承担起自己的那一份责任。我在这个世界上已经存在了三十年，出于感激，我想以绘画的形式留下一些对于这个世界的纪念，并非要追寻某一种绘画风格，而只是想表达出真实的人类情感。而我打算完成的这件作品就是我对此的表达，如果可以将精力放在一个目标上，我们所做的一切就会变得非常简单。现在，工作进程有些缓慢，这也正是我要抓紧时间的原因。

这就是我对自己的期望：如果我能够活的时间很长，那当然好，不过不要对此有太多的指望。

提奥，有件事我们必须商量一下。这并不是说这种事情马上就会发生，但我越来越迫切地感觉到这种事情发生的可能性。我的所有作品都可以算作你的财产。如果有一天我没能够按时支付某一笔费用，那些人有可能会想到用我的作品来抵账，如果真的出现这种情况，我希望能够尽快把这些作品转移——它们都是我辛辛苦苦打磨出来的，而且对我今后的创作也会有很大帮助。

我一直在想哪里可以存放我的画作。我一直希望你能来我的画室，我相信你一定可以找到能够让你的某些客户感兴趣的作品，尽管这些作品还没有特别确定的市场价值。在德·波克的画室里有我的两张小型作品，都是与海面有关的，一个是狂风巨浪，另一个则风平浪静。我还想继续画出类似的作品，画这些的时候，我几乎是竭尽全力。今天早上发生的一件小事让我越来越明白：无论如何我也要去农村，房子多小都无所谓。另一方面，海面的风景也不是什么地方都可以看到的。

我的好兄弟，现在我的情绪很不好。前面我提过今天早上发生的事情，从中可以看出，周围的人真是非常轻视我。如果我能够搞到一顶很好的礼帽之类的东西，也许他们就会对我尊重很多。每个人都有自尊心，这样的事情总是让人很灰心。要是我能更好地处理人际关系，我的将来也许会更光明一些。

很坦诚地告诉你，在古皮尔公司的那段时间里，我形成了一些对于艺术的看法，可是这些看法中只有极少数能够经得起实践的考验。很多画商都不懂创作是怎么一回事，画家的实际生活距离他们的想象很远。不断练习，慢慢进步的过程也完全不是你想象的那样。

我还是要继续努力。我并没有失去勇气，我只是想把更多的精力放在绘画中。最为重要的事情是你我之间的彼此理解，同时让我们的友谊能长存。就算厄运来临，我们也能勇敢地去面对。让我们永远在一起，永远忠诚于彼此。我的人生并不完全是失败的，因为至少还有你的支持，不然我都不可能撑到现在。你在此过程中基本上一无所获，得到的只有一种帮助别人的满足感，因为你的帮助，我才有了现在这一份事业，不然这就会变成完全不可能的事情。我们今后能够有所成就？不知道，但并非完全不可能。

在我作画的过程中，我对艺术有着无限的信念，同时坚信自己可以成功，可当我的身体变得虚弱时，我感觉这种信念慢慢消散，各种疑虑也随之而来，这又促使我赶紧拿起画笔。对身边的女人和孩子也是同样的状态，和他们在一起的时候，我会感到非常舒心，特别是看到小家伙在地板上爬来爬去，嘴里嘀嘀咕咕地不知说些什么，我就会感觉一切都是那么美好。孩子真是给了我太多的安慰。只要我在家，他就会一直黏着我；我要作画，他就会拉扯我的衣服，或者试图爬上我的膝盖，直到我把他抱起来。孩子总是喜气洋洋的。要是他能够时刻保持这样的心态，我敢说他一定会比我更聪明。

刚刚回到家，我要做的第一件事就是想请你帮个忙——这表明我的用心和你是一样的。请不要在一些现在还无法决定的事情上催促我，因为我真的还需要时间来做出决定。有一条纽带把你我二人连接在一起，那就是艺术，我希望不管以后会发生什么，我们都能努力互相理解。不要忘了，我们是从小一起长大的，而且以后还会有更多的事情会让我们之间的连接更紧密。

我知道自己是你的一个负担，对此我深感抱歉。也许最艰苦的时期会很快过去，但如果你觉得自己已经无法承受，尽快告诉我，我相信自己可以接受。我宁可放弃自己的一切，也不愿看到你背负着过重的负担。如果真是这样，我会马上放弃绘画，去找一份能够挣钱的工作，哪怕是去当搬运工，绘画这件事可以往后放，等经济条件好了再去考虑。让我们的友谊一直存在下去，即使你会在经济上少资助我一些。也许我会偶尔抱怨，但其中没有任何恶意，而只是随便发泄一下，而且你也知道，我会尽量避免那样做。

可能我说的有些话很不受听，可能已经或多或少地伤害到了你，因为当你离开的时候，似乎有什么地方不对劲。

好兄弟，就把我看作是一个普普通通的画家，现在面临着任何人都会遇到的困难，如果有任何的麻烦，那也没什么特殊的。未来既不会是一片光明，也不会是一团黑暗，也许灰色才是真实的状况。

关于我的作品，我现在越来越意识到自己在表现手法上的贫乏。我最近才明白，自己的身体状况是其中一个很重要的因素。这一问题已经持续了很长时间，现在需要做出一些纠正了。我们应该尽力采取措施以便让我们都获得心灵上的平静。这是首要大事。希望你确信一件事：在穿衣服方面，我穿的大多是父亲和你给我寄来的，有时候不太合身，但也就这样将就了。我对此非常满意，所以请以后不用再担心衣服穿得不够得体这样的问题。也许以后我们可以拿这种话题作为一种笑料："提奥，还记得我穿的那件父亲的牧师长袍吗？我穿着它晃荡了好几个月呢。"衣服是什么样子并不重要，以后这会是很好的笑料，现在则没有必要因此而争吵。

只有一件事我希望你不要去质疑，那就是我的好意和我的热情。请相信我，我是有基本常识的，我不会做出过分荒唐的事情来，所以请让我按照自己喜欢的方式来生活吧。我希望自己能跟莫夫或者贺克梅尔交上朋友，但这种事情不能强求，而且就算不能成为朋友，我也不会特别介意。当然他们对我的兴趣也没有那么大。只要努力工作，总有一天我会在画家群体中找到自己的一生挚友。所以，今后我会更努力地工作，而不再浪费时间去祈求别人的友谊，这样的话真正的朋友反而更容易发现。我知道自己的性格中有一些缺陷，在与人交际方面非常不成熟，这你应该发现了，而且我自己有时候也会有察觉。但我也不觉得这是什么严重的问题，至少我自己很了解自己，自知之明比什么都重要。

我又在考虑如何将自己的画卖出去的问题。我觉得最好的办法是努力去画，然后把观者自动吸引过来。我不善于向别人介绍我自己，这给我带来的伤害有时很大。和别人交流时，一旦我发现别人对我和我的作品有一丝丝怠慢，自己就会痛苦不堪。也许我可以尽力隐瞒自己已经受伤的事实，但我无法回避的事实就是别人对我的印象并不好，这就让我感觉自己尝试与别人建立良好关系的努力最终以失败告终。

我的赚钱观念其实很简单，那就是努力工作，让作品自己来说话。只要条件允许，我就会继续下去。如果你觉得我带着自己的作品去推销一下会有效果，我也会照办。但是，我的好兄弟，你要明白，并不是每个人都是多面手，我们能力上的缺陷还是非常明显的。看看拉帕德，他最近得了脑膜炎，要去德国休养。这让我更加恐惧去向别人推销我的作品。推销的结果会是什么样子的呢？也许是直接拒绝，也许是婉言相拒。在别人面前，我对自己作品的信心会大打折扣。如果能不在这上面浪费时间，我相信自己的进步会更快。

我越来越发现，定目标一定不要定得太高。一想到伦敦，我就感到心情振奋，可问题是：现在就去可能吗？这个时机合不合适？有时候我会提醒自己：你还不够成熟，你所表达的很多东西还为其他人所不理解，他们还有些害怕你这样的画法。继续努力吧，坚定而忠诚的追随自然，不管是在沙丘中，还是在草地上。

对于自己的作品，我依然有信心。我的所有想法都明白无误地表达了出来，结构严谨，一丝不乱，我觉得你很快就会喜欢上我的这种画法，我的笔法也会越来越好。不要被我以前在古皮尔公司工作时的行为所欺骗，我现在的性格已经跟那时大不相同了。如果当时我能像现在追求艺术一样学经商，我当时的工作会更为出色。但当时我还没有把画画当成自己终生的职业，所以我的表现在别人看来不是那么积极。于是他们问我："你是不是不想继续在这里工作了？"我回答说："既然你这么说，那我不如离开吧。"于是我就走了。我曾跟你说过，自行决定的事情很多时候不会被别人理解。我知道我现在的作品中还是有不少问题，但我自己也认同一点，那就是其中也有很多可取之处，我依然坚信我会成功，只是道路比较曲折，要等待的时间比较长。既然决定了以画画为生，那我就会一直坚持下去，转向其他领域反而会让我前功尽弃。

我觉得现在的审美和以前有了很多变化。过去人们在创作或者欣赏的过程中都会满怀激情。人们会认真地选择自己喜欢的作品，而每幅作品的方方面面都会被仔细研究，每幅作品中都会充满活力。而现在，人们的趣味飘忽不定，只要能够满足基本的感官需求似乎就可以。整体来说，人们对作品的态度变得马马虎虎。不久前我曾写过：从米勒之后，艺术欣赏的标准在下降，似乎米勒是一座高峰，米勒过后人们是在走下坡路。这对每个人和每件事都有着深刻的影响。

如果我的作品真的开始有人买了，我就会对你说："一切商业上的事情都由你来打理，我绝对不会参与其中。我可不想进入这个商业圈。"但现在我还没有资格这样说。这不是你的错，不过为了我们共同的利益，请再耐心一些，不要迟疑，不要放弃。我不敢保证一定能够取得商业上的成功，但至少我们可以一直和谐相处，有福同享，有难同当。

我现在想到了一个可行的办法，那样我们的负担都会小一些，那就是搬到农村居住，如果那里的风景适合作画，那就再好不过了。

我现在再一次沉浸在了自己的创作中。希望你能尽你所能帮助我，只要能够加速我们成功的步伐，我觉得都值得做。我永远不会怀疑你的好意和友情。

我还不太清楚父亲和你对我和希恩在一起的意见，对此我有些担心。我觉得我们不能把她赶出门外，让她重操旧业，那是对一个生命的无情践踏。我们应该真诚地原谅她曾经的行为，努力把她变成一个能够让我们接受的人。这个生命应该被拯救,而不是被抛弃。

今天早上希恩对我说:"以前做过的事情,我不想去回忆,也没怎么和我的母亲提过。如果我离开你的话,我很难养活自己和两个孩子,特别是孩子,他们一定要有合适的地方住,而且还应该尽量吃得好一点。要是我又开始干老本行,那不是因为我愿意,而是没办法。"我让她做出了一些承诺,比如把自己收拾得整洁一些,生活态度乐观一点儿,好好学学如何摆姿势,还有就是尽量不要和她母亲接触。关于最后一点,我对她说:"如果你还和你的母亲保持联系,那就距离你重操旧业不远了。我有三点理由:一、你曾经和你的母亲生活在一起,而就是她让你干起了这并不光彩的职业;二、她生活的那个社区环境不好,对你没有什么积极的影响;三、你哥哥的情人也住在你母亲那里,她不是一个省油的灯。"

我现在已经完全原谅了她的过去,没有什么隐瞒的想法,我已经能够像去年刚见到她那样去接纳她。我的内心深处有一种深深的同情,一切其他想法都要给它让路。我当时曾跟她说过:只要我有住处和面包,我就让你有地方住,有面包吃。现在我依然会这样说。不管是过去和现在,这都不仅仅是一种冲动之言,因为我深深地理解她的处境。

她在很多方面确实在进步,但这是在我反复督促之下才有的结果,而且,就算有时候我说了一遍又一遍,她还是会让人非常失望。不过,有时候她会非常真诚地表达出自己的一些想法,从中我可以看出她是多么的单纯,尽管我们都知道她那不光彩的过去。这种情况出现的次数不多,但正因如此才弥足珍贵。这足以说明,尽管她的人生境遇并不顺畅,身心都遭受过无数的创伤,但是在她的心灵深处依然保留了一些纯洁的东西。

今天早晨，我去了一趟德尔·威尔的画室，他把从杰德兰带回来的习作拿给我看。看着这些作品，听着他讲述那里的风景与见闻，我对去德伦特的渴望更为强烈。他特别给我推荐了一个小村子，我还能记得那个村子的名字。据说那里风景优美，而且不落俗套。

我跟他说我最近在油画方面没有什么进步，对此我很是焦虑。他回答说："用不着焦虑。一开始每个人都会有自己的缺点，如果他在刚开始学画时受到了某位老师的指导，那结果一般是他也会染上他的老师常犯的毛病。按照自己的想法去画，不要因为没有进步而焦虑，因为进步正在你不知不觉间慢慢产生。"听到他这样说，我心里安稳了很多，因为这也是我所认为的。

今天，我又给科尔叔叔寄去了几幅习作。

收到你对我作品的修改意见是一件多么令人惬意的事！你的说法和拉帕德基本一致，德尔·威尔也认为画中有一些值得称道的地方。我相信，在任何一个画家的一生中，都会有一段胡画乱画的阶段。对我自己来说，这个阶段早已经过去了。而且，我觉得自己进步很大，我的作品中已经表现出了我心中的那种真实感和简洁感，就像是你所说的：一种只属于男人的观念和情感。

去年，威森布鲁赫曾对我说：默默地走好自己的路，等你老了，你会非常满意地欣赏自己的早期习作。

现在最重要的就是多尝试油画。你觉得现在去接手一些额外的工作是非常不明智的，我很高兴你和我想的一样。没有全身心地投入，成就也不会盯着你看。

女人的性情真是多变！她明明信誓旦旦跟我说她不会再去她母亲那里了，可她最近又去了一次。要是她的承诺连三天都坚持不了，我还怎么能相信她会一辈子忠于我？这种行为太可耻了，这不得不让我认为，她永远属于她母亲和哥哥那个阶层，和我待的时间再长也不会对她有太多改变。昨天还在说对不起，今天又会去犯同样的错误。我这样指责她，她却还不承认。

也许，我只是说也许，在农村待上一段时间，远离她那些家人，她的行为和思维方式会有所改变。可也许她住了没多长时间之后就会抱怨："这是什么鬼地方？干吗把我带这儿来？"我真是害怕这样的事情会发生，尽管我也同样不愿与她分手。

我越来越同情希恩，因为她现在比以往更加焦躁不安。此刻，她已经找不到能够像我这样愿意接纳她的人了。但是她的很多行为都让我的情绪更低落，因为她所相信的一些人实际上正在蓄谋对她下手。我很奇怪她为什么看不到这些，或者说她已经看到了，但却不愿意承认。

你说她离开我对她来说未尝不是一件好事，我大概也认同你的这种看法，但必须有一个前提，那就是她不会去和自己的家人混在一起。但我觉得这基本上不太可能。她想和我待在一起，而且也非常依赖我，可是她却不明白有些因素正在让她与我分离。我一跟她说起这件事情，她就会说："不用说了，我明白，你不想让我留在你身边。"

这还是她脾气好的时候，要是她的脾气上来了，说出来的话就更凶狠。她曾大声说过："不错，我这个人冷酷无情，又懒又笨，可我一直都是这个样子，你要是受不了就离我远点儿。"或者"我就是一个被人抛弃的人，总有一天我会跳河自杀"。

去年，她的各种缺点和毛病经常让我生气，现在我已经知道如何调整自己的情绪了。如果我发现她又犯了和以前一样的毛病，我不再会感到吃惊，要是我的忍受能够对她有帮助，我会尽力忍受；

这都基于一个根本性的认识——她并不是一个坏人。她从没有见到过美好的事物，怎么知道如何变好？我真的愿意付出一切来让她变得更好，如果和她结婚有帮助，我会毫不犹豫地和她结婚，可是，这真的有帮助吗？

现在我还是想和她在一起，只要她不主动离开我，我绝不会撇下她不管。同时，我还有考虑搬去德伦特的计划。她要不要跟我去全由她自己做主。我知道她跟她母亲商量过这问题，我不知道她们谈了些什么，我不会主动去问。如果她想跟我走，我自然不会有意见。离开她就相当于逼她重操旧业，我是想救她的，怎么会这么做？

我把自己的想法和德尔·威尔说了说。他在我的画室里整整待了一个下午，一张张地看我的习作，有些习作是前一阵子我们在一起完成的。一天早上，维塞林也来看我，这真是让我感到惊喜。他看过我的作品后说我比他想象的进步快，我们在一起吃午餐，好好聊了聊过去的日子。

他和德尔·威尔都对我说了很多鼓励的话，但我心里清楚，现在还不是满意的时候，我要继续努力才能取得更大的进步。我给自己定的目标是在近期完成一百张油画习作。不能有任何折扣。这些习作的主题都应该是一些现实中的人或者物——要反映大自然，而且还要有自己的特色。维塞林说他过一阵子会买我的一些作品，也许很快就会兑现，我们初步定的是今年秋天或者冬天，那时我已经在农村待了一阵子，有了一些农村题材的作品，然后我就会寄给他，而且一直坚持下去，先暂且不用计较他是不是要购买。我当时跟他说："尽管告诉我你需要哪种类型的作品，我会尽量让你满意。"

今天我和希恩好好谈了谈。我告诉他我现在的处境和我今后的打算。我跟她说，今后一年里我必须要节省自己的开支，因为去年的花费太高了，今年我必须要弥补一下；这样的话，我们就不得不离开，因为我手里的钱根本就不够养活她和孩子们；如果我们非要待在一起，结果就会是越来越高的负债；我们现在只能做朋友，她需要找到一个合适的人来照顾他们的温饱。

事实很清楚，我感觉她也很能够理解我的处境。我说："对你来说，将来的生活会很难，但再难也要好好活着；我也会努力活得更好。我知道你对孩子的感情，我相信你会越来越变成一个好妈妈；只要你在这一点上能够做得很好，那我就不会计较你今后做什么低贱的工作，也不会介意你曾经的不光彩历史，你在我心目中永远是好样的。"

我的好兄弟，事情就是这样；实在是迫不得已，不然的话我绝不会抛下他们母子不管。尽管我们身上都有很多毛病，可我们在逐渐理解彼此，而且也在尽力完善自己。我们之间没有原则性的矛盾。莫非这就是爱情？我不清楚，但至少我知道我们在一起的这些时间已经培养了感情。

我想要继续努力，全心全意，决不放弃——我不知道最终结果会是怎样的，但我总感觉自己能够杀出一条血路来。我和希恩会像朋友一样分手，这没错——可这次的分手很可能成为永别，我已经习惯了逆来顺受。我知道她身上的好，但遗憾的是，这些似乎来得晚了一些。

好兄弟，如果你能够理解我的感受，就会明白我为什么会全心全意地想要拯救这样一个女人，但现在……

第 3 章

1883年9月 至1886年3月

凡高的人生轨迹：

1883年秋，文森特与希恩分手。他离开海牙，搬去拉帕德向他多次推荐的德伦特省——一个偏僻而淳朴的地方，一些画家近年来都到过那里。他渴望将想法相似的同行聚集在德伦特，组建荷兰的"巴比松"，而最终却因忍受不了当地天气的阴冷、生活必需品的匮乏及一人作画的孤独，只待了几个月便选择离开。

德伦特，1883年9月

我住在一家乡村客栈里，离车站很近。在火车上我看到了费吕沃郁郁葱葱的森林，然而当我们到达时，夜色已然降临。此时此刻我正坐在客栈宽敞的大厅里，仿佛身处布拉班特，旁边坐着个削土豆皮的女人，个子小小的，样貌很漂亮。

在村庄的港口我看到一些非常典型的运送泥炭的船，那些船夫的妻子身穿传统服饰在秣草地里干活，很像一幅水彩画。这个村庄有四五条运河，坐船沿河行驶的话，周围的景色尽收眼底——样子奇特的老磨坊、农家小院、码头抑或水闸，还常常能见识到运送泥炭时一片繁忙的景象。我和当地人聊过了，我会找一天时间坐船沿霍赫芬运河，穿过泥炭地，一路驶向普鲁士边境和黑湖。这个村庄或者说整个小镇只是沿海港而建的一长排房子。

我一早就起来了，可想而知，我太想赶紧看看这整个村庄。今天天气不错，空气清爽，跟布拉班特一样。这里大部分地区是牧场，小树林随处可见。北边似乎是一片石楠丛生的荒野，美不胜收，一直蔓延至阿森。等我有了更多的颜料，我就马上坐船游遍一个个村庄。我想最好是从霍赫芬开始。

我到这里已经几天了,去四周转了转,现在准备开始画画。第一幅习作是荒野上的一间农舍——整个结构只用草皮和树枝搭建而成。当时正画着,两只绵羊和一只山羊窜到屋顶上吃起草来。那山羊爬到最顶端,朝烟囱里张望。女主人听到了动静,抓着个扫帚跑出来,朝山羊扔去,那家伙轻巧地跳了下来,如羚羊一般。这些房子的内部昏暗得像洞穴,却很美。我参观过大约六家像这样的农舍,接下来会有更多关于它们的习作。

我已经去过了两个村庄,名字分别是"流沙"和"黑羊"。你可以想象这里有多独特,虽然霍赫芬是个小镇,在附近却可以看到牧羊人,还有窑炉和覆盖着草皮的棚屋。游览中很多情景给了我新的感受,例如看到男人、女人、孩子以及白色或黑色的马匹在荒野中心拖拽运送泥炭的船,这景象就跟在荷兰或雷斯维克曳船路上看到的一样。

可能是由于饮用水不干净,从这里很多人的脸上可以看出,他们的健康状况不是很好。我见到一些十七八岁或更年轻一点的女孩,虽正值花样年华,却普遍早衰。即便有些人已经很老了,却并不影响他们身上的高尚与尊贵。男人们穿着衬托腿型的短裤,干起活来灵活轻便。

提奥,当我在荒野上看到抱着孩子的女人,眼里就会一片湿润。这让我想到了希恩。她的软弱,她的不修边幅,使我心中她的形象更加深刻。

在海牙一切进行得顺利。那个土地测量员来车站为我送行。希恩和孩子们当然也来了,一直陪我到最后,与他们分离真不是件容易的事。

每每想起他们,我都很忧伤——多希望他们衣食无忧!哎,别人可能会说，这都是希恩的错，这或许是真的，但我担心将来她的不幸会比她的错误更严重。从一开始我就知道她很任性，当我仔细琢磨从她身上所看到的一些东西，越来越觉得她的人生偏离正轨太远了。这样一来我就更加同情她，也更加难过，因为我没有能力去挽救这一切。

我不能和她继续生活在那了，也真的不能带她一起走，我有充分的理由这样做，我的决定是理性明智的，但是现在当我看到一个如她一般可怜的、焦虑的、痛苦的身影时，回忆刺痛了我内心最柔软的地方。生活中到底有多少令人悲伤的事啊！不管怎样人不都应该忧郁，应该通过别的事情分散注意力，所以工作是最正确的选择。但有时人们会坚信"我不会幸免于难"，并从这样的想法中得到慰藉。

昨天我看到了一块我见过的最奇怪的墓地。一块荒地的四周围着茂密的小松树，看到的人会以为那只是一片普通的小松树林。然而树林间有个入口，由此可以达到一片长满杂草和灌木的坟墓，白色墓碑上刻着名字。坟墓上的天然石楠好看极了。松节油的香味为周遭的环境增加了神秘气息。黑色的松树枝环抱着墓地，将耀眼的天空和崎岖不平的大地分隔开。

想将这一切画下来并不容易，我会尝试用不同的效果来表现，例如下雪的时候，这里的景色一定更加独特。

今天早上阴天，是我来到这边后第一次白天见不到太阳，虽然如此，景色依然美好，我还是出发去画画了。

这里的荒野比布拉班特的更为广阔，下午的景色有些单调，特别是在阳光灿烂的时候。我不愿放弃这种效果，试着画过几次，都以失败告终。海洋也不总是容易画的，但如果想了解它真正的样子，就必须去研究如何将这些难以描绘的效果呈现在画中。中午，炎热的荒野有时让人难以忍受——如沙漠一般令人疲乏，荒凉萧瑟，环境恶劣。在这样的强光下画画，给漫无边际的空白涂上颜色，是一件令人眩晕的事情。

然而，同样是这片令人难以消受的单调之地，当夜色降临，暮光中有瘦小的人影经过时，那被阳光灼烧后一望无垠的深色大地在柔和的淡紫色夜空的映衬下引人夺目，即将褪去的深蓝色地平线横在天空与大地之间——这一切和居勒·杜普雷的画一样令人赞叹。画人物也是一样，虽然有时感到无趣，但如果耐心观察，会看到如米勒画中人物一般的那一面。

我正在画一幅风景画——暮色中薄雾在一片湿地草原上蔓延开来，夕阳落到白桦林间；越过草原望向地平线，可以隐约看到蓝灰色树林和屋顶。其余的时间，我会画素描，但油画对我而言还是最重要的事。我想存一点颜料和其他绘画材料，但钱几乎都用完了。如果你还没有把我的现状告诉科尔叔叔，给他写封短信，告诉他我现在一个人在德伦特。我现在面临的状况是——我需要钱，有了钱我就可以去德伦特的东南部采风，希望这一趟可以为我带来好运。

我想马上寄给你我在这边画的习作，可以考虑把其中一些拿给维塞林去卖。

我也画了几幅水彩画。考虑到对画油画有益，我还练习了钢笔素描，因为这样可以将画面的细节描绘出来，而油画是顾及不到这点的。画画时最好画两幅，一幅只用钢笔画结构，另一幅画油画。

一开始我找的模特们对我态度不好。他们笑话我，捉弄我，尽管给了他们不少钱，由于他们的恶作剧，导致一些习作没能完成。但我没有放弃，我把精力投入到一个友善的家庭里，如此一来我就多了一位老妇人、一个女孩和一个男人做我的模特。

乡村的空气和这里的生活对我来说非常有益。我寄宿的这家人很好，男主人在车站工作，他的脸有时红得发紫，因为他是个地道的做苦工的人。女主人干活利索，非常勤劳。他们有三个孩子。他们可能会把后面的阁楼腾出来给我当画室。

上周我发现自己越来越喜爱这边的泥炭地。这个地方在我心里愈发的美好。只有用心努力作画，才能将这里的庄重与朴素以它最真实的样子在画中呈现出来。

我盼望收到你的来信，尽管这里景色美丽，我还是感到抑郁。我被一种沮丧和失望的情绪压得喘不过气来。对于别人对我作品的评价我非常敏感，我也很在意自己给别人留下的印象，我知道这样不好。当我遭到不信任或被孤立时，我心中的空虚感就会削弱生活的动力。我希望身边有一个充满才华的真诚的人，他不会因失败而气馁。两个人必须信任彼此，坚信事情能够做成而且必须做成；只有这样他们才能无坚不摧。他们一定要互相激励，鼓足勇气。

无法和别人搞好关系这件事一直很困扰我，因为和别人的相处决定了我能否顺利完成创作。

环顾四周，我觉得一切都太惨淡、太简陋、太破旧了。最近一直是阴郁的下雨天，当我踏入我住的阁楼时，感到异常凄凉。光线透过唯一一块玻璃窗落到空空的颜料箱和几乎光秃的油画笔上。还好，这极度的悲凉反而有种喜剧效果，让人不至于哭出来。

去年我实际亏空的数字要比我告诉你的多，我付清了所有最不急需的开销，但不够钱买颜料了。我买东西不敢赊账了，不想以后债台高筑。你来看我的时候我们完全没有心情多聊一些，但现在我想告诉你，海牙的生活是我应付不来的。

我现在在这边几乎补上了我的亏空，而且这里的自然风光很迷人，比我之前想象的要美得多。但我并没有生活得安逸舒适，我给你的画中所描绘的小阁楼就是我现在真实的生活环境。

如果钱够的话，我应该请人把我在海牙的东西送到这里，重新布置一下这个小阁楼，把它变成一个画室，让更多的光线照进来。我找的模特不愿在有人旁观的时候配合我作画，所以一间画室对我而言非常必要。我在仓库里画过，但光线很差。此外我还想补充一下我的绘画材料。我希望能彻底做一次改善，如果有人能帮我实现，我最大的烦恼就没了。一个画家不能没有钱，木匠和铁匠也是如此。

我来这里太过仓促，现在才发觉缺了很多东西，我确实行事草率。但我还能做什么？去年希恩出院的时候我就该带着她一起过来，这样的话就没有亏空的问题了，我们也就不必分开了。如果我早知道最终会和她分开，我应该在半年前就分手——即便如此我仍旧会痛苦。唯一可以慰藉我的是，我对这个女人一心一意很长时间，并非逢场作戏。自从到了这里我再也没有听到她的消息，我和她说过我会把这边的地址写信告诉隔壁的木匠。我很担心她，尽管我知道，如果遇到困难，她会写信给我的。

只要天气好，这里美好的事物就会让我忘记烦恼，但这样的阴雨天还要持续几个月，我非常无助，感觉似乎被困在了这里。今天早上天气好了一点，所以我又出门画了，但最终没有画成，因为四五种颜色都没有了，我只得回了住处，心里难受极了。

我必须坦白地告诉你，很遗憾我已经把你寄来的钱都拿去还了账。我不知道一个人是否应该为了保持精神世界的丰富，而不去首先考虑自身的状况。之所以这样想是因为，等不及冬天的到来，我就没钱再画画了，而谁又会因此而感谢我呢？

你也许还记得我在博里纳日的日子是怎样度过的。我很害怕一切会在这边重演。那时我感觉不到一点快乐，现在也是一样。当贫困到了一定的程度，没有遮风避雨的港湾，像一个流浪汉一样到处游荡，居无定所，食不果腹，更没可能工作了。在这里，如果没有经济保障，将来我就可能会慢慢变成刚才所说的极端情况。

我是一个喜欢创新的人，想要创新就得付诸行动，而不是说说而已。而到了遥远的德伦特后，我却迟迟没有开始尝试新的事物。我计划的旅行看起来愚蠢且遥不可及，因为没有物质支撑。没有钱以备不时之需是危险的。人不可以在内心不够强大时贸然出发，也没有人愿意在客栈里因付不起钱而遭人白眼。这样说来所有事情都很没意思，现实生活中什么都要钱，而我的计划毕竟是一件富有诗意的事。

此外，希恩和孩子们的命运刺痛着我的心。我很想继续帮助他们，但无能为力。父亲写信来，问我需不需要帮忙，但我不愿别人为我操心，希望你不要把我的现状告诉他。他自己的烦恼已经不少了。

我现在面临的局面是：我需要一些肯定，一些信心和温暖。但我真的没什么信心，一切都靠你了。我脑子里反复思考这样的问题：我努力画画并节省开支，却难逃负债累累；我对希恩忠贞不贰，却不得不离开了她；我憎恨阴谋诡计，却没有人愿意相信我。我不知是否应该告诉你这样的话："让我自生自灭吧。这处境让人难以承受，也不可能从别的地方得到帮助。这一切难道不是在表明，我们必须得放弃吗？"

唉，兄弟，我太压抑了——我身在一个美丽的乡村，我想工作，我也确实需要工作。但与此同时，我完全不知道该如何去克服现实中的困难。

我正在德伦特最偏远的地方——新阿姆斯特丹写信给你，我经历了无比漫长的航行，穿过沼泽地，才到达这里。我想形容一下这片乡村的模样却感到词穷，这里运河的河岸让我想到米歇尔或卢梭的画，一望无际。

各种色带平坦地延伸至远方，越接近地平线越狭窄，这景色被遍地的茅屋、小农场、纤细的白桦、白杨或橡树映衬得格外显眼。到处都是泥炭堆，在这里行驶经常会路过从沼泽地归来，满载芦苇的船只。平原上时而出现的身影总是有种迷人的魅力，其中一些很像奥斯塔德画中的人物，他们的面相会让人联想到猪或乌鸦，但时不时会出现一个样子可爱的人，如同荆棘中长出一株百合花。

今天我看到了一场在船上举行的奇特的葬礼——六个用外套包裹的女人被男人们沿着运河拖着穿过荒野。牧师戴着三角帽，穿着短裤，在另一边跟着。

我对这次旅行感到很满意，满脑子都是看到的事物。今晚的荒野有种难以表达的美。透过泛着淡紫色调的白色天空，蓝色的光线投射下来。地平线上，条状的晚霞闪闪发亮，下面是一大片褐色沼泽，一群低矮的小屋、唐·吉诃德式磨坊、造型奇特的吊桥在变幻莫测的夜空下显得格外醒目。窗户中透出的灯光倒映在水面或泥潭和池塘中，这就是夜晚的村庄，有时令人感觉温暖安逸。在这里经常能看到黑白两色奇妙的对比，例如有着白沙岸的运河从漆黑的平原穿流而过，还可以看到巨大的由草皮盖成的老房子，房子里的马厩和起居室之间连一面隔墙都没有。

在船上我画了几幅素描，我在这边耽搁了会儿，给其中几幅上色。

在我从霍赫芬动身前，曾收到福尔诺寄来的一些颜料，我想如果投入到工作中，我的心情会变好，确实我现在的心情好了很多。

父亲寄来了一张十荷兰盾的汇票,加上你给我的钱,现在我可以画一些画了。

我常常想去印度当兵,就像你想去美国一样,但当一个人被现实打倒,不管怎样都是痛苦和阴郁的。希望你来看看这里寂静的沼泽地,你会平静下来,在工作中汲取更多的信念,并保持平常心以及内心的安定。我多希望我们能一起在这里散步,一起画画!对我而言这里极其美好——我是说,这里非常宁静祥和。

你知道吗?我觉得我在这里找到了属于我的世界。

亲爱的兄弟,我无法靠嗅觉计算出麻袋里有多少谷子,我也无法隔着猪圈的门看到猪,但是我有时可以根据袋子凸起的形状判断里面装的是土豆还是谷子,通过猪叫声我能知道里面在杀猪,尽管圈门紧闭。同理,我也可以根据线索判断你的现状。我认为你那边出现了严重的危机,我猜得对吗?

我希望你在难过的时候告诉自己你不是一个人。我亲爱的兄弟,你了解我的情况,但无论因为什么事,当你经历痛苦的时候,不要觉得孤独,不要失望。我向你保证,我是你可以信任的人。

我一直在想你信里所说的去美国的事,即使你在那边有像诺德勒[①]这样很好的关系,我还是不赞成这个计划。我完全能体会,你在古皮尔公司一定工作得很不愉快。当读到你信里这句话时我很惊讶:"这周古皮尔的绅士们把我交代的活儿几乎都搞砸了。"现在的公司和当初文森特叔叔还是合伙人时候的公司显然大不相同了。我曾是公司里最底层的员工,甚至到现在,过了至少十年了,我仍觉得我的一部分心还在那里。之后尽管公司的员工数量增加了,真正

---

① 诺德勒,美国纽约画商。

懂业务的人却越来越少，这真是件令人遗憾的事。在文森特叔叔的时代，虽然只有几个员工，但大家是真的在合作。对你来说现在确实很难，你的心都给了公司，你比任何人对公司都更忠心。

我感到有些事很奇怪，一切都乱了套。所有那些部门，官方或非官方的，所有簿记，都是胡闹，生意不是这样做的。做生意是付诸行动，是对个人眼光和能力的考量。现在这些都不被看重了，大家只是抱怨说：画的数量不够。个人的积极性和能力，特斯迪格有，你也有，同时你还拥有在公司里的职位，但假如离开，你就不再拥有这些，你会到处碰壁，只因不愿取得"平庸的胜利"。

你可能会说：没错，但你的绘画事业更惨淡，更没保障，个人的积极性和能力也会变得毫无用处，有时连吃饭都成问题。好吧，但如果我能交点好运，如果能有人欣赏我的作品，那我的口气就不一样了。

全靠你的资助我才能画画。你会觉得拥有一技之长是一件快乐的事，对此我从不怀疑。尽管画画这门手艺和你的职业是两码事，但它会让你看到未来。能否画好画不完全在于个人的积极性，但比起做生意，它更贴近自我。你来自和艺术相关的行业，这是你的优势，而我在刚开始画画的时候，受到过很长时间的排斥。

你也不必去想"我不是画家"，你要相信，你是具备成为画家所需的能力和知识的。在伦敦，当我在傍晚从南安普顿街回家的时候，我时常站在泰晤士河堤上画速写。如果那时有人告诉我什么是透视画法，我会少走多少弯路啊！我的水平一定比现在强很多！

你在信里说："过去我常感觉自己是大自然的一部分，但现在没有这种感觉了。"兄弟，我告诉你，正是你身处的街道、办公室以及你的焦虑情绪使你失去了这种感觉。对此我有非常非常深的体会。

那个时候我不仅对大自然失去感觉,更糟糕的是,我对人也一样失去感觉。他们说我疯了,正因为我深深了解我的病情并积极治疗,我知道我没有疯。我投入到毫无希望的努力中——没有一点好转,的确如此,但我坚定地想要回到正常的状态,我不认为我的孤注一掷是错误的。我总这样想:"我要找点事做,我会把一切解决好,我要有耐心去改善状况。"在那些彷徨的年月里,我经常想这些问题,但那时和现在的状况并没什么不同。

想想我的路是如何走出来的,想想这样的历程使人承受了多少痛苦,无论他是谁。我在古皮尔工作了六年,我的根在那里。我想,如果离开他们时我可以坦然回顾过去六年的勤恳工作,如果到了别的地方我也可以充满信心地提及我的过去,那样就好了。但事情并非如此,我只不过是个"被解雇的人"。我随后猝不及防地、不可避免地到处碰壁。一个求得新职位的人会全身心地想要开始着手工作,但对于一个曾被解雇的人,很快就会成为别人怀疑的对象。你可以去英国,也可以去美国,这都不成问题,但不管在哪你都像一棵没有根基的树。你很早就在古皮尔公司工作了,那时你小,尽管受欺负,还是觉得这是世界上最大最好的公司。而如果你离开后又回去了,他们是不会给你好脸色看的。

在这个漩涡里绕了太久。我敢这么说:现在改变你的人生方向吧,回归你与自然之间的和谐。你会不会觉得这样的想法很傻?你沉浸在这种情绪中越久,我们共同的敌人——焦虑感就会越发地折磨你。焦虑感很折磨人,对此我比你更有经验。

我想说你此刻的精神是有问题的,别生我的气。这是真的。应该去调整你与大自然和人之间的关系。如果说除了成为画家,再无他路可走，那么就这么做吧，不管会遇到什么样的反对或阻碍。

相信我，兄弟，写这封信的当下，我正在欣赏这里的磨坊。特别是在德伦特，当我开始在艺术中发现美的时候，我收获很多。为大自然中的事物所感染，平静地把他们画下来——我称这样的情绪为正常的情绪，你一定也这样认为，不是吗？

令我十分震惊的是近来我内心发生了变化。我感觉自己被一个全新的、非常有秩序、有规律的环境包围着，我沉浸其中。我迫不及待要去尝试一切我还没有做的事情。我知道这些悬而未决的事情与安定平稳相去甚远。但结果可能会出乎意料。我无法克制自己去想象未来——我不再是一个人，而是和你一起以画家的身份，志同道合地在这片沼泽之地作画。

从你身上我看到了某种和巴黎不相称的东西。我不知道巴黎的生活对你有多大的影响，是的，你心的一部分已在那里扎了根，但是有种东西——我不知道那是什么——依旧纯洁。那是与艺术有关的东西。如果你成为画家，首先你会得到陪伴和友谊，并拥有立足之本。现在的画商都怀有一种偏见，他们觉得绘画是一种与生俱来的天分，你可能也一直这样认为。是的，绘画确实需要天分，但不像大家想的那么容易。对于天分，我们必须要伸手去抓住它，而这个过程很难，绝不能一直等着它自己出现。绘画的能力是需要去发掘的，而不是大多数人想象的那样简单。只有努力画画，才能成为一个画家。

整个艺术产业腐朽了——我怀疑还有没有艺术品可以像过去那个时代一样卖出很高的价格，即便是巨作。和文森特叔叔同样聪明的你，无法再像他那时一样做生意，因为现在世界上有太多阿诺德和特里普[1]——他们如狼一样贪婪爱财,相比之下你就是只绵羊。不过当一只羊要比当一只狼好,被吃掉要比残害生命强。我希望,我也确定自己不是只狼。

这会对画家们有很大影响吗?完全没有。那些最伟大的闻名天下的画家在创作后期,极少靠作品卖出的高价获利,他们那时已经很富裕了。米勒和柯罗的作品很多,艺术精湛,并没有卖到很高的价格。我宁可当一个画家,每月赚一百五十法郎,也不愿做别的职业,每月赚五百法郎,做画商也不行。做一个画家可以活得更像自己,而不用过一种充满猜忌和规则的生活。

以巴比松派[2]画家为例。我了解他们的一切,就连他们画中最小的细节,都闪耀着幽默的生活气息。画家的家庭生活中有不幸、烦恼和痛苦,也有善意、诚挚和人类的真情实感,却只是没有能站稳脚跟的地位。他们离开了所谓的文明进步的世界,认为这样的世界是幻想而已。是因为我轻视文明才这样说吗?正相反,我看重与自然和谐一致、尊重人类真实情感的文明,而不是违反自然的文明。我想问:什么能使我成为更好的人?

表姐 A 的离世让我心痛。我总觉得她并不快乐。我想,作为银行家的妻子很难快乐,尤其在当今这个时代。你会说事实并非如此,但我坚信不疑。我认为人最好远离这样的生活环境。

拿这里和城市对比,我会毫不犹豫地说,荒野上的人以及挖泥炭的工人在我看来要比城市里的人好。最近我和房东谈论过这个问

---

[1] 阿诺德和特里普,巴黎画商。
[2] 巴比松派是一群喜爱风景画,聚集于法国巴松比城镇来从事绘画事业的画家总称。他们是第一批直接对照自然写生的画家,而不是在画室中创造风景画,代表人物有卢梭。

题,他是个农民。说起这个话题是因为那天他偶然问我现在的伦敦是什么样子的,他以前听说过很多关于伦敦的事。我告诉他,我觉得一个勤劳朴实的农民就是一个有文化的人,以前如此,以后也是。在城市里,在极少数的好人中间,只有几个可被称为崇高的人,他们各有闪光点。而一般来说,在乡村寻找一个好人要比在城市容易得多。越靠近大城市,就会越深地落入堕落、愚昧与邪恶的深渊。

一个人如果意识不到自己只是一颗原子,就大错特错了!童年时被教导必须要遵从等级和常规,这种概念深印在脑中,如今丢弃它是一种损失吗?我根本都不会去考虑这个问题。只凭经验来说,那些社会常规,那些我们学到的各种礼仪和观念并没什么道理,甚至是完全错误的。很多事情我还不懂,毋庸置疑,生活是充满神秘感的,让恪守常规在相比之下显得如此狭隘。

他们对我说:"没有目标和抱负,你就是个没有原则的人。"我的回答是:"我不曾说过我没有目标和抱负,我认为强迫别人去解释那些无法解释的事情,是最没用的。"活着的时候有所作为是一种正面的生活态度。人应该回馈社会,但同时不应受到任何束缚,要依据理性而非个人判断。我的判断出自本性,理性是神圣的,但这两者间有所关联。

假设你和我都是羊。有一天我们会被吃掉,绝对有这个可能性。这种情况恐怕不会令人愉快,但如果一个人认识到他可能要贫穷一生,就没有理由丢掉内心的平静,即便他有学识和能力让其他人过上富裕的日子。我不是不关心钱,但我不理解那些爱钱如同狼爱肉一样的人。

我了解两个人的心理斗争,他们在想:我是不是一个画家?我指的是拉帕德和我自己。这种斗争有时很激烈,把我们和其他那些没那么认真的人区别开来。我们时常感到难过，但经受的每一点忧伤都带来一点光亮，引领我们进步一点，性格也完善一点。那些追寻简单的人本身也是简单的，即便在困难时光，对生活也充满善意和勇气。

古斯塔夫·多尔曾说过："我有牛一般的耐心。"对此我非常钦佩。在这句话中我看到了一种美德和一种坚定的诚实。这是一个真正的画家所说的话。难道人们不应该从大自然中学会耐心，从观察谷物慢慢成熟以及万物生长中学会耐心吗？人们会因终有一死而停止成长吗？人们会故意阻断自己的发展吗？

我现在很难一天不画一两幅画。我只能不断进步——每画一幅画，都是向前迈进了一步。这和走路是同样的道理：你看到了路尽头的教堂塔楼尖顶，因为路面起伏不平，总有一部分路途是被挡住的，但只要不断前进，总会离目标越来越近。我迟早也能等到画被卖掉的那一天。一旦到了那天，一切就会好起来。对于绘画，我是不会半途而废的。

提奥，我总是放不下这件事——你也应该开始画画。在老画家和现代画家中，有不少两兄弟都是画家的例子，他们的作品里相似之处要多于不同之处，例如奥斯塔德兄弟，凡·艾克兄弟，朱尔·布列塔尼和爱弥尔·布列塔尼。

提奥，写完信后，我直到半夜都没有睡着。

我不希望再回布拉班特。你还记得我离家的原因吧：家人之间从心底里互相误解。我想，最好不要再回去了，除非家里有难事发生，例如父亲收不到房租。如果发生这样的情况，我会住在家里吗？是的，如果必要的话可以暂住。我提这个是因为家里有难处时会花光你手里的钱，而我在家里暂住会带来更大的负担，如此一来父亲和我就得马上就此事商定一个解决方法。

我这边的秋日时而天高气爽，时而风雨交加。天气不好时不适宜出门散步，有时根本出不了门。我把自己照顾得很好，在海牙时精神状态很差，而现在感觉好了很多。我现在住在一个有壁炉的宽敞房间里，这里正好有个露台，站在露台上可以看到荒野和上面的房子，远处还有一个造型非常奇特的吊桥。

楼下是一家客栈，还有一个农舍的厨房，炉子里烧着泥炭，旁边有个吊篮。这里是沉思冥想的好地方。当我感到忧郁或为某事担忧的时候，我索性跑下楼待一会儿。

我间接听到了有关希恩的消息。我不明白她为什么不写信给我，所以我问隔壁的木匠她有没有去打听过我的地址。那个混蛋回答："是的先生，她来问过，但我觉得你不愿让她知道你的地址，所以我假装不知道。"我马上给她写了封信。我早该直接寄给她，而不是用一种回避的方式。我还随信寄了些钱给她，这样做可能会为日后带来麻烦，但我忍不住。

今天散步的时候，附近的男人们在土豆田里耕作，女人们拖着沉重的步伐，跟在后面捡留在地上的土豆。这块田地与我昨天见到的样子完全不同，这片村庄很奇怪的一点就在于此：明明是同一块地，却变化多端，就像大师们画同一题材的画，每一幅也各有特色。

我还在练习画焚烧杂草的炉子，冒烟的火苗是炉子里唯一的光亮，这对我画广阔无边的平原和暮色降临的风景有帮助。晚上我常去观察这个场面。

乡村的景色太美了，真的太美了，所有事物都在呼唤你：去画画吧！这儿的一切都如此有特色，又变幻多样。嘿，兄弟，不论情况如何发展，经济困难总是存在的，难道不是这样吗？到底要在哪里、要用何种方式，才能通过奋斗创造出不被打扰的真正的平和安宁？

我有个简单的计划：我要出去画画，画一切打动我的事物，让自己沉醉于荒野的芬芳空气中，相信我会变得更明朗，更乐观，更健康。

今天这里下了很大的冰雹雪。称之为雪，是因为那样子真的很像下雪。

我去了趟兹韦洛。利伯曼曾在那个村庄住过挺长一段时间，为了参加上一届沙龙，他曾在那画洗衣女工。特尔梅仑和朱尔斯·贝克惠生也在那里长期住过。

想象一下这个景象：凌晨三点钟，一辆敞篷马车驶过荒野（我和房东一起出去，他要到阿森赶集），我们沿路而行，路的两边没有沙土，只有泥。这样的旅行甚至比坐船还要奇妙。当第一道晨光洒下来，我看到荒野上遍布着小屋，教堂院子里土墙和榉木篱笆包围着一座矮粗的塔，平坦的荒野和麦田一望无际——这一切，都像极了柯罗画中最美的风景。那种静谧，那种神秘，和他画的一样。

早上六点钟，当我们到达兹韦洛的时候，天还是黑的。村口非常漂亮：长满青苔的屋脊、马厩、羊圈和谷仓。然而在兹韦洛，我没看到一个画家，村民说冬天的时候没有人来。我却恰恰相反，我想在今年冬天到那里去。

因为那里没有画家，我索性没等房东回来，自己一个人走路回去，顺路画些素描。目光所及范围内，整个乡村都被嫩绿色的麦苗覆盖。在望不到边际的一片黑土地里，麦苗破土而出，如苔藓一般。在这片乡村不停地走，你会感觉这里除了土地、麦田、石楠和无际的天空之外，再没有别的了。

我看到一些忙着耕地的农民，还看到装沙土的推车、牧羊人、修路工人和粪车。远处的人和马看着比跳蚤还小。途中在一家小客栈里，我画了一个正在纺织的老妇人，那瘦小的黑色轮廓，像极了从童话故事里走出来的人物。

而后暮色降临了。想象一下：一条宽阔泥泞的路，路上全是黑泥，左右两旁都是无边无际的荒野，可以看到一些草皮小屋的深色三角形轮廓，炉火透过窗子闪着红光。再想一下这样的景象：暮光中积满雨水的泥坑倒映着苍白的天空，泥泞中有一个模糊的身影，那是一个牧羊人在赶着一群圆滚滚的绵羊，羊身上一半的毛沾着泥，互相碰来挤去。看着它们朝你走来，把你包围，你转身跟着它们，看着它们不情愿地沿着泥路蹒跚而行。这时，远处的农舍若隐若现。

羊圈也像一个三角形的深色剪影，门大开着，如同漆黑洞穴的入口。一缕暮光透过后面木板的裂缝照进来。归来的羊群走进这个洞穴，然后消失不见。牧羊人和一个提着灯笼的女人也走了进去，关上了门。

暮色中归家的羊群是我昨天听到的交响曲的最后乐章。这一天像梦境一样。我如此陶醉于这动人的旋律，甚至忘记了吃饭喝水。我只在画纺织女工的小客栈里吃了片黑面包，喝了杯咖啡。从黎明到黄昏，不如说是从一夜到另一夜，我沉浸在这支交响乐中，无法自拔。

回家后，坐在炉火旁，我感觉到饿了——是的，非常饿。现在你知道我在这边的日子是怎样度过的了吧。那么这样的一天有什么收获呢？只有一些我画的草图。但还有另一样东西——一种平静的对画画的热情。

现在天气已经冷到无法外出画画了。我用不同的效果画了两张吊桥的大幅油画，还有一张大幅素描。我希望通过这样的练习，等到下雪的时候，将雪景效果画得更真实，也就是说，白雪覆盖下的线条和结构要和现在一致。

我收到了那个可怜女人的来信。信写得没有条理，而且字迹难以辨认。她很高兴收到我的信，但她也为孩子们操着心，在外面打工做女佣。她不得不和她的母亲住在一起，真可怜。她似乎对过去的一些事感到遗憾。我当然对她还有感情，会同情她，尽管我看不到任何重新在一起生活的可能性。这种同情可能不是爱，但依然深深地存在于我的心里。

昨天我收到家里的来信，信上说他们得到了你的帮助。由此我判断家里的经济危机已经有了扭转。这就证实了你对我说的："我相信一切都会保持原样。"

我的那句最后通牒（在你看来）——"如果你继续留在古皮尔，那我就不再接受你的经济资助"是针对你所说的"我还是留在这吧，因为我还得供养家里人"而提出的。而我——尽管你的话里没有包含我的名字——就是你的负担，所以我必须用"我不想你如此牺牲"作为回复。不管在情况好的时候还是坏的时候，我都这么想。

有一阵子你特别苦恼，写信给我说："我的老板们总是给我出难题，我甚至觉得他们宁可开除我，也不会让我自己请辞。"（后者正是我当初的处境。）谈到绘画，你说至少你对这件事不反感。而我现在的想法是：如果你的"船"装备齐全，情况良好，那就待在上面。如果你"从中重新获得乐趣"，那很好。我想，对你来讲最好的事情就是得到主管更多的好评，他们能够允许你有更大的空间按你的想法去做生意。不过我觉得手艺活终究还是最稳固的职业。

因为你一直没有来信，我就联想到你可能又被主管为难，还因为我自己非常绝望和压抑,我给父亲写了封短信。这是你第一次没有按期给我寄钱,而二十五荷兰盾的差额会让我这六个星期难以度日。我想你无法体会这种情形,你不会知道,每一个微不足道的困难,都会决定一件事的成败。

上周我收到前房东寄来的一封短信,他用我留在阁楼没拿走的东西(包括我的全部习作、版画和书)威胁我,说如果我不寄给他十荷兰盾作为占用空间的费用以及归还希恩的欠债,他就把那些东西据为己有。我怀疑他是否有权要我的钱,但为了那些东西我还是妥协了。除此之外,到过新年的时候,我还有一笔债要还清,包括欠拉帕德的钱。来到这之后很多地方需要用钱:整理绘画材料,买颜料,旅行,此外还要支付住宿的费用,给希恩寄些东西,以及还债。

雪上加霜的是,异常的寂寞感一直折磨着我。我说的是寂寞,不是孤独。我的意思是,一个画家必须要忍受在荒僻的地方被大家看作是疯子、杀人犯或流浪汉。这种痛苦也许不算沉重,但仍然令人忧伤,那是一种被排斥的感觉,特别不舒服、不痛快,即便这里的乡村美景如此令人兴奋。

你信中提到的画家塞雷引起了我很大的兴趣。那样一个人,最终用作品感染了大家,就像艰难困苦的生活终于开花结果。他是一个奇迹,如黑色的山楂,又如弯曲的老苹果树在某一时刻开出花来,那是阳光下最美好、最纯洁的事物之一。

当一个困难的人像植物一样开出了花儿——是的,那很美,但在那之前,他必须要忍受漫长的寒冬,那种痛苦比后来同情他的人所了解到的要多得多。画家的生活以及画家本身,都是很不寻常的。有太多我们看不到的东西,实在是深不可测!

德伦特无疑是一个让我可以大有作为的地方，但我必须有所改变。聊到这儿，我想说的是：我没法在这里继续待下去了。

凡高的人生轨迹：

1883年12月初，文森特回到纽南与父母同住，尽管与父母之间关系紧张，他还是留了下来，住了近两年时间。

1884年初，文森特的母亲受伤，腿部骨折。在他照料母亲康复期间，与父母的关系得到一定程度的缓和。文森特在与父母商议后，将家里一个废弃的洗衣房改造成画室，一心投入到对当地纺织工的描绘中。

1885年初，文森特的父亲突然离世，不久后，他的第一幅代表作《吃土豆的人》问世。

纽南，1883年12月

当我告诉你我决定回家待一段时间，你可能会很吃惊。我很不愿这样，但之前的三个星期，我的状态不太好——感冒、精神紧张——各种小毛病缠身。所以必须要打破这一局面，如果再不改变，情况会越来越糟。

回家的旅程以长达六个小时穿越荒野到达霍赫芬的徒步开始，那个下午狂风大作，雨雪交加。但这一路我非常高兴，或者说，我与大自然如此一致，这一切让我内心安宁。我想这次回家我也许可以更清楚地思考以后该怎么做。德伦特很美，但能否在这里居住取决于一个人是否能够忍受寂寞。

两年没回家，这次回来后我内心很烦闷。他们在各个方面都给了我亲切热情的欢迎，但从本质上没有一点改变，我们之间的状态在我看来只能称之为冷漠和无视。我再一次感到了无法忍受的烦恼和茫然。我在所有事情中所感受到的不是理解，而是犹豫和迟疑，这就像一种沉闷的气氛，堵住了我的热情和活力。我做的事情在他们看来有四分之三都是没用的。我的好兄弟，这太愚蠢了。

我能从直觉感知到父母对我的看法，当然这只是我的感觉。我留在家里他们也同样恐惧，就像要收留一只粗野的大狗：他会四脚潮湿地跑进屋里；他会碍所有人的事；他会大声吠叫。而这只狗觉得，如果他们要养他，就该在"这个房子"的范围里容忍他。

但这个畜生曾经是个人，尽管他现在是狗，却有着人的灵魂，有一颗非常敏感的心，可以察觉到别人是如何看待他的。这只狗其实是父亲的儿子，因被遗弃在大街上太久，变得越来越粗野。但父亲已经忘了这段过去了，所以也没必要和他说这些。

你觉得我伤了父亲，你站在他那边，狠狠地骂了我。我明白你所说的，尽管你所指责的人既不是父亲的敌人，也不是你的敌人。父亲对你和我都有想和解的意愿，但这似乎无法实现。我真希望你们可以理解我，但从来没有，恐怕将来也不会。

在我心里你是我的救命恩人，我不会忘记这一点。我不仅仅是你的兄弟，你的朋友，同时也是一个对你无限感恩的人。钱可以还清，但你的善意我无以回报。

为了分析我们的性格，我想到了去年夏天的情景：两兄弟在海牙的街道上走着，其中一个说："我必须有立足之地，必须继续做生意，我不想成为画家。"另一个说："我越来越像条狗了，我觉得未来我会变得更丑陋更粗野，我预感到我躲不开贫穷的命运，但是，但是我还是想成为画家。"

而回想那之前的日子，当你刚接触绘画，刚开始读书的时候，那两兄弟站在雷斯维克磨坊旁，或在冬日的清晨穿越积雪的荒野步行至哈姆——他们的感受、想法和信念都如此相像，以至于我问自己：这是同一对兄弟吗？困扰我的问题是：未来将会如何发展？他们会永远分道扬镳，还是会始终目标一致？

这个问题我比你多考虑了四年，我得出的结论是：那些曾经对我而言的责任是一种引人恐惧的东西。人们都说："去赚钱吧，这样你的人生会是一条笔直大道。"米勒曾对我说："要努力走出笔直的人生之路（至少试着这样做，试着去面对赤裸裸的现实）"，即使在适当的时候赚到钱了，你也不会变得不诚实。

父亲和特斯迪格都没有让我的内心得到安宁，他们一直在控制我，甚至不赞同我追寻自由和真理。我感觉被忽视，感觉生活中充满黑暗，他们对此都不理解。我承认，现在我还没有得到我想要的那束光，但我真切地希望我的愿望不会落空。我要在闭眼之前看到那柔美的光，我称它为白色的光或纯洁的美，我想不到更好的词汇了。无论我因失败遭受了多少痛苦，我都不后悔我说过这样的话："我看到了黑暗，并躲过了它。"所有过去对我的影响都使我离大自然越来越远。我的青春在黑暗的笼罩下充满阴郁、冷漠和乏味的色彩——而兄弟，你的也是。

我知道我在现实生活中的表现无疑是固执或粗鲁的，你其实比我还清楚，我无法自控地进入到一些情绪中，别无他法。在白天，日常生活中的我看起来像只皮糙肉厚的野猪，我也很理解人们为什么把我看作一个粗野的人。年少时我就想过，事情的成败取决于机遇、细节或误解是没有道理的。但当我长大，我的想法逐渐改变，并看到了更深的原因。

有时我的观点是不合理的，但在性质上、行动上和方向上是有一点道理的。就像风标无法改变风的方向一样，人的想法也无法动摇一些基本的事实。风标不能指挥风向东或向北吹；同样想法也不能把谬误变成真理。有些东西和人类一样古老，永远不会消失。

莫夫曾经对我说："如果你坚持画画，如果你比现在更加深入地沉浸于艺术中，你会挖掘到更多的自己。"这是他两年前说的，后来我一直在思考他的这些话。

兄弟，对我耐心些，也别怀疑我有敌意。你会指出我在很多方面的能力不足，这些我自己也清楚。是的，你说的没错，我必须解决这个问题。而我可以找出理由来解释我的能力不足，那就是高昂的热忱和持久的入迷，这是每一个画画、写作或谱曲的人都必须拥有的特质。

我的想法被你影响了，我和你一样尊重老人，体恤他们的软弱，尽管看起来也许不那样。我想到了米舍莱的话（他从一个科学家那里学到的这句话）："雄性是非常野蛮的。"现阶段我知道自己具有强烈的热情——我觉得应该有——我眼中的自己的的确确是"一头野兽"。可是当我站在一个弱者面前，我的热情减退了，也不再去战斗了。

兄弟，我的内心很沉重，我知道也许对你来说我是一个很大的负担，当我把钱都用在一项可能没有回报的事业上，我也许是在糟蹋你的情谊。我相信，坚定地相信即便我变聪明了（至今我仍然蠢笨），我还是会一贫如洗。我最大的奢望就是不欠债。

你看到我的情绪有多无常了吧——这一刻我觉得事情可以做到，下一刻就变了想法。

我们的生活是一种残酷的现实，我们不停在追求，不管是否抱有一种悲观的心态，就像现在这样，并不会改变事情的本质。我一直想着这个问题，当我醒着躺在床上的时候在想，暴风雨中站在荒野上在想，傍晚在沉寂的暮色中也在想。

在荒野中也没有在这里那么寂寞，尽管这房子里的人对我很好。

我又和父亲谈了一次话。我几乎下决心要离家了，这次对话却让我改了主意，我说："我回来两个星期了，和刚来的时候比我们的关系没有一丝改善。如果我们能更好地理解对方，情况就会好起来。我没有时间浪费了，必须要做个决定。一扇门要么打开，要么关上。"

我提出把最容易腾出来的房间用来放我的东西，它最终会变成我的，也是你的画室，我应该在家画一段时间，我觉得这很必要，也很合适。公事公办，你我都清楚这是一个不错的安排。以后如果没钱去别的地方，这里就是我的画室。

最终的结果是：家里那个放着轧布机的小房间将交给我使用。

很高兴你和拉帕德都赞成我回家，在我无助气馁并深深后悔的时候，你们给了我勇气。拉帕德曾对我说："人不是一团泥炭，无法忍受被扔到阁楼并遗忘。"他觉得不能住在家里对我来说是一种极大的不幸。

我让父亲同意我回家，还让他们给我间画室，这并不是出于我的自私。我觉得，尽管我们在很多事情上不理解彼此，但你、父亲和我之间，常常存在着一种互相迁就的善意。我会平静地做自己的事，同时谨记你的建议，有些事不要和父亲谈——只要能和你谈就行了。

至于你说我可能会变得很孤独，如果生活可以支撑下去，我不会介意。但我要告诉你，我并不认为这就是我应有的命运，因为我相信，我没有做过，也不会去做任何让自己孤立无助的事。

我很喜欢和一些没见过世面的人待在一起，例如农民和纺织工。于我这是件幸事：所以自从来了这里，我就被那些纺织工吸引了。

我只看过几幅有关纺织工的画。我先画了三幅这个题材的水彩画。他们很难画，因为他们所在的房间狭小，不能退到足够远的距离去画织布机。但我在这找到了一个可以画织布机的房间。为了画它们，我费了很大功夫，但这是很好的绘画素材——织布机上古老的橡木被灰色的墙衬托着。我一定要把它们画好，在颜色和色调上与其他荷兰画一致。

我想马上开始画另一幅有关纺织工的画，画中的人物没有坐在织布机后，而在整理织布的线。我见过晚上他们在灯光下织布的样子，很有伦勃朗式的效果。现今他们使用的是一种吊灯，我从一个纺织工那弄到一盏小灯，就像米勒那幅《夜工》里的灯一样。过去的纺织工在工作时常常使用这种灯。

在另一个晚上我看到有纺织工在织花布，当时他们正在理线。他们弯着腰，那漆黑的身影在灯光下，与花布的颜色格格不入，在织布机的骨架上和白色的墙面上投下巨大的影子。

自从洗衣房被我用来当画室和储藏室后，我去了趟海牙把我的习作、版画和绘画材料都打包寄了回来，这个新画室已经开始使用了，我希望在画画上我能有所进步。

我见到了希恩，我一直盼着能见到她。一旦分开了，就是分开了，最终我们都后悔当时没有选择一个折中的方法。尽管如今很难再找到一条中间路线，现在这样至少让事情看起来更仁慈些，不那么冷酷无情。

这个女人现在表现得不错，为了养家，她做了一名洗衣女工，尽管因此身体劳累虚弱，但尽到了自己的责任。我当初把她接到自己家里，是因为莱顿的医生建议处于产期中的她住在一个安静的地方。她贫血，这也是肺病的症候。她跟我在一起后情况不但没有恶化，反而身体各方面都强壮了起来，一些严重的病症最后也消失了。但如今一切都变了，每况愈下，我不禁为她的生活担心，也为那可怜的孩子担心，我照顾过那孩子，感觉就像是自己亲生的，但一切都回不去了。

我鼓励她、安慰她，给她力量让她继续在现有的道路上前进。我的心被她牵动。一个人能为一个可怜无助、凄凉孱弱的人付出多少？在我看来，只有一个回答，那就是我曾说过的——永无止境的付出。

今年对我来说非常艰难痛苦，特别是年底，更是苦不堪言。

母亲摔伤了腿，关节下面右侧的股骨折了。他们派人来叫我的时候我正在农田里画画，我给画加了背景，效果相当好。医生向我们保证母亲的腿伤无大碍，但鉴于她的年龄，恐怕要很长时间才能恢复。实在是很不幸。

由于回家后我没花过钱，我把父亲替我买衣服的钱给他了，我之前的衣服太旧了，我还把欠拉帕德的二十五荷兰盾还给了他。在母亲摔腿之前，我和父亲商量好我会免费吃住一段时间，这样一来我就可以在新年和1月中旬，用你寄给我的钱把债还清。但还会有很多其他花销，当然我和父亲也说了，这些钱他也可以花，其他东西没那么着急用钱。幸好母亲摔伤的时候，钱还没有花完。

提奥，好好想想有什么途径能让我赚些钱。我们得考虑有没有机会把我的画卖掉。我们很需要钱，如果我能自己负担起画画的开销，你就可以把本来寄给我的钱寄给母亲用。

我现在无心写信，也没有时间写，因为我不是在照顾母亲，就是在画纺织工。在现在的情况下，我愿意呆待家里，也因为这次事故，一些和父母之间的分歧被搁到了一边，我们相处得很融洽，所以我待在这里的时间可能会比最初设想的要长。我自然是可以帮上一把的，特别是之后母亲做康复训练时。尽管她现在身体不便，但我很高兴她的精神状态非常平和乐观。她常常被小事逗笑，前几天我还给她画了一座被栅栏和树林围绕的教堂。

随着一开始画纺织工的兴奋感逐渐平缓，我现在按部就班地作画。我每天不停地画纺织工，感觉绘画技术比在德伦特时提高了。最近一幅习作画的是一个男人坐在一架古老的棕绿色橡木织布机旁，机身上刻的日期是1730年。旁边的小窗户前有一个婴儿椅，坐在里面的婴儿盯着梭子来来回回几个小时。我把这个场景完全如实地画了下来——在一个泥土地面的简陋小房间里，有织布机，有纺织工，有窗户，还有婴儿椅。

今天我寄给你三小幅油画和九幅水彩画，请告诉我这其中有没有你比较喜欢的。你回来的时候，我会带你去纺织工的家里看看。他们的形象以及那些绕线的女人一定会打动你。织布机结构复杂，中间站着纺织工，因此这个题材也很适合钢笔素描。按你的提议，我会画一些。

请写信告诉我更多有关莫奈画展的细节。我很遗憾只看过他极少的作品，我尤其想看他画的裸体女人。我一直觉得他的画很独特，有些人对他赞不绝口，例如左拉，我不觉得这是夸大其词，即便我并不同意左拉的结论，好像莫奈为现代艺术思想开启了一个新的未来。我觉得米勒才是那个至关重要的人物，他是一个为其他人开拓新视野的现代画家。我不认为莫奈在本世纪的画家中可以列居首位，但他受人追捧自然有其理由，这是一件很了不起的事情。

你在信中提到钢笔画，我可以寄给你五幅有关纺织工的钢笔画，都是我在练习完油画后画的，和之前你见过的我的其他钢笔画略有不同，这几幅从技巧上来讲更为生动。我从早画到晚，除了油画和钢笔画，我还在画架上新画了些有关纺织工的水彩画。

我想你说得对，在绘画上我还要继续提高。至于画能不能卖出去这个老生常谈的问题，我不想因此而耽误自己的进步。但与此同时我会坦诚地和你说：你要继续帮我卖画。不管能卖多少钱，你至今还一幅都没有卖出去呢。事实上，你连试都没试。

我并不生气。我又寄了一些新的作品给你，我很愿意以后继续这样。我没有更高的要求，但我们必须让一切物有所值。站在你的立场，你可能会继续坦白地和我说话，但我坚持要你坦白地讲，未来你是否会为我的画而费心，或者是否你的尊严不允许你这么做。过去的就让它过去，我必须要面对未来，我也一定会继续努力卖画。提奥，我必须要走自己的路，至于你所关注的问题，的确，我的处境和几年前没有差别。而你对我的画的看法，和我从埃腾把我在布拉班特画的第一批素描寄给你时，你在回信中所说的一模一样——"这差不多可以卖出去，但……"

画商不会用中立的态度对待画家，不管你是否用赞美的方式说"不"，画留给你的印象都是一样的。可能用赞美的语言表达否定的含义会更令人恼怒。

现在，要是我看到你能在发现我没有进步时，做一些事情帮助我进步就好了。例如，介绍我和其他一些可靠的画家（莫夫就不用说了）接触，简单来说，做点事情来能证明你真的相信我在进步，或希望我更上一层楼。然而取而代之的是——钱，是的，以及"继续努力吧"这样的话。你会告诉我其他画商对待我的方式和你完全一样，除了你给我钱，而他们当然不会给。没有钱我都活不下去。事实上，一切没有那么极端。

我在德伦特的那些习作也很糟糕，是吗？你指责我画得单调无趣，除了说明我所见到的东西外，什么都没有。你说："是不是米歇尔对你影响太深了？"（我这里说的是黄昏中的农舍习作，以及最大的那幅前景是一片草地的草皮房子习作。）你一定会说，那幅古老的教堂墓地习作也是一样的。而不管我站在教堂墓地前还是草皮房子前，我都没有去想米歇尔。我想的只是眼前的这些事物——这些事物让我感觉米歇尔已经是过去时了。而模仿米歇尔是我肯定不会去做的事。

如果你问我，为什么没听我说过"我希望我可以画成这样或那样"，那是因为我觉得那些喊得最大声的人——"我希望我可以画成这样或那样"——往往最不愿去尝试创新。那些说得最多的人，通常不会着手去做。

此刻，似乎对我来说，所有那些水彩画、有关纺织工的钢笔画和我最近在画的钢笔画都不那么无趣了，相反他们是无价的。

兄弟，千万不要为我说的话而生气。我希望我的作品朴素而有特点，我不愿我的画被无视，我盼望我的作品可以镶在金色的画框里，挂在顶级的画廊中。

昨晚我收到了你寄来的一百法郎。我可以补上去年的亏空了，我真高兴现在没有未付清的账了。那些卖给我颜料和其他绘画材料的人，我都已经一分不差地付给他们钱了。我说这些是要你知道，我像你一样讨厌生意场上的不负责任，我履行了对别人的责任，这是我很重视的一点。

而对你，我欠了太多债，如果我仍一成不变，情况会越来越糟。现在我想针对未来提个建议：我把画寄给你，你留下你喜欢的，然后3月份之后你寄给我的钱，我就当作是把画卖给你所赚来的。这笔钱刚开始时要比我之前收到你寄来的数额小。

回家路上我反复思考一个事实：你给我寄钱既是一种冒险，也是对一个傻瓜的救济。这件事传到了一些毫无关联的人——比如附近一些有名望的当地人——的耳朵里，所以我一周至少会被完全不认识的人问到三次："你怎么不卖你的作品？"

经常处在一个被人误解的位置，我感到很难堪。无论去哪，尤其在家的时候，总有人观察我在做什么，是否能赚到钱。这个社会每个人都关注收入问题，都想对此一清二楚。在这样的环境下，一个人的日常生活能有多快乐呢？你来告诉我答案吧。

目前对我来说自己赚五法郎比得到十法郎的资助更重要。我们一直是互相尊重的朋友，因为这个缘故，我无法承受我们的关系降到资助人与被资助人的程度。

认真考虑一下吧，好兄弟。我不对你隐瞒我心底深处的想法——我来回考虑，左右衡量。你给不了我一个妻子，给不了我一个孩子，也给不了我工作。你可以给我钱。但你给的钱没有价值，因为它没有用在我想要的地方：我想要家。如果有需要的话，让钱变成一个劳动者的家。如果一个人没有自己的家，艺术上也不会成功。曾经我和你坦白地讲过，如果我娶不到一个好妻子，那我就娶个不好的，有个妻子总比没有强。我知道一些人和我一样害怕有孩子，他们选择不要孩子。所以，即使事情屡次失败，我也不轻易放弃我的原则。

如果我能更加精神饱满地工作，我的生活会变得更有活力。我非常讨厌孤独。过去只有少数几年我孤独一人，那时我无法理解我自己，被宗教思想——一种神秘主义——搞得头脑混乱，除此之外，我都生活在温暖的环境中。而现在我身处冷酷、空虚又无趣的气氛中。

所以接下来我会尽可能少要你的钱，因为我没有作品寄给你作为回报。简短来说，为了回应平日里他们指责我没有"收入来源"，我就把你寄给我的钱看作是我卖画赚来的。以后我每个月都会寄给你我的画。那些画就是你的财产了，我也完全同意你有充分权利按自己的意愿去处置我的画。对我来说，我需要钱，不得不接受任何结果，即便有人和我说："我想把你的画扔了，"或"我想把它们丢进火里烧了"。对此我会说："好吧，那把钱给我，这是我的作品，而我还要继续画。"

但我坚决要说的一点是，我到目前为止从你那里得到的钱，都是我将来要还的债。现在我们先不提这件事。我希望在画室的问题上，你和父亲不要指责我不去另寻他处，而非要使用这个存放轧布机的小房间。只要我的画能让我赚到足够的钱去另外找个住处，我就马上从家里搬走。

这几天我会寄给你另一幅有关纺织工的钢笔画，比之前那五幅都大，是织布机的正面图。有了它，我画的纺织工系列就更完整了。要是你把这些画寄回来，我会很失望的。如果你身边的人都对它们不感兴趣，我想你可以把它们留下，作为第一批描绘布拉班特工匠的钢笔画收藏品，我喜欢这类收藏。

三月前后我会寄给你一些水彩画。你要是不想要的话，我就送给别人。这些画画得有瑕疵，但我不觉得把它们展示在公众面前是愚蠢的。我倒是觉得，你告诉我沙龙的评委将会怎样评判我的作品，这做法很傻，何况我从来没说过要把我的作品送去沙龙展览。不管怎样我想和你聊聊画插图的人，特别是比奥。

若你真的想在我继续努力一段时间后将我的画展出，我表示非常同意，等我们有了特别好的作品后，再让公众去欣赏。你是否打定主意要将画卖出去？如果是这样就好，现在我必须，也只能专心画画。

今天我画了第九幅有关纺织工的油画。自从回到家乡，我没有一天不是和纺织工或者农民待在一起的，从早到晚。

沉醉于当下，被没有预见的周遭环境所感染并得到灵感，对此我又有什么办法呢？

你一定想不到，我对我的作品将得到的评价抱有极大的幻想。我觉得如果能让少数人相信画中所表达的深意，是真正理解而非逢迎，那他一定会心满意足。除此之外，如果还有别的回报，那就更好了，但一定要尽量少想这个方面。我还是坚信要让作品出现在大众眼前，因为在参观的人流中，一定会有可能成为朋友的人。

这个月我画了一些钢笔画给你。拉帕德看过了，他都很喜欢，特别欣赏《篱笆后面》《翠鸟》和《冬日花园》中表现出来的情境。此外，我还画了一些习作，如果你喜欢我就寄给你作为你的财产，如果你不想要，我可否留一段时间？因为我要参考它们来画其他的习作。这些画包括：正在织一块红布的身材高大的纺织工，麦田里的一个小教堂，附近一个小村子的景色。另外，我开始画教堂塔楼了。

今天我刚收拾完新租的画室。画室面积挺大，一大一小两个房间连在一起，但很干燥。因此上两周我很忙。在这里画画要比在家中的小房间里强多了，而且我还有足够的空间请个模特来画。在这里的好处是我不用付住在家中的食宿费，不然我就不可能像近来一样画那么多习作了。我希望你看到我的新画室后会赞同我的做法。

昨天母亲坐着她的小马车来看我的新画室。最近我和这边的人相处得比刚来时更好了，这个对我很重要，因为人是需要放松的。如果感觉寂寞，画也无法画好。但也要做好准备，一切状态都不会长久。我对此还是很乐观的。也许过段时间我会同意你的想法，会觉得去年的改变让我的状态好转，事情在往好的方向发展。布拉班特是我的梦，而现实有时靠得很近！我无奈放弃了一个我希望继续拥有的东西，对此，我会永远感到遗憾。

至于画家协会，我已经忘了这件事了。我最近只在专心画画。我对协会不感兴趣，就像我和你说的，假如递交了申请，除了被拒绝没有别的可能性。我手上一幅水彩画都没有，必须马上开始画些新的。如果我告诉你，我现在又开始埋头画两人幅纺织工在室内的习作，你就会明白我无心申请加入协会。

我刚完成了一幅人物画，画中的纺织工站在织布机前，织布机作为背景。我正在画的风景画是家中菜园尽头的池塘。去年冬天你写信说，你觉得我那时寄给你的水彩画中，部分的颜色和色调比过去进步了。我很想知道等你来的时候，会对我的油画有什么样的看法。

我在这边画画时没有使用银色调，用的都是棕色调（例如沥青色和赭黄色），我觉得没有人会不喜欢这种颜色。提奥，让我一直很烦恼的是，现在的一些画家不在画中使用沥青色和赭黄色，而那么多辉煌的作品都是用这种颜色画成的呀！这种颜色如果运用得好，可以将画面表现得自然大方。

说到一些暗色，我认为不能将一幅画中的颜色单独拿出来评价。例如在浓重的棕红色旁涂上深蓝色或橄榄绿色，可以表现草地或麦田那柔和的青绿。德·波克给一些颜色定义为"暗色"，我想他一定不会反对我的想法，因为我曾听他说，在柯罗的一些作品里，例如他画的夜晚的天空，画面的颜色非常明亮，而单独去看里面的用色，会发现事实上他用了很深的灰色调。

首先，暗色是可以看起来明亮的，这更多是色调的问题。其次，对于真实色彩，红灰色——一种红色含量很少的颜色，会因邻近颜色而呈现出更多或更少的红色。对于蓝色和黄色也是一样，如果把一点点黄色涂在紫色或淡紫色旁边，那黄色会看起来非常黄。

我有时会想，当人们说到颜色，他们实际指的是色调。也许现在精通色调的画家要比精通颜色的画家更多。

很高兴，我读了弗罗芒坦的《古代的艺术大师》，在书中看到了近来非常吸引我的一些问题。最近在海牙我间接听到伊斯雷尔斯关于如何让暗色看起来明亮的说法。简单来说，是用黑色做对比来表现明亮。我知道对于"过重的黑色"你会说什么，但我是不认可的，例如灰色的天空必须由明暗关系构成立体效果。莫夫是这样画的，而勒伊斯达尔和杜普雷不这么画。

画人物与画风景是一样的。我的意思是，例如伊斯雷尔斯画一面白墙，就与勒尼奥和福尔图尼画的完全不同，因此在墙的衬托下人物的效果也完全不同。

我费了很大力气画了一个纺纱女人。这幅画尺寸很大，深色的基调。画中人物穿着蓝色的衣服，披着一条灰褐色的围巾。除此之外还画了一个绕线的老人。谈到黑色，这两幅画里刚好没有用到黑色，因为我需要一些比黑色能带来更好效果的颜色。靛蓝和赭黄色，普鲁士蓝和深褐色都比纯黑色的效果更加浓重。当我听到人们说："自然界里没有黑色，"我有时就想："其实色彩中也一样没有黑色。"

我新画的另一幅大尺寸习作描绘的是室内景，透过房间的三个窗户可以看到一片黄绿色，与织布机上正在纺织的蓝色布料形成对比,而纺织工身上的罩衫又是另一种蓝。

色彩的规律非常奇妙,难以用语言表达,因为它们并不是出于偶然。如果你碰到相关的好书,给我买一些,我会非常高兴。我很想认真学习一下这方面的理论。

类似于纺纱女人和绕线老人这样的习作,我以后还要继续研究,力争更好,因为其中有我一直要追求的东西。相比之前完成的大多数作品(一些素描除外),这两幅写生更加具有我个人的风格。

你所想的我感同身受——现如今想要找到一个懂得如何提意见并能互相聊聊的人,确实很不容易。然而,人们可以从大自然中学到很多。

拉帕德来找我住了十几天,他让我替他向你表达问候。你一定猜得到,我们多次去看纺织工干活,也多次去各种美丽的地方旅行。你想想,作为一个认识拉帕德的人,你都没看过他的作品,要不是我告诉过你,你甚至不知道他都画过些什么,你是不是对他太不在意了?

我还没着手画近来最打动我的风景:半熟的麦田如今是一片深金黄色调,可以说是红色或金棕色。想象一下,在这样的背景中的女人们身材粗壮,干劲十足。她们的脸、胳膊和脚都被太阳晒成了古铜色,身穿满是灰尘的靛蓝色粗布衣服,短发,头戴扁圆无檐的黑色系带帽子。去劳动的路上,她们沿着一条长着绿草的紫红色土路穿过玉米地,肩上扛着耙子,或者胳膊下夹着一条黑面包。这画面很丰富,又很朴素,优美而具有艺术感。我被深深吸引住了。

考虑到我购买颜料的花费如此之大,我必须要慎重去画那些大尺寸的作品,更因为雇模特也需要花很多钱。如果能请到适合的模特,就是我想要的那种类型(粗糙扁平的脸,低额头,厚嘴唇,丰满而非棱角分明,像米勒画中的人物一样穿着类似的衣服),那就好了。因为这样的作品对准确性要求很高,所以不能随意安排服装的颜色。

如果能把夏天画好,就太棒了。我觉得夏天很难描绘,要么无法表现出来,要么画出来不好看。春天有嫩绿的麦苗和粉色的苹果花,秋天的紫色调衬托树叶的枯黄。冬天是白雪皑皑中点缀着黑色剪影。如果夏天用各种蓝色对比麦子金棕色里的橙色成分来表现,那每个季节的特色就都可以通过对比色彩(红与绿,蓝与橙,黄与紫,白与黑)描绘出来。

上周正是收获的时节,我每天都在田间画画。我给一个住在埃因霍温的人画了一张用来装饰餐厅的画。这个人以前是个金匠,曾收藏过三批很值钱的古董,然后将它们卖了。他现在很有钱,自己盖了幢楼,里面全都是古董和漂亮的橡木箱子。

他坚持要在餐厅里挂油画。他一开始想要有关圣徒的画,我建议他考虑一下坐在餐桌前吃饭的尊贵客人,是不是更容易因看到六张梅耶里农民生活组图(同时也象征着一年四季)而增强食欲。那个人来我的画室看到这些画后,非常感兴趣。他甚至想自己去画,要我给他画一个大致的样子,他来模仿。我给他画了播种的人、耕地的人、牧羊人、收获庄稼的场面、挖土豆的场面以及雪地里的牛车这些草图。

提奥,一些可怕的事情发生了,几乎没人知道或疑心,可能永远都不会有人知道这事。无法告诉你全部经过,发生的一切可以写成整整一本书。玛格特·贝格曼在绝望中服毒自杀了,那之前她与家人吵了起来,他们说了很多诋毁我和她的话。

251

三天前我向医生咨询过她的病症,我还私下提醒过她的哥哥,我说担心她的精神出了问题,还说她的家人和她说话的方式太过鲁莽,对此我感到很遗憾。但这些最后都没起到作用,他们只是告诉我要等两年。我坚定地拒绝了,我回复:关于结婚的问题,要么马上结,要么不结。

　　提奥,你读过《包法利夫人》,你还记得因患精神病而死去的包法利夫人吗?现在的情况跟那差不多,但因为她服了毒药,情况变得复杂了。我们在一起静静地散步时,她常说:"真希望现在就死去,"但我之前并没加以留意。

　　一天早上,她摔在了地上。起初我以为她只是身体虚弱,然而她的状态越来越差。她服了士的宁,但量不多,或许是为了止痛她吃了氯仿和鸦片酊,和士的宁相抵抗起到了解毒剂的作用。

　　她马上被送到乌特勒支一个医生那里。我觉得她应该很快康复,但我担心她以后会长期遭受精神上的痛苦。现在她尝试过自杀并失败了,我想这一次她会感到恐惧,以后不会再有第二次了。但如果她的精神出了问题,那么就看她的周遭环境和家人怎么对待她了。事实上最好的方法就是像什么事都没发生过一样,帮助她恢复正常。她现在被照顾得很好。

　　你可以想象我因为这件事有多沮丧。我的好兄弟,这太可怕了,当时只有我们两个在田里。她绝望是因为家人指责她岁数太大,不应该和我在一起。天知道,那些有身份的人悉心维护的社会地位和信仰意义何在?这些令人啼笑皆非的东西让社会变成了疯人院,世界因此完全乱了套!

　　过一小段时间,可能半个月或三个星期,就能知道她的病会不会发展成严重的精神问题。

这些天，其他事情我都顾不上想，心里只有这件悲伤的事。提奥，我的好兄弟，我感到烦恼不安。在这里我无法和任何人说这事。

我去乌特勒支看望她了，那一整天我都陪着她。我询问过她的医生，因为我只想听医生的建议，告诉我为了她的健康和未来，该怎么去做——我是应该继续我们的关系，还是分手。医生说她的体质非常差，她太虚弱了，至少现在不能结婚，但如果这个时候提出分手也是危险的，所以最好过一段时间再做决定。当然我会一直是她的朋友，我们大概对彼此太过依赖了。

我觉得这个女人太可怜了（她是如此脆弱，被家里五六个女人打击后服了毒药），她以一种胜利者的姿态说："我终于也找到了爱我的人。"她以前从来没真的恋爱过。

如果十年前我遇到她就好了。她给我的印象就像是一把被笨拙的修理工弄坏了的克雷莫纳小提琴，当我遇到她时她的状态就是如此的糟糕。但这把琴其实很罕见，具有很高的价值。

我宁愿受苦，也不愿招惹麻烦。不管面对什么困难我都会这样说，她也是。所以当初我觉得她的灵魂是高贵的，但可惜的是在她年轻的时候，她整个人被失望包裹并控制着，因为她信奉东正教的家人认为一定要压制她内心积极快乐的成分，让她尽可能的消极。要是他们没这样做就好了。或者，要是他们停止对她的压制，那五六个女人只是打她，没有逼疯她就好了。

现在有人问我："你为什么和她在一起？"也有人问她："你为什么和他在一起？"我和她都满怀悲伤和苦恼，但我们都不觉得后悔。我很清楚她爱我，我也爱她，那种情感是真挚的。这很傻吗？也许是吧，如果你非要这么说的话。但那些聪明到从不做傻事的人，他们在我看来更傻。这就是我对别人提出的质疑的回答。

这件事的结局会怎样对我来说还是个未解之谜,但我们都不会再做傻事了。出于长远考虑,我一直顺着她的想法,认同是别人让她心灵受辱(即使我可以左右她的想法),这样她就可以坚守住自己的心。但我担心别人那些差点害死她的冷酷、极端的行为,会再次使她变得麻木僵硬。唉,当今的基督教令我失望,虽然其创始人是崇高无上的。我很了解现如今的基督教是什么样子,我年少时曾被那冰冷的淡漠深深迷住。

我唯一一次再见到表姐,是一年之后在照片里看到她的样子。是不是觉得她的状态会变得更差?正相反,她看起来比以前开朗。扰乱一个女人的安宁(神学家如此称呼)的做法,有时就是打破其精神生活的停滞状态,可悲的是,这比死亡本身更糟糕,很多人会毫无准备地遭受这样的经历。把她们重新拉回到生活中、爱情里,对一些人来说是可怕的事情。女性在部分人的眼中始终是异教徒和魔鬼般的存在。

唉,提奥,我为什么要改变自己呢?过去的我非常消极、心软如棉,也很安静,现在我变了,说实在的,我确实不再是个孩子了。这些天我心里很烦,既无法扭转局面,也不能平息心情。告诉你,想要生活充满活力,就不能怕失败,也不能怕犯错。很多人觉得只要不犯错,生活就会变得很好。那是谬论,你曾经也说过这样的想法是错的。这样只会让生活停滞下来,让人生变得平庸。

你会说我一事无成,我不在乎。无论情感上还是行动上,看起来一天一地的胜利和失败,其实本质上没什么分别。如果面前有一块空白的画布,它似乎就在那儿呆呆地看着你,不如画上几笔吧。而当那块画布好像在对你说:"你什么都不懂"时,你不知道那会有多无助。很多画家对空白画布心存恐惧,而面对真正有激情的、敢于下笔的画家，空白画布也会惶恐不安。

生活也是一样，总在人的面前呈现出一片空白，一个字都不写，令人沮丧、无望。但不管生活如何空洞无聊又了无生气，一个人若信念坚定，心怀力量和温暖，并拥有一技之长，就不会迷失方向。他走进生活中来，用行动去创造价值，却被别人说成是创造垃圾。让他们说去吧，那些冷漠的神学家！

近来我很努力地画画，紧张的工作和激动的情绪使我过度疲劳。我吃不下也睡不着，或者说，因为吃得太少又睡得不够，导致我很虚弱。但我会好起来，因为乌特勒支那边来信了，情况不错，尽管如此我还是对她放心不下。从她信中的口气可以看出她的意识清醒多了，也正常多了，同时她给我一种感觉，就像一只小鸟的巢被掠走的状态。对于社会她可能不如我那般憎恨，但也在其中目睹了那些为了自己开心而"抢走鸟巢的人"。

今年冬天，也许就是下个月，我要外出一段时间。我想去安特卫普。在德伦特、纽南都住过一年或更长时间，现在我想要过一过城市生活，改变一下环境，对于我的身体和情绪都是一次放松的机会。特别是最近这段时间，我找不到我想要的那种精神饱满的感觉了。

有一次你说我应该少与人接触，但我不以为然。我不想在思想和生活上减少热情。我可能会遭遇挫折，可能会常常被人误解，觉得我是错的，但仅此而已，实际上我并没有错。这世界上没有最好的画，人也一样，没有不犯错误的完人。

人们可以随便去议论我，想象我，你可能想不到我有多无所谓。但务必要做到：如果一件事的结果不好，并不代表这件事不该开始。相反，如果一件事反复失败，就应该继续尝试。即便完全相同的事已被证实无法实现，我还是会用同样的方法再次尝试，因为我已经对此进行了反复思考研究，所以这样的尝试就有它存在的意义。

我很清楚未来对我来说依然艰难。我知道我将面对一场艰苦的斗争，即便不是所有人都不欣赏我的作品和我本人，但还是会经常受到抨击，无法给别人留下好的印象。现在的年轻人不欣赏我，我并不介意。相比1884年这一代，我更喜欢1848年的那一代，但我喜欢的并不是基佐，而是艺术上的改革派——米歇尔，以及巴比松派的农民画家们。

我想，父亲和我的感觉一样，我们之间严重的分歧是命中注定而非故意为之。我希望我没有因父亲有时不能公正对待我而伤及别人。

提奥，我常为一件事感到遗憾：我站在路障的一边，你在另一边，这摆在路面的障碍是无形的，但确实存在，并会一直横在我们之间。

我对画画越来越痴迷。我正在画一幅披着宽大斗篷的牧羊人，此外还有一幅，画的是去顶的柳树，在柳树后面可以看到满是黄叶的杨树和一片田野。正值秋季，这里的景色美不胜收。半个月之后，这里将是实实在在的落叶时节，树上的叶子几天之内就全掉光。幸运的话，这幅牧羊人作品能呈现出老布拉班特的样子。

我想在今年冬天完成几幅布拉班特风景系列的素描作品，然后将它们寄给《伦敦新闻画报》。《伦敦新闻画报》现在办得比《画报》还要好，最近刊登的作品中有一幅弗兰克·霍尔的佳作。

为赫尔曼画画，我没有从中赚到一分钱，也没向他要。相反，我的所有作品他都很喜欢，我觉得这就是一笔很大的报酬。确实如此，当别人对我们的作品满意时，我们应该降低价格，而不是提高价格。因此，如果我成功了，我可能会把画卖得比别人便宜，让画商们好做生意。我觉得赫尔曼是个非常友善又开朗的朋友，看到一个六十岁的人带着二十岁的热忱去学画，我着实被他感动。他真的很有钱，但并不是个慷慨大方的人。

赫尔曼斯有很多漂亮的瓶子和古董，我想问问能否借由这个机会，以一些瓶子和古董为参照画一张静物画，例如哥特式作品。就在今天他说，如果我需要的话，可以把想画的东西带回画室画。

现在有三个埃因霍温人和我学静物画。上周他们天天和我在一起作画。我在这边确实无法靠画画获得经济独立，但我交到了很好的朋友。我不觉得我是个失败者，当我和他们交流的时候，我画画的劲头更足了。

拉帕德又来看我了，和他商量过后，我应该还是会继续在这边画画。我的头脑中有太多想画出来的东西，所以我不愿拖延，想立刻行动。另外，我想在新年前把买颜料的账结清，这样其他方面就没钱花了。如果去安特卫普，我会在那边努力作画，还需要找些模特，这样一来，恐怕到时难以承担起高额的费用。我们去了很多地方，参观了很多房子，也找到了些新模特。可能明年会有另一些画家来这附近画画。

我们聊了很多关于印象派的话题。在荷兰很难搞清楚印象派到底是什么，但拉帕德和我都对当今的艺术潮流很感兴趣。一些想象不到的新思潮如雨后春笋般出现，很多当代的绘画作品和多年前的作品在风格上完全不同。

我最新的一幅大尺寸习作，画的是一条杨树林荫道，阳光透过白杨树，在满地落叶上洒下一片斑驳，地上的光点和树干长长的影子形成对比。道路尽头是一间小小的农舍，房顶上方是一片蓝天。

上次你来的时候，我在色彩的运用上就已经开始有了改变，几个月后你会在我的新作品中看到这些变化。我一定会在这些作品中证明我的进步。我想，如果我一年之内不间断地画更多习作，那我会在绘画方法和色彩运用上取得更大的进步，不过，我的画在色调上会变得更暗。

你在信里说，未来半年你还会很难熬，不仅仅写信的你，读信的我也感到难过。对于这样的局面我们要努力去应对，让它朝好的方向发展。我做了一件你应该不太赞成的事：我试着去改善和莫夫之间的关系，如果可能的话，我也想修复和特斯迪格的关系。我对特斯迪格非常强硬地说：让我在莫夫的指导下再画几幅画！在画画上我有了新的感悟，但我希望莫夫或像他一样聪明的人给我鼓励，不然时间拖得太久，灵感就会消失。而且我已经超过整整一年没有和艺术界的人来往了。当然很有可能，不管是莫夫还是特斯迪格，都不会给我任何建议。

和去年相比，今年我确实在绘画上下了更大的功夫。我的收获包括：我可以用一个早上的时间轻松地画完模特的头部；我对颜色的运用更有把握，也更加准确；我在绘画手法上也更有个人风格了。我大部分的收入都用来买颜料了。我需要买一件大衣，相比过去，我在穿着方面讲究些了。

现在缺钱并不是我的错，只因我画了太多画，其成本大于我所能承受的。如今实在没什么可以再节省的了。在某些方面我决定大展身手而非谨慎行事，因为这更符合我的性格。在色彩运用方面，特斯迪格和莫夫或许会赞同我的看法。

我知道你现在处境艰难，但我们必须前进，相信未来一定会好起来。也许有人会说："画家是金融家的悲哀"，这话反过来说就是："金融家是画家的悲哀。"

你说得太对了：如果想画出好作品，靠的不是对艺术改革问题的讨论。你在信中说完这句话，紧接着问我能否在艺术品交易改革的问题上给你提些建议。我的建议离不开你我的个人兴趣，你觉得如何？对于我想和莫夫及特斯迪格拉近关系的事，希望你能给予支持。帮助我不要让我负债，帮我寻找赚钱的机会，不要只给我寄钱，用你的影响力帮我寻找出路。我内心积攒了足够的能力去做事和赚钱。日后等我稍微富裕些了，我就可以以个人经验告诉你阻碍一个画家前进的是什么，进而就能在艺术品交易改革方面给你提供新的想法，对此我会很高兴。

你还记不记得起初我是如何向你表述我对绘画大师德·格鲁的崇敬与欣赏？我最近更加认真地研究了他的作品。我们不能只去看他画的历史画，还应该去看他那幅《穷人的门前》，尤其要看那些描绘朴素的布拉班特人的画。他的创作曾遭到强烈的抨击。如果那时他为了取悦大众，给画中的布拉班特人画上中世纪服饰，他就会像莱斯一样富有。然而他没那么做，多年后的今天，人们又去拼命反对那种中世纪文化了。那时不受欢迎的现实主义如今备受推崇，现在比过去任何时候都更需要这种风格——有个性且富有感情的现实主义。我可以告诉你那些把德·格鲁说过的话拿出来重新说的人都有谁！

我认为那些用心追随大师的人，在某些时刻会发现大师们都是深深植根于现实的。我说的是他们的作品。如果和大师拥有同样的洞察力，就会在现实中看到同样的东西，并产生同样的感觉。如果那些评论家和鉴赏家对事物本质有更好的感受力，他们的评判会更加准确，否则只是以画论画。片面来说这样的评价没有错，但忽视了事物的本质，就失去了鉴赏一幅画的基础。你很少或很难有机会来看看这些农舍，来接触一下这里的人，或来用心感受这边的风景，难道不感到遗憾吗？这些都出现在你喜欢的画中呀！

非常感谢你在圣诞节寄来东西。月底的这些天，我常常要停下需要完成的画，我的焦急和不快难以言表。昨天我完成了在亨讷普画的水磨，画的过程很愉快。我还在埃因霍温认识了一个新朋友，他想跟我学画。有一次去画画的时候顺路拜访过他，他叫安东·科斯迈科斯，是一个皮匠，大约四十岁。他有钱，也不缺时间。我让他慢慢给我报酬，让他用颜料而非钱的形式支付学费，因为我每天要从早画到晚，需要太多颜料。

赫尔曼最终承诺出资让我去某个地方旅行。如果我去安特卫普的话，他的承诺就能兑现了。今天冬天我想去那边拓展下人际关系，虽然一开始可能没什么进展。也许你说得对，我最好自己为我的画寻找门路，成为自己的画商。

莫夫和特斯迪格非常"恰当地"和我保持着距离。这并没有让我沮丧，我就当成是我将画寄给某个画展，结果被退了回来。那一刻我甚至很高兴，能理解我的意思吗？因为我觉得我内心的力量最终战胜了他们。在这次斗争中我会变得更强大，通过别人的批评、恶意，甚至反对，我可以学到更多。

两三天后你会收到十二幅小尺寸的钢笔头像习作。画人物的时候，我感觉轻松自如。但人物总是要站在某个环境中的，这些周围的环境自然也会出现在画中。我不知道该怎样画人物的头像，但我会从人物的个性出发，将他们画出来。

我回家的时候听说你过去这一年过得不错，曾接到过每月一千法郎的聘请，但你拒绝了。我能理解作为古皮尔公司的一员，你舍不得离开。

我极少在新年的第一天感到阴郁，心情很低落。外面的世界一片沉闷，田野里是大片的黑土地，有一些积雪盖在上面。白天看到的景象多半是薄雾笼罩下的泥潭。傍晚可以看到红色的落日，清早能看到乌鸦、干草和枯萎腐烂的蔬菜，地上有黑色的灌木，杨树和柳树挺拔如铁丝的树枝直戳进阴沉的天空。这是我所看到的灰暗的冬天，倒是与心里的感受非常搭调。

这样的景色和农民及纺织工的面容也很一致。他们的生活很艰辛。一个纺织工需要不停地做工，直到织好一匹六十码的布。他织布的时候，旁边的女人必须替他把线绕在线轴上，所以两个人必须一起干活以维持生计。而织这样一匹布，每周只能赚到四个半法郎的净利润。纺织工把布送到生产商那里时，往往会被告知一两个星期后才能拿到下一个活儿。所以他们不仅收入低，活儿也不是经常有。

这里的景象常常令人悲悯：人们都很安静，我从没在哪儿听到过类似反抗的话语。但他们都像由汽船往英格兰运送的马或羊，显出不悦的神态。而烧炭工人看起来神色好些，我曾和烧炭工人生活过一年，那一年很糟糕，到处是罢工和事故。

1884年10月24日，《画报》上刊登了保罗·雷努阿尔的一幅画，画中描绘的是里昂工人罢工：一个上了年纪的男人、几个女人和一个孩子闲坐在一个纺织工家里，旁边有一台织布机。这幅画非常生动并富含深意，我觉得可以和米勒、杜米埃以及勒帕热的画相媲美。我一直在想雷努阿尔是如何在没有模仿其他人的前提下，单单从研究人与事物的本质开始，就能达到如今的高度，他又是如何只靠自己的个人风格，就能与那些大师级的人物齐名，在技术上也不输别人。我从中发现了一个道理：只要忠实于人与事物的本质，绘画水平就会逐年提高。我越来越坚信，如果不是从一开始就这样做，就成功不了。

我又画了一些画。你也许能从中看懂些什么，也许不能。我离不开画画，我也找不到别人的生活方式。我读不懂你这句话："或许有些东西过了一段时间才能被欣赏。"如果我是你的话会更自信，我坚信我能够立刻分辨一样东西是否存在价值。

如果之后我画出更好的作品，那一定是因为我在绘画手法上有所改变，就像是一颗苹果变得更成熟了，而它依然还是那颗苹果。我不会改变我最初的想法，这就是为什么我会说：如果我现在做得不好，以后也一样不会好，反之亦然。因为麦子就麦子，即便城里来的人一开始会将它认作草。

这个月还没过完，我的钱袋就空了。但这种情形不会一直持续下去，因为我画得很努力，也很高产，至少不会只依赖于别人的资助。为了画画我必须在这边再呆久一点。我的画室弄好了，我可以在里面画画然后赚钱了，不然的话，我还要至少多奋斗三年才能攻克颜色和色调方面的问题，当然，这只是因为钱。为了生存，我被迫回到这里已经足足一年了，回家住并不是我的意愿。

你写信说如果我有合适的画，你会帮我寄到沙龙参展。你愿意这么做我很高兴。但我现在没有适合展出的画，最近我几乎都在画人物头像，它们是地地道道的所谓习作。不过，我还是会寄一些给你，当你在沙龙上碰到很多人的时候，也能有东西拿出来给别人展示，哪怕仅仅是习作也是好的。这一年多的时间我几乎都在画画，我敢说现在我的画和我刚开始寄给你的一定有所不同。不久你会收到一幅女性头像。如果六周前我得知举办沙龙的事情，我就会画一个纺纱女人，或一个绕线女人，不管哪种，都会是人物的整身画像。

谈到你对头像画不同画法的观点，我相信你对这样一幅取材于屋顶长满苔藓的农舍中的人物画不会有非议。我完全理解那些喜好描绘和我们妹妹相仿的女孩的画家,惠斯勒有几幅画得很好,米莱斯和鲍顿也是。这都取决于画家通过画中人物能呈现多少生命力和情感。如果画中人物看上去是有生命的,那阿尔弗雷德·史蒂文斯画的妇人画像或蒂索的一些画也就一样出色了。

然而我的性格使我没办法和那样的女孩建立特别亲密的关系,让她们情愿给我当模特,特别是和我自己的妹妹们。可能我在这方面有偏见,我反感那些穿漂亮衣服的女人,我画中的人物多半是夹克配衬裙。你说的这句话没错:她们可以让画家有更好的发挥。夏尔丹是法国人,也画法国人。那些身份高贵的荷兰人,依我看却极其欠缺法国女人的魅力。实际上,那些所谓的上等阶级的荷兰女性对画画的人和赏画的人来说,都没什么吸引力。相反,普通的荷兰女仆却很像夏尔丹画中的人物。

下雪的时候,我画了一些以家中菜园为主题的画。雪后的菜园景色大不相同:夜空呈现淡紫和金色,笼罩着深色的农家草屋,草屋背后伸出几根黑色的杨树枝,前面是一片菜地,干枯的蔬菜沿沟渠的方向列队而立,间隙中露出黑色的土壤。

我当然将这一切尽收眼底,和别人一样认为它美极了,但我还是对人物头像更感兴趣,对椭圆形头部的比例划分很着迷。在更好地掌握人物画之前,我不想去研究别的。我理解像杜比尼、哈伯尼斯、勒伊斯达尔以及其他一些人对风景画的痴迷,他们的作品让我们心悦诚服,是因为天空、大地、池中水和灌木丛所呈现出的美好让他们心悦诚服。

我一直在寻找蓝色。我在这里画的农民形象通常是蓝色的。那种蓝色,在成熟的麦子或山毛榉枯叶的映衬下,特别好看,我第一眼就迷上了。这里的人不约而同地穿着蓝色的衣服,那是我见过的最美的蓝。衣服是他们自己织的，粗亚麻材质，黑色的经纱，蓝色的纬纱，这样就织出了蓝黑条纹图案。经过风吹雨打，衣服会逐渐褪色，变成一种非常静谧雅致的色调，刚好衬托出肤色。

现在我不仅白天画画，晚上也借着灯光在农舍里画，因光线不足我只能勉强辨认调色板上的颜色，这样做是想试着捕捉灯光所带来的特殊效果。

感谢你寄来一张根据莱尔米的作品所制作的木刻。在这边我看不到任何艺术品，而我毕竟需要时常欣赏一些。我很清楚，相比这样的作品，我的创作水平还差得很远，但以我的角度和绘画方式（直接面对室外景色或在黑黢黢的、又脏又乱的农舍里作画）来说，他的作品激励了我。因为我看到像莱尔米这样的画家一定非常近距离地观察过农民，他们在得心应手、充满自信地作画时对描绘对象进行了深入观察，就连动笔前也是一样。

"人们以为我在幻想。并非如此——我是在回忆。"

现在的我别说拿出一幅油画参展了，就连素描作品都没有。但我确实一直在练习，我能想象到，终有一天我可以游刃有余地画画。很难说清画到哪种程度我就算正式出师了。

我正在酝酿一些尺寸更大、更有价值的作品，一旦我知道该如何表现我想达到的效果，我就立刻动手画。

最近发生的事情依然让我无法释怀。的确，那些日子令人难忘怀，总体而言我并没觉得可怕，而是沉浸在肃穆庄严的气氛里。生命苦短，要让它变得有意义。

你写信说开始几天你难过得无法工作，我和你一样。今天我画得顺利了些，这几天我在画一幅静物写生，画中前景是父亲的烟袋和烟斗。你如果想保留父亲的这些遗物，没有问题。

父亲的去世增添了你额外的花销，我想过如果因此今年春夏你不能按期给我钱，而我又难以支撑下去，那我是否可以拿其中的一部分，例如两百荷兰盾，算作我分得的遗产，剩下的我很乐意分给弟弟妹妹们，你觉得这样做公平吗？你愿意用这样的方式继续帮助我吗？事实上，我不觉得是我把我应得的钱分了一部分给弟弟妹妹们，真正的功臣是你。

每年这个时候我都能还清债务，然后买些新的绘画材料。但前几个月我画了太多画，最近我对绘画材料的需要比往年都多。2月和3月的时候我没在信中提这些，但其实日子过得很紧张。

我这些日子在家和母亲及妹妹们相处得很好，但我还是会回画室住。我觉得这样更好些，因为长久来看在一起融洽地生活还是不大可能。这不能怪她们，也不怪我，只怪双方的思想不一致，她们是看重社会等级的人，而作为一个农民画家，我无所谓。

自己在外住对我来说不容易，但我很肯定这样对别人来说更好。我计划5月1日就离家。母亲可能明年搬去莱顿，这样一来咱们家就只剩我一个人在布拉班特了。看来我的后半生会一直生活在这里并非完全不可能。

你以后会越来越清楚为什么我自称为农民画家，这确实符合实际情况。乡村的生活让我感觉舒适自在，除了忙于画画的时间，很多个晚上我都和矿工、泥炭工、纺织工和农民们一起静静地坐在炉火旁，这对我来说绝不是没有益处。我白天的时间都用来观察农民的生活，我如此为之着迷，其他的事情都抛到九霄云外了。我其实没有别的渴望，只想深入、再深入地去体会乡村生活，然后将它们画出来。我感觉我的作品就生在这里，所以我会永远手握犁耙，稳稳地开辟我自己的道路。

相信你对此有不同看法，你希望我走另外的路。你来我这儿的时候，我不想提这些，或者不想反驳你。你说我不应该一直待在这里，比莫夫待在布卢门达尔的时间还长。也许你说得对，但我自己看不到离开乡村的好处：在这儿我可以有更多的时间画画，而且花销少。我有时觉得你过于看重城市生活，觉得在城市可以有更多作为，但我正相反，认为画家应该生活在他所描绘的环境之中。

我一定会经历一段艰难的时光，才能等到我的画被人们认可的那一天，但我不会因此感到沮丧。我记得有次读过德拉克洛瓦的文章，里面描述了他的十七幅画被退回的经历。这些人太勇敢了，他们是艺术的先驱者！如今我们仍要继续开拓奋斗，哪怕力量再小，我也不会停下脚步。

你在信中说，不论是对画家还是画商，大众对米勒作品的无视都令人沮丧。米勒本人也有同感。你还说：为什么城里人画农民，尽管画得不错，却总让人不经意地想起巴黎的郊外呢？这是不是因为画家没有亲自深入到农民生活之中去感受呢？德·格鲁画出了农民真实的样子，他是最好的米勒派画家之一。虽然很多人并不认识他，他和杜米埃、塔萨尔特一样，还没有出现在公众的视野中，但已经有人学习他的风格作画了，例如麦勒里。谈到大众的认可，多年前我读过勒南的一句话：当你想去创造一件真正好的或有益的东西，不要寄希望于大众的认同或赞扬，相反，只期盼一小部分人能感同身受就够了。

就我个人而言，我坚信总有那么一些人，他们被城市吸引，并来到城市生活，却对乡村的日子念念不忘，用一生去想念那里的田野和农民。我记得过去在城里散步时，路过有些许乡村模样布置的商铺，不管里面卖的是什么，我总忍不住透过橱窗向内张望。

所以啊，提奥，面对我们各自新的征程，我希望我们都能继续努力前进。我正在画一些更有分量的作品，画好后马上寄给你，这样画上就还留有农舍的气息。从现在起直到你下次过来，还有三个月的时间。如果我每天努力画画，到时就能拿出二十幅送给你，再留二十幅以后带去安特卫普，如果你愿意的话。

不要虚度光阴，尽你所能帮助我。我们要尽量多画，创作出更多的作品，并且坚持自我，不管我们的画有多少缺点和优势。之所以说"我们"，是因为我画画的钱都是你给的，为此给你带来了很多麻烦。你有权利从我的画中选一部分，当作是你自己的作品。从今天起把我的习作都收集到一起吧。我不想在任何一幅上面签名，因为我不想它们成为商品流传出去。但总有一天我们会找到一个愿意收藏这些习作的人。我希望我的作品可以带给你勇气。

这周我开始了新的创作，画中的几个农民，晚上围在一起吃一盘土豆。我刚刚离开画中的农舍，回到家借着灯光继续画。这幅画我已经画了三天了，从早到晚没停下画笔。周六晚上，这幅画进入一种停滞状态，直到画上的颜料全部干透。

我是在一块很大的画布上起的稿。我敢肯定科尔叔叔如果看到的话会在其中挑出毛病来。你知道对此该如何进行反驳吗？我会说：对于自然光所产生的美好效果，必须马上快速地将其画下来。我非常清楚，伟大的画家懂得如何在起草一幅画后将其完善，并同时给画面赋予生命力。但显然现在我还没有这个能力。一旦达到了这样的水平，我就能把我看到的事物以我的印象画出来，画出来的东西和真实的事物并不一样，也不可能会一样，因为同一片风景在不同性格的人的眼中是不同的。我想试着去表现的，不是一只手，而是手上的动作；不是用数学的精准度来设计头部的比例，而是画出脸上的表情——例如，一个铲土的人仰起头来深呼吸，或与旁人交谈。简而言之，我想表现的就是——生活。

我想把在农舍里画的那幅《吃土豆的人》的速写修改一下，变成成品。泊泰应该愿意出售这幅画，或者可以送去参展。我很高兴听到泊泰的评价，他觉得这幅画有某种"个性"。我不断地努力保持自己的风格，不关心人们对我的画是赞赏还是贬低。我的意思不是不在意泊泰先生是否一直对我的画持肯定态度，我希望他继续支持我。

我刻了一张《吃土豆的人》的石版画，泊泰先生需要多少复制版，就给他印多少。这幅画中的灯光和德奥或范·申德尔画中的灯光不一样。在画家的笔下，乡村里最美的画面就是一片漆黑中亮着一盏灯。把这些告诉泊泰先生，我想应该不算废话。

我知道有个画派叫印象派，但我对其知之甚少。我不知道谁是印象派的创始人和代表人物，他们像是个轴心，影响了一批风景画家和农民画家，如德拉克洛瓦、柯罗、米勒等等。我想说的是，画家可以做到写实，不是依靠大师们，而靠的是规则或规律，或素描和上色的基本原理。所以我想向泊泰表达我对欧仁·德拉克洛瓦及同时期画家的深深敬仰。

关于米勒画中的人物，有句非常经典的评论："他画的正在播种的农民与脚下的土地融为一体。"说得多么真实又准确啊！知道如何调出那些不知名的颜色是多么重要啊，这些颜色是描绘一切事物的基础！而画商对此不但不明所以，还非常武断地对作品进行评判。

我建议你最好去研究一下德拉克洛瓦关于颜色的各种理论。虽然我离开艺术界那么久了，对最新的理念了解不多——因为我是个乡巴佬——但下面这件事非常重要：作为商人，你要像画家一样有鉴赏的能力，需要了解一定的颜色与透视规则。说这个也许不合适，但绝无虚言：了解这些对你有实际帮助，会使你的鉴赏能力高于普通画商的水准。

我也相信如果亨利·佩雷认可的话，"黑猫"夜总会可能就不会拒绝这幅速写。我认为作品中蕴含的感情越饱满，它一定越忠实于事物的本质，随之而来的评价就会越多，从而反对的意见也会增加，但最终会得到大众的认可。我认为《吃土豆的人》就是这样的作品。我很清楚它的不足之处以及一些明显的缺点，但它所具有的生命力，可能比一些完美无瑕的作品还要生动。

想要描绘乡村生活，就必须了解方方面面的事。从另一方面来讲，我不知道该如何一边平心静气地工作，一边为了维持物质生活而拼命奋斗。我觉得画画这件事就好像一个家，让人不会感到孤独，但我却憎恶无聊的社会文明。一个人能感觉到自己实实在在地活着，他就是幸福的。

一年四季景色各异：冬天的白雪，秋天的黄叶，夏天的麦田，春天的草地，当你走入这些风景并深深去感受，心中就会生出美好。常常和割草的人以及乡村姑娘分享着同一片田野，感觉很舒服，夏天头顶着广阔的天空，冬天在炉火旁取暖，去感受这一切从未改变也不会改变的生活。可以躺在稻草堆上睡觉，也可以吃黑面包，身体也会因此变得健康。

今天我出去走了几个小时，感觉很不错。我不是说布列塔尼、卡特韦克、博里纳日的自然风光不如这里打动人或吸引人，可是这儿的沼泽和村庄实在太美了。

我继续画《吃土豆的人》。我新画了一些相关的头部习作，对手部描绘做了很大改动。等完成后我想知道泊泰会怎样评价。只有当我确定这画是有内涵的,我才会把它寄出去。这幅画还在创作中,它很特别,与你看过的我的其他作品都不一样,尤其是画中所展现的生活。也许你会从中看到你不久前在信里提到的东西:尽管一幅画是很个人的风格表现,却使你联想到了其他画家,那种相似感就好像两个人有血缘关系一般。

我想在你生日那天把画寄给你。虽然画这幅画用时很短,但之前我花了一个冬天的时间练习头部和手部的描绘。和以往任何一次创作一样,画这幅画的过程如同打仗一般拼尽全力,却令人兴奋不已。

我想透过画面明确表现的是,这些晚上在灯下伸手拿盘子里土豆的人,就是用同一双手去锄地的。所以这幅画道出了体力劳动者靠自己的诚恳劳动来获得食物。我想借此表达这里的人和我们这样受过文化教育的人的生活方式是如此不同。我不急于让人们立刻喜欢或称赞这幅画。

整个冬天我都围绕着这种想法做准备,并找到了最好的呈现方式。虽然这画看起来粗糙,但所有笔法的运用都有章可循并经过严密思考。它可能会成为真正意义上的农民描绘图,我是这么认为的。

但那些喜欢看农民身着盛装的人可能不喜欢这幅画。我坚信把他们粗糙的一面展现出来,要比把他们画成老一套的光鲜模样效果会更好。我觉得一个乡村女孩身上穿的打着补丁的蓝色脏衣裙,被各种天气、风和阳光赋予了最美的色泽,看起来真漂亮。但如果她穿上了一身淑女装,就失掉了属于乡村女孩独特的美。一个农民穿着粗布衣服在田间干活的样子,比星期日身穿礼服去教堂做礼拜时更有特点。

同样，如果把农民画按肖像画惯例描绘得细致无瑕是不对的。一幅农民描绘图散发出培根的烟熏味和煮土豆时的蒸汽味才是合情合理的。就像闻得到粪味的马厩才算马厩，弥漫着成熟的麦子或土豆，还有鸟粪和肥料味道的田野，才是真实的田野。特别是对于那些从城市里来的人，这样的作品大概会让他们感受颇多。描绘农民的生活是一件严肃的事，如果无法通过这些画引发人们对艺术和生活进行严肃认真地思考，我会很自责的。我看到《沙龙》里的很多画技巧高超，没有瑕疵（如果你这样认为的话），但它们无法让我的心和头脑获得满足感，反而使我心生厌倦。

你要知道，作品完成前的最后几天是颇具风险的，因为当画好的部分还未全干的时候，用大刷子继续画可能会将其毁于一旦，所以必须用小刷子代替，小心翼翼地描画。正因如此，我只好把画拿到一个朋友那里，让他悉心保管，以免我自己将它毁了。大约三天后，我会拿来将它用蛋清清洗，再把余下的部分画完。在我之前做石版画的时候，这位朋友看到过这幅习作，他说他没有想到我能同时将素描和油画达到这样一种高度。

画的色调很暗，画面上白色的部分，实际没有用白色颜料，整幅画只用了中性色。那种颜色本身是较深的灰色，但在画中看起来像白色。我来解释一下为什么要这么做。

这幅画的主题是一个灰色的室内景，被一盏小灯点亮。肮脏的亚麻桌布，烟渍斑驳的墙，女人在田间劳作时戴的帽子，所有这些在灯光的作用下，当你眯起眼睛去看时，呈现出深深的灰色。而那灯尽管是橘色的，却看起来似乎比白色还要亮得多。

至于人物的肤色，我想如果看画的人不仔细，会以为那就是所谓的肉色。起初我是用赭黄色、红褐色和白色混合来表现肤色，但我发现那样太亮了，这种颜色不对。该如何是好呢？那时头部已经都画好了，而且画得非常仔细，但我立刻狠下心重新画，现在画里人物的肤色就和没洗过的土豆颜色一样，当然是没削过皮的那种。

我是靠记忆画的这幅画。画画时，我给了思维和想象更多的空间，而这违背了写生不能自由创作的原则。但如果在现实中找到了激发想象力的源泉，那就随它发挥吧。这是德拉克洛瓦说过的第二句对我产生影响的话（第一句是有关色彩理论的），出自他的创作理论。他提出，最好的画来自记忆。"要用记忆！"他说。你知道我画了多少次头像吗！我每天晚上都跑去那里观察人物，将一些细节当场画下来。

我又去了农舍，对照真实场景把最后几笔完成。这幅画算是画完了——这样的说法只是相比较而言，因为事实上我从不觉得我的哪幅画是真的画完了。

不知道你对这幅画感觉如何，希望听到你正面的评价。我觉得你会从中看出我有自己观察事物的方式，而这和比利时一些画家有不谋而合之处。而和古代荷兰大师例如奥斯塔德相比，虽然风格不同，但都是取材于农民生活深处，并具独创性。

我非常欣赏泊泰的一句话，他说他从不会收回他说过的任何话。我不介怀他没把我最初画的习作挂出来卖，但如果现在要我把画寄给他，就不能再把我的画收起来了。至于迪朗·吕埃尔，即使他不觉得之前的那些素描值钱，还是要把这幅画拿给他看。他可能会嘲笑我，那也没关系，给他看，这样他才有可能发现我们的作品中蕴含着某种力量。你会听到这样的评价："太粗糙了！"你不用为此自我质疑，我也是。我们必须继续保持独特的、诚实的创作风格。

这幅《吃土豆的人》应该裱在金色的画框里，那样效果会很好，如果挂在贴着熟麦色壁纸的墙上，也好看。深色的背景会让这幅画看起来不舒服，暗淡的背景也是一样，因为画面是很灰的色调。事实上，这幅画理应放在金色的框子里，因为在参观者的视野中，画面之外的壁炉和映在墙面的火光，会给人带来一种怀旧感。将画与金色搭配，同时将背景打亮，以避免当画不巧被挂在暗色或黑色背景时所呈现的斑驳模样。画中的影子用的是蓝色颜料，金色画框可以加强其效果。

我完全投入到这张画中，简直快忘了搬家的事，但终归还是要回到现实中。

我还是敢这样说，《吃土豆的人》和我以后的画相比，仍有它独特的价值。你看到这幅画会相信，我以后会有更大的进步。我爱画，并带着满腔热情去做这件事。我从不感到无聊，也因为这样，我的画应该也不会让别人觉得无聊。因为相信这一点，所以我把这幅画寄给你。

田野里的那座古塔被推倒了，我才刚完成了一幅关于它的水彩画。我想在画中表达的是世世代代以来，农民是如何在这片他们开垦过的土地里安息的。我想传递的思想是：死亡与安葬是多么简单的事，只需要挖一小块地，立一个木制十字架，如同秋天的叶子飘落在地上一般。与教堂墓地上的草坪相接的是一片田野，一直延伸到地平线。我认为这座古塔不该被推倒，我这么想错了吗？

紧接着就是对木材、旧铁，包括十字架进行拍卖。这片废墟告诉我某一种宗教和信仰是如何衰败的，尽管根基很稳固。而农民的生死轮回永远不变，像教堂墓地上的花草一样，有规律地发芽、凋谢。

我又画了一幅有关教堂墓地的大尺寸水彩画，但画得不好，虽然我在心里缜密构思过。我把这两幅没画好的画处理掉了，也许第三幅会令我满意。

我尽所能地努力作画，条件允许的话，我想去看在安特卫普举办的画展。这事没那么急，但确实画画需要天分加努力。如果可以的话，我想带一些作品过去参展。

我搬完家了。家里人和你想象的不一样，他们说我"一意孤行"。无所谓了，不谈这个了。

我很高兴听到泊泰和塞雷对《吃土豆的人》的评价，他们看到了这幅画的内涵。你在信里提到泊泰时说"他是个商人，却有着商人所没有的热情"，你还怀疑他是否能将画出售。我觉得不论是他，还是你或我，都决定不了这件事。我该说什么好呢？发生过的会在未来某一天重演，我找不到合适的方式去描述我想说的意思：有时热情比冷静更能成事，因为冷静的头脑总是不屑于做这样的事。

唯一需要做的就是走自己的路，尽力让画富含生命力。画画时千万不要有恐惧心理，这正是那些急于掌握颜色和色调的人常有的问题，因此他们的作品就像冷掉的水，毫无热情。真正的画家会说："把颜料泼到画上吧。"要让画画的热情持续不减，不然的话，就算抵达了智慧的巅峰，勇气也已消耗殆尽了。

请把我的想法告诉泊泰：巴黎的一部分人不是循规蹈矩的观赏者，不管老套的作品看起来多吸引人，那些农舍上的、田野间的泥土总会有其忠实的观众，尽管我说不清别人凭什么会喜欢，也不知道该如何让别人喜欢上我的作品。

不管他能不能帮上忙，我现在毕竟还是需要他。这就是我的想法。这一年来我们的作品越来越多了，我相信数量越多，就越能显示出作品中的优点。现在个人画展以及几位画家的拼盘画展越来越多，为此我感到欣慰。这表明未来的艺术界将会有更好的前景。

塞雷可能和你观点一致，认为画出好的作品和出售它们是两件不相干的事。但这想法一点也不对。当大众终于看到米勒的所有作品时，巴黎和伦敦都沸腾了。而谁是当初设下重重障碍拒绝米勒作品的人呢？是画商，那些所谓的专家们。

你对《吃土豆的人》中人物的评价是对的，作为人物画，它与那些头像画是不同的。这就是为什么我要从身体而非头部开始画的原因，我尝试了完全不同的绘画手法。这样一来整幅画看起来很独特。关于他们的坐姿，不要忘记，画中的人物与杜瓦尔咖啡馆里的人不一样，他们不是坐在椅子上的。

我每天都在努力画人物素描，我要先画一百幅素描，再开始画油画，这样既省时间也省钱。和最开始画的那些相比，我觉得我现在笔下的人物更丰满了。但油画颜料的开销总是不可避免的问题。如果在雇模特或买绘画材料方面总是举棋不定，也画不出好的作品来。

在我下一批要寄给你的作品中，有一幅头像画是我在读完左拉的《萌芽》之后无意中画下来的。有一次我步行到了书中描写的一些地方。如果一切进展顺利，如果我能赚到点钱，我就会多出去走走，我想找一天去画矿工的头像。我不知道我们能否赚到钱，只要能我愿意拼命画画，这会让我感到满足。重点是去做想做的事。我觉得《萌芽》这部小说非常出色。

明天我会去另一个村庄画画，我要创作一个很打动人的主题：同一个茅草屋顶下的两座半毁的农舍互相支撑，仿佛合为一体，这让我联想到一对年迈的老夫妇。还可以看到另两座农舍和双排烟囱。我是上周日发现的这个景色，那时我和一个乡村小男孩为了寻找鹩鹩的巢，走了很远的路。最终我们找到了六个鸟巢，小鸟已经飞走了，所以我们没有顾虑地将它们拿到手。

我正在画那些农舍，你可能会认为这是对米歇尔作品的模仿，并不是这样的。我看到这么漂亮的草屋，就忍不住画下各种各样的"农民之巢"，这让我不禁想起鹪鹩的鸟巢，但草屋更美。室内景也很好看，我也因此结交了一些朋友，和他们在一起感觉很自在。我画了四幅大尺寸和几幅小尺寸的室内景。我没见过米勒住过的那种小房子，但我想那四座农民之巢应该就是那样的。其中一家住着一位绅士，人们叫他"哀悼的农民"；另一家住着一个"贤惠的女人"，我到那里时，她只是在那儿挖土豆坑，但她一定会巫术，不然不会有"女巫头"这样的外号。远处的荒野上有更漂亮的农舍，我都想画下来。

多希望上周日的远足你也和我们一起。回家时我满身泥，因为有半个小时我们都在趟着溪水走。画画对我来说就像打猎一样让人兴奋，事实上创作的过程就是对模特与美景的狩猎。

天色已晚，早上五点钟我就要出发去画画。我每天都累得要命，因为必须穿越荒野，走很长很长的路。

我多年的朋友凡·拉帕德，在沉默了三个月之后，给我写来了一封极其傲慢又充满冒犯语言的信。这封信是从海牙寄出的，让我清楚地了解到我差不多已经永远失去了这个朋友。今天他的一个朋友，来自乌特勒支的画家温克巴赫来看我。他与拉帕德在同一时间获得了伦敦奖章。我告诉他，我非常遗憾和拉帕德关系不和，可我确实无法理解他在海牙和别人嘲讽我的作品这一行为。

我给温克巴赫看了拉帕德曾经称赞的人物画像以及新画的作品，告诉他我在画法上做了一些调整，以后还会有更多变化，但我的作品并不低劣。他说他确信拉帕德会收回他所说的话。

然后我和他聊到颜色，我说我的作品当然不会一直是深色调，有些画中的农舍其实是明亮的。我的目标是以红蓝黄三原色为基础，而不是灰色。

你知道我有多喜欢那些使用明快色彩的画家，但他们有些走极端了。他们在每一种强烈的有色光线带来的效果中，在每一个投下的阴影中寻找与众不同，他们只需要白天的日光、煤气灯光，甚至电灯光！这些带给我的影响是，我有时会渴望看到古老的莱斯和迪亚斯的作品。对此也许你会说，我总是喜欢和别人对立。

对于当代色彩明快的作品，你看过很多，而我一幅都没有，我每天都会想象它们是什么样子。柯罗、米勒、杜比尼、伊斯雷尔斯和杜普雷都画过这样的作品，尽管那时大多数的画都是暗色调。莫夫（当他画明快色彩的画时）还有其他同类型的优秀荷兰画家选用的颜色和当代法国画家选用的一样，而荷兰这边会更多地使用白色。

酒里含有水的分子。我没有说画亮光的时候可以不使用或必须不使用白色，就像我不会说酒里没有水分。我想说的是，要呈现晴朗的白天不要在颜料中混入过多的白色，就像不要在酒里兑太多的水，这样会使整体效果被弱化，变得平淡无味。

不要认为我不喜欢色彩明快的作品——我当然是喜欢的。我很欣赏巴斯蒂安·勒帕热的一幅画，画中新娘的脸庞是棕色的，整个画面非常明亮；很多描绘雪、雾、天空的荷兰画也极其出色。我只想指出一点：一个人喜欢怎样画就怎样画。亚普·马里斯的作品也常常是色彩明快的，但他有次用最深的色调画了一幅城市夜景图。

我不是个经常怀疑的人。恰恰相反，我对一些人非常信任，例如你不会听到我悲观地去质疑莱尔米特。提奥，我对乌德的作品抱有否定态度，是因为他的画中有一种阴冷的感觉，让我想起了循道公会教徒的新砖房、学校以及教堂。在画出了一些有名望的作品之后，他的画越来越没有瑕疵，也越来越枯燥乏味。我认为他的那幅《基督》非常、非常不成功。我无法忍受他在画中的小学校里所描绘的圣诞老人。乌德本人一定也清楚这些，他是为他所在国家的身份高贵的人而画，那些人需要品玩这样（传统）画风的作品，不这样做，他就得挨饿。

你说乌德作品里的银灰色调很美，如果我看到的话应该会持不同看法。好兄弟，事情不是你想的那样，在我的生活中充斥着太多灰色，所以他那一点银灰并不能让我信服。把选用灰色调当作一种风格是让人无法接受的，我们要扭转这种局面。以色彩明快为风格的画家为了迎合大众转向了苍白的色调，这样的例子有很多。但我并不反感灰色调画，反而欣赏其中独特的地方，我手头正在创作的就是一幅这样的画。

温克巴赫喜欢那幅古塔的画，赞赏其中的色彩和技巧，他说他觉得这画颇具独创性，并用同样的语言评价了水磨坊、耕犁和秋天的林荫道。而最让我高兴的是他喜欢我的人物画。

我给拉帕德写了封信，告诉他我们应该一致对外而非互相争斗，那些画乡村生活和农民的画家此刻应该联起手来，因为团结就是力量。

让我担忧的是我不知道该如何撑到月底。我已经身无分文了。现在就快到收获的时节，我必须到处游说寻找模特了，找那些收割麦子和挖土豆的模特。那时雇佣模特会难上加难，但也必须去找。在任何地方都是一样，人们不愿当模特，要不是为了钱，没人干这事。不过因为这里大多数人都很穷，我总能找到的。能不能画我想画的，特别是能否让我的人物画有所进步，全靠钱。

不用担心我的身体，我和农民一样经得住风雨，不然不会一直坚持画画，虽然确实过得一点也不舒适。但我不需要改变现在的样子，就像农民也不想改变他们的生活方式一样。我想要的是颜料，还有现在急需模特。

如果这个月你手头的钱比预期多并能多寄给我点，我就可以把那幅大尺寸的画寄给你。我现在没有钱付邮费，我也不想在你为钱发愁的时候找你要钱支付邮费。但如果我一直留着这些画，我可能就会将它们重新画过。我如果刚在户外或在农民家里画完就寄给你，里面时不时会有一幅不怎么好的作品。但人物画还是应该画好就收集起来，总重新画也不是个事。

看到你总为钱发愁，我很担心。你一个人很难坚持下去，而我也没有办法减少开支，相反，我希望能再多雇佣些模特。怎么办好呢？有时我会因为我的作品一直无人问津而感到抑郁，想要坚持下去真的不容易，但人必须要和不可能的事斗争到底，因为别人做到了，我们一定也可以。

被称作"勇士"的德拉克洛瓦等人，所遭遇的状况是鉴赏家们既看不懂也不愿买他们的画，他们对此不屑一顾，继续创作。如果我们以他们为榜样，还需要继续大量作画。我被迫成为所有怀才不遇的人中最令人讨厌的一个，因为我不得不张嘴要钱，而更糟的是我还不认为未来会有转机，不觉得画可以卖得出去。

提奥，我对未来一无所知，却很清楚万物皆会改变是永恒的定律。但人所创造的东西会保存下来，画乡村生活是一件永远有价值的事。在法国，人们用乡村生活题材的画装饰市政厅，这是个不错的主意，还有在杂志和其他印刷品上，能看到以农民为主题的作品挂在房间里，着实令人高兴，所以感到沮丧只是一瞬间的情绪而已。

我不知道人们是如何用毫无生气的画塞满整个沙龙的。

我请你跟泊泰和塞雷好好谈谈，告诉他们我现在手头拮据，劝他们尽可能地帮我卖画，并向他们保证我会寄去新的作品。等你来荷兰的时候，最好再和特斯迪格谈谈。

最近我白天都坐在太阳底下画画，晚上回家后，就不想写信了。今天是周日，我又给你写信了。

我面前有几个劳作的女人：一个背向我背着铁锹；一个弯腰捡麦穗；一个面向我，头几乎贴到地上，在挖胡萝卜；还有一个在捆麦子。我观察这些农民已经超过一年半的时间了，尤其注意看他们的动作，以此抓住人物特点。

十足的学院派和循规蹈矩画法的时代已经过去了，尽管还有很多人追求这种风格，但反对的声音已经响起。画家们想要描绘的是人物特点，而大众也会对此抱以欣赏的态度。

谈到那些摩尔人和西班牙人的作品，他们一直不停地画红衣主教和所有那些历史画，一码又一码的画布被耗费，而他们这么做的意义何在？用不了几年，那些画就变得平淡乏味，越来越无人欣赏了。或许那些画本身画得很好吧。现在，当鉴赏家们站在本杰明·康斯坦特的某幅画前，或站在一幅我不认识的西班牙画家所画的《红衣主教接见图》前，他们会惯常以哲学家的口吻做出"精湛的画技"如此这般评论。

我越来越看不上那些意大利和西班牙画家备受赞誉却枯燥乏味的绘画技巧。现在我来问你：能让绘画技巧被称赞的是什么样的人？是什么样的预言者、哲学家或观察者？是何种人性才能实现这一切？事实上并没有类别之分。有许多不知名画家的作品，能让观看的人体会到它们是在意志、感情和爱中被创作出来的。如果把这些都考虑进去，我反对那些频繁乱用"技巧"二字的鉴赏家和他们的评论还大错特错吗？他们会带着同样的态度，用同样的"技巧"评判方式来对待一幅描述乡村生活的画。

以乡村生活或城市工人为主题的画（如拉法埃利的作品），要比雅克或本杰明·康斯坦特的那些容易画也容易找到模特的主题，在技巧上难度高很多。在巴黎，只要付钱，就能找到各种各样阿拉伯人、西班牙人或摩尔人做模特，但在巴黎，如果想画自己所在街区的那些拾荒者，却是很难的事，需要花费很大精力才能完成。

你或许觉得我这么说不对，但所有那些外国人的画都是在画室画的，这一事实令我很震惊。

到野外就地作画吧！你会遇上各种情况。在你即将收到的四幅油画上，我至少拿掉过一百多只苍蝇，灰尘和沙子不计其数；带着画好的画耗费几小时穿过荒野，越过篱笆，这过程中画面不免会被荆棘划坏；冒着酷暑天气徒步几小时走到荒野，已累得精疲力竭。此外还有很多其他困难，例如，想画的人物不像专业模特那样一动不动站着，想捕捉的效果随着日光逐渐消逝而改变。

户外写生意味着每天和农民一样生活——晚上睡在农舍里，白天站在田野中；夏天的时候顶着太阳，冬天的时候经受雪与霜。不是在室内画，而是在室外；不是只出去一趟，而是日复一日过着农民般的生活。

看上去画农民、拾荒者和各种工人是最简单的事，但其实没什么比画这些普通人更难了！

据我所知，没有一个艺术学院专门教人画锄地的人、播种的人、烧水的女人或女裁缝。但每个城市里都有学院教学生如何去画历史人物、阿拉伯人、路易十五世这些已不在世的人物。

你和塞雷会收到有关锄地的人、除草或捡麦穗的乡村女人的作品，你们可能会挑出其中的一些毛病，这些意见对我很有用。不过我想指出很重要的一点：所有学院派人物画都画得完美无瑕，画法大同小异，但它们没有任何创意。

一个艺术学院毕业的巴黎画家所画的乡村妇女，身体结构都像是一个模子里刻出来的，这样的画有时候很吸引人，从解剖学上来讲人体比例无懈可击。但当伊斯雷尔斯、杜米埃、莱尔米特，特别是德拉克洛瓦画人物时，人物的形象感更强烈，虽然他们有时不讲究人体的比例，甚至"在学院派看来"是错误的，但他们画中的人物却活灵活现。

与其说画中锄地的人必须要有性格特点，不如用这样的方式来规定：农民必须要有农民的样子，锄地的人必须锄地，要看到他们真实的样子，这样人物形象的表达才不会显得脱离现实。要画动态的人物，这样才算现代人物画，不论是希腊人还是文艺复兴时期，抑或古代荷兰画派，没有哪个人这样做过。你看过古代荷兰画派有谁专门画过锄地的人或播种的人吗？他们有人曾想画工人这样的主题吗？没有。古代大师画中的人物都是不工作的。即便是奥斯塔德和特尔堡所画的人物，和现在画中人物的动作也不一样。他们创立了农民画或工人画的类别，而汉纳和勒费夫尔画的则是现代裸体人物，但毕竟农民和工人在现实中并不是裸体的。

确实，在本世纪无数的画家中，为了表现人物动态而画人物动作的太少了，因此不论是油画还是素描，画家都应该为了表现人物的样子而画人物，这样人的形象在线条和立体感上就会呈现出无法形容的和谐感，同时可以表现人物动作，例如我画过在雪地里拔萝卜的人。

我现在很忙,因为这阵子正是农民们在田里割麦子的时节。这样的忙碌会持续几天,现在这里的景色是最迷人的。

那些画乡村生活或农民的人,尽管可能不入流,却比那些画异国闺房或红衣教主迎接仪式的画家拥有更长久的艺术生命力。

我坚信在这方面现代艺术是值得信任的。在艺术上我有持之以恒的信念,对于绘画中我所追求的东西,我坚信不疑,哪怕付出生命。

你在前不久的信上告诉我,塞雷曾和你"坚定地"说,《吃土豆的人》中人物的结构有问题。我想说的是,我在很多个晚上在昏暗的灯光下观察过那些人物,然后练习了四十幅头像画,我是在这样的前期准备基础上画的。另外有一点很重要也很明显——我的画与别人的画视角不同。

告诉塞雷,如果我画的人物像学院派画家笔下的那么精准,我会非常绝望的,因为如果给一个锄地的人拍照,那我们看到的照片里的人一定没有在锄地。告诉他我认为米开朗基罗创作的人物画非常好,尽管画中的人物腿部太长,臀部太宽。告诉他在我心中米勒和莱尔米特是真正的画家,就因为他们不用枯燥的分解方法去画事物真实的样子。米勒、莱尔米特和米开朗基罗是用心中的感受去绘画。告诉他我的愿望是学会画出不精准的、有偏差的、重塑的、与现实不同的作品,这样画出来的事物,如果你认可的话,会感觉比字面上所谓的真实还要更加真实。

上两周牧师告诉我(很明显他是好心),我不应该和那些比我阶级低的人过于密切,他以这样的措辞和我说话,但对那些"比我阶级低的人"又用了完全不同的说辞——禁止他们出现在我的画里。

一个我曾画过的女孩怀孕了,人们怀疑是我干的,但事实并非如此。我从女孩那儿知道了事情的真相,是一个牧师干了这样的丑事。

我立刻去跟市长说了这事，向他指出牧师应该做自己的本职工作，而不该越界。你会问：为什么要让自己和别人对立起来？但这有时真的无法避免。如果我和颜悦色地和这个牧师辩论，毫无疑问他会占上风。之后他要是阻挠我画画，除了报复也没有其他办法了。这个牧师曾去找那些农民，承诺如果他们拒绝给我当模特，就给他们钱。那些人直接跟他讲，他们宁愿收我的钱，也不向他讨钱。可你看，他们这样做只是为了赚钱，这里的人是不会让自己白白做事的。

他现在不再反对我画画了，但村子里有些敬畏上帝的人一定还会怀疑我做了坏事，因为牧师肯定把与这件事有关的所有罪责都推到我身上。让我欣慰的是，他已经慢慢失去人心了，而今年冬天我希望还能雇佣原来的那些模特，他们身上有着老布拉班特人独有的样子。我又画了一些素描，但这些天我在田野里找不到人愿意给我当模特了，如果一直这样，我就必须离开这了。

我常去画的那家人，对我像从前一样友好，欢迎我去家里画画。

昨天我收到了拉帕德的信，我们终于言归于好了。他见过了温克巴赫，话语中也不再有之前那种腔调。他寄给我一幅大尺寸的速写，画的是砖瓦厂。你问我拉帕德有没有卖出去过。据我所知有段时间他每天画裸体模特，最近他为了要画砖瓦厂，在附近租了个小房子，并改建了天窗。我还知道他又去了趟德伦特，打算以后再回泰尔斯海灵岛。他的旅行费用一定是从别处弄到的，虽然他自己可能也有点钱。大概是他家里人资助的，也有可能是朋友。

颜料商勒尔写信给我，让我给他寄一些画。他希望越快越好，因为现在海牙来了很多外国人。他请我多寄几幅过去，以便有机会可以多卖一些。他腾出两个橱窗挂我的画，虽然他也很缺钱，但不遗余力地帮我。所以我一收到你寄来的二十法郎，就马上给他寄去了几幅农舍画、教堂塔楼画和一些小幅的人物习作。我也给维塞林写了封信，告诉他我寄了那些画，让他去看。

很抱歉没把这些画寄给你，因为我们还欠勒尔债。如果你那边同类作品太多，我们可以从这些不同时期寄给你的画中选出部分在荷兰展出，你把其中最好的那些留下。就像你说的，对于无法挽回的事，哭也没用。

我最近在忙着画静物，我非常喜欢这类创作。我知道这种画不好卖，但练习静物画非常有用，今年冬天我还会继续画。你将收到一幅大尺寸的土豆静物画，我想在画中表现土豆沉甸甸的重量感，此外还有一幅水果静物画、一幅铜壶静物画（我从不同的视角用多种颜色画的）和一幅鸟巢画。我觉得那些善于观察大自然的人会欣赏这些画，他们会赞赏其中苔藓、枯叶和草地的颜色。

我想让泊泰看到这些静物油画习作。过段时间当颜料干透的时候，颜色就会变深一些，形成一层坚硬的光泽面。你那里有我很多画，不管是以前的还是新画的，把它们混在一起挂在房间的墙上，你会发现它们之间是有所关联的——不同的颜色彼此协调。那些幼稚的冷色调画看得越多，就越庆幸自己的画看起来很黑。我很高兴你又开始画画了，也许不久以后你也会因画画而改变。

这周我去了阿姆斯特丹，只待了三天，没有太多的时间，所以只去了博物馆。这次参观让我很高兴，并下决心以后只要出远门，必须看画。我比以前更能看懂那些古代大师的创作技巧，不需要别人的讲解。

我以飞快的速度画了两幅小画，一幅是我到达车站的时间太早，在候车室画的；另一幅是早上十点去博物馆之前画的。不幸的是两幅画都有点损坏，路上淋了雨，等干了后画就有点变形了，上面还沾了灰。但我还是寄给你，想让你看到我正学着用一个小时的时间快速画下我所看到的事物，并可以像别人一样分析和解释我所画的事物。以极快的速度一气呵成一幅画令人心情愉快。

一气呵成——尽可能一口气画完！再次看古代荷兰的绘画作品时，最打动我的是，它们中的大多数都是用很快的速度完成的。弗兰斯·哈尔斯、伦勃朗、勒伊斯达尔都是从第一笔开始一气呵成，不做太多的改动，画完了就保持原样。能看到弗兰斯·哈尔斯的作品真好，他的画和那些反复雕琢的脸、手和眼睛完全不同。在色彩方面，他是大师中的大师，可以与委罗内塞、鲁本斯、德拉克洛瓦、贝拉斯克斯媲美的色彩专家。我一直很欣赏居勒·杜普雷，未来他会得到更多赞誉。他也是个真正的色彩大师，是个有趣、很有能力，也极富戏剧性的人。而米勒、伦勃朗、伊斯雷尔斯这些画家，则更注重颜色的协调。

我几乎是同时看到鲁本斯和迪亚斯的速写，他们都认为如果颜色运用得好并配色协调，就可以很好地表现所画的事物。最好的画，那些从技术角度来讲最完整的作品，贴近看不过是无数有颜色的点组合在一起，只有远观才能看出效果。这就是伦勃朗所坚持的观点，也给他带来了很多烦恼。

我一定要再说说现在的一些绘画，这样的作品越来越多了。大约十到十五年前，人们开始关注"明亮"和"光"。起初这样的想法没错，也孕育了许多美好的作品。但之后这种想法变质了，"明亮"和"光"（他们称之为白天的色调和地方色彩）过多的出现在画布上，涵盖了整个画面包括四个角落，这样对吗？他们所谓的明亮，在很多时候只是城市里乏味的画室中一种讨厌的色调。画中从不出现清晨或黄昏，只有中午，从早上十一点到下午三点，这确实是个适合画画的时间，但画出来的样子却好似一个懦弱的男孩一样无精打采。他们甚至加上了市场上贩卖的混了纯白色的颜料，这种颜料是专供那些画"特殊"光色的画家用的。

一位古代荷兰大师曾讲过一堂很重要的课，他说要把线条和颜色当作一个整体来考虑。但许多画家不是这么做的，他们注重画线条，忽视对色彩的选用。

别人说我的画没有技术，这对我真不是什么好事。可能这种议论很快就会过去吧，因为我一直没结交新的画家朋友。事实上，依我看那些最关注绘画技巧的人在这方面反而最弱。我的画在荷兰展出之前，我就预计到那些评价家会说什么。同时我也向古代荷兰大师的作品学习，并认真研究伊斯雷尔斯最近的作品《赞德福特的渔民》——画中一个老妇人像堆破布一样蜷缩在床边，床上躺着的是她丈夫的尸体。这些画都是杰作，画中有大量正确合理的绘画技巧，以及出色的明暗对比，远超过那些整张画都完美无瑕，以色彩平淡无味为特点的画。让他们用形式化的、空洞的、虚伪的措辞去胡扯技术吧，真正的画家是在情感的指引下作画的，他们的灵魂，他们的头脑不是画笔的奴隶，相反是由头脑指引画笔去创作。这些是我深信不疑的道理。

伦勃朗的《布商行会的理事们》是一幅忠于人物本真的画，尽管他一如往常，总是想表现崇高。这是他最好的一幅画，但其实可以更好，如果他不死守表面的真实的话。他应该自由地去想象，像个诗人一样，就像他在《犹太新娘》里所表现的那样，尽管这画的口碑不是最好，却蕴含了无限的情感，是一幅感性的作品。

我认为鲁本斯在宗教画中所表现的思想情感有些夸张，不知你是否同意这个观点？以米开朗基罗的《思想者》为例，这个雕塑虽然刻画的是一个沉思的人，但他的足部小而敏捷，手部就好像狮子的爪子一样有着闪电般的速度，可以感受到这不仅是一个思想者，还是一个行动者。人们能看到，他在思考的同时，内心也充满着警觉。伦勃朗对作品的处理方式则不同，特别是在他的《哀玛墟巡礼者》中，对基督的精神世界有着更多的表达，尤其是坐在餐桌旁劝导的手势蕴含着力量。

而如果把鲁本斯的画（他画的任意一幅沉思者）放在旁边，他笔下的人物就成了退缩在桌子一角忙着进食的样子。所以他画的有关宗教或哲学的题材，都显得平淡空洞。不过他画的妇女是不错的，并能引发人们深刻的思考。他用调好的颜色画出的女王和政客真实生动。但对于可以将整幅画升华的人物精神世界的刻画，他无法表现出张力，除非刻意渲染画中女人的表情。

因为想知道艺术品交易的现状如何，在阿姆斯特丹的时候我间接打听了一下。我觉得生意带给你的压力并没有那么大。如今人们在绘画上过多的勇气和热情不是坏事。

今天我收到你的信，我很高兴你对那一篮苹果的习作给出了你的看法。你分析得很好！这些观点是你自己想的吗？以前你可说不出这样的话。我觉得我们在色彩方面越来越有共鸣了。我来解释下这幅画：绿色和红色是互补色，画中的苹果是很俗的红色，旁边配上一些绿色的东西。还有一两个粉色的苹果，这就让画面看起来舒服了。粉色是红色和绿色调和而成的混合色，这就是为什么因它的存在，绿色和红色变得协调了。我非常欣慰你注意到了颜色的组合，不管你是自己感受到的还是受人启发。

我有意给那幅鸟巢加上了黑色的背景，我不想让事物出现在自然的环境中，而是给它们配上一个反传统的背景。真正大自然中的鸟巢不是画中的样子，现实中人们很难看到鸟巢，看到的都是鸟。

你觉得把阴影画成暗色（通常是黑色）是错误的，我不这么认为。如果按你讲的，那《赞德福特的渔民》和德拉克洛瓦的《但丁》就有问题了，这两幅画的背景是蓝黑色和紫黑色。伦勃朗和哈尔斯不用黑色吗？还有贝拉斯克斯？告诉你，他们使用的黑色不止一种，是二十七种之多。所以对于"不能用黑色"这个问题，再好好想想吧，你最终会发现，你对色调的这种看法是错误的，或者说，在这个问题上的认识是模糊不清的。多去看看德拉克洛瓦和同时代其他画家的作品，你最终会明白的。

如果你看到有关色彩理论的好书，请寄给我。事实上，只有学习了色彩的规则，对大师们的崇拜才能从本能的喜欢提升到分析研究——你要知道你究竟崇拜他们什么。这在如今非常必要，因为很多人都在随意肤浅地评论着别人的作品。

现在我的用色逐渐变暖，最开始的那种冷色调消失了。当我开始创作一幅画时，还是常常画错，但在用色方面却非常流畅，当以某种颜色起笔时，后面该用什么颜色、如何将生命力赋予画中，我都已心知肚明了。也就是说，要经常有意识地去运用调色板上这些由不同颜色组成的美丽色调，通过自己对色彩搭配的掌握，从调色板上选取合适的颜色，这和机械呆板地摹画大自然迥然不同。

我在处理色调时，保留了事物本身的色彩连续性和正确性。为了保持理性，不犯愚蠢的错误，我仔细研究所描绘的对象。然而，我不在意我选的颜色是否与事物本身完全一致，只要出现在画布上的颜色和在大自然中一样好看就行。

假设我要画一幅秋天的风景，画中树上满是黄叶。如果我想将这幅画创作成一幅黄色交响曲，那么我选择的主色调是否要和现实中的叶子颜色一致？这重要么？真的不重要。很多，或者说全部事物都来自于我的感知，对同一色系无穷色调变化的感知。

你是否认为这是一种危险的浪漫主义倾向？是否觉得这是对"现实主义"的背弃？或者是一种注重调色与配色超过注重事物真实颜色的态度？好吧，或许是这样。德拉克洛瓦、米勒、柯罗、杜普雷、杜比尼、布列塔尼，这三十多个名字难道不是本世纪绘画界的核心？难道他们没有完全植根于浪漫主义（虽然他们的作品已远超浪漫主义）？浪漫情调和浪漫主义属于我们这个时代，而画家必须具备想象力和情感。幸运的是现实主义和自然主义并没有与浪漫隔绝。左拉并不是拿着一面镜子照着事物去画，他出色地创作，像诗人一般地创作，所以他的作品才如此美好。不管是画人物还是风景，画家都在试图让观赏的人确信画就是画，它不是镜子；绘画不是单纯的模仿，而是重新去创造。在米勒、莱尔米特的作品中，现实同样具有象征意义。这些画家和所谓的写实主义者是不一样的。

库尔贝有一幅肖像画，画中运用了各种好看的红棕色、金色等深色调，用黑色反衬阴影部分所使用的偏冷的紫色，画布的一点留白可以让观赏者的眼睛得到休息。他的这幅画非常真实，比你喜欢的任何一个善于准确模仿脸部颜色的画家所画的肖像画都棒。如果你闲暇时候去仔细观察男性或女性的头部，会发现它们真是无与伦比的美丽。事物本身的总体色调搭配会在精确的用力模仿中遗失，而只有通过用相似色系重新创造，才能保持住那种美，但画出来的颜色可能和事物本身的颜色不尽相同。

委罗内塞在他那幅《加纳的婚礼》中描绘肖像时，他所用的色彩丰富至极。他想到用一种淡天蓝色和珍珠白色作为背景色,这种用法效果非常好,这样的背景和大理石宫殿周围的环境以及天空微妙地融合了起来。精妙地选取颜色,并将其自然运用到背景中,真的是美妙绝伦。这难道不是画家将宫殿和人物同时作为一个整体来考虑所产生的效果吗?整个建筑物和天空是协调的,并突出了人物,这样的考量是为了更好地衬托人物。这才是真的绘画:仔细思考所画的事物,让周围环境与其和谐,并起到渲染作用。

研究事物本身的样子,并与其相抗衡——我要永远这样画下去。我不愿丢掉这种"错误"。从一开始就用力模仿是无望的,这样一切都会朝错误的方向发展;另一种方式是按照自己的调色方法进行创造,并保持和事物本身的和谐。这两种对立的绘画方式并非毫无关联,那种看似白费力气的努力,可以使人贴近本质,从而有效地感知所画事物。

我又画了一幅秋景习作,画的是家中菜园里的池塘,那里的风景无疑很适合入画。我想人们大概会觉得这画颜色太深太暗。适合画深色调作品的时节总是太短。

不要为我留在习作上的笔触厚度而担忧。为了保持油画的色彩,在亮的部分必须画得厚重些。如果放上一年再用画刀快速刮掉多余的部分,画面的色彩就会比用轻柔的笔触画出的作品颜色更加稳定。许多古代大师和当今的法国画家都使用过这种方法。

你自己也注意到了,随着时间的流逝,我的画的颜色变得更好看了。当油画完成后一年左右,颜料中原有的一点油分会挥发殆尽,这时画面上就只留下稳定的固态成分。掌握这个方法很重要,可以让色彩经得住时间的考验。可惜的是有些耐久的颜料,例如钴蓝,价格太昂贵了。《吃土豆的人》的颜色不太好看就是因为颜料选得不对。想到这个是因为我画过一幅大尺寸的静物画，在其中使用了相似的色调，但不太满意画出的效果，于是又重新画了一幅。通过这次尝试我发现现在使用的矿蓝色颜料要比之前别的颜料效果好很多。

我不了解铬酸盐和深紫红色颜料的性质，但我知道一种名为"美洲日落"的颜料保存时间极短，这种颜料是由铬酸盐制成的。

昨晚有件令我高兴的事。家中菜园尽头有三棵去了顶的橡树，我已经对着它们画了三天了，最难画的是成簇的树叶，我一直思考着如何去画以及如何描绘树叶的形状、选择适合的颜色和色调。我已经是第四次为画它们而苦恼了。晚上我把画拿给住在埃因霍温的那个熟人（那个金匠），他有间风格独特的画室，我们把画挂在了墙上。我以前从没想过我可以画得这么好，也想不到我对颜色的选用如此成功，效果如此之好。我是直接从颜料管中挤出哈瓦那黑色、柔和的绿色、纯白色，运用到这幅画上的（你看，我提到了黑色，我对其他极端的颜色并没有偏见）。

虽然这个人很有钱，但我还是把这画送给了他，因为当我看到我的作品挂在墙上，画中各种颜色的相互衬托营造出一种令人舒服的忧郁气氛，我为我的画能带来这样的效果感到自豪。他很想要这幅画，于是欣然接受，但除了一句"这画太好看了"之外没说别的。如果一个有智慧的人想在鉴赏绘画作品方面具有独创性并超越别人，那么他不需要让自己成为艺术评论家或画家，只需花一年的时间在户外练习静物画就可以了。

我最近最喜欢画油画和素描，没再画速写。我刚画了一幅大尺寸素描，画的是光秃秃的荒野上一座古老的磨坊，磨坊深色的轮廓映衬着夜晚的天空。

前几天我收到勒尔的来信，内容有关我的画。他说特斯迪格和维塞林看了我的画，但不感兴趣。我敢肯定我寄给你的那些头像画中，有一些是上等佳作。

这个月我已经通知了房东，准备搬走了。这个画室紧挨着牧师和教堂司事的住处，无疑麻烦事不断。这样的邻居给我的工作带来很多阻碍，毕竟人们对牧师是心存敬畏的，所以最好的办法就是改变现状。我考虑过永远离开，但我了解并喜欢这里的乡村和村民。我想再租一个可以存放物品的房间，这样万一我因思念乡村生活而回来时，可以有个安稳的容身之处。我在这里有个外号叫"小画家"，这称呼多少带些恶意。

我准备后两个月（12月和明年1月）在安特卫普度过，这个计划还不错吧？目前我在这边的工作进展不下去：外面太冷了，不能出去画画，也无法雇模特来室内画。我得到了六个画商的联系地址，我会带着颜料过去，到了那边画一些城市风景画，完成后马上将我的画展出。我也考虑过回德伦特，但难以实现。等到了那边我的计划都实现了，我就继续钻研在德伦特画的那种类型的画。

我必须说，去安特卫普是我的向往。离开充满绘画氛围的环境，与绘画界隔绝，让人难以忍受。还好一切只是来得晚，并没有错过。我多年来一直孤军奋战，但我想即便我有机会向别人学习，甚至采用别人的绘画技法，我还是会用自己的眼睛观察世界，并交出具有独创性的作品。

我想今年冬天那里一定很美，尤其是雪中的码头。我会带许多自己磨好的颜料过去，如果在那边能搞到一些品质更好的颜料，就太好了。我还要带着其他绘画材料和纸张，这样不管遇到什么状况，我都能画画。

在阿姆斯特丹时，我住在一家五十生丁的小客栈里，到了那边我也会住在这样的地方。让自己习惯于贫穷，看看普通人是如何在这样的生活条件下，以及在这样恶劣的自然环境中生活的（士兵或工人的实际生活是一个星期只赚几荷兰盾）。别忘了，我不是天生就能想象出这样的困苦生活。

为了画画，如果必要的话，我可以长久忍受贫困的生活。毕竟人活在世上不是为了自身的舒适，也无须身边人过得更富裕。我们无法阻止青春的流逝，但真正能使我们幸福的，能使我们获得极大幸福的就是青春，保持长久的年轻。我认为在当今的平民时代，人们有很多机会去保持内心的强大和年轻。而我在绘画中找到了我的幸福，别无他求。

如果我想多赚点钱，我就把注意力放在人像画上了。城市里有名望的人显然要比那些轻佻女子更看重肖像画。米勒发现那些船长们甚至"崇拜"会画肖像画的人（大概他们是要为岸上的情妇画）。所以在勒阿弗尔时，他靠画肖像画维持生计。

我知道，想在"肖似"上取悦别人是很难的，我不敢说自己在这方面有把握。但我觉得这不是完全不可能，不管哪里的人，长相不会有根本差别。农民和其他乡村里的居民不会认错人，他们能肯定地说：这是张三，那是李四，甚至有时可以从背后认出一个人来。

谈到"副业"，从最开始特斯迪格就和我说过这事，弄得我很烦。在我看来这是件没有意义的事。而那些对其高谈阔论的人，其实并不清楚要去做哪样工作。如果我干一样"副业"，一定要选和绘画有关的事情。所以，我不会从事"副业"，除非和绘画有直接关联，不过一般说来，画家就只能画画，干不了副业。

至于去了安特卫普就没有了画室，自然让我失落。但我必须做出选择，要么在这边的画室里无事可做，要么到了那边没有画室。

我担心找不到我需要的模特，很可能会这样，那我就得画些别的以谋生，例如风景画、城市风景、人物肖像画，甚至是一些招牌或布景画。那里当然也会有人雇裸体模特，可以同他们商量能否一起分担费用。

现在我的绘画能力和以前比成熟些了，因此更能独立思考了。在海牙时，我在油画方面（不包括素描）比别人弱，那时当谈到油画及用色，我都感到技不如人，现在不会了。

你一定会喜欢我刚刚画完的一幅风景画，画中满是黄色的树叶，深色的大地和蓝白相间的天空交汇在一起，形成一道地平线。远方的大地上，屋顶和果园的轮廓形成一个个红、蓝、绿或棕色的斑点，田野一片绿色，灰色的天空高高在上，映衬着黑色的树苗与黄色的树叶。前景全是黄色的树叶，画面中有两个小小的穿黑色衣服的身影和一个穿蓝色衣服的人。右边的白桦树树干黑白相间，叶子是红棕色的。

下周二我会离开这里，这一次的决定有些突然。要不是雇不到模特，今年冬天我不会走。即使我坚持在这边画画，这里的人们对我也不放心，他们比我想象的还要恐惧。除非肯定他们没有顾虑了，不然我无法继续待在这里。我离开几个月或许能使状况有所改变。

每逢新年，时间就跑得飞快，似乎越来越多的事情接踵而至，而我总要和巨大的困难作斗争。但越是面对不利的外界环境，内心的能量——也就是对绘画的热爱——就越强大。

凡高的人生轨迹：

1885 年底到 1886 年初，文森特到安特卫普生活了一段时间。在这期间，他到当地的美术学院进修绘画，却因自成一派的粗线条风格与学院派的绘画风格格格不入。

安特卫普，1885年11月

我到安特卫普了，租了个小房间，一个月二十五法郎，地址是影像街194号，在一家颜料店的楼上。

我喜欢这里，我已经把整个城市转了一圈，还去过几次码头。长期在安静的环境中生活，突然离开沙土、荒野和安静宜人的乡村来到这里，反差感很强烈。我很想和你一起在这里散步，看看我们对遇到的人和事物观点是否一致。这里就像一个难以捉摸的迷宫，到处都充满了有意思的对比。

环境优雅的英式酒吧窗外，身材高大的码头工人或外国水手在忙着卸货，水泥地面肮脏难忍，装着像是兽皮或水牛角的船停靠在岸边。酒吧里一个娇小漂亮的英国少女站在窗边向外张望。

码头边佛兰德斯水手们一个个面色红润、肩膀宽厚、体型健壮，安特卫普本地人在吃贻贝或喝啤酒，到处都是声响，到处都有人在走动。与之形成对比的是一个穿着黑色衣服、身材瘦小的女人，双手紧贴着身体，静悄悄地沿着灰色墙边走来。她有一头黑发和鹅蛋脸庞，皮肤是棕色还是橙黄色？看不清楚。她抬眼往旁边扫视了一下，我看到了乌黑的眼珠。她是个中国女孩，身形娇小，看起来神秘又文静。

我看到一个漂亮健康的女孩，样子淳朴实在，似乎很高兴。转眼又看到另一张狡猾虚伪的面孔，着实让人害怕。更别提那些得过天花被毁容的脸了——面色像煮熟的虾，灰色的眼睛目光呆滞，没有眉毛，头发稀少油腻，颜色如同猪的鬃毛。

街上有各国风味的酒吧、食品店、水手服装店，形形色色，人潮涌动。当走在一条窄窄长长的街道，左右张望时，会突然爆发出一片欢呼声或各种叫喊声。大白天的时候，看到过一个水手被舞女们扔出酒吧，然后被一个怒气冲冲的人和一群女人追赶。他看起来非常害怕，还好最后爬上一片麻袋堆，跳进一个仓库的窗户，然后消失不见了。

这里挺适合画画，但该怎么画，又该在哪儿画呢？

听够了这里的喧嚣，走到停靠着哈里奇和勒阿弗尔汽船的栈桥尽头，目光所及是一片广袤无垠的湿地，极度凄冷潮湿，干枯的芦苇随风摇摆，到处是泥浆；水面上有一只孤零零的黑色小船；阴冷的天空雾气沉沉——这景象，如同沙漠一般。

这个城市在某一时刻比荆棘的篱笆还令人眼花缭乱，眼睛不停歇地被各种色彩斑斓、形状各异的事物吸引，眩晕到无法分辨所看到的一切，所以不如面对这片无边的湿地，欣赏这简单静谧的美景。

我走过许多条街道和小巷，没有什么奇遇。我也曾坐下来和好几个女孩愉快交谈，她们似乎都以为我是个船长。我觉得有希望找到不错的模特，付给她们些钱，这样我就可以画肖像画了。

安特卫普充满了有趣的事物，对画家来说是个好地方。

今天早上我冒着倾盆大雨出了趟门，去海关取我的东西。我的画室还不赖，尤其在我往墙上钉了些小幅日本画后，整个房间看起来令人愉悦。这些画的内容包括花园里或沙滩上的女人、骑马的人、花朵和交错的荆棘枝。这段时间我不会过得很宽裕，但起码是安稳的，天气不好的时候可以在这个小窝里坐下来画画。我多花了点钱，买了炉子和灯。希望这个冬天，我不会一直困在屋里画画。

这儿的公园也很漂亮，我在那里坐着画过一个早上。上周我画了三幅习作，一幅是站在我的窗口看到的一些老房子的背面，另外两幅画的是公园内景。其中一幅已经拿去画商那边挂了起来。这里的画商都住私人住宅，没有街边的商铺。我把我从乡村带来的油画委托给两个画商，天气一旦转好，我就再出去画一幅码头风景，交给另一个画商帮我出售。虽然我找的画商都不是这边生意做得最大的，但在他们的住处，我都能从一堆不喜欢的作品中，找到我十分欣赏的。他们都在苦苦抱怨生意不好做，这不稀奇。打个比方，我觉得做生意就像是在生死边缘行走。不过，有句荷兰老话说得好："永远不要失望。"

我突然想到一个好主意，如果你决定离开古皮尔，自己独立做生意，安特卫普或许是个不错的选择，可以卖一些其他画商不了解的好作品。一切都需要革新，不管是作品的售价还是公众的趣味，人们不再因售价过高而止步，绘画生意才会更有前途。

我去莱斯的餐厅看了《在城墙上行走》和《接见》，也参观了现代博物馆。在现代绘画的两个展区，我看到了亨利·德·布雷克勒的几幅佳作。他和马奈一样有创新精神。我认为他不在那些追求珍珠母效果的画家之列，他的目标与众不同，一直在努力展现最真实的画面。肖像画里，我印象最深的是弗兰斯·哈尔斯的《钓鱼的男孩》、伦勃朗的《萨斯齐亚》以及鲁本斯画的一些笑着或哭着的脸孔。

如果要画一幅画，为什么不把它画得简单纯朴些呢？我在观察生活的时候有同样的感受。在我眼中，街上的人群里，工人要比绅士更吸引人，我在这些普通人的身上看到了能量和活力。想要画出他们的人物特点，必须使用坚定的笔触和简单的技巧。

我总去博物馆，别的很少看，只看鲁本斯和约尔丹斯画的头部和手部。鲁本斯用少量的纯红色刻画人物面部和手指的线条，令我惊艳。我知道他不如哈尔斯和伦勃朗水平高深，可他画的头像太生动了！鲁本斯一直尝试用各种色彩的组合表达或欢乐、或平静、或悲伤的情绪，他确实做到了，尽管他笔下的人物有时候是虚构的。

很奇怪，我在城市里画的习作比在乡村里的色调还暗。难道是因为城市里随处可见的灯光不太亮？不知道，但确实这里的样子和第一眼看到时有很大差别。所以我很理解你认为我现在的作品比以前在农村时画的还要暗，但看起来还是不错的。

我认识了泰克，这边最好的颜料制造商。他非常友好，提供给我一些颜料方面的信息。品质较好的油画笔，以及一些颜色例如钴蓝、洋红、正黄、朱红，会带来很好的创作体验。卖得最贵的颜色实际上是最廉价的。虽然一幅画的好坏不只在于颜料的好坏，但确实是很重要的因素，好的颜色会为作品注入生命力。

今天我收到了从埃因霍温寄来的颜料，这批颜料花了我五十法郎。画卖不出去，连吃住都成问题，这时还要买颜料，精打细算的生活实在太艰苦了。国家博物馆的建立可供无数民众参观艺术作品，而画家却找不到出路。

昨天我去了斯卡拉音乐咖啡馆，有点像女神游乐厅，那地方很无趣，但里面的人吸引了我。我看到后排座位上坐着一些容貌姣好的女人，确实如别人所说，安特卫普的女人大都很漂亮。而咖啡馆里的德国女孩看起来很时髦，都像是一个模子刻出来的。德国人很多，就像巴伐利亚啤酒一样随处可见，像是被大规模出口到了这里。让我反感的是，如今不管去哪都能看到满街的德国元素，在巴黎也一样。说起这个就觉得很烦。

安特卫普的颜色很漂亮。有天晚上我看到码头上一个为水手们举办的舞会，特别有意思。那里有几个非常漂亮的女孩，我最喜欢其中一个长得难看的——我的意思是，我喜欢像贝拉斯克斯或戈雅笔下那种打动我的人物，最好是个酒吧女招待，她穿着黑丝绸衣服，其貌不扬，却有着弗兰斯·哈尔斯所画的人物那种满身活力、生动有趣的样子。那个女孩跳着老式的舞蹈，但跳得很好，还跟一个有钱的小个子农民一起跳，那个人跳华尔兹的时候胳膊下还夹着一把大大的绿色雨伞。其他女孩穿着普通的夹克和短裙，披着红围巾。水手、船舱服务员以及那些退了休的老船长们都兴高采烈地来看热闹。

这些天我的脑子里都是伦勃朗和哈尔斯，因为这里的很多人让我想起他们那个时代。我以后要常去这样的舞会，观察那些女人、水手和士兵的面庞。门票二十生丁，点一杯啤酒（他们几乎不喝高度酒）就可以在里面消遣一个晚上，至少我是这样的。这些人尽兴地跳舞，也让观看的人心情愉快。

如果我有些名气，如果我能请来这些人当我的模特就好了！既然我能在别处找到模特，在这里一定也可以。那些女人的形象给我留下了很深的印象，我更想要画她们而不是拥有她们——尽管我确实也希望两样都能做到。

我注意到这里的摄影师似乎生意都很好。他们的工作室里也有一些肖像画，很明显是以照片为基础而画的。那千篇一律的眼睛、鼻子、嘴巴，僵硬得毫无生气。真正的肖像画是鲜活的，是画家用心画出来的。这个城市里有很多漂亮的女人，所以我相信可以通过画肖像画赚到钱。

我也考虑过画广告牌，比如为鱼商画鱼的静物图，为花店画鲜花，或为餐厅画蔬菜。

今天我第一次感到希望渺茫。我画了一幅《斯腾城堡》,拿去给几个画商看。有两个不在家,有一个不喜欢这画,还有一个和我抱怨,足足半个月没有一个人在他的店里露过面。我又去找了另一个画商,他喜欢画的颜色和色调,但正忙着盘点库存,叫我新年后再来找他。这种局面让人丧气,特别是在这阴冷的天气中,刚刚兑换完手里仅剩的五法郎,还不知如何熬过后两周的时候。我现在过得不比那年冬天在布鲁塞尔时好,那时我口袋里的钱不到五十法郎,而如今在绘画上的花销都超过五十法郎了。

《斯腾城堡》这幅画耗费了我很大的精力,它很适合来安特卫普旅行的外国人买回去当纪念品,因此我会再多画一些这种类型的城市风景。比起画教堂,我更喜欢画人们的眼睛,因为眼睛里有故事,而教堂里没有,不管它多么庄严雄伟。不论是可怜的乞丐还是街头的妓女,人的灵魂总是更加吸引我。尽管因为模特的缘故,画人物画困难重重,但还是有很多机遇,因为能画好人物画的人少之又少。

我的内心有一股力量,我感觉我的画和别人的相比与众不同,这让我更加热爱绘画。画油画的成本很高,但是还是要大量作画。我不能理解的是,像泊泰和塞雷那样的人即使卖不出去我的作品,也至少应该想点办法给我介绍些工作。我感觉泊泰对我的作品似乎没什么兴趣了。他一开始那么喜欢我的画,为什么现在变得如此漠不关心?

下雪了,清早的城市好漂亮,清洁工人们在街上打扫,那画面很美。

我遇到了一个老妇人,她以前在巴黎居住,给画家们(如斯海弗、吉古、德拉克洛瓦以及那个画《芙丽涅》的人)介绍过模特。她现在是一个洗衣女工,认识很多女人,可以帮我介绍模特。

我雇到了一个漂亮的模特，画了幅一比一的头像画。我用金色的闪光作为背景来衬托头像，这幅画看起来很明亮。这个模特是在音乐咖啡馆里工作的女孩，前几晚的工作都特别忙。她说了句很特别的话："对我来说，香槟酒不代表快乐，而是忧郁。"我听懂了，于是我在表现性感的同时，也画出了人物的忧伤。如果画乡村妇女，我会画出她们本真的样子。同样地，如果画妓女，我会让人物呈现出妓女的表情。这就是为什么伦勃朗笔下的妓女头像让我印象深刻。这对我来说是新的尝试，马奈已经做到了，库尔贝也是。该死！我也想和他们一样。

我画了第二幅侧面人像习作。在那之后完成了答应给别人画的肖像画，然后又对着模特画了一幅头像习作自留。让我非常高兴的是，那个女孩让我再画一幅肖像画给她。她还答应我，一有可能就让我画一幅她在房间里穿着舞蹈服的习作。现在做不到是因为她所在的咖啡馆老板反对她给我当模特。我热切盼望她能再来，因为她很有趣，面容也有特点。现在我越来越习惯画画时和模特聊天了，他们的表情会因此更加生动。

不可否认的是，这些模特有些时候的样子实在太美了，而这个时代越来越需要这样的画。即使站在艺术的至高点，也无法阻挡人物画愈来愈流行的趋势。人物画是古老的意大利艺术，米勒和布雷顿都画过。但有个问题，画人物画应该是从人的内心出发，还是从外表出发？人体究竟是衣服架子，还是表达情感的媒介？模特是否是为了展现内在的魅力而去当模特？外表的东西是短暂的，而内心才是高级的艺术。

我最近一直在画自画像，终于画出了两幅非常"像自己"的画。

你的话让我很失望："我用钱的地方太多了，你必须想办法撑到月底。"我的债主比你少吗？谁更需要钱？你知不知道因为工作量很大，我的心理负担有多重？知不知道我有时都无法再坚持下去了？我必须画画，不停地画。我的状况危机四伏，只有以饱满的情绪工作才能克服。买颜料的账单像压在身上的重担，而我必须继续前行！我和你一样，也不得不负债，而那些债主早晚会拿到钱，只是他们需要等，别无他法。一直负债对我的名声不好，这样下去也没法再继续画画了。

你知道吗？自从来到这里，我只吃过三顿热乎的饭。平时的早餐由房东提供，晚饭则在乳品店喝杯咖啡，吃个面包，要不就从我的行李箱里拿一个黑面包吃。就像在纽南的那半年，这样的条件把人变成了一个素食主义者，对健康倒是有好处。所以当我收到你的钱，买些好的东西吃时，我的胃口都消化不动了。只要在画画的时候，我都精力充沛，但当模特离开后，虚弱的感觉就会扑面而来。外出画画现在对我来说有些难以消受了，我浑身没有力气。

你在信中说，如果我生病的话，我们的经济状况就更成问题了。我希望不要落到那种地步，因为我需要保持充足的精神状态和旺盛的精力，但必须承认我现在身体太差了。画画是件耗费体力的事。来这之前，我去找过住在埃因霍温的医生凡德洛，他说我的身体很好，完全不用因人到中年而沮丧。阿姆斯特丹的一个医生把我当成了一个普通工人，他说："我觉得你是个钢铁工人。"他根据我的身体状况做出这样的判断，我听了很高兴，这正是我想要努力变成的样子。我年轻些的时候看起来精神紧绷，而现在却被人认作船长或钢铁工人。我必须照顾好自己的身体，保持状态并让自己越来越强壮。事实上，我现在越来越瘦了。

无论如何，年底的四五天我都会禁食。也许你理解不了，当我

303

收到钱的时候,尽管可能已经饿了几天了,第一件想做的事不是买食物,而是马上出去寻找模特。我对画画的热情与日俱增,钱都花在了这上面。我的衣服都破旧了,我有两年没买新的穿了。

提奥,我知道你的日子也不好过,但你的生活从来不像我这十多年过得那么困难。我可能把时间说得太长了,请别介意。我也了解到了以前所不知道的事,对于你坚持要我回乡村生活,我坚决反对。除非带着雇模特和买颜料的钱回去,不然到了那边能做什么呢?

想到很多人极少去担心生计,他们始终觉得一切都朝着最好的方向发展,就好像没有人在挨饿甚至破产,而我却一直处在困境中,这种对比令我痛苦。画中的色彩就是画家对生活的热情。

有一天我读了左拉的新书《劳动》中的片段,我觉得这本书如果能被艺术界的人广泛读到,会起到很好的作用。我承认构图能力及对人体的了解对于写生非常重要,尽管如此,我不相信这么多年来我的苦干是徒劳的。不论在哪,我的理念都不变,那就是按照我所看到的和我所理解的去画人物。不管印象派何去何从,是否能坚持他们独特的表现方法,我相信会有更多新的画家出现并致力于人物画的创作。我也越来越觉得,画家必须深刻理解心中至高无上的艺术,并从中获得安全感。

所以我要沿着自己的道路奋斗,不丧失勇气,不松懈。回农村生活的话,你每个月给我的钱到不了五十法郎,但你不能因此就盼着我回去,因为我的未来全靠在城市(现在在安特卫普,之后可能在巴黎)里的关系了。

我希望你能知道,艺术品交易将很有可能迎来巨大的改革,所以很多新的机遇会随之而来,只要能拿出独特的作品。

由于需要模特的缘故,我这个月会去找维尔拉,他是这里艺术学院的院长。我要去问他我能否在学校里画人体模特，一整天都待在那儿行不行。我会带着一幅肖像画和几幅素描过去。我还要做好准备，如果维尔拉说我得自备绘画材料，我要想办法搞定。

我已经在艺术学院里画画了，必须要说的是，我真的很喜欢这里的环境，尤其是可以看到各种各样的画家，以前我从没看过别人作画。模特也很好，在这里画画可以省掉很多钱。

维尔拉看到我在乡村里画的两幅风景静物画时说："不错，但不是我们这边的风格。"我又给他看了两幅肖像画，他评论道："很与众不同。如果你想画人物画，就过来吧。"我挺想和他打交道的，他的许多作品在颜色和颜料的选择上都是有问题的，但我知道有一些画得确实不错，他曾画过一幅很棒的肖像画。

让我觉得不可思议的是，当我拿自己的画和别人的比较时，几乎找不到共同之处。他们画中的肤色和实际相同，所以从近处看他们画得很准确，但如果离远些看，却又平淡无味——画中所有的粉色和黄色，尽管本身柔和细腻，放在一起却显得刺眼。如果换作我来画，会使用带点绿色的红和带点黄色的灰，这样退远一点看时，画面的生动效果就出来了。波动的光照在画上，营造出一种氛围。

画人物画全靠笔法的运用。从正面观赏席里柯和德拉克洛瓦所画的人物，甚至可以感觉到人物的背面。这就是画面所带来的氛围，它让人物变得立体，栩栩如生。我练习人物画就是为了追求这样的效果。

这周我画了一幅大尺寸的裸体人物画——由维尔拉设计的两个摔跤的模特造型，画完我很满意。

我白天在教室里画人体素描。那里有个老师也画人物画，并靠这个赚了很多钱。他问过我好几次是否自学的人物素描,之后他说:"我看得出你下了很大的功夫,用不了多久你就能成功的。"这里有一个和我同龄的学生,也画了很长时间,但这位老师就没有对他说那番话。他还告诉我,维尔拉曾经跟他说,我的画有内涵。维尔拉从没和我说过这个。在教室里画画时是没有背景的,这样画面显得很枯燥。

有几个同学看过我的素描了,其中一个受到我画的农民画的启发,加强了阴影的力度,用更浓烈的笔触去刻画人物。他画好后给我看,我们还讨论了一番。那幅画充满了生命力,是我在教室里看到的最好的素描。那位西贝尔老师把他叫了出去,对他说,如果他再敢这样画,就是在拿老师找乐子。看到了吧?学院就是这样。

但是无所谓了,没必要因此生气,应该装作愿意去改掉"坏习惯",然后再"不幸地"又染上了它。

我在这儿找到了我所期待的各种思想的交锋。我对自己的作品又了新的认识,可以更好地判断弱点在哪里。花销最小的方式就是待在画室画画,但又不可能自己找到模特来好好练习裸体画。我想,如果其他同学自发地开始用强烈的笔触画阴影,维尔拉一定会来和我算账的,尽管我一直刻意避免惹麻烦。

我和温克(莱斯的一个学生)约定,晚上一起画古典雕塑。我必须说,我认为画石膏像对画农民画很有帮助,但不是按照一贯的方式去画。古典雕塑所呈现出的情感,见鬼,他们之间竟没一人可以画得出来。他们的素描在我看来都很糟糕,完全画错了。时间会证明谁是对的,那些学院派绅士们也许把我的风格当成了歪门邪道。我很多年没看到过好的古典雕塑了,这些年我一直在画真人模特。当我重新面对古典雕塑时,被古代雕塑家的渊博知识和天赋异禀惊呆了。

下课之后，从十点半到十一点半，我在一个俱乐部画模特，我加入了两个这样的俱乐部。

所以我现在非常忙，我觉得这些事都没坏处，不管怎样，这都是与人接触的一种方式，班里有几个和我同龄的人。画一段时间的着装模特后，再去画裸体模特和古典雕塑，然后去研究分析，这一切让我觉得很有趣。在去巴黎学画之前，必须先在其他地方画过一段时间，我经常能看到在艺术学院长期或短期学画的人。

维尔拉和温克给我的意见很严苛，他们强烈建议我至少画一年素描，可以的话，只画石膏像和裸体模特。

这边现在很冷，大多数时间我的身体状况都不好，但只要画到兴头上，我就情绪高涨。这里的环境和乡村完全不同，让我的精神振作了起来。

跟别人相比，我太木讷了，我看起来就像是被关了十年监狱。我一定要改变我的样子。我最近正在看牙齿，我至少有十颗牙已经掉了或者坏了，缺的牙太多了，导致我看着像个年过四十的人，这让我很难过。看牙齿花掉我一百法郎，但现在去看总比其他时候好。当我画画的时候，精神从来没有这么好过。

同时我还要注意我的胃，从上个月起我的胃很不舒服，也一直在咳嗽。自从5月1日住在纽南的画室开始，我吃过的热饭不超过六七顿。因为在画画上开销太大了，让我没钱吃饭。那时候我坚持下来了，来了这边也可以，我相信我的身体足够强壮，能顶得住。我不会告诉母亲我身体不好，不想让她担心，不然她会觉得这是他们造成的，如果我留在家里，就不会出现这种情况。因为烟抽得太多，导致身体状况更差了，但不抽烟的话，胃里实在空得难受。

我的牙齿坏得越来越多了，这让我很担心。我的整个嘴里也痛得很，所以我吃东西时只能用最快的速度把食物吞咽下去。你看，我不比其他人健壮，如果不在意自己的话，就会和其他画家（算一算有不少）一样死掉，更糟的情况是疯掉或变成个傻子。医生的建议是，我必须要好好照顾自己的身体了。这真是一次身体的大罢工。

　　这个月我一定不能再生病，如果我的身体每况愈下，就可能会发展成斑疹伤寒。但我觉得应该不会这样，因为我最近常常出去呼吸新鲜空气。我的身体变坏只是因为我的吃住都太简单了。虽然现在的身体状况不好，但是提奥，你不用担心，我也不怕，不管发生什么，我都可以保持沉着冷静。身体不好不意味着不适合画画，人可能会生各种病，但工作不能受影响。神经质的人往往更能敏锐地感知和细致地思考。

　　德拉克洛瓦说过，他找到了绘画的秘诀，那就是"掉了牙齿与没了呼吸的时候"。不过我知道他从那时起开始注意自己的身体，而且多亏了他的妻子，不然他会早死十年。

　　和你一样，我也去了拉雪兹神父公墓，站在贝朗热夫人简陋的墓碑旁，心生敬意。我是特意去的（如果没记错的话，贝朗热的墓就在前面），我记得那里还有柯罗夫人的墓。这些女人都是温柔的缪斯女神，对于她们的丈夫来说，不管是情感上还是肉体上，或是在他们充满诗意和感染力的作品中，她们所带来的影响都显而易见。

　　我越来越觉得，为了创作而创作是所有伟大画家的原则，不要因饥饿和失去一切物质享受而失落。伊斯雷尔斯曾经没有名气且生活穷困，晚餐甚至只吃干硬的面包，但他还是想到巴黎去。从龚古尔兄弟身上也可以看到，创作需要坚强的毅力，即便不被认同。

　　不要因我的花销而生我的气。我知道钱的事一直让你不高兴，但为了维持生活只能这样，只有活着才能画画。

我盼望你能说说房子的事情。如果我去了巴黎，只要能在偏远的地区（蒙马特）租一个便宜的小房间，或住在旅馆的阁楼，我就很满意了。至于你提到的住在一起，并弄个可以接待客人的画室，我非常赞同。我们这十年很少在一起，如果意见有了分歧对我来说并不奇怪。

对你来说，住在画室不是件坏事，我没有把握的是我们之间能否协调一致。你在信里写的话用在我身上也合适：你会对我失望的。但不是所有事情，你不会对我看待事物的眼光失望。你对我的评价中，太过看重我们的共同点和偏见，我觉得你不会一直这样。对我们来说最重要的是互相融入，这样就能更好地彼此理解。

我理想的画室是这样的：房子里有一个带壁炉的房间，上面有个阁楼，这样的环境住起来很舒适。白天的时候那个房间可以作为画室，但这样的房子太贵了，我们手头又不宽裕，可能最理性的方案还是再等等。如果我们再奋斗一年，如果我们把身体养好一些，我们就能更好地应付各种情况。我听一些画家抱怨过："我租了间很贵的房子，想招呼别人过来，但一个人也没来过，我自己住着很别扭。"我要先在科尔蒙的画室画上一年，这期间你可以更加彻底地研究下生意上的事，那之后我们再试着一起住。我们应该利用那一年加深了解，更加亲密相处，这也许会带来很大的改变。

至于创立我们的画室，从一开始就要认识到这将是一个挑战，我们做好准备面对人们的极度冷漠，这样才能充满信心地开始。我们一定要对成功抱有希望，一定要积极努力，只有做到了这些，才会在临死前对自己说：我要到那个所有勇敢的人都去的地方了。我们可以尝试两件事：自己创作出色的作品，以及收集和交易我们所喜欢的别人的作品。如果我们一直积极创作并抱有成功的期望，即便别人和古皮尔公司或我们的家人有直接关系，我们也不会在探讨问题时起争端。我必须要说的是，我希望我们都可以很快结婚，因为我们到了结婚的年龄了。有了妻子后我们可以更健康地生活，而与女性的相处也能让我们更好地理解艺术。

让我高兴的是你支持我去科尔蒙画室。他们都说在巴黎画画是自由的，可以选择更多的主题。那里有许多充满智慧的人愿意指正我的作品并给予意见。

此外，科尔蒙可能会和维尔拉的说法一致，即我必须要先画一年的裸体或石膏像，这样我就能将男性和女性的身体烂熟于心，而我之前一直都在画生活中的实景。我敢肯定，像维尔拉和科尔蒙这样的人能提出如此意见是件好事，因为维尔拉对许多人的态度，都只是让他们自己去苦练，其他什么都不说。

能凭记忆画出人体是一种优势。这个学院很少画裸体女模特，至少在教室里从来没见过，私下也极少见。在古典课中，男女模特的比例是十比一。在巴黎，这方面肯定要好很多了。对我而言，将完全不同的男性身体和女性身体做对比，可以从中学到很多。这过程可能会很难，但无论是艺术还是生活，怎么会没有困难呢？

你也不要认为我多年的户外写生是白费功夫。去实地观察事物的样子，是在学院和画室画画的人所缺少的经验。在科尔蒙画室画画，我会接触一些画了多年石膏像的人，而我练习石膏像的话，用不了那么长时间。跟别人比，我能更果敢地画下事物的轮廓，因为我写生多年。但因为过去没有机会画裸体，这方面的知识就比别人掌握得少。

我对素描驾轻就熟，从一开始我画素描就像写字一样自如。对极力追求思维的独创性和广阔性的人来说，素描非常有意思。

你和我说过科尔蒙画室里那些聪明的人，我非常愿意成为他们中的一员。

我昨天完成了一幅素描，是为夜间课程举办的比赛而画的。我画的是日耳曼尼库斯。我肯定我是最后一名，因为我和其他人画得都不一样，而他们画得都一样。其中他们认为最好的那幅画，我目睹了创作过程，因为我就坐在后面。那画画得很正确，却没有生命。所有其他人的素描也都是一样。

西贝尔老师故意找我麻烦，大概是想把我赶走。起因是班上的人都在谈论我的画，我也和其中一些人说过，他们画的素描都是错的。

如果我去科尔蒙画室画画，迟早也会和那里的老师或学生起冲突，但我不会放在心上。就算没有老师指导，我也可以去卢浮宫画画，跟古代大师们学习，以这样的方式修完素描课程。

这里的课程3月31日结束。如果必要的话，我想去纽南看看那边的情况，但再返回布拉班特就绕远了，浪费时间。我没钱买颜料带到那边去了，同样的状况会再度发生：在雇模特上花光所有的钱，尽管我知道那样不好。由于我必须继续画画，同时又生着病，所以只好请求你让我在去巴黎之前继续留在这边。如果你同意我在六七月份前去巴黎，事情对我来说就会好很多。

我会在3月以后直接到巴黎，然后去卢浮宫或艺术学院画画。我要去做最紧迫的事——学习古代大师的作品，这会非常有助于我去科尔蒙画室画画。在巴黎我会重新找回自在的感觉。

我会很喜欢那里的生活，我将租个阁楼，然后我们可以好好讨论6月前后弄一间画室的事情。我仍期待到那边找些活儿干，尽管我这方面的运气一向不好。

不管怎样，我不能继续待在这边了，我的身体状况好了点，画画方面不太顺利，但我不强求。我想保存体力去巴黎，希望到了那边能有好的状态。

总体而言，在安特卫普的日子很愉快。我当然希望我在刚来时就能具备离开时所拥有的经验。我希望有一天能再回来，这是一个很像巴黎的城市，由于繁忙的贸易、热闹的街市和丰富的生活，这里汇集了来自各个国家的人。据说过去的安特卫普更加繁华，我没见过那时的样子。

昨天我听闻西贝尔曾和别人说，我对素描是有见地的，他那时太武断了。我很多天没看到他了，因为他不常到班里来。我又完成了一张石膏像的素描，西贝尔说他并非有意冒犯我，还说我现在的画在比例上几乎没有问题，色调方面也不用做任何修改。

我此刻正在画女性的半身塑像，这和最初画的石膏像非常不同，线条柔和很多，让我想起农民或伐木工的样子。

今天的天气就好像春天一样，我想，在乡村生活的人大概听到了云雀的第一声鸣叫。今天早上我在城里转了一大圈，去了公园，沿着林荫道散步。空气中有了万物复苏的味道，而在人事方面，是多么令人灰心丧气啊！

我不认为因到处碰壁而感到悲观是小题大做。一个人将来也许获得了成就，可以向后人证明他是有用人才，而当下对他来说却是举步维艰，并且可以预见到一年比一年艰难。工人反对资产阶级，就像一百年前第三阶级反对其他阶级一样。我们离最终的目标还很远。

所以即使到了春天，成千上万的人却在叹息徘徊。

我看到云雀在春风中展翅翱翔，就像个伟大的乐观主义者一样。但我还看到二十岁左右的年轻女孩本应健康活力，却染上肺病，也许到不了病入膏肓的时候，她就投河自尽了。如果一个人身边总是围绕着身份地位高的人或富裕的资产阶级，恐怕就不会注意到这种事情。但如果是像我一样多年来饱经风霜的人，这种悲伤的见闻会让他的生活更加沉重。

这段时间我只有一个知心朋友，他是个法国老人，我画过他的肖像画，维尔拉称赞过这幅画。冬天对于这个老人来说，比我还难过，因为他岁数大了。我陪他去过诊所，医生说他恐怕需要动手术，我劝他去医院，所以我可能会因此多待几天。这世界上没有什么像人一样有意思，怎么研究都不够。这就是为什么像屠格涅夫那样的人会成为伟大的艺术大师：他们教会我们如何去观察。

柯罗比其他人更沉静，他的人生如工人一样简单，而对其他人的悲苦却非常敏感。十九世纪七十年代时他年岁已高，本应安享生活，却不辞劳苦去战地医院探望受伤的战士。

幻想会消失，但崇高的精神会一直留存。就算有人生性怀疑，也不会不相信像柯罗、米勒和德拉克洛瓦那样的人。某些时刻我们会无暇顾及大自然，但始终会在意人性。

你也是一样，既不快乐，也没有积极的情绪。你操心的事太多，成就寥寥。当一个人被孤立与误解，并丧失一切享受物质幸福的机会时，信念却还在。人们本能地感觉到，很多事情在改变，就像暴风雨来临前可以感受到低气压一样，他们会说：我们感觉得到暴风雨就要来了，但我们的后代可能会更自由地呼吸。

左拉和龚古尔兄弟相信这一点，他们的内心简单纯朴。这些思维缜密的分析家做出的评判，无情却一针见血。屠格涅夫和都德的创作目标明确并具有预见性。你看，那些伟大的作品总是和他人紧密联系在一起的，能够鼓舞人们的力量，使人感到无限的幸福。

你早晚会知道，人最终会无可挽回地失去物质享受的所有机会，但同时会在工作的动力中得到一定的补偿。

人无法肯定地预知一切，但经过观察分析，可以看到在绘画和文学领域，本世纪最伟大和最有创新思想的人，总是克服自身的局限去创造。我想，我所不了解的音乐领域也是一样。不为利益所动，通过一点点积累逐步形成自己的风格，百折不挠，不去在意别人的评价，这就是米勒和圣西尔的作风，巴尔扎克和左拉也是一样。

龚古尔兄弟创作过大量的作品。他们一起工作和思考，这是多好的方式啊！我发现很多画家的不幸都是由相互纷争、不愿合作、虚情假意造成的。

我为当代伟大思想家的精神而感动，伏尔泰、狄德罗——他们是发动法国大革命的伟大人物。他们是引领时代的天才，带着那些自私和消极的人朝着同一方向、同一目标并肩奋斗。

我想起龚古尔兄弟的最后一次散步和年老的屠格涅夫最后的日子。就像女性具有敏锐的感知能力，他们在面对痛苦的时候同样敏感，却仍然充满活力与自信。他们并非冷漠地坚忍克己，也没有藐视生命。他们离开人世时也和女性一样，没有对上帝的坚定信仰，没有抽象的观念，他们的一生总是脚踏坚实的土地。

我们现在还谈不上这样的境地，我们要先工作，先生存，因为我们还没有达到基本的幸福生活。画画是使人焕发青春的秘诀所在。卡莱尔也是一个具有冒险精神的人，他用与众不同的眼光观察事物。我对他们的生平了解越多，就越发现他们之间总是有共同之处：缺钱、身体不好、被反对、被孤立、总是遇到各种各样的麻烦。

我的精力都放在了去追求我想要的东西上——充分发挥能力来开创我的事业。这就意味着我要去克服困难，而不是妥协让步。

遗憾的是，当一个人慢慢获得了经验，他就失去了青春。如果不那样，该是多好的人生啊。

第 4 章

1886 年 3 月至 1890 年 7 月

凡高的人生轨迹：

1886年3月，文森特突然造访巴黎，并开始了与提奥共同生活的一段时光，因此鲜有信件。在此期间，他加入了科尔蒙画室，并结识了一些志同道合的画家。

巴黎，1886年3月

我这样不请自来，希望你不要责怪；这件事我已经考虑了很久，我相信这是最节约时间的方式。我们会把一切都处理得很好，你等着瞧。

今天早晨，我收到了你的来信，你说你已经把这件事告诉了在荷兰的各位叔叔，我觉得这是件好事。我主张"一定要全速前进"，我觉得这没错。

我还在继续画静物花卉，我知道你手里有我以前画过的类似画作。我画的这几幅包括：一束白色的百合花，除白色之外还夹杂着粉红和绿色，背景为黑色，准确来说是日本漆器的颜色，其中还混杂着贝母的颜色；另一幅是黑色背景下橘红色的忘忧草；还有黄色背景下紫色的大丽花，以及浅黄色背景下装在蓝色花瓶里的红色剑兰。

我特别想换两张伊萨贝的水彩画，如果是人物画最好。我愿意用我画的静物花卉系列来交换。有没有可能搞到来自普林森海其的奥托·韦伯画的那幅《秋天》？我愿意用四张画交换。比起素描来，我们更需要油画。

我身上还有两个法国金币，不过可能维持不到你回来的时候。我在阿斯尼埃工作之后，得到了很多画布，唐吉老爹对我相当好。

公平地讲,他对我们一直很好,只是他那个恶婆一样的老婆听说了我们之间的事,然后就极力反对。不过他还是尽其所能满足我们的要求。

我今天见到了劳特列克,他卖出去了一幅画,我猜想应该是通过泊泰。

最近我去过了铃鼓咖啡馆。如果一直不去,就好像我故意躲避似的。我告诉塞加托里,我不会以她的职业来评判她,但是她应该对自己有一个客观的判断;我把自己的画拿到餐馆去的时候,她都给过我收据,但是我已经都撕毁了,尽管这样,她还是应该把一切都还给我。她一直没有来见我,我觉得她心里知道这些画会引起我们之间的争端。那次她对我说:"走开。"这似乎是一种警告,但当时我没太明白,而且也不想弄明白。

她答应让我来处置所有的绘画和其他一些东西,但她认为是我在故意挑衅——这种说法并不让我感到奇怪,设身处地来想,看着这些画,然后再想到我,的确会让她感到不舒服。我不想把那些画直接从她店里拿走,我告诉她,等你回来以后我们再讨论这个问题,因为这些画是我们的共有财产。

她看上去气色不好,脸色惨白。我感觉她应该是刚刚经历了一次流产,尽管我不该把这种话直接说出来。我不该责怪她,因为她现在的处境很糟糕:她在经济上无法独立,又不是家里的女主人,更重要的是,她现在正生着病,忍受着疾病的折磨。

我希望她能够在两个月内好起来,或许,她会感激我在这段时间里没有去打扰她。我对她很了解,因此也充满了信任。为了她的餐厅好,她应该表现得坚强一些。就好像她急匆匆地走过,不小心踩到了我的脚指头,这都可以原谅。如果她是有些人眼里的那种坏女人,那她就不仅仅是踩我的脚指头了,而是直接把脚踩在我的心上。但是她没有。

但有一点可以肯定:我再也不会为铃鼓咖啡馆作画了。这与塞加托里有关系,但也不完全是一回事。我还依然喜欢着她,我也希望她能对我抱有一份感情。

昨天我见到了唐吉老爹,他把我刚刚完成的一幅画挂在了橱窗里。你走后,我已经完成了四幅,手上还有一个尺幅较大的正在画着。我知道这种长卷画不好卖,但我相信不久后人们就会发现,画中充满了新鲜的乡野气息,而且风格与众不同。

这些画特别适合作为餐厅或者乡间别墅的装饰。要是你找到了自己心仪的人,并且准备结婚,可以考虑购买一套乡间别墅,很多画商都是这样做的。如果你过得好了,花费自然要增加,可这也是确立社会地位的一种方式,很多人起初会让自己看起来像个有钱人,后来就真的有钱了。让生活过得快乐一些,总比想不开自杀要好。

你在信里描述家人的话让我很是感动:"他们都过得很好,可见到他们还是让我心里不好受。"大约二十年前,你一定发过这样的誓言:不管怎样,我的家庭一定会衣食无忧,人丁兴旺。如果你能尽快结婚,那对母亲将是极大的安慰,就算为了健康和工作,你也不应该一直单身。

我的情况就不一样了,我已逐渐没有了结婚生子的渴望,想想自己三十五岁的年纪,自己也会很伤心,事情本不该是这样。有时候,一旦画得自己不满意,我就会充满怨恨。我记得黎施潘在什么地方说过:

热爱艺术就意味着失去真正的爱情。

这话说得太对了。从另一方面来说，获得真爱也会让你厌恶艺术。有时候我觉得自己开始变得衰老，身心疲惫，如果有了自己的爱人，我就会减损自己对绘画的热情。

为了成功，一个人必须有雄心，而雄心多数听起来不切实际。就算我在绘画方面有了成就，可还是有可能无法得到足够的回报，想到这些就让我很低落。我不清楚自己以后该怎么办，我现在就是想减轻你的负担。这并非完全不可能，我正在努力取得进步，以后你向别人推荐我的画作时就不会觉得难为情了。我打算去南方，离开这群画家，反正人们也都讨厌我这样的人。

凡高的人生轨迹：

因与提奥关系日渐紧张，以及对巴黎社交生活的厌倦，文森特决定去往普罗旺斯的阿尔小镇。阿尔充足的阳光和鲜艳的色彩使他狂热地投入创作，绘画技法也日趋成熟。此时，他脑中一直萦绕的在南方建立印象派画室的想法愈加强烈，他希望高更——这个与他相识于巴黎，彼此欣赏的画家成为第一个加入的人。而当高更来到阿尔后不久，便发生了著名的"割耳事件"。因为精神失控和备受小镇居民排挤，文森特自愿住进圣雷米医院接受治疗。

阿尔，1888年2月

这里四处堆积着两英尺厚的雪，雪还在下着。在我看来阿尔并不比布雷达和蒙斯大。

在到达塔拉斯孔之前，我就注意到这里奇特的景致了：巨大的黄色石块堆积在一起，一片令人惊叹的乡村景色。在这个被巨石包围的小村庄里，有一排排圆形小树，树叶是橄榄绿或灰绿色的。而阿尔的乡村就平坦多了，我看到广阔的红土地上竖着葡萄藤，远处是淡紫色的群山。雪中的风景就像是日本画里的样子：白雪皑皑的山峰背后，是如雪般明亮的天空。

旅途中我想起你的次数比我看到的村庄还多。我自言自语道：你以后要经常过来找我。在巴黎工作似乎对我而言是做不到的，除非拥有一个安静的居所，可以在那里安然休憩，养精蓄锐。要是没有这个条件，人就会变得失去理智，无可救药。

我画了一幅以城市为背景的白色调风景画，以及两小幅在雪中绽放花朵的杏树。现在的身体状况比在巴黎时好些了，那时不可能站这么久。有时候我感觉身体里的血流变得畅通了。情况真的好了很多，除了吃饭还是费力，因为体温有些高，没什么胃口，但我想这只是时间的问题，我需要耐心等待。

和在巴黎比，这里的开销并没有降低，我实在无能为力。我算了一下，每天要花五个法郎。

我收到了高更的来信，他说已经两周卧床不起了，他快破产了，有些债不得不马上还清。他想问你是否卖掉过他的作品，因为急需钱，他准备再降低些价格。

可怜的高更运气不好。我非常担心在这种情况下，他的身体更难恢复。我发自内心为他的困境而难过，尤其在他目前体弱多病的时候。他不是那种会因困苦而成长的人，相反，这只会将他的气力消耗殆尽，也让他无法再工作。上帝啊！自古以来，没有哪个画家能拥有健康的身体。

他说，在各种各样折磨人的痛苦中，没有什么比缺钱更让他疯狂的了，他觉得自己注定一生赤贫。唯一的方法是写信给拉塞尔。我们已经试过将他的画卖给特斯迪格，但接下来该怎么办？你愿意尝试把他的海景画卖给公司吗？如果办成了，他就暂时得救了。

对于我们中的很多人来说（我们自己无疑是其中一份子了），未来的生活仍困难重重！我坚信最终我们会胜利，但画家能从中得到什么好处呢？他们的难处会少一些吗？如果未来他们的运气能好一些，也算是种安慰吧。

说说雷德，那个英国画商，如果说认识他之后没有得到一点好处，这不太公平，因为他送给我们一幅佳作。他提高了蒙蒂切利作品的价格，我们手里有五幅他的作品，因此这些画的价值也就上涨了，起初那几个月，他确实够朋友。

从我们的角度出发，是想让他做笔更大的生意。我们关注已故画家的作品只是为了钱，所以无疑对他是信任的。但只有这个是不够的，在我看来雷德似乎对画家并没有兴趣。而至于印象派画家，如果想让他们在自己的领域站稳脚跟，就应该靠你的努力把他们引荐到英国去。

但你需要公司里其他人的支持，你一定要马上和特斯迪格谈谈。特斯迪格在衡量过画价的降幅和利润后，能很快在荷兰卖掉五十多幅，同时，他也会留下一些，因为如果这些画在安特卫普和布鲁塞尔被热议，不久也一定会在阿姆斯特丹和海牙得到关注。

特斯迪格在英国的生意如鱼得水，我觉得他应该在英国筹办一个印象派画展。特斯迪格肯定听说过雷德，知道在英国生意方面这人是个竞争对手。希望他能成功，虽然这不关我的事，但事关布索·瓦拉东，你和特斯迪格所在的公司。

因为特斯迪格不反对我们以画家的利益为出发点提高作品的

价格，组建画家协会将是件很容易的事情。在英国最难的地方在于：要么画家以低廉的价格把作品卖给当地画商，要么联合起来，自己选择既有诚意又能干的代理商。我们一定要大胆地表达我们的意愿，不是吗？这样梅斯达赫和其他人就无法再嘲弄印象派画家了。

如果特斯迪格愿意首当其冲将印象派引入英国，那就太好了，但他首先要自己先看很多印象派画作。你要向他提议，带他去走访印象派画家的画室，这样他就能预感到，明年这个新的画派会成为人们谈论的焦点。

如果他拒绝，我们还可以找雷德或维塞林作为英国代理商。但如果维塞林真的接手了，特斯迪格会马上责备你："老兄，你负责印象派画家的事，怎么把公司蒙在鼓里？"

特斯迪格有能力得到收藏家们的信任。要是你能说服他，我会非常高兴。我们一定要有耐心。

你如何看待威廉皇帝去世的消息？这会导致法国局势紧张吗？巴黎还会平静如故吗？而这一切会给绘画生意带来什么样的影响？听说美国有可能取消画作进口税。

或许，让画商和收藏家购买印象派画作，要比让画家们均分卖画的收入容易。但对于画家来说，最好的办法是联合起来，把各自的画作交给协会，然后分享所有销售收入，这样至少可以保证会员的工作和生活所需。

如果德加、克劳德·莫奈、雷诺阿、西斯莱和毕沙罗发起倡议说："听着，我们五个人每人拿出十幅画，以后每年都会上交一定价值的作品，我们还邀请吉约曼、修拉、高更、贝尔纳、安奎坦、劳特雷克、凡高,你们这些'小林荫道画家'加入我们。"①

这样一来,大林荫道画家,即伟大的印象派画家,就可以维持他们的威望,旁人也无法指责他们独占靠个人努力和天分获得的名利。他们的声誉也靠那一大批处在贫困中坚持不懈的画家而得到巩固和提升。

周六晚上,两个业余画家来看我,其中一个是杂货商,他也卖绘画材料,另一个是当地的法官,看起来人很好,也很聪明。

我认识了一个丹麦的画家,他叫莫里阿·佩特生。他之前在拉菲特街看过印象派画展。我现在晚上有了伴,他很正派,虽然作品枯燥、刻板,不大气,但这么一个有能力的画家尚还年轻,有如此表现实属正常。他读过左拉、龚古尔兄弟与莫泊桑的小说,也有足够的钱让自己过得很好。

听说你让科林跟你合住,我很高兴,这样你就不孤单了。在巴黎,人们总是像拉车的马一样垂头丧气,再加上总是一个人住在"马厩"里,这样的生活真让人难以忍受。吃早饭对身体绝对有好处,我在这边自己做早饭,每天早上吃两个鸡蛋。我的胃还是很弱,但比在巴黎时好很多了。

今天早上,天气终于好了一些——我已经受够了西北风。我在周围转了转,但因为这风,什么都做不了。天空一片湛蓝,灿烂的阳光几乎把所有积雪都融化了,但风还是很冷,冻得我直起鸡皮疙瘩。我看到了很多美好的事物——一个小山上的废弃修道院,

---

① 凡高1887年在巴黎时期举办过一次重要画展,他将参展的高更、贝尔纳、安奎坦、劳特雷克等人和他自己称为"小林荫道画家",而德加、莫奈、雷诺阿、西斯莱等人则被他称作"大林荫道画家"。"大林荫道画家"即"大印象派"。

松树，还有灰色的橄榄树。我希望能马上去那儿看看。这里遍地都是花朵盛开的杏树。

我刚刚完成了一幅吕西安·毕沙罗风格的习作，但画的是橘子。目前为止我已经完成了八幅习作。但这些不应当算数，因为我还没好好地在温暖舒适的环境下画画。我希望能够稳步前进，可以在下个月寄给你第一幅画去售卖，我只想把最好的作品寄给你。

今天我在外面完成了一幅吊桥的作品，桥上有一辆小马车经过，背景是蓝蓝的天空，河水也是蓝色的，橘色的河岸上长着绿草，一群洗衣服的女人穿着罩衫，戴着五颜六色的帽子。我另外还画了一幅以小桥和洗衣女工为主题的风景画，和一幅火车站旁种着悬铃木的街道画。

兄弟，我感觉好像到了日本一样。我一点没夸张，我还从没见过如此美的景色，这就是为什么虽然画画开支大，作品又不值钱，我却没感到绝望。我在这里见到新的事物，学到新的东西，我在一点点进步，身体还撑得住。我必须画到我赚的钱可以收回成本。我不可能每个作品都成功，但会越来越好的。

目前你还没有抱怨我在这里的开销，但我得给你打个预防针：如果我以现在的速度继续画画，很可能会入不敷出。我在颜料和画布上花的钱比在自己身上花的要多。一旦有钱支付打包费和运输费，我就立刻把习作寄给你，而此时此刻我身无分文。

我会寄给你第一批作品，包含至少十幅油画，很好奇你会做出怎样的评价。

随信附上我列出的颜料购买清单，最好在塔塞的店里订购，因为他们认识我，跟他们说给我打个折，最终价格不能高于运输费。你再问问老塔塞，帆布最低多少钱。

我的颜料和画布一向都在杂货店或书店购买，但那些地方东西不全。这里的颜料商可以提供吸水性强的画布，但上货的速度太慢，等待的时间够我在不吸水的画布上画两幅作品了。繁花盛开的季节转瞬即逝，所有人都喜欢这种题材的作品。

但如果你后面这半个月手头紧，那我就画些素描。你不必把自己逼得太紧，我在这边有很多题材可以画，不像在巴黎时常常身不由己。

关于在独立画家展览上展出的两大幅蒙马特高地风景画，按你的想法办就好了。我越来越看好今年的作品，谢谢你为独立画家展览所做的一切。

虽然我现在是个无名之辈，但未来我的名字一定会出现在画展的名册里。我会将作品署名为文森特，而不是凡高，因为这里的人不会念那最后一个字。

祝贺你买下了修拉的作品，你还要试着用我即将寄给你的画和他交换作品。我给罗素写信时也会跟他提议交换一幅作品。新文艺复兴运动一旦开始，我们就可以把他的画挂出来。劳特雷克的那幅咖啡馆里倚桌而坐的女人画像完成了没有？

该死的特斯迪格给你写信了吗？

小镇的街道上拥挤着情绪激动的人们，景象确实很壮观。我被叫去问询妓院门口发生的命案：两个意大利人杀死了两名轻步兵。我借此机会进入了这条名叫里科列特的小巷里的一家妓院。我所接触到的阿尔的情色领域也就这些了。

轻步兵，妓女，去教堂参加第一次圣餐仪式的可爱的阿尔少女，身穿白色罩衣、状如危险犀牛的牧师，喝着苦艾酒的人们——这一切给了我强烈的异域感觉。毫不夸张地说，这里的女性都很漂亮，但阿尔的博物馆令人讨厌，它应该设在塔拉斯孔。这还有一座古董博物馆，所展出的均为真品。

最近几天都不错，我不是说天气，相反，四天里有三天都在刮风，但果树都开满了花，太值得画下来了。刮风的时候很难画画，我把画架拴在插入土中的铁钉上，这样有风也能画了。

我在户外的果园里画了一幅布面油画——淡紫色的耕地，一排芦苇篱笆，两棵玫瑰色桃树，背后是蓝天白云。这可能是我画过最好的风景画了。

我画完回家时，正好收到妹妹从荷兰发来的莫夫去世的消息，我的身体不听使唤了，如鲠在喉，于是我在这幅画上写下：

纪念莫夫

文森特与提奥

如果你同意，我们就把这幅画寄给莫夫太太。我不知道家里人会怎么评价这幅画，但那无关紧要。

我觉得纪念莫夫的作品必须是柔和而愉快的，不能带着悲伤的调子。

不要以为逝去的人已然逝去：

只要活着的人还在，

他们就没有走，他们没有走。

这是我的真实感受。没有更悲伤的事了，他的离世对我是沉重的打击。

祝贺你收到特斯迪格的信，他的表现还算令人满意。他有没有考虑到现在的高价画会在印象派大受欢迎之后贬值？画商们故意用高价买卖阻碍一个新画派的发展，这样也会毁了他们自己。这个画派通过多年的努力已表现出可与米勒、杜比尼和其他画家相媲美的艺术水平。

特斯迪格说他准备买入蒙蒂切利的一幅佳作作为个人收藏。你不如告诉他，我们收藏了一幅他的花卉作品，比迪亚斯的还好，有时蒙蒂切利画花卉，是为了在一张画里表现最丰富、最完美的色调搭配。你还可以和他说，蒙蒂切利对色彩的运用，有德拉克洛瓦的影子。

他曾在信里说："给我寄些印象派画作吧，但只要你认为最好的作品。"你后来把我的画寄了去，从特斯迪格的反应看出，想让他认可我并不容易，虽然我一直相信自己是小林荫道画家中有天分的一位。

把我的那幅画着吊桥和黄色小马车的作品给特斯迪格，让他作为收藏吧，相信我，他不会拒绝的。我下定决心要把这幅和给珍特·莫夫的那幅一起弄到荷兰去。

我一直觉得我们应该在荷兰有所作为。我们可以把在独立画家展览上展出的两幅画送给海牙现代博物馆，因为在海牙有我们太多的记忆。我们还可以送一幅习作给妹妹维尔。不知为什么，最近几天我想到莫夫、魏森勃鲁赫、特斯迪格、母亲以及维尔，情绪就会波动，我很肯定地和自己说，我要回去一趟，去画一些作品，然后就忘了他们，只把自己当作小林荫道画家的一份子。

我很想知道到年底时我会是什么样子，希望那时少生些病。目前我的状况不好，但我并不担心，去年冬天气候反常，现在的身体难免会不适。但令人高兴的是，我的气色好多了。

这个月对你我来说都很艰难，画画耗费了大量的颜料和画布，希望能有所收获。如果在经济上撑得住，我要尽可能多画些鲜花盛开的果园，这样的作品一定有人喜欢。我已经开始画了，准备完成十幅。我要画的四幅布面油画中，一幅作为成品画，和给特斯迪格和莫夫的一样，其他的是习作，希望可以与人交换。如果毕沙罗愿意和我们交换就好了。

今天的天气很好，早上我在果园里画画，那里的李树开着黄白色的花，黑色的树枝纷繁交错。画的时候突然起了一阵大风，眼前的景色出现了我从没见过的效果，而后风一阵阵间歇地吹来，阳光洒在白色的花朵上，闪闪发光。

真是太好看了，我的那个丹麦朋友也加入了进来，冒着画架被风掀翻的风险，我继续画。

我完成了一幅作品，画的是翠绿色小果园里种的杏树，杏树有着淡淡的玫瑰色。之前画过一幅玫瑰色桃树，画的时候心潮澎湃。这幅杏树和桃树画得一样好。

但对于这种户外作品的绘画方式，人们会作何评价？我们等着瞧吧。

吃完饭后，我仿照特斯迪格手中的那幅《英国桥》又画了一幅，准备送给你。如果我能练就在户外直接在画布上写生，一旦作品有了销路，我们就能从中获利。

你要告诉塔塞，必须供应胭脂红色颜料。我订的颜色中，三种铬色（铬橙、铬黄、铬柠檬黄）、普鲁士蓝、翠绿、洋红、孔雀石绿以及铅橙，在马里斯、莫夫或伊斯雷尔斯的调色板上都找不到。只有在德拉克洛瓦的作品中能看到这些颜色，他对柠檬黄和普鲁士蓝这两种不受欢迎的颜色尤其爱好，他用它们画出了极好的作品。所有印象派画家推崇的颜色都容易褪色，所以应该大胆使用这些颜色，这样一来时间久了色调就会变得柔和。

我后悔没找唐吉老爹订颜料，后悔不是因为他没能从中赚到钱，而是他实在是个很有趣的老头,我常常会想起他。如果见到他,记得代我问好,并告诉他如果需要的话,我可以把我最好的作品拿给他展卖。

啊!我越来越觉得人是一切的根本,想到你没有真正体验过生活,总觉得遗憾。我的意思是,做一个有血有肉的人比画画或雕刻更有价值,而自己的孩子比画作或生意更有意义。对比那些脱离现实生活的朋友,你会感觉你是在真正地活着。

你一定会说,这样的话,就没必要有绘画和画家的存在了。乍听此话有些道理,但从另一方面讲,希腊人、法国人以及古代荷兰人都已经接受了艺术,我们可以看到,在艺术经历了不可避免的低谷期后,又一次次焕发出生命力。我不认为不顾一切去搞艺术是对的,我觉得我的画不值得你对我那么好,但如果它们有天值钱了,你的功劳一定不比我的少,这些作品是我们一起创造出来的。

你很善待画家,我和你说得越多,就越觉得去爱别人是最艺术的表现。一个人心怀远见,并看重工作的原则和连续性,那他在工作的时候就会气定神闲。你绝对是这样的人。

这一点很重要,是一切生意的核心,因此我们必须在荷兰拓展关系,或者恢复已疏远的关系。尤其对于现在的印象派画家来说根基还不稳,更需要增强人脉,但我相信我们最终会得到广泛认可。

莫泊桑的《比埃尔和若望》这本书我已经读了一半了,这书写得很好。莫泊桑在序言中说,画家的自由属性使他在小说中夸张地创造了一片比我们的世界更美好、更单纯、更使人得以安慰的天地,并进一步解释了福楼拜在说"天才无非是长久的忍耐,而独创性是坚定的意志和细心的观察的结果"时所表达的意思。

我认为绝对有必要开创一种新的艺术,它是色彩、图案和艺术生命的组合。如果我们带着这样的信念工作，希望或许就不会落空。

我收到了贝尔纳的来信，信中附有他写的十四行诗，其中有几首写得不错。他可以写出好诗，在这一点上我很羡慕他。

你去布鲁塞尔这趟旅行很必要，到了那边就可以弄清楚那里高价作品的销路如何。离开巴黎前我们谈过这个问题，一致认为布格罗、勒菲弗尔、本杰明·康斯坦特，全班人马都会到布索那里申诉，声称他们指望布索·瓦拉东公司（世界上最好的艺术品交易公司）坚持追求最文明、最有魅力的艺术作品——也就是他们自己的作品。想到这个就很担忧，如果你和他们发生争执，事情会更严重。真是麻烦！

我正在画两幅作品，完成后打算再复制一些。粉色桃树最难画。我还画了一颗小梨树——土壤是紫色的，背景是一面墙和笔直的白杨树，被湛蓝的天空映衬着。梨树的树干是紫色的，开着白色的花，一只体型较大的黄蝴蝶落在其中一簇上。这是放在两幅横幅画中的竖幅画，这样一来就有六幅布面油画都是关于花季中的果园。我想再画三幅，做成一组画。我每天都试着做些修改，力求他们放在一起时效果达到最好。

这些就是我为你设计的花季的果园装饰方案系列作品。我想画一幅令人惊艳的普罗旺斯果园图，还想画柏树顶上的星夜，这边的夜晚有时很美。我正处在狂热作画的时期，我还要画大量的素描，其中一些仿照日本版画风格。

这里的空气很清新，真希望你也能来这里畅快地呼吸。十分可笑的是，一小杯白兰地就能让我喝醉，所以我不必依靠兴奋剂来加速我的血液循环。

当这些果园画都完成的时候，我一定精疲力竭了，因为这几组图分别为二十五幅一组、三十幅一组和二十幅一组。即便我画两倍的量,对于我们来说也不算多。

我能确保的是我现在画的作品要比去年春天在阿斯尼埃画的好。希望今年我能有更大的进步,我真的非常需要进步。这些果园画加上那幅《英国桥》,将成为第一组系列作品。我把它们摆放在了有顶的阳台上晾干。

我觉得卡恩说得很对,他说我对明暗重视不够。可他们现在是这么说,过不久就会换种说法,他们一定会这样。

同时兼顾明暗变化和色彩是不可能的。提奥多·卢梭在这方面比其他画家做得好。因为色彩糅合在一起,时间久了他的画越来越暗,以至于现在已经看不清了。这就好比人无法同时出现在极地和赤道上。

所以必须做出选择,而我更愿意着重色彩。

我刚刚给你寄了一卷小幅的钢笔素描,大概十二幅。这些素描是用芦秆笔画的——把芦苇秆照着鹅毛笔的样子削成的。你应该知道要怎么做吧——像日本画册那样,以六幅、十幅或十二幅装订成册。做好后我很想给高更和贝尔纳各寄一本。

布索·瓦拉东公司的人所说的话,证明印象派还没有得到大众足够的认可。我先不画油画了,我告诉自己,和这些人争吵,就意味着你给我的钱会变少。我相信能找到比画油画省钱的形式去创作,这样想会欣慰很多。

我心中时常不安,担心你会被瓦拉东公司的人所带来的烦恼"打败",但我要和他们一决高下。如果他们在同意你休一年病假之后提出这样的要求,也是绝对合理的。你愿意让我陪你一起去美国吗?我宁愿看到你脱离古皮尔公司,单独做印象派画家的代理人,也不愿你为公司卖命，去交易那些昂贵的画作。

你会在素描作品中看到一幅画在黄色纸张上的速写，画的是城镇随处可见的广场中的草地，以一座房子为背景。我今天租下了画中房子的右侧部分，有四个房间，或者说是两个房间，带着两个小储藏室。房子外面漆成黄色，里面则是白色。这里的租金是每个月十五法郎。

我只要住在这个旅店里就躲不开麻烦，我不论买什么都被要求支付更高的费用，就因为我比别的客人占用更多的空间来存放我的画。

现在我的想法是，把一楼的一个房间收拾出来，用来睡觉。这样就可以留出一个画室，供我在南方开展事业，同时还要小心旅店主人的刁难，他们会找我麻烦，破坏我的计划。如果你离开公司，我就得设法减少花销，每个月不能再超过一百五十法郎。现在我还做不到，但两个月后就可以了，那时我的画室就稳定了，有必要的话我会再找一个画家和我同住。本地人在这里尽其所能地压榨外地人，他们觉得这么做不但没什么不妥，反而是必须的。

我必须开始行动了，所以想问你，如果我现在去马赛，你觉得可以吗？我在那边可以画系列海景图，就像花季果园系列一样。在马赛我还会想办法租个橱窗，展出印象派画家的作品。

如果不行，从今以后我的地址就是：

拉马丁广场2号

想到在海牙和纽南搞一个画室的想法最终都没能实现，所以现在该如何采取行动让我很苦恼，希望这一次可以顺利。想想看，黄色的外墙，白色的内饰，采光充足，我可以在明亮的房间里画画。屋里地面铺着红砖，外面就是广场花园。

你听到会觉得好笑，卫生间在隔壁的房子里，那里是同一个老板开的一家大型旅店。在南方，我没有资格抱怨旅店设施少，还很脏，这看起来就是一个细菌滋生的地方，但对面的花园令人心情舒畅。

先不着急修缮或装修房间，这样做是明智的，万一夏天的时候这里霍乱流行，我就搬到乡下去。我现在就想去乡下睡觉。昨天我去了家具店，看看能不能租张床。可惜他们不提供租赁服务，也不同意我以每月分期付款的方式买床。反复思考后，我觉得最好的方案就是在地上简单铺个垫子当床，睡觉时盖上毛毯就好了。夏天时天气热，打地铺没问题。我还会在墙上挂些日本画。

贝尔纳写信说他也弄了个房子，没花一分钱。他太幸运了！

我觉得我的未来不是一片黑暗，但前途充满困难，我有时在想，自己能否吃得消。最近我的身体很弱，上周我的牙疼得厉害，让我难以忍受，因此耽误了很多时间。除了我糟糕的身体，我没什么怕的。这边的葡萄酒味道不好，我很少喝。因为在这边吃得少，喝得少，我的身体特别差。

如果我能喝到浓汤，身体就会很快好转，但显然这种想法太幼稚了。我想要的永远得不到，这里的人连最基本的要求都没法满足我。

能不能煮些土豆吃呢？

不可能。

那米饭呢？或者通心粉？

没有，他们要么做些油腻腻的饭菜，要么就什么都不做，并解释说，菜要留着明天做，或者灶具都被占用了，等等。真荒唐，这就是我身体不好的真正原因。

我非常愿意和别人分享我的新画室，我会很开心，这样就可以在自己的地方做饭了。

无论如何,画室对我来说都是一个与绘画界的人共享的场所,我无法拿它当一个与女人约会的地方。跟巴黎相比,这里更人性化,但就我的性情而言,寻欢作乐和工作无法相容。以当前的情况来说,应该好好作画,以此得到满足感。这并不是真正的生活,但又能怎么样呢?我们知道,艺术生活确实有别于真实生活,它对我来说太重要了,如果还不觉得满足,那就是忘恩负义。

离开巴黎时,身体上的病痛让我走回了正道。那之后我改变了很多,我不再喝酒,也尽量少抽烟,同时改变以前做事不思考的习惯,开始动脑——天呐,我那时是多么消极和虚弱!在这样美丽的自然环境中,工作使我恢复了精神面貌,不过有些克制和改变对我而言还是难以消受。

我可怜的兄弟,我们的神经官能症和画家的生活方式有很大关系,但也是由不可避免的遗传因素造成。有些人的精神官能症源自家族史,我们不得不承认我们也在这样的行列中。

我总能想起格鲁比医生。他的建议是正确的,他说对待这种病症最明智的方法是好好吃饭,好好生活,少接触女人。你还记得他在说"勿近女色!"时紧闭嘴唇的样子吗?像极了德加笔下的人物画。但当大脑工作了一整天,不停地衡量、思考、计划,神经已经精疲力竭,这时就很难做到他提出的建议。简单来说,过着一种像是患了大脑或脊柱疾病般的生活,是需要勇气和毅力的。德加做到了,而且坚持得很好。

你是不是也觉得这很难做到?而如果以一种法国人式的莫名的乐观态度去生活,保留住自尊,不是很好吗?

然而,如果我们想要好好活着,认真工作,就必须理性起来。

听到你说去找过格鲁比医生了，我的心揪了起来。但好在你已经看过病了，我好歹松了口气。一定要对病痛重视起来，我对大多数事情都不关心，除了生病。我的好兄弟，谈到穆斯林的说法——"死神只在必要时到来"，我想我们无法得知这是否是上天的旨意，但能确信的是，照顾好身体，不但可以延长寿命，还能让生活更加平和，让生命之河更加清澈纯净。

你知道吗？我宁愿放弃绘画，也不愿看到你为了赚钱而糟蹋自己的身体。如果你能深刻理解"准备好迎接死神"，会觉得这种基督教思想（幸亏基督本人并没有这种思想，据那些认为他有些疯癫的人说，他非常爱人和动物）是毫无意义的，同样，如果把自杀当作为了别人自我牺牲的方式，就是大错特错，因为这样一来，实际上你就把你的朋友们变成了杀人犯。

所以如果情况是这样，你就无法顺利地外出做艺术生意，同时也让我不能心情平静。希望你同意我的建议，让我和你一起去工作，但得要求古皮尔公司以过去同样的薪水重新雇佣我。人比画重要，我在画画时遇到的问题越多，就越能冷静处理。我画画的目的是为了成为一名画家。

如果你能去乡下，在大自然的纯净空气和温暖气候中待上一年，格鲁比对你的治疗就会更有成效。我希望你身边的人比荷兰人更直率，更活泼。科宁是不错，但我希望你能再交些法国朋友。

因为画画，也因为大自然，我在这里过得很好，没有这些的话我会抑郁。希望看到你对自己的工作兴致勃勃，也希望印象派画家可以得到认可。孤独、忧虑、困难、得不到善意和同情——这些都是让人无法忍受的东西。精神上的痛苦和失望比生活上的放荡更伤害我们。我说的是我们，因为我们都满怀失落。

我找到一家不错的餐厅，可以花一法郎吃一顿好饭。饭吃得好了后，成效立刻出来了，我的身体比以前强多了，气色不错，消化功能也很好。之前主要是因为吃得不好导致我身体变差，还有喝酒的关系，酒就是毒药。

最近总是刮风，四天里有三天都是西北风在发作，尽管有太阳，外出画画还是很困难，所以我只画了十二幅小尺寸素描，就是寄给你的这些。

拉塞尔的朋友麦克奈特来看我了。我准备去看他，也观赏下他的作品，以前从来没看到过。他是个美国佬，大概相比于其他美国画家，他画得好得多，但尽管如此，他依然是个美国佬。我还收到了拉塞尔的来信，他买下了吉约曼的一幅画，以及贝尔纳的两三幅作品。让我最高兴的是，他在信里提议和我交换作品。

这边适合画肖像画，在此之前我需要调整下自己，让情绪更稳定，这样才能招待别人来我的画室。

虽然这里的人普遍对绘画一无所知，但和北方人比，他们在个性上和生活方式上都更加艺术。我在这见过长相漂亮的人，就像戈雅或贝拉斯克斯画中的人物一样。他们会在黑色外衣上点缀一点玫瑰色，也喜欢用白、黄玫瑰组合，这样的配色从艺术角度来看恰到好处。修拉如果来这儿，一定能发现一些非常适合入画的男人形象，尽管他们穿着现代服饰。

这是一个到处可以看到古老街道的肮脏小镇。关于阿尔女人的议论很多——她们现在贪图享乐，已经不是以前的样子了，但这依然无法掩盖她们的美丽。罗马风格打扮的女人看起来很平庸，而总有些例外！

有些女人像是弗拉戈纳尔或雷诺阿笔下的人物，还有些和任何油画中的人物都不一样。这里的女人和孩子非常值得画下来，但我觉得自己不足以胜任这个工作,因为我不是个"漂亮朋友"①。真心希望能有个莫泊桑所描写"漂亮朋友"来到这里，愉快地将这里美丽的人和景色都画下来。但这样的画家一定不像我一样住在小咖啡馆里，戴假牙画画，还去探访过轻步兵光临的妓院。

我会继续不停地工作，我的画总有一些会流传下去。我希望不久后这个可爱的乡村中会出现其他画家，像日本人一样，画自己家乡的风景。我不会有危机感，我会始终热爱这片乡村，就像日本艺术，一旦爱上了，就永远不会舍弃它。这片风景绝对值得去描绘。

未来的画家一定是前所未有的色彩专家。莫奈朝这个方向努力过，而印象派画家则展现了更为强烈的色彩选择。我们必须毫不怀疑地、毫不动摇地向着这个目标努力工作，我认为我的想法没错。

得知你卖了一幅德加的画，我很高兴。克劳德·莫奈的一些作品令人称赞，风景画中数莫奈最杰出，那人物画呢？相比之下我寄给你的那些画太差劲了。我现在对自己和自己画的作品很不满意，但我仍怀着一丝希望，但愿我有朝一日可以画好。

结算住宿费时我又感到自己被压榨了，我跟他们协商未果，我想拿走我的东西，他们不肯。

他们找我要五十七法郎四十生丁，而我真正欠他们的只有四十法郎。但是我在收据上写明，付的这些钱只是为了拿回我的财产，他们的非法所得部分应该提请法官处理。尽管我有绝对的权利要求他们扣除多收的钱，但我不确定能否胜诉。所以你看我不敢买床垫，现在必须要另找旅店住宿了。我想问你多要些钱，好让我能买个

---

① 莫泊桑的小说《漂亮朋友》中，主人公在巴黎上流社会中很受女性的欢迎，她们给他取了个名字叫"漂亮朋友"。

床垫。

这真是个大麻烦,严重扰乱了我的工作。现在天气转好了,遗憾没能马上用上这个画室,他们从我这多收的钱本可以用来装修。但结果总是好的,因为这使我下定了决心。起初,我有过一段完全投入工作的时光;之后我太累了,身体也不好,只能让一切顺其自然。那时我因生病并找他们要过好酒而多付了些钱,他们就开始谋划怎样再多找我要钱了。

之后我就没剩多少钱了,我去买了些食材,只够在家煮一点点咖啡和汤;买了两把椅子和一张桌子;此外还买了三件结实的亚麻衬衫和两双耐穿的鞋。我觉得我已经做好了面对坏运气的准备,早行动比晚行动好。年底时会是一个新的我,我要有一个属于自己的家,可以让我安然居住,恢复健康。我相信我的画架上很快就会诞生出几幅新的布面油画。只是当看到努力创作的作品最后被讨厌的人拿去赚钱,不免令人丧气。

我把所有习作装箱寄给你,除了已损坏的几张,我没有全部署名。其中十四幅有内框[①],十二幅没有。

打开箱子你最先看到的是我为莫夫太太和特斯迪格画的作品。如果你觉得这些画会惹怒特斯迪格,认为我最好不要给他,那你就自己留下好了。你可以把画上的赠言刮掉,留着以后和别人交换作品。或者如果你觉得其他没署名的哪幅画更加适合,就拿出来送给他。也许送张没署名的画给他更好,这样的话,如果他不想要我的作品,就可以假装他不知道这是个礼物,然后就能什么都不说地退还给我。送他画是为了表明我对这项事业的热爱,以及对他工作的

---

① 内框是指油画创作时固定画布的木制框架。

认可。

如果你把你认为最好的几幅收藏起来,等有天它们值约一万法郎的时候,可以作为对你的报答,那我会非常高兴。这次寄售的画包括《玫瑰色果园》《白色果园》和《桥》。这三幅你先不要卖,自己收藏起来,因为他们以后各值五百法郎。

如果我们坚信印象派画作将迎来价值的上涨,那我们就要多画一些。我们应该注意提高作品的质量,并抓紧时间。在几年的努力过后我们可以补上之前成本上的花费。我离那个目标还很远,但这样的环境足以让人创造出好的作品。所以如果最后没有成功,就是我自己的问题。

我拿回了十二法郎,旅店主人因私扣我的行李而被当局斥责。如果他赢了官司,我会被中伤,因为他一定会到处说我欠债;而现在反过来了,他说他当时失态了,并不是有意冒犯我。我觉得是因为他看出我受够了旅店简陋的环境,又留不住我,所以才会这样做。事情就这样解决了。我想我不过是个工人,并非为了消遣来旅行的外国人,如果受到欺压一直忍气吞声的话,一定会吃不消的。

我还没有买到床。我看上过一张床,但价格比我的预算高。要想花更多钱买家具,我必须出手一些作品。画布不够了,我又买了一些。

今天狂风大作,还下了雨,但也不是坏事。明天我一定要出去寻找一个新的创作主题。

我的气血逐渐恢复,而我对成功的企盼也更加强烈,不再有茫然无措的感觉。我对别的消遣方式失去了兴趣,也不再因激情而困扰,我可以更冷静地工作了,能一个人画画而不觉无聊。我只是觉得老了一点,但情绪上并不比过去更悲伤。

情况就是这样,以后也是一样,对真实生活的渴望不时地高涨,伴随画家的一生,而这种渴望却难以实现。有时候,我们很难全身心投入到艺术中,也不想为此做出努力。我们就像一匹拉车的马,就要被套上那辆老旧的车,但我们想要奔跑在阳光下,有草地,有河水,还有其他马儿做伴,自由自在地生活。

也许你心脏的问题就是这样造成的,真是这样的话,我一点也不觉奇怪。我们不反抗也不屈服。我们生了病,却一直好不了,是因为找不到治疗的良方。

我不知道是谁把这种状态称作"困在死亡和不朽之间"。我们拉的那辆车肯定对一些不认识的人有用。如果我们相信这种新的艺术形式,相信未来的画家,我们就不会失望。老柯罗在去世前几天说:"昨晚,我梦到了玫瑰色的天空。"而玫瑰色的天空,还有黄色、绿色的天空,不都已经出现在印象派画家的风景画中了吗?这意味着,我们预感的事情终将实现。

我认为我们离死亡还很远,而新艺术的存在比我们更伟大,更长久。

我们没有感觉死亡的临近,但我们觉察到在现实中自身的微不足道,为了跻身画家的行列,我们付出了很大的代价,耗费了健康、青春和自由。我们不喜欢这样的付出,就像马儿不喜欢拉着一车人去感受春天。

我们付出了青春,但看到这种新的艺术形式如此动人,充满了年轻的气息,这就是给予我们的回报。可能这样的话听起来很幼稚,却是我真实的想法。你和我一样,眼看着青春如一缕青烟般消散,心中不免痛苦,但如果看到它重新萌芽,在工作中重获生命,就等于没有任何损失。工作的能力就是另一种形式的青春。

可怜的拉车的马（你以及我们的朋友，那些可怜的印象派画家）太累了，应该在这里休整一下，在草原上享受大自然。

我收到了高更的来信，他说你给他寄去了五十法郎，这让他非常感动。他现在似乎很消沉。

他说根据过去和朋友拉瓦尔在马提尼克岛同住的经历，觉得一起生活比各自独处好，所以赞成我的提议。他还说希望能筹到资金，成立一个印象派画廊。如果说这个希望是一个实现不了的空想，我也不会觉得奇怪。我想，高更最稳固的财产就是他的画，而他能掌控的最好的生意，也是他的画。

你知道吗，我觉得成立印象派画家协会的想法会实现，如果可以维持下去，我们就能充满勇气地生活和创作，我们一起付出，一起收获。去年冬天我们讨论过成立画家协会的想法，我想继续坚持我的看法。我并没有对它抱很大的期望，或必须要去实现这个目标，但我是经过了深思熟虑的，所以我会坚持我的立场。如果高更和他的银行家们明天找我来要十幅画，交给画商去做生意，我不知道我有没有那个勇气，尽管我愿意把五十幅作品交给画家协会。

为了艺术而艺术，天呐！天呐！这是个伟大的革命！也许这只是乌托邦式的空想，最终的结果比现在还糟。我感觉生命是如此短暂，时光如流水，但作为一个画家，还是要继续画画。如果你无法给高更钱，接济他在布列塔尼的生活，也无法给我钱，接济我在普罗旺斯的生活，那不如拿出一定的数额——例如每月二百五十法郎——让我和他共同使用，然后每个月除了我的画外，你还可以收到高更的一幅作品。

接济高更是件冒险的事，我们必须考虑到帮助他将会是个长期工程——卖掉几幅油画对他和对我来说都是一样的，起不到什么救助作用，因为印象派画家想要得到大众认可还需很多年的时间。但我相信高更和其他画家会成功的，同时他也有可能会像梅里翁那样失败潦倒。他不画画的话太可惜了，他有那么高的天赋。

如果高更过来的话，除了路费和住宿费外，还要支付看病的钱，那样花销就太高了。我们必须买两个床或两个床垫，如果他能接受，那就只剩搬家这一个困难了，最好让他坚持住不要放弃。

我觉得他应该将债务延期偿还，先用他的一些作品作为抵押。我在巴黎时也不得不这样，尽管我失去了一些作品，但不管怎样，离开总比在原地停滞不前要好。画架还有两幅画等待完成，我几乎没有什么空闲时间，但还是给你写了信。

如果托马斯知道高更和我之间的联盟，可能会买下他的作品。拉塞尔要是一张都没买，一定是他无能为力。我曾对他说，如果我强卖给他，并不是因为没人买，而是高更现在身体不好，我们的生活压力很大。

我很想知道高更怎么决定，但不会冒险去劝他过来。如果他想去巴黎做生意，天呐！那就随他去吧。我当然不愿束缚任何一种个性发展，他要是想做投机的事，我不会阻拦。或许做成些事情让他得以支撑起家庭，对他来说是更大的责任，但我还是觉得来我这边才是最明智的决定。

这一趟折腾又费钱，如果他被我们劝过来，之后又发现这里并不适合他，到时的处境会更艰难。

特斯迪格的这次来访和我的预期不同，毫不隐瞒地说，我之前对我们之间合作的预估是错误的。

和高更之间的合作大概也是一样，我们得好好想想。我所想到的是：这位比我画得好的老兄正处在困境中，几乎分文没有，而我这里有些钱。所以我想让他分享我从你那得到的一半钱。但如果他没那么困难，我也就不那么着急让他过来了。

我一直觉得画家一个人生活不是个聪明的方式。一个人住花销太多，这令我感到不安，唯一的解决方法就是找个有钱的女人，或者和几个人建立画家协会，一起画画。我找不到那样的女人，但我知道有一些画家和我境况类似。我的这个想法对画家有益，画商也可以从中获利。一旦成功，可以再多找几个人加入。

这就是画家协会的萌芽阶段。贝尔纳也要到南方来，他会加入。老实讲，我知道你早晚会成为法国印象派协会的带头人。如果我能帮忙将这些画家联合起来，我会非常愿意看到他们的发展比我好。高更说，水手们在搬重物或起锚时，会一起唱歌为自己加油助威。而这恰恰是画家们所缺少的精神啊！

而问题只在于：如果我四处寻找画家加入协会，对我和我弟弟来说是不是件有利的事？而对我寻找的人来说是好事还是坏事？我的头脑一直在想着这些问题，却很难得出答案。

我看出你是想帮助高更的，他病了，我也好像跟着难受。我们帮助他是最好的方式，别人是不会这么做的。

如果你能第一个买下高更的画，我会很高兴。按现在的价格以买画的形式帮助他，一定不会亏。以后我们的日子应该不那么困难了。我的画越来越有进步，所以可以期待着以后每个月能卖掉一两幅。

我在《不妥协者》上读到一则消息，说杜兰·鲁埃画廊将举办一个印象派画展——一定能在那里看到一些佳作。

祝贺你在你的画廊举办了莫奈作品展，很遗憾我没有去。唯一可以安慰自己的方法，就是去大自然中观察构思，让自己没有时间去想别的。莫奈能在两三个月内创作出十幅作品,是件了不起的事。画得快不代表画得不认真,这全靠画家的自信和经验。

参观画展对特斯迪格来说当然没有坏处。他会去,但正如你所想,一切为时过晚。他变得抵触左拉的作品,这令人匪夷所思,我知道他甚至一度无法容忍听到任何一个关于左拉的字。你和他在生意方面不再志同道合,很可惜,但既然如此也就算了,这或许就是上天的安排。

听说宾举办了一个日本画展。让我感到很不快的是,无法再搞到日本版画了。我真该感谢宾。① 我有价值九十法郎的日本画已委托画商售卖。

今天我买了些颜料和画布,我必须趁现在的天气出去画画。天气不错,气温挺高。我去了蒙马儒一天,我的朋友,那个陆军少尉和我一起。我们在旧花园里探索,偷了些好吃的无花果。如果这个花园再大一些,就很像左拉笔下的伊甸园——绿色芦苇,葡萄,常春藤,无花果树,橄榄树,橙色花朵夺目盛开的石榴树,百年古柏,破旧的石台阶,以及废墟中的圆拱窗。

有天晚上我看到了红彤彤的落日,乱石中生出的松树被夕阳笼罩,树干和叶子被染成了火一般的橘色,真是太美了。

还有一天我去了塔拉斯孔,但不走运的是阳光太刺眼,到处是尘土,所以什么都没画就回来了。

我继续寻找美好有趣的绘画主题,尽管这边的花费多,但南方比北方更适合入画。我在这里并没有看到都德经常谈到的南方生活的快乐,恰恰相反,我观察到的是平淡的氛围和无趣的风格。尽管

---

① 齐格弗里德·宾,专售日本艺术品与装饰品的德国艺术经销商。

如此，这里的乡村风景还是非常漂亮。让我没想到的是花的种类很少，麦田里没有矢车菊，罂粟花也不多。

我正在画的作品是：黄绿相间的麦田一望无边。我已经画过两幅这样的素描了，现在开始画油画。这幅画很像菲利浦·德·科宁克的画，他是伦勃朗的学生，画过广袤无垠的平原。

今天我给你寄去三幅素描。有一幅你一定觉得很奇怪，画的是农家院子里的干草堆，画得很仓促，是用来作为《丰收》的补充。《丰收》是这周完成的，画在30号画布上的作品，费了我很大的精力。它使除静物画之外所有我画过的作品都黯然失色，也经得起一些周遭环境的对比。我的画室地面上铺着颜色极其鲜红的砖，我把这幅画放在地上，颜色看上去没有发白或褪色的感觉。

我想让自己的素描更加随性。我正试着夸大画中的核心内容，再有意把明显的东西模糊化。毕沙罗说得对：必须大胆夸张色彩所产生的协调或不协调的效果，正确的素描，正确的颜色，都不是最重要的，因为镜子里所能反映出来的真实，例如颜色等等，并不是画，不过是照片而已。

如果我不把自己框在一个狭小的范围里创作，我会有更多成功的可能性。因此我想画一幅更大尺寸的油画，大胆使用三十英寸见方的画布。

我必须保持我在那幅静物画上所表现出来的色彩能力。我想到泊泰过去常说的话，他说单看塞尚的画看不出什么究竟来，但当他的画与别人的画放到一起时，后者就会黯然失色。他还说过，塞尚的画放在金色画框中很好看，说明他选用的色彩非常明亮。或许吧，或许我正在通往成功的路上，我把专注力投入到了对乡村风景的描绘上，对于未来我们拭目以待。

这些天我一直本能地回忆着塞尚的作品，他很会抓住普罗旺斯风景里夺目的一面。如今这里的景象和春天时已大不相同，但我对乡村的热爱从始至终丝毫没有减退。到处都是古铜色、浅黄色、青铜色，蓝绿色天空被炙热的太阳烤得发白：这一切营造出非常奇妙的，异常和谐的颜色，还带着些德拉克洛瓦式的色调。

艾克斯附近的乡村，也就是塞尚工作的地方，和这里有着同样的景致，那里也是克罗平原的一部分。如果我带着画好的油画回家，对自己说："看吧，我画出了老塞尚的色调！"我想表达的意思是，塞尚完全融入了这片乡村，对这里如此熟悉，因此想要画出同样的色调，必须在头脑中进行同样的考量。把我的作品和塞尚的放在一起，不会有违和感，虽然它们并没有相同之处。

麦克奈特带着他的一个朋友来看过这幅画，说这是我画过的作品中最好的一幅。但后来他又说，"其他的作品肯定看起来很糟糕。"显然麦克奈特对我并不满意，但拉塞尔告诉过他不要乱讲。

我正在画一幅麦田风景，我认为这幅画与白色果园那幅一样好。这幅画色彩硬度高，很有风格。每当带着户外完成的作品回家时，我对自己说，如果每天都能像今天一样，那就坚持得下去。但如果空着手回来，一天所做的事情只有吃、睡和花钱，就会觉得自己太差劲了，感觉自己像个傻子，一无是处。

上周的前几天，我去了地中海岸边的圣玛丽渔村，我在那儿一直待到周六晚上。当你费力穿越卡玛格牧草地时，会看到成群的公牛和小白马驹，这些还未被驯服的动物非常美。

地中海的颜色如同鲭鱼一样，我的意思是，它总是千变万化的。你很难确定它是绿色的还是紫色的，有时看到它是蓝色的，下一秒可能就变成了玫瑰色或灰色。海岸上都是沙子，没有悬崖，也没有岩石，就像荷兰的海岸没有沙丘，海看起来更蓝。我画了三幅布面油画，其中两幅是海景，一幅是村景，此外还画了些素描。

有个很绅士的警察和一个牧师来看过我，这里的人不会坏，因为那个牧师看起来很正派。

有天晚上，我沿着无人的沙滩散步。那种感觉不快乐，但也不悲伤。景色很美，深蓝色的天空中散布着蓝色的云朵，云朵中的蓝色有的比钴蓝还要深，其他则是蓝和奶白混合出的颜色，一种较为明快的蓝。深邃的蓝色中群星闪烁，绿、黄、白、玫瑰，五颜六色的星星像宝石般闪耀，比巴黎的星星还要明亮。而海是深深的群青色。

家族是一个奇妙的东西——我完全无意识地想起了我们的海员叔叔，他一定见过很多次地中海的海岸。

一大早准备返程的时候，我画了幅以船为主题的素描。我来这里不过几个月，但你说，要是在巴黎的话，我可能用一个小时就完成一幅画了很多条船的素描吗？甚至我不用构思，不用测量，只让手中的画笔自由驰骋。

我看到了这里的海，就更坚信住在南部（离非洲不远）以及进一步夸张运用色彩的重要性。我还坚信只要住在这里，我的个性就可以获得自由。

我想赚很多钱，可以让优秀的画家们来到这里，而不是在小林荫道的泥潭中瑟瑟发抖，这样的画家有很多。

我希望你能来这儿待一段时间，你一定很快感受到它的美好。你会开始用日本人的眼光观察事物，对色彩的感觉也不同了。日本人画画很快，非常迅速，如闪电般，因为他们的神经更敏锐，所以对事物的感受就更加质朴。

如果我准备画的素描最终的效果和之前寄给你的一样好，那么你将会看到一幅普罗旺斯美景图。为什么总醉心于这里的风景？当我再次看到果园的时候，会不会有更好的状态？同样的题材在另一个季节里会带来新的感受吗？一整年都有值得入画的主题——丰收，葡萄园，所有一切都可以变成图画。

我觉得安奎坦和劳特雷克不会喜欢我现在的作品。《独立杂志》上刊登了一篇有关安奎坦的文章，称他是受日本影响很大的一个新画派的领军人物。但小林荫道的领军人物无疑是修拉，而在采用日本风格方面，年轻的贝尔纳也比安奎坦资历更深。告诉他们我画了一幅以船为主题的画，再加上那幅《英国桥》，我对日本风格的运用不输安奎坦。

吉约曼找我来看画，可惜已经寄走了，但我还是很高兴。我对画的好坏很敏感，总体来说，对所有画过的作品我都不太满意。

现在正是收获季节，我顶着烈日，在麦田中紧张而艰苦地画画。麦田很适合入画，就像开花的果园一样，我勉强有时间去准备之后的计划——去葡萄园写生，而在此之前会先画些海景。果园是玫瑰色和白色的，麦田是黄色的，大海是蓝色的，或许我应该寻找点绿色的东西来画。秋天的到来就像拨响七弦竖琴的所有琴弦。

目前的成果是一些关于麦田风景的习作，除此之外还有一幅播种者的速写：一片犁过的田地伸向远方，泥土是紫色的；一个穿着蓝白衣服的播种者；背景是黄色的天空中挂着一轮黄色的太阳。

仅仅从色彩的命名上就可以看出，在这幅画的构图中颜色起了至关重要的作用。我苦恼于不知是否应该在它的基础上画一幅油画。我几乎不敢多想，我一直渴望创作有关播种者的画，但始终没有着手，所以对此有了恐惧心理。而且，米勒和莱尔米特都创作过相关的佳作，再去画播种者，能做的也只有在颜色上做文章。可我真的很想画！我不断地问自己：你有足够的精力完成这幅画吗？

我们说点别的吧。我最终找到了模特——一个轻步兵，他的脸很小，颈部如同牛脖子，还有双老虎般的眼睛。他的半身像特别难画，他身上制服的蓝色是珐琅釉锅那种蓝，上面有橙红色的带子，胸前两侧分别有一颗暗柠檬黄色的星，头上戴着顶样式普通的红帽子，与背景中的绿门和橙色的砖墙形成对比。把这些不协调的颜色粗暴地组合在一起，绝非易事。

这幅画看起来很粗糙，但我还是会继续画这种普通的甚至粗犷的肖像画。我从中可以学到很多，最重要的是明白了自己想要追求什么。不过我对这幅画并不满意，觉得它很丑。

今天收到了贝尔纳寄来的有关妓院的速写。画的背后有首诗，和画面的基调一致。我猜他想用这幅画交换我画的那幅轻步兵。

最近两天下了倾盆大雨，一直没停，之后麦田的样子一定和以前不同了。雨下得很突然，那时农民们都在地里收庄稼。所以昨天和今天我都在家画播种者，整个画面都被我修改过了。画中的天空是黄绿相间，大地是紫橙相间。这样好的主题一定可以被画成佳作，无论是我还是别人。

现实的状况会让你像梦游者一样精神恍惚，但我们应该做点有意义的事情，不要灰心！我希望不久后把这幅画和别的一些作品寄给你。

我刚刚刮掉了一幅大尺寸习作，画的是橄榄园中穿着蓝橙相间衣服的基督和身着黄色衣服的天使。刮掉它的原因是我觉得不该根据真人模特画人物。

我将罗纳河画了下来——丁奎特尔铁桥横在苦艾酒般颜色的

天空和河流中间，码头泛着紫色。画中的人们倚靠在黑色的矮墙上，湛蓝色铁桥的远处有一丝鲜明的橙色和浓重的铬绿色。这又是看起来粗糙的作品，我试着在画中营造一种令人心碎的氛围。

我必须要和你说，所有人都觉得我画得太快了，你可别信这样的说法。难道不是情感和对自然的真切感受指引我们画画吗？当情感太过强烈的时候，会忘掉是自己在画画，这时笔触自然流淌而出，就像讲话中或写信时连贯而出的文字一样。一定要记得这种状态不是一直都有，也会遇上灵感枯竭的艰难时光。

如果我的身体不出问题，我就能完成一些布面油画，总有一些事物是值得画的。

在炙热的天气里画画要比在春天里强。热天对我有好处，尽管有蚊子和苍蝇，还有蚱蜢——这儿的蚱蜢和我们家乡的不一样，和日本画册上看到的类似——成群的金色和绿色相间的西班牙苍蝇停在橄榄树上。蚱蜢的叫声比青蛙还响。

五十幅油画中，适合参展的不到一半，我今年一定要多画一些。我在努力让我的作品变得有价值，我只能靠不断画画来实现我的想法。我对自己说，如果我能在今年画出价值二百法郎的五十幅习作，我就会觉得自己有权利去吃喝，那不再是一种奢侈。这种期待有点不切实际，因为尽管目前我有三十幅油画习作，但它们并不都具有较高的价值。同样地，其中有一些一定是值钱的。

因此你会明白，我对我的画抱有很大的希望，这和数量无关，而在于这些画是你和我共同努力的结果。

你还记不记得莫泊桑的小说里有一个男主人公，他狩猎十年，非常劳累，当他想结婚的时候，发现自己已有心无力，于是陷入了慌乱的窘境？我对婚姻的渴望和他不同，但身体状况类似。根据名人齐姆所说，当男人失去性能力的时候，就会充满壮志雄心。现在对我来说有没有性能力都一样，但如果因为这个原因使我雄心勃勃，那可就糟透了。我将来赚的钱应该是来自我现在的努力奋斗。

我要是孤独一人的话，那也只能这样，不过我现在对有人陪伴的需求并不高，想的更多的是奋力画画，正因如此，我才继续大胆地订购画布和颜料。只有在画画的时候，我才觉得自己活着。同伴对我来说不是必要的，我更应关注如何描绘那些难画的事物。一个人的时候，我时刻期待着灵感的迸发，然后我就让自己的思绪在画中尽情放纵。

让我苦恼的是，画油画就像是娶了一个钱永远花不够的老婆。即使经常画出一些还算可以的习作，直接从别人那里买一幅还是更为划算。画画的花销让我变得一穷二白。

我需要一批新的油画颜料，为了画麦田和轻步兵，我的颜料管几乎都被挤空了。

至于唐吉老爹那边，请不要把我新画的作品给他，那样太冒险了。不再给他新的作品，以此作为对他拿出那份账单的回应。唐吉老爹那里还有一幅我的习作正在售卖中，我最多欠他那一幅，除此之外不欠一分钱。我还想到，我给他画过肖像画，他那儿还有我画的一幅老妇人画像（他已卖掉）以及一幅他朋友的画像，后者使我赚了二十法郎。

如果唐吉老爹这样的话，就是在对我弄虚作假。但是，相信我，你需要对付的其实是唐吉的老婆。和那样的女人争吵，我们一介草民是无法消受的。

那个悍妇，唐吉的母亲，以及其他一些女士非常冷酷无情。这些生活在文明世界的女性，比那些被巴斯德研究所里的疯狗咬伤的可怜人还危险。就算唐吉老爹杀死他的老婆一百次都不足惜，但他不会那样做，就像苏格拉底一样。唐吉老爹顺从且长久地忍受着，和古代的基督徒、殉道者、奴隶们而不是巴黎如今的无赖们有很多共同之处。但这并不意味着应该支付他那八十法郎，说这些是要告诉你，永远别和他发脾气，即便他先发了脾气。

我想马上寄给你三十幅画，这样就能拿到钱，为高更的到来做准备。我觉得现在应该主要画素描，如此一来就能存下些颜料和画布，等他来的时候就有的用了。

有一个很奇怪的现象——所有艺术家，包括诗人、音乐家、画家，在物质生活上都不走运，出身显赫的人也是一样。莫泊桑就是个鲜明的例子。这便带来了那个永恒的问题：我们是否能看得到生命的全部？除了生死是否还有别的存在？

画家（只以他们为例）在死掉并被埋葬后，可以通过作品向下一代或若干代后人传递思想。这就是全部吗？还是有其他我们所不知道的？在画家的一生中，死亡恐怕不是最苦的事情。

我对这些问题一无所知，但是当我仰望夜空中的星星时，总会产生幻想，就像看到地图上代表城市和乡村的黑点，也会产生想象一样。我问自己，为什么天上的亮点不像法国地图上的黑点那样触手可及？就像乘火车去往塔拉斯孔或鲁昂，死亡就是通往星星的交通工具。能确定的一件事是：我们活着的时候无法到星星上面去，正如我们死后无法乘坐火车一样。所以我认为，霍乱、结石、肺结核还有癌症大概就是通往天国的交通工具，与汽船、公共汽车、火车是地上的交通工具道理相同。而那些由于年老平静死去的人，是步行去的天国。

我越来越感到，我们不能站在现实世界的角度来评判上帝，这是项没有结果的研究。面对你欣赏的画家所画的一幅失败的习作，你该如何是好呢？你不会大肆批判，而是保持沉默。但你有权利要求更好的东西。只有大师才能画得那样一团糟，恐怕这也是对我们来讲最好的安慰，会让我们明白，同样一双手，可以创造出佳作，也可以毁掉一切。我们的生活受到了太多的非议，以高尚纯粹为目标，我们应该为了艺术而艺术，并继续期待着在另一个地方找到更美好的事物。

不早了，我要去睡觉了。晚安，好运。

你的信给我带来了极好的消息：高更同意我们的计划。

我只想说，我不仅热衷于画南方的景色，也同样想去北方，因为最近我的身体状况比六个月前好多了。如果说去布列塔尼是个好主意，因为那里的食宿费用很低，那么从花销方面考虑，我希望去那里，但对高更而言来南部是更好的选择，特别是考虑到北方的冬天长达四个月之久。我觉得两个人如果做同样的事情，就应该一起住在家里。一个人在家里住，吃饭是个难题。要是两个人一起住在画室，而不是咖啡馆，经济上就会节省很多。

如果高更说："我正值创作的巅峰时期"，我为什么不能这么说呢？但我们都没有处在经济的最高峰，所以我们必须用最省钱的方式生活。尽量多画画，尽量少花钱，这是我们必须遵循的方针政策。不论制定什么计划，总会有重大困难在某个地方等着我们。如果过分考虑各种难处，那就什么都做不了了。让我们期待不管是他还是我们，最终都会找到出路的。

我一头扎进工作中，又完成了许多习作。皮卡尔和利奥纳多·达·芬奇的作品物以稀为贵，而另一方面，蒙蒂切利、杜米埃、柯罗、杜比尼和米勒的作品并不因为数量多而不好看。我发现，我画的一些风景画比以往完成速度快,却是画得最好的。比如《丰收》和《干草堆》:我认为我有必要对整体做些修改,微调下构图,让笔触更加和谐。所有重要的工作要一次性完成,修改时我尽可能小心谨慎。

但是当我忙完回家后,精神上就会非常疲惫,如果持续这样的话,我就会变得心不在焉,日常的琐事也无法处理,这样下去无可救药。内心狂躁不安时,我就喝杯酒让自己缓一缓。当考虑未来该如何时,不免会发疯。过去我不觉得自己像个画家,但现在我的注意力更加集中,画画的手也更有把握,所以我敢和你说我的画会越来越好:因为我除此之外一无所有。我希望自己不再渴望成功,我画画只是因为我必须要画,以此来减轻精神上的痛苦。

在费力思考如何调配六个基础色之余,我常想起蒙蒂切利,那个出色的画家。别人都说他是个酒鬼,常常发疯。对于画家来说,考量一幅画的用色,一个小时的时间内要琢磨一百件事情,精神高度紧张。

我欣赏创作中的酒鬼。关于蒙蒂切利和罗盖特女人的故事,很明显是别人恶意编造的阴险故事。蒙蒂切利是个充满逻辑思维的色彩专家,有能力驾驭最复杂的用色,他会把调配过的颜色根据色调变化进一步划分,这的确会使他的头脑过度疲劳,就像德拉克洛瓦和理查德·瓦格纳一样。所以这样的工作过后,唯一能使精神放松的就是痛快喝酒或使劲抽烟。这样做确实不太好,但如果不喝醉的话,我个人觉得他们的精神就会错乱,做出一些无法自控的事。龚古尔兄弟讲过极其相似的情况,他们说在创作过程中,"常常会抽很多烟来麻痹自己"。

不要觉得我在工作时刻意保持一种兴奋的状态,我其实始终处于对用色的反复考量中,思考的结果随后会很快展现在画布上,但这种考量是要经过事先长时间酝酿的。如果有谁说这幅画画得太快了,你可以回复说,是他们看得太快。

收获时节,我的工作不比农民的轻松。我不会抱怨,因为我从这样的艺术生活中得到的快乐,和我在真实生活中得到的一样多。但有时我还是会期待打破一个人孤单的状态。一天之中,除了点餐或点咖啡,我没有可以聊天的对象,我从始至终都处于这样的生活状态。

但孤独并不会让我感到困扰,一个人的时候可以看到更明亮的太阳,欣赏阳光下迷人的大自然。所以一定不要为了我催促高更过来。你懂的,我们不能放弃帮助他的想法,但我们并不需要他。

你读过洛蒂的《菊子夫人》吗?我记得书中描述日本人的墙上是不挂任何东西的,所有的画、古董都藏在抽屉里。正因如此,你必须在一个非常明亮、空旷、面朝乡村的房间里欣赏日本艺术。我在这边画画的房间也很空旷,四面白墙,地上铺着红砖。你是否愿意试着把克劳风景画以及罗纳河沿岸风光图拿去售卖?它们虽看起来不像日本画,和其他画比却实实在在是日本风格,非常干净利落,没有多余的东西。看着它们,你会真切地感受到大自然的简单纯净。

令我惊讶的是,我的钱包已经快空了。你知道,除了食宿费,我的钱都用来买画布和颜料了。

我觉得你确实应该和宾结算日本版画的费用。新年的时候我去过三次他的店铺,但都没开门。又过了一个月,就在我要离开前,我已经没什么钱了,那时我用一批版画和贝尔纳交换。我觉得不该和宾打交道。啊,这样想不对,我们以这么低的价格从他那搞到这些版画,而他卖的画给这么多画家都带来了欢乐。我想高更也一定和我一样，想在他那里弄到这些版画。没有日本版画的房间，就不像个房间的样子了。

好好保存北斋的富士三百景以及那些描绘日本生活的画，宾的房子里还堆积着上百万幅版画、风景画和人物画。宾的阁楼很值得一去，我自己去过，也让安奎坦和贝尔纳去过。那儿的管理员人很好，善意地对待每一个真正有兴趣来参观的人。

和宾打交道没有让我赚到钱，却花了很多钱，但这确实给了我机会，可以长时间接触大量的日本画。我的一切作品在某种程度上来说都是基于日本艺术，我们对日本版画的了解还不够。在日本，版画已经衰落，相关的收藏品已不知去向，所以在日本很难找到版画，但日本的艺术又在法国印象派画家之中重新生根。很幸运我们在法国看到了许多日本版画。

相比于日本作品交易，我更感兴趣的是日本作品对画家在创作方面的影响。如果有一天我再去巴黎，我会到宾那里看北斋的作品。不要错过任何一张优秀的版画，因为多收集一些对我们有益。我们目前收藏的一些肯定能值五法郎，而我们买的时候花了三个苏[①]。交易这些版画赚不了多少钱，因此没有人愿意做这方面的生意。然而若干年后，它们会变得很稀少，售价会攀高。如果你不嫌麻烦去收集日本版画，将来可以用它们和别的画家交换，例如莫奈以及其他画家的作品。

所以不能断了和宾的联系，永远不要这样做！日本艺术类似于文艺复兴时期以前的作品，也类似于古希腊人、古荷兰画家（如伦勃朗、哈尔斯、勒伊斯达尔）的作品。我不理解为什么你在蒙马特

---

① 苏为法国原辅助货币，现已用欧元。1 法郎 =20 苏。

大道工作时不收藏这些绝妙的日本作品。

我在巴黎时一直想有个自己的展厅。虽然这个想法没实现，但我在铃鼓咖啡馆举办的版画展对安奎坦和贝尔纳影响很大。而我们在克里希大道举办的第二次展览就更有意义了，贝尔纳在那儿第一次卖出自己的画，安奎坦也卖了幅习作，我和高更交换了作品。

贝尔纳还欠你一幅习作，不过这都是意料之中，在巴黎工作太难了！那是个奇怪的城市，只有不断地消耗自己，才能待下去。在那里如果不把自己弄到半死不活的地步，就始终一事无成。我刚刚读完维克多·雨果的《凶年集》。希望是有的，但它存在于星星之上。如果所有的星星都一样，那就没有意思了，只能重新再来。而艺术的发展需要时间，如果可以延续生命，不失为一件好事。想到古希腊人、古荷兰大师和日本的艺术作品在另一片天地中继续发扬光大，真令人高兴。

我要寄给你一份新的颜料和画布订购单，需要的量很大。目前最急需的是画布，因为我最近画了三十幅油画习作，画布用完了。刚刚我在家里把所有最近完成的习作挂起来晾干，那样子有点像办展览。当多幅作品拿出来展示并供人挑选时，它们看起来会非常相似，似乎我在同一个主题上不断钻研练习。这是因为不管是做修改还是重新画，出来的效果都是差不多的。

如果我们的油画可以得到广泛认可，作为装饰挂在中产阶级的房子里，那将是再好不过的事，过去在荷兰就是这样的。我时常想念荷兰，跨越空间和时间的双重距离，那些回忆使我心碎。

到了南方，欣赏挂在白墙上的画让人心情愉快。出去走走看看，会发现到处都是色彩浓重的于连奖章——恐怖。唉，我们无法改变周边的环境，不过这里有咖啡馆，或许不久后可以给咖啡馆画些装饰画。

又一个周日在写信中度过了，但我并不觉得无聊。

非常感谢你的来信，在我被太阳晒得头昏眼花，被一大幅油画搞得精疲力竭的时候，给了我极大的快乐。我新画了幅素描，以繁花盛开的花园为主题；还画了两幅相关的油画。事实上，我也不知道以后我能否平心静气地画画。我觉得我画的油画看起来如此狂野一定和这里无休止的风有关，在塞尚的作品中也看得到此类情况。不仅仅是画，连我最近也变得疯狂了，几乎和埃米尔·沃特斯画的雨果·凡·德·古斯一样了。我想，只要仔细把胡子刮干净，我就会看起来像同一幅画中平静祥和的牧师，也像那个栩栩如生的疯子画家。我无所谓在这两种状态间徘徊，因为人总要生活，难免会遇上危机，这是躲不开的现实。

你说你觉得身边到处都是一片空虚，我恰好也有同感。如果把我们所处的时代看作是一个真正的伟大文艺复兴时代。老套的传统思想仍然存在，却已死气沉沉。新生代画家孤独、贫穷，他们被看成是疯子，而正因如此他们真的被逼疯了，至少在社交生活方面是这样。你要知道，你资助画家，让他们能够画画，你其实也参与到了创作中。假设一个画家因为画画丧失了七情六欲，无法再做其他事，就此带着自我否定和自我放弃的态度伤心作画。相较之下，你不仅得不到较高的报酬，而且投入在工作中的钱和精力和他的一样。这是对个性的抹杀，一半是自愿而为，一半是意料之外。

你越无望作画商，就越有希望成为一个画家。我也是一样，我越疲惫、越病恹恹、越古里古怪，就越像个画家——一个富有创造力的画家。情况就是如此，但这种永远充满生机的艺术和这个文艺复兴的时代，就像从古老的砍倒的树根上生出绿芽，如此虚幻，以至于画家在创作上的花销远超过维持生活的成本，想到这些不禁感到忧伤。

我正在慢慢变老，而艺术不会。你应该让我感到艺术是有生命力的，你或许比我更热爱艺术。我告诉自己，只有画得更好，才能重获信心和内心的平静，而这只能靠自己的努力。即便我的身体垮了，我画画的手指也会越来越灵活。我的愿望是少给你增加负担，如果身体不出大问题，同时天气也不坏，希望有一天我可以成功。

我画过的画布总比空白的画布值钱吧！我的要求真的不多，上帝啊，我要的只是画画的权利和理由！

我为画画付出了太多，身体和精神都垮了，站在仁慈的角度，我所应该过的生活被毁掉了。因为资助我画画，你花掉了一万五千法郎。我让你想起我们在这件事上花了多少钱，只是为了重复那句说给自己听的话：我们已经走得太远，无法调头返回。这就是我要反复强调的想法。那么除去物质生活，今后我还需要什么呢？

我亲爱的兄弟，如果我不是因为这该死的绘画而破产，也没有为之着迷，我会成为一个画商来经营印象派作品的！要是年轻的时候，我会建议老布索把你和我派去伦敦，延期支付薪水。你会从印象派画作上得到一半的利润。但我们的身体已经不再年轻了，而去伦敦销售印象派画家的作品更像是布朗热、加里波第或唐·吉诃德干的事。但我宁愿你去伦敦，也不希望你到纽约去。

对于我们这些脑力工作者来说，让自己别太快完蛋的唯一希望就是按照现代养生方案来严格要求自己，但我不会这样做。快乐一点比任何其他疗法都奏效。至于酒喝得太多——这是否对身体不好，我不知道。以俾斯麦为例，无论怎么看，他都是一个务实且有才能的人。他的医生说他酒喝得太多，胃和大脑因此一直负担过重。俾斯麦听后立刻戒了酒，而从那以后他的身体每况愈下，并毫无好转的迹象。他一定嘲笑过他的医生，并庆幸自己没有太早看医生。

普林森海其叔叔的痛苦终于结束了。我今早在妹妹的来信里得到了这个消息。生命是多么短暂啊，如烟一般飘逝！我们更多地关注画家而非画作，这样做是正确的。

你去参加了他的葬礼，这个决定是对的。面对死亡最好的方法是将他视为杰出的人，不管他曾经怎样，都相信他是这个美好世界上最好的人。就如我们的妹妹所说，当他们离开人世，我们只需记得他们的好。但最该做的是当他们还健在时候，努力看到那些优点。

很高兴我们的兄弟科尔比我们都高大强壮。如果他不结婚的话就太傻了，他除了健壮的身体和能干的双手外什么都没有。如果说我能和谁互换角色的话，我想成为他，他的身体和双手，以及在机械方面的能力，让我羡慕。我也有我藏身的地方，它就在美术的钝齿轮之间，好像麦子在磨石中一样。

对我们这样的人来说，虽然有家庭和故乡，但也和没有一样，而它们在我心中或许比其他东西都更有吸引力。我始终觉得我是一个旅行者，寻找某个地方或某个目的地。如果这个地方或这个目的地并不存在，这对我来说似乎也是可能且合理的。

事情就是如此，到那时会发现不仅仅艺术，所有事情都只是一场梦，而人类自己最终也会化为乌有。

我们的叔叔去世时，他的脸冷静、平和、严肃，而事实上他在世的时候，无论年少还是年老，都很少有这样的表情，这是为什么呢？当我注视着死者好像在向他们发问的时候，也看到了类似的表情。对我来说，这证明了这种庄重之外还有灵魂存在，虽然这种想法并不严谨。同样地，闲暇时观察摇篮里的婴儿，你会从他的眼中看到无限的东西。

很奇怪，叔叔和父亲都相信来世。他们比我们更确信来世的存在，如果你打破砂锅问到底，他们便会生气。

画家们把事业传给后人（例如德拉克洛瓦之于印象派画家），以此延续自己的生命，但只限于此吗？如果某位老母亲笃信基督教，认为自己是不朽的，那为什么像德拉克洛瓦或龚古尔兄弟那样有着伟大思想却身患肺病或精神疾病的人，却不能不朽呢？这似乎说明恰恰是最贫穷的人，会在心中升起这莫名的希望。而生活在文明之潮中，生活在巴黎、在艺术的中心，为什么无法像老母亲一样保持着那样的信念呢？

但是医生们会对我们说，不仅摩西、穆罕默德、基督、路德、班扬等人是疯子，弗兰斯·哈尔斯、伦勃朗、德拉克洛瓦，以及所有亲切的类似我们母亲的瘦小老妇人也都是疯子。唉，这可真是件严重的事。大概有人会问医生：那么精神正常的人在哪呢？

如果有来生，现在使我们震惊并痛苦的糟糕事就会变得简单且容易理解。对于那些奔波在庄严旅途中的人，我们送上慰问和祝福。

你知不知道"莫斯梅"这个词的含义（读过《菊子夫人》就会知道）？我刚刚以它为主题画了幅油画。莫斯梅就是日本女孩的意思，而我画的是普罗旺斯女孩，十二到十四岁之间。我用了一个星期才画完，其他事都没做，而我的身体也没有恢复。令我苦恼的是：如果我身体没有问题，可以用空隙时间再画些风景画，但我必须保持体力，画好莫斯梅。

女孩的形象由夹杂着浓重铬绿色的白色背景衬托着，她的紧身胸衣上有血红色和紫色条纹，宝蓝色的裙子上有橘黄色大圆点。皮肤哑光，呈黄灰色，一头紫发，黑色眉毛和睫毛下的眼睛是橙色混合普鲁士蓝。画面中看得到女孩的双手，拿着一根夹竹桃树枝。

所以现在我手头上有两幅肖像画——这幅和一幅轻步兵肖像画。

我收到了拉塞尔的来信：他说如果我去和他共度一段时间，他会非常高兴。他再次坚持说要重画我的肖像画。他还说："如果当时可以的话，我应该去布索那看高更的那幅《黑人妇女们的谈话》。"我希望拉塞尔能做点有意义的事，但他有妻儿，还有一间画室和一座在建的房子，我能明白为什么一个人，甚至是一个有钱人，无法经常拿出一百法郎来买画。

他并没有拒绝买画，但显然不愿买比我们手中的画质量低的作品。我要对他说：你喜欢我们的画，但我相信一个画家的创作会越来越好，你为什么不相信他并喜爱他的一切作品呢？

吉约曼也是一样。我希望他画一幅高更的人物画。他说他有罗丹为他的妻子画的半身像，还说他和莫奈共进午餐，并看到了莫奈在昂蒂布画的十幅作品。他巧妙地评论了这些画，先表达衷心的喜欢，再对天空的颜色提出质疑。而后又指出画中的不足——整体结构有缺陷，画中一棵树的叶子在树干的对比下过于浓密。从自然法则上来看，他的评价则令人恼怒。

我觉得如果高更在这里的话，我的情况就会大不相同，因为我已经很多天没和任何人说过话了。在乡村一个人待得太久就会变笨，我虽然还没有这样，但这个冬天如果孤单一人，可能会毫无创作灵感。他能来的话，我就不会才思枯竭。此外，如果我们相处融洽，保证不吵架，随着名望的提高，我们会处在更有利的地位。

我和你说过我一直在和西北风作斗争，这让我完全无法控制我的笔触。你一定会让我放下素描，转而在家用新制的画布画油画。我有时也这么想，笔触不够生动并不是我的问题。如果高更在的话，会怎么说呢？会不会劝我另寻一个风小的地方作画？

我的房租只到9月29日。我要不要再继续租半年？我希望等高更见到这个房子后再做决定。未来七天的生活将会非常困难，因为之前整整一周我都雇了模特，所以我付不起房租了。然后我决定拖到下周一，但房东说如果我决定不租了，他就另找房客。我并不感到意外，这房子被我整修后就升值了。

我现在手里有两张人物画，来自同一个模特，他是一个邮差，穿着绣有金色饰物的蓝色制服，他一脸大胡子，长得很像苏格拉底。他叫鲁兰，特别有趣的一个人，我不知道能不能按照我的感觉把他画下来。他和唐吉老爹一样是个革命派。我们或许可以将他看作坚定的共和主义者，因为他从心底里憎恨现在的这个共和国，总的来说他心生怀疑并感到失望，认为共和党并没有实行名副其实的政策。但有一次我看到他在唱《马赛曲》，述以为自己身处八九年——我说的不是明年（1889年），而是九十九年前（1789年）。他的样子就像是从德拉克洛瓦、杜米埃或古代荷兰的画中直接走出来的人物。

这两幅画一幅是头像，一幅是露出双手的半身像。这些画对我来说比任何其他东西都重要。这个邮差人很好，他不收我的钱，只让我管他的吃喝。此外，我把罗什福尔的《街灯》送给了他，相比于他做模特时的敬业，这点损失不算什么。他的妻子刚刚分娩，我期待很快可以为他的婴儿作画。

我要多画些人物画，这是最好、最快的提高创作水平的方法。我画肖像画时信心十足，这其中有很多奥妙，可能用词不太准确，但的确让我挖掘出最好的和最深层的自己。总之，在绘画中，画肖像画是唯一一件促使我不断钻研的事情。它比任何其他东西都让我感到——艺术永无止境。

贝尔纳给我寄来了十张速写，类似他之前画的妓院。其中三张是鲁东的风格，他非常推崇这种风格，我却无法欣赏。有一张画的是一个洗澡的女人，带着强烈的伦勃朗风格，还有一张看起来很奇怪的风景画，画中也有人物。今天我寄给他六幅根据油画习作完成的素描。我答应再给他寄更多的作品，并让他也寄一些根据油画习作完成的素描，作为交换。

我刚刚寄去了三幅大尺寸素描。最后那幅花园，我也以此为基础画了些油画。蓝天下，橙色、黄色、红色的花朵斑斓可爱、引人夺目。相比于北方，这里清新的空气让人感觉更加愉悦。这个小小的长方形农舍花园，本身就有着令人惊艳的色彩：大丽花是浓重的深紫色，花园两侧的双排花颜色不同，一边是玫瑰色，有绿叶衬托，另一边没什么叶子，一片橙色。中间是一株矮小的白色大丽花，还有一棵小石榴树，树上开着鲜艳的橘红色花朵，结着黄绿色果实。早晨的时候，它们都沐浴在阳光中，而黄昏时，则淹没在无花果树和芦苇投射的阴影里。

要是科斯特或捷宁在这就好了！画什么好呢？如果想将一切都画下来，就需要集合各种画家，互相取长补短，例如古代荷兰画家、肖像画家、风俗画家、风景和动物画家、静物画家。

你绝对有理由说：让我们在独立创作的路上默默前行。不论我心中神圣不容侵犯的印象画派将如何发展，我依然希望我所画的作品是跨时代的，连早于德拉克洛瓦、米勒、卢梭、柯罗的那一辈人都可以欣赏。马奈几乎到达了这个水平，库尔贝则是把形与色完美地结合在一起。

如果工作进展顺利，我们信心不减，令人开心的日子大概不远了。巴黎人对粗犷的作品缺乏鉴赏力，这是个很大的错误！我在巴黎所学的东西已经离我远去了，现在我回归到之前乡村时形成的创作理念，那时我还不了解印象派。印象派画家大概会认为我的画法有问题，因为这种画法是受德拉克洛瓦的影响，而非他们。我通过更加随性地使用颜色来表达我心中的强烈情感。先不说理论了，我举个例子你就明白了。

我想给一个画家朋友画肖像画，他有着伟大的梦想，创作时就像是夜莺在歌唱，因为画画是他与生俱来的本能。他相貌端正。我想把我对他的赞美表现在画中，所以我尽可能让笔下的人物忠实于他真实的样子。

但这幅画还没有完成。我要做一个色彩主义者，随心随性地使用颜色，以这样的方式完成这个作品。我夸大了头发的颜色，向橙色、铬黄色和浅柠檬黄色靠拢。我不会去画那种普通陋室中墙面的样子，而是要呈现出无限的想象空间，我要在人像后那朴素的背景中，涂抹上我所能想到的最浓重、最强烈的蓝色，如此一来，色彩明快的头像和鲜艳的蓝色背景简简单单结合到一起，带来一种神奇的效果，就像是深蓝夜空中的一颗星。

我在一幅农民肖像画中也用了同样的画法，但我不想表现出无限的蓝色空中挂着一颗亮星的神奇效果。我想象这位农民身处南方炎热的气候中的丰收时节，所以我画出了如烧得通红的铁一般耀眼的橙色，阴影部分则是鲜艳的古金色。

唉，我亲爱的兄弟！人们只会觉得我的夸张手法幼稚又滑稽。但那又与我们有什么关系呢？我们读过《土地》和《萌芽》，如果我们要画农民，就要把我们读过的东西表现在画中，这些几乎成为了我们思想中不可分割的一部分。

昨天麦克奈特打破沉默对我说，他非常喜欢我最近的两幅习作

（花园），他对此谈论了很长时间。博克和麦克奈特同住。博克是个年轻人，外形好看——他的脸好像剃刀刀片，眼睛是绿色的，有那么一点与众不同。和他在一起，麦克奈特就显得很普通。我看过博克的作品，绝对的印象派，但是没什么特点。他在现阶段过于拘泥新的技法，因此缺少个人风格。

他们所在的村庄完全是米勒画中的样子——除了贫穷的农民外一无所有。农民非常纯朴，但他们完全忽略了这个特点。当地人都像左拉所描写的贫苦的农民，老实而和善。我想麦克奈特应该有些钱，他们就是这样玷污了那个村庄，要不然我也会经常过去画画的。他们认识那里的车站站长和二十来个无赖，朴实的乡下人自然会嘲笑、鄙视他们。如果他们认真工作，不和那些游手好闲的人鬼混，农民们是会欢迎他们进入农舍画画的，并靠当模特赚上几个钱。这样一来，这个名叫丰维耶的村庄将会成为他们的宝藏。而现在麦克奈特大概要替巧克力包装盒画些有绵羊的风景图了。

麦克奈特和博克看不到美好的东西，他们充其量只能感受到炎热的天气。现在我对事物的观察力进步了，但还需要更多的练习。我的油画习作中笔触不够清晰，所以有必要多画素描。

今晚我可能会伴着煤气灯的光线，开始画我住的这个咖啡馆内部。这里的人称之为"夜间咖啡馆"，通宵营业。付不起住宿费的人或者喝得酩酊大醉的人，可以在这里待一晚。

今天早上我在一家洗衣房里看到大约三十个身材高大的黑人妇女，老少皆有，她们很像高更画里的人物。其中一个的服装颜色很特别，包含白、黑、红色，而其他人都穿黄色衣服。

这些天过得特别艰难。不管做什么，生活开支都很高，几乎和巴黎一样——在巴黎，每天花五六法郎，日子都紧巴巴的。如果雇模特的话，我就得把裤腰带再勒紧一些。但这对我来说都没有关系，我会坚持下去。要么成为一个优秀的画家，要么就是一个糟糕的画家。所以画画的费用应该由公众来承担，而不该让画家本人背负这样的重担。但我们最好对此保持沉默，毕竟画画是我们自愿的。不幸的是，公众普遍对绘画漠不关心，这种情形可能永远都不会改变。如果你偶尔能多寄给我些钱，我保证钱会用在画上面，而不是我。

在这里即使身无分文，也比北方强，因为气候宜人（就算刮着西北风，天气看起来也不错），伏尔泰曾在这里晒着阳光喝咖啡。到处都可以感受到左拉与伏尔泰笔下的气息。南方是这么的生机勃勃！就像杨·斯丁和奥斯塔德画中的样子。和北方相比，这里的农舍和低档酒吧不像北方的那么沉闷无趣，令人压抑，因为气候的温暖减少了物质和精神上的苦痛。看，这些农场花园多美啊！种满了可爱的大朵普罗旺斯红玫瑰，葡萄藤和无花果树。这景象简直是一首诗，永远明媚的阳光也如诗歌一般动人，树上的叶子青翠欲滴。

还好我的胃口已经恢复得差不多了，每个月，我靠船上的饼干、牛奶和鸡蛋可以坚持三个星期。正是温暖的气候使我恢复了体力，我来南方的决定显然是正确的，不能一直等到病好了再来。是的，我现在和其他人一样健康了，过去我只在很短的一段时间里（在纽南的时候）有过这种感觉，这样真好。其他人指的是壮工、唐吉老爹、老米勒和农民。

身体健康的时候，吃一口面包就能工作一整天，此外还有精力抽烟喝酒（当然都是廉价品）。那时你能清晰地感受到头顶的星星和无尽的夜空。生活到底还是充满了迷人的气息。唉！那些在这里不懂享受阳光的人简直就是异教徒。

我非常高兴自己的体力恢复了，这是我之前所想不到的。格鲁比医生关于不要近女色并要吃得好的理论是正确的，因为，如果你把思想和精力投入到工作中，必然不会比交欢时更消耗自身的能量。这件事在乡下比在巴黎更容易做到。

你在巴黎对女人的欲望并不代表精力旺盛，那不就是在格鲁比医生眼中如同敌人一般的衰弱征兆吗？所以你只有控制住自己，才能让欲望消散。病的根源在于体质本身，我们的家族一代比一代更虚弱。此外，影响健康的工作方式和巴黎沉闷的生活，无法使身体好转。如果印象派画家的画作越来越好并能得到认可，你以后的工作会更加自由一些。可惜现在不会马上实现。

不幸的是，伴随这里绝佳的阳光，有四分之三的时间可恶的西北风都在肆意妄行。但我觉得之后可能会有无风的炙热天气，因为风已经刮了六个星期。如果真如我所想就好了，我构思了好几个题材，特别要去画农舍里的小花园，颜料和画布也已经准备好了。

我刚刚收到十米画布。如果我能用其中半米画出杰作，再以高价现金形式卖给和平路上著名的艺术爱好者就好了，没什么比用一捆画布赚钱更容易的了！

我一定要继续画下去。前几天我看到一个非常安静可爱的景象：一个有着咖啡肤色的女孩，她的皮肤色调比紧身胸衣的玫瑰色还深，在她的胸衣下，可以看到小巧紧致的乳房。女孩站在长满翠绿树叶的无花果树下。这是一个散发着乡村淳朴气息的少女。

请她去室外当我的模特也不是不可能，还有她的妈妈——一个园丁的妻子——有着泥土一样的肤色，在强烈的日照下，暗黄色与褪了色的蓝色身影，和一片雪白与柠檬黄相间的花丛形成鲜明对比。

南方是个好地方，我想我终归是个乡下人。我很希望高更能长期住在这儿。

啊！我一直盼着你能来到这里,你会亲自感受到这南方的阳光！

现在我们这里的天气炎热但没风，对我来说非常理想。阳光普照，找不到更好的词去描述了，反正就是黄色，淡硫黄色，淡金黄色。黄色太好看了！

我担心我无法将模特的美画出来。她答应了来做模特，她的生活似乎很放荡，并靠这个赚钱。她的样子与众不同，不入流，看起来有些怪。在雇佣模特方面始终是个难题，和这里的西北风一样总是逼得人发疯。

如果我画得和布格罗一样好，人们就不会觉得当模特是件难为情的事了。我觉得之所以我找不到模特，是因为他们认为我"画得不好"，在他们眼中，我只是"把颜料都涂在了画布上"。这些可怜的人担心有失体面，怕别人取笑他们的肖像画。

我必须保持耐心，继续寻找别的模特。最重要的是，口袋里得有几个钱，才有可能办成这件事。比较麻烦的是，我不会说普罗旺斯方言。

始终有种力量驱使我不断地创作人物画。即使起步晚，如果我能自成风格去画模特，我会成为一个独具特色的画家。但同时我也似乎能看到艺术创造力消亡的那一天，就好像人活着的时候失去生殖力一样。

我正在画的是一幅从码头俯瞰的两条粉紫色船舶，水面呈碧绿色，没有画天空，桅杆上挂着面三色旗。一个工人推着车在运沙子。

昨天晚上我与我的朋友，那个轻步兵少尉在一起，他要去巴黎了。他会帮我把包裹带给你。他带去的一卷东西中共有三十五幅习作。其中一幅速写画的是阳光下我背着画箱、画架和画布走在去往塔拉斯孔的路上；有一幅罗纳河风景画，画中天空和河水都是苦艾酒的颜色，桥身是蓝色的，还有些小孩子的身影是黑色的；还有《播种者》和洗衣房。我觉得那幅老农头像的用色和《播种者》一样不寻常，后者没画好，前者更失败。

邮差的头像是一口气画完的，我擅长这样，以后还要继续如此——和来客一起饮酒，然后以他为模特画画，现场画油画，而非水彩。如果我这样画一百幅，其中一定有一些佳作。我要多画法国人，多画自画像，多画饮酒者。我为之着迷——不是饮酒本身，而是画那些无业游民。这样做使我在艺术上有所收获，可会不会让我在生活中迷失自我呢？

如果我坚持这样下去，就会变成一个人人皆知的疯子。我现在是个无名之辈，但我对名利也不怎么感兴趣。我寄希望于下一代人身上，他们在肖像画上的建树将会和莫奈的风景画一样，后者的风景画如同居莫泊桑笔下所描写的样子。我知道我没有到达那样的水平，但正是许许多多福楼拜和巴尔扎克的作品促使了许许多多左拉和莫泊桑作品的出现，所以艺术的高峰不是属于我们，而是属于下一代。

我早先还在画布上签名，但很快就不那么做了，因为看起来太傻了。不过在一幅海景画上我用红色颜料签了一个浮夸的签名，因为我想在绿色中间加一点红色。

寄走了这些画，我很高兴。我们的妹妹会看到我的这些习作，对我来说这很有意义，因为这样她就可以大致了解我们在法国的生活。我寄去的是没有裱框的油画，在给她看之前，请帮我为其中一两幅习作配上内框并用白色外框装裱。

别让我的画占太多空间。以后，等我画完一百幅，就从中选十到十五幅装裱。

你是一个很好的油画鉴赏家，可以发现我的画中独具的特色。你也知道现代大众不欣赏我的风格，因为我的用色没有其他画家那么干净。而这多半要归咎于我画画时所处的环境——西北风、已然消逝的青春以及贫困。对我而言，我无能为力去改变现状，能继续保持现在的样子就知足了。这是一种积极乐观的态度，而非颓废。高更和贝尔纳谈到过用小孩子的眼光去创作，我也倾向于这样的风格，而不是一派颓废的样子。人们怎么会从印象派画作中看到颓废呢？事实完全相反呀。

那幅纪念莫夫的画反响如何？我觉得特斯迪格想必会说出对这幅画不利的言辞，倘若真的如此，我不会受他的影响。

冷静之后觉得，叔叔将财产留给你，无疑不是件坏事。我一直在想，科尔叔叔和他拒绝借给你资金做生意，并不是真的想让你无路可走。很感激你承诺我和高更，要为我们的画家协会开拓道路。

根据对高更的了解，我觉得我们应该承担起一家之主的责任，精打细算过日子。如果听他的，生活将会变得不切实际，我们会一直待在客栈里，在困苦中生活，没有出路。那样的话，我宁可把自己关在修道院里，过着修道士般的日子。一旦欲望来了，就去酒馆喝两杯或去逛妓院。

总之我对高更的想法不甚了解。客栈里住着英国人以及每晚都在不停争论的美术学院学生，我却不得不待在这里，无法去阿旺桥。为了工作，我们需要有个家。我们必须想办法创造一个可以应对生活中种种不顺的居住环境，而那些挫折都是难免的。我们要像修道士或隐士一样生活，为我们毕生最爱的事业而奋斗。

我收到了高更寄来的短信，说他已经做好准备，有机会就来南方。可我觉得他更愿意与他北方的朋友一起混混沌沌过日子。他们一起画画，讨论，与水平不分上下的英国人争吵，以此寻找快乐。运气好的时候，能卖掉一两幅画，所以相比来和我同住，他大概有更好的打算。

我不像他那么喜欢在巴黎打拼，但这并不意味着我无权开拓自己的路。看到高更这半年来过着如此混乱的日子，我觉得他不是那么急需我们的帮助了。南方的大自然与温和的气候是这里的优势，但高更大概不愿放弃在巴黎的生活，他对此过于看重，并相信迟早会成功。他这样对我来说没有坏处，如果我和他一样，我们之间就无法合作。我不在乎自己是否成功或是否幸福，我只想要印象派能永葆活力。我在意的是他们是否有地方住，会不会饿肚子。

我不会干涉高更的选择。我们已经看出来了，只要拉瓦尔有点钱，他就无需我们的帮助——他的朋友拉瓦尔的到来暂时让他的经济状况得以维持。如果一切进展顺利，高更可以把妻儿接去一起生活。我当然希望他能过那样的日子，但考虑到钱，还是应把精力多放在工作上。

如果高更只为自己着想，你也应该为自己想，这样才算公平。你对他慷慨大方，但如果他向你提出更高的需求，你得让他为此付出一些作为报答，至少送些他的作品给你，并用较为坦白的言辞，例如"我的负债越来越多了，去南方的可能性越来越小"来解释他的境况。如果他说："因为你对我的照顾，我愿意把我的画作给你，我欠你的，我的朋友"，就显得更加诚恳了。

如果他过来和我同住，也就是把他的信任交给了我们。他愿意去尝试对他有利的事。如果他不来，并找到了别的出路，就等于错过了最好的选择。凭直觉我感到，他认为自己身处社会阶层的最低端，只有靠诚恳且明智的方式才能为自己赢得一席之地。高更一定想不到我思考了这么多。也许他不知道，时间对他来说是宝贵的，如果别的得不到，那么和我们在一起，他可以争取到时间。

我把我的想法如实写在回信里，但对于这么一个伟大的画家，我避开了那些令人伤心沮丧的措辞。

拉塞尔拒绝了买高更作品的提议。他希望我过去和他暂住一段时间，但来回的路费是个问题。

高更说贝尔纳把我的速写作品装订成册并拿给他看。高更对贝尔纳的作品大加赞赏，而贝尔纳也在信中表达过对高更的钦佩之情。他说高更的才华如此之耀眼，令他心生敬畏。我这保存着所有贝尔纳的来信，有整整一捆，有些写得特别有趣。贝尔纳说，他看到高更常常因为物质条件的局限——缺少颜料、画布，而无法完全发挥自己的才能，这让他感到非常难过。是啊，没有足够的钱就画不了画。

秋天快到了，我想这里将会美得令人窒息。我一定会看到很多值得创作的风景，画上五幅或十幅。就像春天花开满园时一样，秋天的绘画主题也会多得数不胜数。

我正在拼命作画，那股热情就和马赛人吃鱼羹时一样，当你看到我画的这些高贵的向日葵时，就不会惊讶于我的这种状态了。

我手头有三幅布面油画：第一幅是一个绿色的花瓶里插着三枝巨大的花，背景明亮。第二幅中也有三枝花，一枝已结子，一枝在盛开，还有一枝含苞待放，背景是宝蓝色。每一样物体都被一圈光晕围绕，光晕的颜色与其背景色互为补色。第三幅画了十二枝花和花蕾，插在黄色的花瓶中。最后这幅物体和背景的色调都很明亮，我最看好它。

我现在正在创作第四幅，黄色的背景前是一束花（共十四枝），很像之前那幅榅桲和柠檬静物画。只是这一幅的尺寸更大，给人的感觉很不一样，其实是在绘画过程中有意将技巧简化。

你还记不记得马奈的那幅特别出色的作品——一些粉色的大牡丹花及其绿叶映衬在明亮的背景之下？画面看起来如此生动，却是用固体颜料创作而成，这就是我所谓的简化绘画技巧。

对于以后的作品，我有很多想法，我正在不断钻研如何用简单的方法创作，这可能算不上印象派。我希望我的画能让所有人，至少是所有拥有视力的人，可以看得懂。

点彩画法、光晕和其他绘画技巧，都是创新的发现，但这些不能变成教条主义。这也说明了为什么修拉的《大碗岛》、西涅克的点彩画法风景图，以及安奎坦的船不论在什么时候都极具个性和富有独创性。

我在探索一种画法，可以让笔触更富于变化，总有一天我会让你看到。

我想住在自己的画室里，所以计划着给它装饰一下，除了大朵的鲜花，其他什么都不要。如果想法能实现，作品将会不断诞生。所有这些画组成一部蓝黄相间的交响乐，我会在每天早上太阳升起的时候开始工作，因为花朵凋谢的速度很快，我会一口气把它画完。我要好好吃午饭和晚饭，确保我能有精力长时间认真工作。

我需要添置一大批颜料，稍后会把清单寄给你。我感觉颜料研磨得越细碎，就能更好地与油融合，对于油我们显然没有太多要求。如果我们的画像杰罗姆那样写实，或像立体摄影师拍出的照片一样，那么无疑我们需要研磨得非常精细的颜料，但对我们来说，画面看起来粗糙是没有问题的。无需用石头将颜料研磨过长时间，粉碎到差不多可以使用就够了，我几乎可以确定，那样的颜料既省钱，用起来又鲜艳且持久。我想，这样的要求应该不难办到。

颜料如此费钱，这境况着实令人难过！如果每个星期画四幅，需要用掉一百法郎。但现实是我们所做的事得不到回报，画卖不掉，以高更为例，他想将画抵押，却什么也换不来，哪怕是很小的要求。这就是为什么我们总那么倒霉，我担心有生之年我们的境遇不会有什么改变了。倘若我们能为后辈画家们做好铺垫，让他们的日子好过一些，那将是伟大之举。生命是短暂的，能有勇气面对一切的时光更是稍纵即逝。

我曾和高更说，如果我们用布格罗的风格作画，就有希望赚到钱，那些买得起画的人只喜欢看起来令人心旷神怡的作品。你才华横溢，却无法因此获利，即使大多数人有欣赏印象派画作的能力，也没钱去买下它们。

那高更和我是否应为此少付出一些？不，我们该做的是强迫自己安于贫穷并远离社会的纷扰，尽管到时我一定会失望于高更对乡村生活的评价。生活在乡村，仿佛与世隔绝。

在左拉的作品《劳动》中，最触动我的是朋格朗·琼德这个人物。他说："你这个可怜虫，你以为一个画家拥有才华和名誉，就十拿九稳了？恰恰相反，他以后再没资格创作出任何不够出色的作品了。哪怕有一点不完美，嫉妒的石头就会朝他的身上扔去，来破坏已有的名声。"

卡雷尔所说的话更加骇人听闻："你知道巴西的萤火虫吗？萤火虫发光，妇女们利用这点，晚上的时候用簪子把它们穿起来戴在头上。所以啊，名气虽是件好事，但之于画家，就好比簪子之于萤火虫。你想要功成名就，想在众人中闪闪发光，但你是否知道你的理想的真实模样?"

所以我对成功心怀恐惧。前途希望渺茫,我不得不告诉自己,我的画大概没有一丁点价值。如果我所付出的有所回报,就不会为钱发愁。年轻的时候尚可相信努力工作便可谋生,现在这种想法越来越令人生疑了。

令人惋惜的是,我常因为颜料太贵而拖后某一个创作计划。之所以可惜,是因为我们今天工作时所拥有的精力,不知明天是否还在。我现在体力正在恢复,胃口也变好了。幸运的是,我不再渴望功成名就。我只希望通过画画逃离现实生活。

谢谢你为我搞到《露西·佩利格里之死》。生命短暂,为什么不许讨论这些问题呢?那些拥有非正常性取向或性欲过强的人(例如达·芬奇)都在寻找欢愉。我只会去找那些轻步兵惯常光顾的三法郎一次的女人,所以需要达·芬奇性爱密码的人不是我,而是那些有闲情逸致去研究男女之事的人。我知道这样的爱并非人人都能理解,但如若被允许,比同性恋更变态的性爱是可以著作成书的。

撇开法律和正义不谈,无论怎么说,漂亮女人都是上帝创造的奇迹,而达·芬奇和柯勒乔的作品则是另一回事。为什么作为一个如此渺小的画家,我总是惋惜雕塑和油画中的人物并非来自真实生活?为什么我对音乐家有更多的同感?为什么我更理解音乐生动而抽象的表达?

你可以额外借给我三百法郎吗?越快越好。现在你每个月寄给我二百五十法郎,以后你每个月少寄五十法郎,直到这三百法郎还清。我用这笔钱去买两张结实的床,然后住在画室,就再也不用付每天一法郎的房租了,这样的话相当于我们一年赚了三百法郎。

我太想安居下来,有个自己的家了!毋庸置疑,只有这样才能

379

好好工作。只要安稳下来，我们可以一辈子都住在这里。等有钱了再去大干一场不是明智的做法。龚古尔兄弟花了十万法郎买下一个隔绝喧扰的居所。我们要以不到一千法郎的价格在南方买一间画室，另找一个人来同住，把我们这样的人从那干扰工作的环境中解救出来，不再寄居于这些宰人的小旅馆。那将是一个属于自己的家，一个可以把自己从外面的郁闷情绪中解放出来的港湾。二十岁的时候去冒险，不算什么事，但三十五岁以后就不行了。如果一开始就幸运地赚了大钱，那么我们就会安于享受，变成不堪一击的废物，那样的话还不如现在的我们，至少可以经受得住现实的考验。

要想开一些，要怀有梦想——总有一天我们会摆脱贫困！为了以后能拥有一间画室而努力画画赚钱，我感到很幸福。

这周我请了两个模特：一个阿尔女孩，以及那位老农。这一次我把他放在鲜艳的橙色背景前，虽然这不能完全替代落日红霞的景象，却也是一种象征。我担心阿尔姑娘今后不会再为我当模特了，因为上次她提前找我结清了费用。她迟早得再来的，如果她自此消失了，就太说不过去了。

昨天我是和博克（那个比利时人）一起度过的，天气不好，却挺适合聊天。他准备去巴黎，如果你能留他住宿，就相当于帮了他一个忙。多亏了他当我的模特，我一直梦想画一位诗人，现在终于有了初稿。他相貌出众，目光敏锐，在星夜的背景映衬下显得格外突出。他身穿短小的黄色夹克，原色的亚麻衣领下系着一条花哨的领带。他一天之内为我摆了两次姿势。

我亲爱的兄弟，有时我深知自己想要什么。无论在生活中还是在作画时，我都不需要上帝的帮助，可是尽管我如此痛苦，却不能没有那一样比我自身更重要的东西——创造力。无法用身体创造孩子，取而代之去创造思想，这也算是人类生存的一部分。

我希望我的画可以抚慰心灵，就像音乐一样。我想让画中的男女永恒，而人物周围的光晕是永恒的象征，我们可以试着用现实中的光和鲜艳的颜料来表达这一点。

啊！肖像画，彰显模特思想和灵魂的肖像画！我一定会画出这样的作品。

我总是纠结于两件事：一是物质方面的困难，我要不停地琢磨如何维持生活；二是对色彩的研究。我始终希望在这方面可以有所开拓，例如，利用一对互补色的相互融合与反差，以及色调的神秘变幻，来表现恋人之间的爱情；通过深色背景对亮色的衬托，来传递深邃的思想；让画中的星星诉说希望，再用落日的余晖表达热情。站在现实的角度，这些情感恰似海市蜃楼，但那确实是存在的，难道不是吗？

我准备给刚画好的老农头像和诗人习作制作两个橡木画框。

向日葵的画还在进行中。我又画了一束十四枝向日葵，背景是黄绿色的，此外还画了一双旧鞋的静物画。算上向日葵，又多了十五幅新习作。

我的头脑中有一大堆创作计划，所以尽管我深陷孤独，却来不及思索和感受这种氛围。我就像架蒸汽机一样不停地画画，我想大概不会再停下来了。我想，找到一间现成的、有创作气氛的画室是不现实的，这只有靠一天天的耐心工作才能实现。

经历了几周的烦恼，才能创作出一幅满意的作品。正如生活中不会只有烦心的事，也不会只有快乐的事。

我的房东不是什么坏人，但我总是因交房租陷入困境，并且到头来一事无成，我责怪他并声称要以我的方式进行"报复"——把他这破破烂烂的小旅馆画下来。结果他很高兴,那位邮差、夜里到访的客人,还有我自己也都挺开心。我用了三个晚上画好,白天的时候补觉。

在这幅《夜间咖啡馆》里,我想表达的是这样一种感觉:这个咖啡馆是一个可以让人毁灭、发疯和犯罪的地方。我试图用红色和绿色表现人类那可怕的极端情绪。血红色与深黄色相间的房间中央,摆放着一张绿色的台球桌;四盏柠檬黄色吊灯发出橘色和绿色的光。身穿紫色和蓝色衣服的"夜猫子"趴在餐桌上睡觉,在这午夜客人寥寥的沉闷咖啡馆里,反差极大的各种红色和绿色相互交映。站在角落里看店的房东,身上的白色外套在灯光的作用下,看起来像是柠檬黄色或淡淡的亮绿色。

所以,我想通过这幅画表现低档小酒馆的黑暗氛围,就像带有硫磺味的地狱熔炉一样——这一切都藏在日本式的喜庆和达达兰式的温和假象下。①

相比《播种者》、老农头像和诗人习作,《夜间咖啡馆》是又一次进步。从立体摄影的写实角度来说,画中的颜色并不真实,但这样的表现方式可以传达出强烈的感情。

当保罗·曼兹看到德拉克洛瓦那幅令人揪心的《暴风雨中沉睡的基督》时,转身大声说:"我没想到一点点蓝色和绿色竟会令人如此不安。"北斋也画出过同样的效果,但他是在素描中用线条表现出来的。你在信中说:"波浪就是魔爪,把船玩弄于股掌之中",证明你看懂了这幅画。但如果用写实的方法画,就不会产生这样的感觉。

---

① 达达兰是都德小说《塔拉斯孔城的达达兰》和《阿尔卑斯山上的达达兰》中的主人公。

特斯迪格先生会怎样看待《夜间咖啡馆》这幅画呢？他曾站在西斯莱（西斯莱是最不爱出风头、脾气最温和的印象派画家）的一幅画前，说："我忍不住在想，这位画家怕是喝醉了酒画的吧"。如果他看到我的画，大概会说：这绝对是发了酒疯。

我很高兴毕沙罗欣赏《小女孩》这幅画，那他对《播种者》发表什么意见了吗？当我在创新的路上越走越远，回头再看《播种者》，只不过是最初的尝试。而我始终在思考，如何将这条路走下去。

我时常觉得，像《播种者》和《夜间咖啡馆》这种夸张风格的习作不堪入目，而《夜间咖啡馆》则是我画过的最难看的作品之一，和《吃土豆的人》并驾齐驱，尽管这两幅画毫无共同之处。但当我被触动时，这些画却是仅有的富有深刻内涵的作品，就像我此刻正为陀思妥耶夫斯基的一篇短文而感动。

你提议把我的画拿到《独立评论》杂志社举办的画展上去，我对此完全赞成。不过，前提是别给常在那里参展的画家添麻烦。目前为止，只有《播种者》和《夜间咖啡馆》算得上是精益求精完成的画。

我画了一幅老磨坊的习作，其中色调的处理，和那幅岩石上的橡树相似。你说你把岩石上的橡树和《播种者》以及另一幅风景画（画中工厂的红色屋顶上方，一轮巨大的太阳悬在空中，那是一个密斯特拉风侵袭的坏天气，大自然好像在发怒）装裱在了一起。

昨天我忙着装饰房子，买了两张床。邮差和他的妻子说得没错，一张结实的床要三百五十法郎。我买的是当地的床，大的双人床而非铁床，看上去牢固耐用。这样的床需要铺更大的被褥，有点麻烦，但也是必要的。不用说，买床花掉了大部分的钱，我拿剩下的钱买了十二把椅子，一面镜子，还有一些小件的日用品。

你或者高更（如果他来的话）住楼上那个最漂亮的房间，我会尽我所能把它布置得如同文艺女性的闺房一般。房间的白墙用十二或十四枝黄色向日葵画装饰。早上打开窗，就能看到绿意盎然的花园，高高升起的太阳，和通往城市的道路。

我此刻正在一个公园里，一侧的临街上满是放荡的女人。莫里哀从不来这儿，而我们每天都到此散步，但我们走公园的另一边。正是这样的环境给这个地方蒙上了些许薄伽丘的色彩。公园的这一侧只有普通的法国梧桐、挺拔的松树林、一颗垂柳及绿草地，没有夹竹桃之类的妖艳花丛，仿佛为了表明贞洁与美德。但这样的景色令人倍感亲切，马奈曾画过类似的公园。

至于我自己的卧室，我希望越简单越好，只需放上大件结实的家具、床、椅子和桌子，全都要冷杉木的。我会把我的床画下来，画中将出现三样事物，也可能会画一个裸体女人或摇篮里的婴儿。具体画什么我还没有想好，我会慢慢考虑。

楼下将作为画室——地面铺红砖，墙和天花板刷成白色，摆上粗木椅子、冷杉木桌子，墙上再挂些肖像画作为装饰。房间整体上有种杜米埃风格，我保证会带给人一种很不一样的感觉。

从现在起，你可以认为自己在阿尔拥有一处乡村住所了，我希望能将它装饰成你喜欢的样子——一个独具风格的画室。我想把它改造成一个完全属于画家的房子——虽不奢华，却从每一把椅子到每一幅画，都充满个性。一年后，当你来马赛度假时，房子就已经布置好了。我打算在屋子里挂满画。某天你会看到有关这个小房子的画——房间里洒满阳光，或者，灯光照亮了窗户，屋外是满天星光。一定帮我找一些杜米埃的石版画和日本作品来装饰画室。

昨晚我睡在这里，虽然房间还没布置完，我心里依然充满喜悦。

屋里的样子给我一种布斯布姆创作的室内画的感觉。房子的周围环境、公园、夜间咖啡馆和小酒馆不是米勒风格，也不是杜米埃风格，更加不像左拉笔下的样子。而这却可以给人足够的创作灵感，不是吗？

我的想法是，我们最终建立的画室可以留给后辈画家使用，以便他们能安心工作。换句话说，我们为其倾尽一生的艺术事业，会由后人继续发扬光大。

在南方建立画室及画家容身之地的想法，并非胡思乱想。为什么色彩大师德拉克洛瓦认为必须要到南方和非洲去采风呢？当然是因为在这两个地方，一定能感受到红与绿，蓝与橙，黄与紫的对比如此美妙。所有真正的色彩大师都应该认识到这一点，并承认这里有着北方所没有的颜色。

我待在同一个地方，看着同样的事物年复一年经历四季交替，每年春天看着同一座果园，每年夏天看着同一片麦田，我的作品会因此退步吗？我仿佛看到我的创作被局限了，我应该好好计划一下。

画画的时候我比以前更加无拘无束，也不再为不必要的烦恼过多拖累。但因为我还需添置一些东西——我指的是绝对必需品——你一定要再寄给我一百法郎，别只寄五十法郎。很幸运我雇了一个可靠的清洁女工，她年纪很大了，儿孙满堂。她把我的红地砖擦得一尘不染，这让我都不舍得住在这里。我的衣服都破得不能穿了，上个星期我花了二十法郎买了一件品质不错的黑色天鹅绒夹克和一顶帽子，所以衣服的事暂时不用操心了。

今天我出去散步，很是惬意。这个独特的村庄与达达兰和杜米埃有关，还可以看到很多古希腊雕像。这里还有属于阿尔的维纳斯，和莱斯博斯岛的维纳斯很像，仍能感受到其散发的青春气息。

这里的天气好过两三天，很热但没风。葡萄开始熟了。刮密斯特拉风的时候，乡村的生活便毫无快乐而言，让人感到烦躁无比。但只要有一天没刮风，就会觉得是老天爷给予了丰厚的补偿！颜色那么鲜艳，空气那么纯净，宁静中也蕴藏着生机！

我在画室创作时非常快乐，我甚至觉得这种欢乐的情绪并不只有我能感受，你也可以分享到。我亲爱的提奥，你会看到这里的柏树、夹竹桃和太阳——请放心，这一天会到来的。

今天下午来了一群"极好的"客人——四五个游民和十几个野孩子，他们看着颜料从锡管里挤出来，觉得非常有趣。好吧，这便是我现在的"名气"。或者，我应该用嘲讽的态度面对志向和名望，就像我瞧不起那罗纳河沿岸和阿尔桥路上那些野孩子和游民一样。

我新画了一幅三十平方英尺的布面油画——公园的一角有垂柳、草地上修剪成圆形的雪松树丛和夹竹桃树丛。万物之上的天空是柠檬黄色的，画中的颜色丰富鲜艳，一派秋天的景象。相较于其他作品，这幅画的颜料涂得厚重。这是这周所创作的第一幅画。

第二幅是咖啡馆的外景，夜色中，咖啡馆的用餐区被一盏大大的煤气灯照亮，画中的一角是繁星满天的夜空。我总是感觉夜晚比白天更有生气，色彩更丰富。

第三幅是我的自画像，几乎没有颜色，灰色调的肖像被淡淡的孔雀蓝色背景衬托着。我买了一面质量不错的镜子，以便在请不到模特的时候画自画像。如果我能把自己头像的色彩处理好（这并非毫无困难），那么我也可以把其他人的头像画好，无论男女。所以这周除了画画、睡觉和吃饭，其他事情都没做，也就是说，我坐着画上十二小时或六小时，再一口气睡十二小时。

这期间我画了三幅房子对面的公园、两幅咖啡馆、一幅向日葵，此外还有博克和我自己的肖像、工厂上方的太阳、卸载沙子的人以及那座老磨坊。你看，我已经画了不少了，还有很多没提及的作品。但是今天，我的颜料和画布都用完了，身上一分钱也没有了。

是不是就算拿我的画做抵押，托马斯也根本不可能借给我两三百法郎？要是能借到钱让我可以完成作品，就能赚一千法郎。难以用语言表达这里的一切是多么令人兴奋，美好得让人忘记时间的流逝。但是要当心早晚的温差以及冬天里肆虐的密斯特拉风。

今天早上我很早起来给你写信，然后出门继续画那幅阳光下的公园景色。接着我把画带回家，又拿着一块空白画布出去了，后来这幅画也画完了。现在，我又拿起笔给你写信。

过去我从未有过如此体验，这里的自然环境超乎寻常的美丽。所有一切都那么可爱，被妙不可言的蓝色天空笼罩，太阳散发着柔和美好的淡黄色光芒。多么令人沉醉的乡村！

我画不出这种美，但却被深深吸引，以至于忘记了所有规则，任意挥洒。我毫不犹豫、毫无迟疑地画着，相比刚来时，像换了个人一样。我回到了去巴黎之前所追寻的状态，我又变成了在纽南时的样子，那时我在学习音乐方面一无所获，却强烈感觉到颜色和瓦格纳音乐之间的联系。

我不知道在我之前是否有人提出过"暗示性色彩"这个概念。德拉克洛瓦和蒙蒂切利做到了，但没有说起过。我在印象派中看到了德拉克洛瓦作品的复兴，但画家们的诠释彼此分歧又无法调和，所以印象派还没有形成统一的规则。因此我仍要做一个印象派画家，无须顾虑任何约束，也不用承担任何责任。我同时认为印象派运动不仅是一个画派具有局限性的自我试验，最终还会带来伟大的成果。说到底，我们个人的前途难以预料，但却能感知到印象派将会永存。

天啊，生活为何如此乱糟糟！我只求能有钻研绘画的时间，你呢？除此之外还有别的想法吗？我真怕因为时常找你要钱而扰乱了你的平静。

修拉最近在忙什么？我不敢把寄给你的画给他看，但那几幅向日葵、酒馆和公园，我还是希望他能看到。

这些日子是多么不寻常啊！不是因为其中发生的事，而是感觉到你我都没有消沉，我们从始至终都不会颓废。但是我也不反驳那些评论家对我的作品的评价——不像成品。

今天早上七点开始，我就坐在草地上，面前是修剪成圆形的雪松树丛，雪松背后是一排疯长的夹竹桃，这些该死的植物，花开得过于茂盛，都快运动失调了。满树都是新开或枯萎的花朵，叶子也不断新旧更替，一片生机勃勃的旺盛景象。一棵肃穆的柏树从夹竹桃上伸出来，玫瑰色的小路上有人在散步。

这个公园总让人浮想联翩，在花草间漫步时，仿佛身处文艺复兴时期诗人（如但丁、彼特拉克）的作品中。我所说的就是我的房子对面的公园。这充分说明，要想了解事物的真正特性，必须经过长期的观察和描绘。在速写中除了简单的线条，你可能看不出什么来。

我能肯定的是，要画一幅展现南方魅力的作品，只靠才华是不够的。只有长时间的观察，才能使技法成熟，对景物的理解也会更深刻。研究日本艺术时，去看看一个明智、达观、聪慧的画家是如何利用时间的。他会去钻研地球到月亮之间的距离吗？不。会去探究俾斯麦的政策吗？不。他会研究一片草叶，而这片草叶将教会他画所有植物，然后是春夏秋冬、乡村风景、各种动物，再到人类。他的一生是这样度过的。

你看，这些简单的日本人如同花儿一样生活在大自然中，他们所教给我们的不也是一种信条么？让我们这些在传统社会中学习和工作的人重返自然。研究日本艺术时，人会变得更加幸福快乐。

我羡慕日本画家，在他们的作品中，每一样事物都非常通透。他们的画如同呼吸一样简单，只用寥寥几笔就将人物轻松勾勒出来。啊！有朝一日我一定要掌握这样的画法，用简洁的笔触画男人、小孩、马匹，让头部、躯干、腿部比例得体。

我把所有你给我的日本版画以及杜米埃、德拉克洛瓦和席里柯的作品挂在了画室里。我希望能收藏雅克马尔根据梅索尼埃的《阅读者》创作的小幅蚀刻版画，我一直很欣赏梅索尼埃的这幅作品。

我需要时间，我现在忙着为房子画装饰画。过去的我一事无成，现在我要让我的作品对得起你经年累月在我身上花的钱。如果看到修拉，请告诉他，我所计划的装饰画系列除了手头的十五幅布面油画，至少还需另外十五幅才能成为一套完整的作品。我在做这件大工程时，时常想起他的样子来，想到我们去画室拜访他时，看到的那些漂亮的大幅布面油画，正是它们给了我启发。

我新画了一幅油画，画中是黄色阳光照耀下的房子和周围环境。这个主题很难画，正因如此我想攻克它。左边那个带有紫色百叶窗的粉色房子，是我常光顾的餐馆。我那个邮差朋友就住在两座铁路桥之间的那条路尽头。

米里埃感到震惊，说他无法理解竟然有人有兴趣去画这么个冷清的餐馆和呆板的房子。我心想，左拉在《小酒馆》的开头描述的林荫道以及福楼拜写过的城市码头的一角，不都是无趣乏味的东西吗？画这些难画的事物对我有好处。

我对信仰（我可以说这个词吗？）有着强烈的需要。你所说的本笃会教父一定很有趣。我只希望他们可以让我们相信，依靠某种能够慰藉我们的力量，我们不再感到有罪与羞耻，永不迷失于孤独与虚无。

托尔斯泰有一本书叫《我的信仰》。他似乎不承认基督复活，无论是肉体上还是精神上。总之他似乎不相信上帝，像个虚无主义者一样论证问题。但他认为人应该去重视任何正在做的事情，因为这可能是你心中的全部寄托。虽然他不相信复活，却相信与其对等的东西——生命的延续，人类的进步——人类和他们的事业必然会被后人传承下去。他出身贵族，却甘愿当一个工人，做鞋、在田里耕作。我做不来这些，但我对积极改变自己的人充满敬意。

哦，天呐！我们不应该抱怨我们生存在一个只有懒人的时代，毫无信仰地和他们身处同一环境。托尔斯泰认为一场为了寻求爱和信仰的和平革命终将到来，它让人不再怀疑，不再绝望。

晚上的时候我会出去画星星。我的脑中总是出现这样的画面：房子里住着一群我们的伙伴。

今天我又从早上七点画到晚上六点，除了去吃口饭外，一直在忙。这就是为什么我的作品进展如此之快。你会对我的画作何评价呢？我又该如何自我评判呢？对于自己的作品，就像爱人一样，有时看得真切，有时又当局者迷。

这里的色彩使我情绪高涨，我从不感到疲倦，今晚我要再完成一幅作品。面对美丽的大自然时，我的头脑是不清醒的，笔下的画就像是从梦里出来的一样。我感觉最近的作品比上一次寄给你的要好，现在我只在没风的时候出去画。

我要尽可能多积累一些作品，做好充分准备参加一八九五年的大型展览。我很担心天气不好时自己会情绪低沉，那时候我会尝试画一些记忆中的人物素描。我有一个愿望，如果你赞成的话，我希望在画出足够多的作品后将它们展出。不是非要举办画展，至少让我的画挂满房间，以证明我不是一个懒人，也不是废物，这样我就满足了。

米里埃欣赏我今天画的《犁田》。他通常不喜欢我的作品，但这幅画中田地的颜色如同一双木鞋一样柔和，所以他觉得还不错。

我觉得你会喜欢《星夜》和《犁田》，这两幅画比别的作品看起来更加静谧。如果我的作品都是这个风格的，如果我的画法更加柔和，我就少了很多钱的烦恼，因为这样的画会容易被人们所接受。

我画了十幅新的油画。你看不到这边的美好景色，那就看画吧，我倾尽所能地在画中展现这里不曾被描绘的美。这些作品是用单层颜料画的，笔触不太琐碎，色调也基本是混合的，总之我不得不用蒙蒂切利的方法把颜料涂得厚厚的。我常常想：我实在是跟随着蒙蒂切利的脚步，只是还没像他一样，为情人画肖像画。德·拉列比·拉洛盖夫人曾有一次对我说："蒙蒂切利啊，蒙蒂切利，他本应是南方某个大画派的灵魂人物。"

而我们现在所做的，就是成立一个这样的画室。高更的创作，我的创作，都将与蒙蒂切利的作品看齐。我们会向人们证明，蒙蒂切利并没有瘫倒在卡纳比埃大街的咖啡馆餐桌上死掉，那个可爱的老家伙还活着。他的事业不会在我们手上终结，我们在他打下的坚实基础上继续前行。当看到越来越多的北方画家不再用真实的颜色表现事物，而是靠自身的画功并取材于所谓的"如画"景色，我相信，某个色彩学新流派将在南方生根。在这里，沐浴着强烈的阳光，我发现毕沙罗所说的是对的，高更也在信中写过同样的话："艳阳高照带来纯粹、庄重的效果，在北方是绝对想象不到的。"

与你分别，踏上开往南方的火车时，我的内心是非常痛苦的，那时我几乎像个病人一样，也像个酒醉的人，我不敢希望，能在那年冬天敞开心扉与很多志同道合的人及画家畅聊。而经过你我持久的努力后，某样东西如今已从地平线上升起，那便是希望。

我越来越觉得，从事与绘画有关的事业，正确的方式是遵从内心的喜好，这是从大师那里学到的，它就是一种信仰。在我看来，创作并经营一幅好作品，不比找到一颗钻石或珍珠来得容易。这过程中困难重重，不管是画商还是画家，都要为此拼命。但是，一旦你找到了满意的宝石，就一定不会再怀疑自己。这样的想法激励着我创作，即便承受着没钱的痛苦。

我希望做成两件事：我想把花掉的钱赚回来，然后还给你；我想让高更有一个安静平和的环境去创作，像个画家一样自由呼吸。高更越能认识到加入我们后他会成为领军人物，身体就能越快恢复健康，也更加能够燃起创作的热情。

你是否继续留在古皮尔公司，都无关紧要，你对这个行业已经完全精通。你会成为一流的画商。在信中你提到两个新朋友，画家梅耶·德汉和他的朋友伊萨克逊，听你说这些我很高兴。荷兰人已经拿你当作印象派作品的画商来谈论了，我们一定重视起来。关于荷兰艺术、布莱特纳、拉帕德，他们是怎么说的？最后，他们如何评论特斯迪格？

是的，我能够感受到自己的进步，也会激励每一个来到我身边的人去创作，我会以身作则。只要我们持之以恒，艺术生命便可以延续下去。

这是第二次刮掉橄榄园中基督与天使的习作了，因为我在这里看到了真正的橄榄树。我无法，或者说我不愿在没有模特的时候凭想象作画。但我的头脑中已经有了这样的画面：繁星满天的夜空，穿着蓝色衣服的耶稣，以及身穿柠檬黄色衣服的天使。

这段日子过得很紧张。周四的时候我的钱就几乎用光了，最近四天我靠二十三杯咖啡和面包勉强度日，这些还都赊着账。饿了四天肚子，但这周所剩的钱也就只有六个法郎了。中午的时候我吃了东西，但是晚上就得吃硬皮面包了。又不得不向你要钱，这让我很痛苦，但实在精疲力竭，无计可施了。

这并不是你的错，如果说谁有错的话，那便是我。我太想看到我的画被装裱起来的样子了，因此订购了很多画框。我为两幅《诗人公园》做了两个胡桃木画框，效果非常好。我准备再弄一个黄色栗木画框。松木框适合《犁沟》和《葡萄园》这两幅画。

我的葡萄园习作啊！我像个奴隶一样作画，而现在终于完成了，它既是一幅布面油画，又用来装饰房子。如果你能亲眼看到这些葡萄树就好了！一串葡萄足够一公斤重。今年秋天气候不错，所以葡萄特别好。我画的葡萄树有绿色的、紫色的和黄色的，上面结着一串串葡萄，树枝是黑橘两色相间。地平线上有几棵灰色的垂柳，远处可以看到榨酒机以及遥远城市的淡紫色轮廓。葡萄园里有一些小小的人影，女人们打着红色阳伞，驾车而来的男人们在收葡萄。

如果你看到这些习作一定会说，只要天气好，我就能满怀激情地创作。我完全投入到画画中了，我相信如果一直保持这样的状态，我会有所收获。大幅油画的效果都很好，就是太费钱了，但别担心，很快我就会被坏天气阻挠，无法画画，今天就是这样，昨天、前天都是如此。天空一直在下雨，满地泥泞。在短暂的冬天来临之前，会有一段时间是好天气，景色也会很入画，那时我会加紧创作。

这个冬天我打算画很多素描。只要能把记忆中的人物画下来，就不愁没事情做。纺织工和编篮筐工常常连续几个季度孤苦无依，而他们的手艺活儿是唯一的消遣方式。对家中事物的熟悉和对家的依恋，使他们虽一直待在一个地方却不会生厌。

我相信在未来那些天气不好的白天以及漫漫长夜里，我不会感到孤独，我会找到吸引我的事情做。我也相信早晚会有人同我做伴一起画画，对此我从不怀疑。

我收到了高更的一封来信，他说了一大堆蹩脚的恭维话，还说他病了无法承受路途的颠簸。对于这样的情况，我该怎么办好呢？对于患有严重肺病的人，这样的旅程怕是要命的吧？

巴格干得漂亮！告诉他我听说他买下了高更的习作，非常高兴。我跟你说过，我希望把我画的《星夜》、《犁沟》、《诗人公园》、《葡萄园》——简单来说，就是有浪漫情调的风景画——都拿给他看。

昨天我画了一幅落日。

我手里的画布不多了，还需要两百法郎买颜料。你会说，"需要那么多颜料吗？"是的，我非常惭愧，我想用我的作品吸引高更，却徒劳无功。我停不下画笔，希望在他来之前尽可能地多画一些。我相信他的到来将影响并改变我的绘画风格，我会从中受益，但我非常期望在此之前我已形成鲜明的个人风格。我很喜欢我用来装饰房间的作品，他们看起来像陶器一样精美。

我希望我们能做到，也希望他能感受并记住：我们一起努力，用你的钱和我的劳动，让这个画室完备起来，让它配得上画家高更（他将成为这里的领军人物）。

这些天我不停在想，画油画的费用对你来说负担太大了，你可以想象我的心中有多么不安。你在古皮尔巴黎分公司工作太辛苦了，而你却没有得到应该出头的机会，一想到这个，我就十分愤恨。为了生存，我们积极寻找帮助，努力卖画。最近新画的画比之前寄给你的要更好卖些，我会继续创作这样的作品。对于未来我充满信心，我知道有些人仍愿意购买富有诗意的作品，例如《星夜》和《长满叶子的葡萄树》。

我朝着自认为很近的目标走去，或许它其实很远。如果我走得太快，请喊住我。总之，不要认为我更在意我的作品而不顾及我们的幸福或内心的安宁。

我又画了一幅油画——《秋天的花园》。画中有两棵形状像瓶子的深绿色柏树，三棵小栗子树，一棵长着淡柠檬色叶子的小紫杉，两个长着紫红色叶子的血红色矮树丛，还有沙地、草地和蓝天。我曾对自己发誓不再画画了，但每天都是这样：时不时就碰到特别可爱的东西，让我忍不住把它们画下来。落叶的季节到了，眼看着叶子一点点变黄，范围逐步扩大，那景象足以与开花的果园相媲美。

我决心要为我们的画室创作出价值一万法郎的油画。你读过龚古尔兄弟写的《桑加诺兄弟》吗？就算努力最终失败了，对我来说也没有坏处。若真是那样，我就去做生意或者写作，但我还是会画画的。

你还记得《达达兰》中抱怨塔拉斯孔破旧的马车那一精彩篇页吗？我刚刚把停在旅馆院子里的红绿相间的马车画了下来，之后会寄给你。这幅画以简单的灰色沙地为前景，背景也很简单；两辆车颜色鲜艳，红绿相间；车轮则混杂了黄色、黑色、蓝色和橘色。你之前有一幅莫奈的佳作，画的是海滩上的四色船只。虽然我画的是马车，但构图方式相同。这幅画有太多可以被挑出来的缺点，但颇有神韵，算是不错的作品。

此外，我还有两幅新的油画作品，画的是汀克泰勒桥和另一座沿铁轨而建的桥。这幅画在配色方面有点像布斯布姆的风格。汀克泰勒桥，有台阶的那幅，是在一个灰蒙蒙的早上画的，画中的石头、沥青路都是灰色的，人物是彩色的。

这幅《塔拉斯孔马车》画得我快要累死了，我实在没有脑力去画了，先去吃饭了。

我亲爱的兄弟，如果你抱怨自己头脑空空、毫无创造力，看看我吧，没有你的话，我一丁点都画不出来。我们不能只想安详地抽烟，拒绝遭受忧郁的痛苦，消极面对想要达成的目标，想要创作大量的作品，痛苦就不会少，我们必须一起努力。

我们暂时无法改变这种现状，那就接受这样的命运吧。你那边要一往无前地做绘画生意，我这边也要马不停蹄地画画。此刻我的头脑也是空的，长时间的拼命工作确实令人疲惫不堪。

如果依着自己的性子来，我会像老塞尚那样，把刚刚画完的那幅自己不满意的画踩烂。到底为什么要踩烂它呢？还是心平气和地留着吧。我希望一年之后你能感觉到，我们在艺术上的努力有了成果。不要过于纠结好与坏，好与坏终究是相互关联的。认为一件事情绝对好，另一件事情绝对坏，这种荷兰人的思想确实对我们有影响。天底下再没什么比这更死板了。

我现在身体还好，但如果我吃不饱，如果我不停歇地工作，毫无疑问一定会生病。事实上，我就快陷入雨果·凡·德·古斯的疯狂状态了。要不是我有修道士和画家的双重性格，早就彻底精神失常了。就算真的疯了，我想我也不会有被迫害妄想症，因为当我情绪激动的时候，会思考永恒与永生的问题。但无论如何，我要关注自己的精神状态了。我决定至少休息三天，可以用写作的方式作为调节。

我最近画的一幅油画，是玫瑰色天空下的一排绿色柏树，还有一轮淡柠檬色的新月挂在空中。前景中可以隐约看到土地、碎石和几株蓟。画中还有一对恋人，男人身穿浅蓝色衣服，头戴黄色帽子，女人身穿粉色紧身胸衣和黑色裙子。这幅画是《诗人公园》组画中的第四幅作品，这组画用来装饰高更的房间。

我想，就阿尔城的女人与当地服饰来说，这个地方曾有过辉煌无比的时代，而现在这一切看起来陈旧苍白。但是当你经过长久观察，那逝去的魅力又重现了。我一次次地想起蒙蒂切利——这些女人的魅力很大程度上来自于色彩。那种令人着迷的特殊魅力在于衣着的轮廓和生动的颜色，除此之外，肌肤的颜色要比身材更加吸引人。但想要把我对她们的感觉画出来并不是件容易的事。

米里埃运气真好，他想要多少阿尔女人就能拥有多少，但他无法将她们画下来。相反，如果他是个画家，他就得不到她们。我一定要耐心等待时机。如果米里埃在摆姿势时表现出色，我会非常高兴，他也能得到一幅佳作，比之前的肖像画更有特色。这是个不错的模特——面色苍白，五官不够立体，头上的红色士兵帽与翠绿色背景形成对比。

给母亲画的肖像画我很满意，画中的她看起来很健康，表情生动。我不想照着黑白照片来画。依靠记忆，我选用和谐的颜色描绘她的样子。我写信回家也是为了再给父亲画一张。

上周的工作让我快累死了。现在猛烈的密斯特拉风横扫落叶，所以我不得不停下工作。我刚醒，一股脑睡了十六个小时，体力恢复了过来，明天一切将恢复正常。上周的成果确实不错，一共画了五幅油画。所以这周天气不好，大概是老天爷的报复。只要我安心投入工作，密斯特拉风就会再次肆虐。所以一旦出现好天气，就要抓紧时间创作，不然的话，就什么事都做不了了。

我刚刚收到了高更和贝尔纳的自画像，高更的自画像是以贝尔纳的自画像为背景，而贝尔纳的自画像则是以高更的自画像为背景。高更画的自然很好，但我更喜欢贝尔纳的。这只不过是作为画家的一些建议——有冲击力的色调，深色的线条——却让画面呈现出马奈的风格，很有特色。而高更的画功底更深，更耐人寻味。①

这样一来我便有机会拿我的画和别人的画作比较。我寄给高更用以交换的那幅自画像是幅佳作，我对此很有自信。这幅画是灰色调的，以淡孔雀绿色为背景。我穿着镶蓝边的棕色外套，外套的颜色被我夸大成了紫色。头部涂了厚厚的浅色颜料，背景明亮，没有什么阴影。我把眼睛画得稍微斜一点，像日本画里的样子。

我写信给高更说，如果我可以在肖像画中夸大我的个人风格，那么我会在表现个人特色之外，展示印象派画家的共性。我的思路和高更的思路相比，显得严肃了些，但并不悲观。贝尔纳说他想再要一幅我的肖像画，尽管手里已经有了一幅。我很高兴在人物画方面，看到他们对我的认可。

看了高更的画，我最大的感受是他不可以再继续这样画下去，他一定要回到画《黑人妇女》时那个"富有的"高更。他的肖像画给我的感觉完全是一个囚犯的样子，一丝快乐都没有。画中的肉体看起来一点也不生动，尽管可以大胆地解释为，他是存心要表现出一种苦闷的效果。阴影中肉体是用一种阴郁的蓝色描绘出来的。普鲁士蓝是不适合用来画肉体的，这样一来就像块木头，而不是人体的颜色了。我敢说，在用色方面，他画的布列塔尼风景画要更好些。

---

① 凡高先前建议高更和贝尔纳分别以对方的肖像画为背景画自画像。

收到这两幅肖像画，我非常高兴，这些画如实地刻画了我们在这个国家的命运。但这不会是永久的常态，我们会重回安详的生活。我很清楚，我肩上最重的责任便是尽我所能减轻我们贫困的状态。高更似乎正受着病痛的折磨。你等等吧，时间不会太久，等半年后他再画肖像画时，拿新的作品和现在的相比，一定会很有意思。他一定会同我在这美丽的地方一起吃饭，散步，时不时找漂亮的女孩约会。我们会住在这个将要布置好的房子里。总之，他会享受这里的生活。

今天我的身体好了很多，眼睛还是疲乏，但我有了新的灵感，于是就有了这幅新的油画作品——我的卧室。这幅画的重点是颜色，以简单的线条为基础，宽敞的空间让人联想到休息或者睡觉。用一句话概括：看到这幅画，你的大脑，或说得更恰当些，你的思想可以得到放松。

卧室的墙壁是淡紫色的，地面由红色地砖铺成。木床和木椅是新鲜的黄油色，床单和枕头是青柠檬色，血红色的被子铺在床上。窗户是绿色的，梳妆台是橘色的，脸盆是蓝色的，门是淡紫色的。家具的粗犷线条象征着休息是不容被打扰的。墙上挂着几幅肖像画、一面镜子、一条毛巾和几件衣服。因为画中没有出现白色，所以会选用白色的画框。

我会利用全天的时间完成它，但你可以看到这幅画其实构思很简单。它像日本版画那样，是用薄色平涂的方法画成的。整幅画没有使用点彩画法，也没有阴影，只用协调的色彩平涂而成。这幅油画和《塔拉斯孔马车》以及《夜间咖啡馆》形成鲜明对比。我打算明天早上很早起来，在清冷的晨光中开工。

我的书法没多大进步。我睡得太沉了，眼睛太累了，模糊不清。

这里很像老达达兰的故乡,我越来越享受此刻的生活,这里快成为我们的第二故乡了。但我并没有忘记荷兰——两个地方的差异让我时常想起那里。

高更写信来说,他已经把行李寄走了,承诺会在本月20日左右到达,那就只需再等几天了。我和你一样,一心盼着他来,这真是令人喜出望外的消息。我要加深对他的了解。

高更已经到了,身体状况良好,看起来比我还健康。

他自然很开心你卖掉了他的作品,我也一样,因为这样一来,安置新居所必需的花销就有了着落,不必将所有负担都落在你身上。他是个很有趣的人,我坚信我们能一起干成大事。这里的环境应该会使他创作力旺盛,我希望我也如此。

我希望今后你的负担可以有所减轻,如果能大幅度减轻就更好了。创作是不能停止的,即使精神崩溃,身体透支,因为除了画画,我再没有其他方法可以挽回我们已经投入的一切。如果我的画卖不出去,我也无能为力。

总有一天人们会明白,我的作品的价值远超过我购买颜料的钱和我的生活成本(毕竟我过得很贫寒)。可是,我亲爱的兄弟,我背负的债务是如此沉重,等我还清之后,我的一生也就过去了,我就像从没生活过一样。何况随着年龄的增长,画画对我来说会逐步变得困难,产量也会慢慢下降。

我本来感觉自己快要生病了,但高更的到来让我完全忘掉了这件事,我相信身体的不适感会消失的。不过如果我的花销持续增长,我那时恐怕还是会病的。我很苦恼,担心自己给了你无法承受的压力。我觉得现在最应该做的就是让高更加入我们,将我们的计划完成。

很幸运你卖掉了高更的画，现在我们可以暂时喘口气。不管怎样，你，我，他，我们三个人都要振作起来总结过去的经验。这段时间我不会再饿肚子了，也没有别的事情需要操心了，别惦记我。

我们每月加一起的花费不超过二百五十法郎，颜料上的花费也会减少，因为我们自己研磨。所以不用担心我们，放宽心吧，你现在很需要放松。我相信半年后，高更、你、我会看到我们的小画室生生不息，成为所有想来南方的画家可以依靠的大本营，或者至少对他们来说是有帮助的。以后每个月你会收到我和高更的作品。

坦率地说，只要你手头不是太紧（毕竟我没能带来什么收入），最好还是替我们自己保留我的作品，先别挂出来销售。这样一来，我这边一切顺利的话，我们就不会失去任何一件作品。画完的作品和酒窖里的酒一样，需要时间来酝酿。

之前，我给我的一小幅粉色桃树油画装上了画框，打算把它寄给布索·瓦拉东公司。现在我想表明我的态度：如果你希望我把某件作品交给他们，不管在什么时候，只要你想那么做，就完全可以；但如果是为了让我高兴，那么恰恰相反，我觉得真的没有必要。我觉得把这幅充满青春气息的小桃树油画寄给他们并不好，我不想听到布索说："对于一个年轻的新手来说，那幅小油画画得还不错。"

不能寄给他们。如果一两年后我积攒了一些佳作，比方说三十幅，足够开办个人画展，如果我找到他们，对他们说，"你们愿意为我举办画展吗？"他们绝对会把我打发走。唉，我太了解他们了。除非是纯粹交易，不然我宁可不卖，也不和他们打交道。要知道，越是和他们划清界限，他们就越想到你那去看画。

没有在公司之外的地方出售我的作品，你的做法是非常正确的。不要脱离你的公司为我做任何交易。对于古皮尔公司，我要么永远

401

不再踏入公司大门一步,要么就不管一切地闯进去,不过这似乎不太可能。

如果你问我,做什么能让我高兴,那么我告诉你:不论你喜不喜欢,把我的作品保存在你家里,不要卖掉任何一幅。如果房子太小放不下,可以寄回来。

今天高更和我准备在家里吃饭,这样比较省钱,我们觉得是个不错的方式。他很懂烹饪,我想我应该跟他学学,这样生活很方便。

周日的时候我们看到了一片红色的葡萄园,如果你在的话就好了。葡萄园红得像葡萄酒一样,远远看去,就变成了黄色。太阳挂在绿色的空中,雨后的土地是紫色的,在落日的映射下闪着黄色的光。

高更似乎已经找到了他的"阿尔姑娘"①,我希望我也能找到,不过在我看来,还是要先画风景画。对于模特的紧缺与难寻我始终感到遗憾。我们打算时常去逛逛妓院,这样方便研究女性人物画。

我们每天都在画画中度过,一画就是一整天。有时晚上累得不行,我们就去咖啡馆坐会儿,然后回来早点睡觉。这就是我们的生活。这里当然也已经入冬了,但是天气时常还是很好。

我为邮差一家人画了肖像画,包括邮差,他的妻子,刚出生的婴儿,小儿子和十六岁的大儿子。除了邮差本人看起来有些像俄罗斯人,其他人都具有典型的法国人长相。这样的画对我来说如鱼得水。我希望多争取这样的机会,找到认真摆姿势的模特,然后用肖像画作为支付他们的报酬。为一大家子人画出好的作品对我来说没有坏处,至少我是在做一件自己喜欢而又个性十足的事。

画画让我陷入情绪的混乱当中,我的脑子里都是习作、习作、

---

① 《阿尔姑娘》为法国著名文学家都德所创作的戏剧,描写了法国普罗旺斯青年农民弗雷德里的爱情悲剧。

习作——这样的状态透支着我的心,但如此下去,在四十岁之前我会赚到钱。你总是对我说,画的质量比数量更重要。现在我们可以顺利地拥有很多高质量的作品了。

我忍不住要马上寄给你一些油画作品,这些画——《播种者》、《向日葵》和《卧室》——获得了高更的称赞。高更带来一幅贝尔纳的油画,是他用自己的画交换而来的。这幅作品画的是绿色田野中的一群布列塔尼女人,画得非常好。

不知不觉地,高更逐渐让我认识到,是时候在创作中做些改变了。

我迫不及待想要认识德汉和伊萨克逊。如果高更见到他们,会对他们说:去爪哇岛创作印象派作品吧。虽然高更在这边努力画画,但他心中仍念念不忘那些热带风情。

高更画了一幅我的肖像画,我觉得画得不好也不差。他最近在画风景画,之前画的那幅洗衣女工的油画挺不错。不久后,大概就会有人以"再也找不到印象派的影子"来对他现在的作品做出负面评价。

高更被邀请去参加"二十人协会"举办的画展。他早就幻想过定居在布鲁塞尔,那样方便和他的丹麦妻子重聚。我担心他和妻子根本不适合相处,不过他更在意他的孩子们。从画像里可以看出,他们很漂亮。

在女人方面,我们没什么天赋。

相反,高更在这里却很有女人缘。他已婚,却一点也看不出来。我收到了C·迪雅尔丹先生的来信,商议为我办画展的事。我非常厌恶用我的一幅油画作为报酬的想法,他的欲望就像无底洞,因此我只能这样答复他:我不干了。换句话说,《独立杂志》举办的展览取消了。

　　我们没办过几次画展，不是吗？第一次是在唐吉老爹那里，后来在托马斯那里，然后又在马丁那儿展出过。我跟你讲，我觉得办展览没什么用。不用太仓促，我在这边按部就班地画，直到攒够了佳作，办一次更有分量的展览。作品数量不多时，我无须考虑画展的事。这是我给自己定下的目标。

　　吉约曼给高更写了封信。他的生活似乎很拮据，不过他肯定画了不少不错的作品。他的妻子现在怀了孩子，但他对分娩感到恐惧，还说他因此得了红视症。

　　现在我们这里风雨交加，但很高兴我不再孤单了。天气不好时我会依靠记忆作画，不过如果只有我自己，我不会那么做。高更鼓励我勇于想象，的确，画记忆中的事物会达到更神秘的效果。我已经试着用这样的方法画了埃顿花园，画中有甘蓝、柏树、天竺葵和一些人物。我对依靠记忆画画并不反感，至少可以让我呆在室内。

　　高更完成了他的油画《摘葡萄的女人们》，这幅画和《黑人妇女》一样出色。他的《夜间咖啡馆》也基本画完了，现在正在画的是干草堆里一个和猪在一起的非常原始的裸体女人。这幅画肯定非常棒，而且很独特。他是个非常了不起的画家，也是个有趣的朋友。

　　我也完成了一幅葡萄园的油画，整幅画是紫色和黄色的调子，画中有蓝色和紫色的小小人影，还有黄色的阳光。你也许会认为这幅画可以和蒙蒂切利的风景画媲美。

　　我最终也找到了为我做模特的阿尔姑娘，我用了一个小时迅速画完，背景涂成浅柠檬色，脸是灰色的，衣服以黑色为主，搭配一点纯粹的普鲁士蓝。她坐在橙木扶手椅上，靠着一张绿色桌子。

我还粗略画了一幅妓院的速写,很想给它画幅油画。我最近的两幅习作看起来特别怪:一把灯心草坐垫木椅,通体黄色,靠墙放在铺着红砖的地上(画的是白天)。而另一幅画的是高更的扶手椅,整体是红色和绿色的调子(画的是晚上),椅子上放着两本小说和一支蜡烛,是在厚画布上厚涂颜料而成。

我们发现一种做画框的好方法:把平木条钉在内框上再上漆。我最近都在忙这个。我们打算晚上不再画画和写信,因为要做的事情实在太多,有些应付不来了。

我收到了珍特·莫夫的来信,她在信中对我们的赠画表示感谢,听到这个消息你一定很高兴。信写得很恳切,她谈起了过去的日子。还有另一件值得高兴的事:我们又多了一件画家的肖像画藏品——拉瓦尔的自画像,画得非常好。这幅画主题鲜明,十分出色,就是你常说的那种,要在别人看出它的价值之前就抓住不放的作品。

高更给你寄了他的作品。遗憾的是,虽然我也画了不少,摆满了整个房间,却没有一幅可以马上寄给你。高更教了我如何用水洗掉画中颜料表层的油脂。如果我现在寄给你,过段时间后颜色就不那么鲜亮了。[①]你稍微等等,这样也不会损失什么。我们把早先画好的那批处理完,再处理新的。对我来说很幸运的一点是,我非常了解自己想要什么,其实我对别人说我画画太过仓促这件事完全无所谓。

高更有一天对我说,他见过克劳德·莫奈的一幅插在日本大花瓶里的向日葵,画得很好,但他却觉得我画的向日葵更出色。我不

[①] 油画作品在保存过程中会发黄变暗,这是由于表层光油被氧化的结果。

这么认为，不过我觉得，如果到了四十岁的时候，我画的人物画可以好到他所形容的那种程度，我就能在艺术界拥有一席之地了。所以，要坚持不懈地画下去呀！

昨天我和高更参观了蒙彼利埃的一座美术馆，那里收藏了德拉克洛瓦、库尔贝、乔托、保罗·波特、波提切利、提奥多·卢梭——简直太精彩了。我们仿佛进入了魔法世界，弗罗芒坦说得好：伦勃朗是绘画界的魔法师。

围绕德拉克洛瓦和伦勃朗，高更和我探讨了很久。我们争论得异常激烈。争论过后，我们的头脑累得一片空白，像是放完电的电池。

我觉得高更对阿尔这座美丽的小城，对我们工作生活的小黄房子，特别是对我，心生厌倦了。事实上他和我一样，存在很多需要解决的严重问题。但这些问题与其说是外界造成的，不如说是我们自身本就存在的。高更精力旺盛，富有创造力，正因如此，他需要内心的宁静。他在哪里能找到内心的宁静呢？

第二天，12月24日，高更发电报叫提奥到阿尔去。文森特精神极度兴奋，发高烧，割掉了自己的一只耳朵，然后把它当作礼物送给一个妓女。当时场面混乱，邮差鲁兰把他送回了家。后来警察到访，发现文森特伤口不停流血，昏迷在床上，随即送入医院。提奥到达后，一直陪同直到过完圣诞节。高更同提奥一起返回巴黎。到12月31日，情况好转。

——乔安娜·凡高

我在外科医生雷伊的办公室给你写下这封信，他叫我过来聊会儿天，并让我转告你不要担心。他很欣慰我现在的状态，这代表他的诊断是正确的——我的精神过度兴奋只是暂时性的。他肯定地说，过几天我就能恢复正常了。

我还要在医院住几天，然后就有望安心回家了。那个清洁女工和我的朋友鲁兰在帮我照管房子，所有东西都已经收拾好了。鲁兰对我真的不错，我敢说我们会成为一辈子的朋友。我需要他的帮助，毕竟他对这个乡村太熟悉了。

出院后我就能重操旧业了。转眼就要到好天气的时节了，又能开始画繁华盛开的果园了。

我亲爱的兄弟，对于你没有成行的旅程我感到很自责。多希望行程并没有取消，毕竟我也没什么事，你不必那么担心。很可惜你没有在天气好的时候，来阿尔感受这里的美好，你来的时候只见到了一片阴晦。

我只求你一件事，千万别担心我，不然我会更担心你。对于我的健康请放宽心，只要知道你一切都好，我就痊愈了。我重读了你那封叙述你与邦格一家见面的信，那真是美好的回忆。我们无法改变已经发生的事，但请转达邦格一家，很抱歉行程被耽搁了，导致你没有实现荷兰之行，我深表遗憾。

但愿我的精神失常只是画家的一种反常行为，因为动脉被切断，在大量失血之后我发了高烧。我很快就恢复了食欲，消化系统也正常，气血也变好了，头脑也越来越清醒。今年的日子会比去年过得更加平静。

今天我回家了，鲁兰和我一起吃的饭。他接到了去马赛的调令，二十一日就要动身了。薪水涨不了多少，他的妻子和孩子暂时不能跟他一同去，因为在马赛的开销要比这边大得多。他和妻子都因即将到来的分别难过不已。

他们告诉我，房东趁我不在的时候，把房子让给了一个烟草商，与他订了租约。这件事让我很烦恼，我把房子重新油漆过，还安装了煤气，我可不想窝窝囊囊地被赶走。说实在的，要不是我，这座一直荒废的房子也不会重新变得适宜居住。

前些天的身体状况还无法写字，现在可以了，我便立刻给高更写了封短信，深深表达我对他最真挚的友情。住院的时候我常想念他，连发着高烧，身体非常虚弱的时候都在想。我是把他吓到了吗？为什么他没有消息了呢？你有没有见到他那里有一幅我的肖像画？你看没看到最后那几天他画的自画像？如果拿这幅和先前他从布列塔尼寄给我的作品相比较，可以看出他来这里后，状态好了很多。

担心你把我生病的事告诉了母亲和维尔，所以我给她们寄了一封短信，以便她们放心。

明天我要重新着手创作。我会先画一两幅静物画，以恢复画油画的手感。一旦状态回来了，就给雷伊医生画肖像画。他听说过伦勃朗的那幅《解剖课》，我跟他说，我们可以帮他搞到一张它的版画供他研究。他一定会很高兴的。

今天早上我换了一身衣服，和雷伊医生一起散步一个半小时。我们长谈阔论，甚至聊到了自然史。我对他说，没有做一名医生是我一直以来的遗憾。我还说，有些人自认为欣赏到了油画的美，可他们除了观察所画事物，其他毫无察觉。

我的身体已经康复，伤口正在愈合，严重的失血也已经补救了回来。目前最担心的是失眠问题。医生并没有提醒我这件事，我也没有向他说起过。我在用自己的方式努力对抗失眠，把大剂量的樟脑藏在枕头和床垫里。之前我很怕一个人住在这房子里，担心自己睡不着，但现在这个问题已经解决了，而且我敢说以后不会再反复。

住院时，失眠搞得我很痛苦，但我告诉你一件怪事，失眠的时候我总想着德加。高更和我曾讨论过他，我还告诉高更，德加说过，"我努力活着，就是为了画阿尔女人。"

请转告德加，到目前为止，我还没有能力去画阿尔女人；告诉他，倘若高更对我的画大加赞扬，不要相信他，因为那只不过是一个病人的涂鸦。康复之后，我一定要重新开始画画。没有这场病，我可能会达到创作高峰，我想，以后可能再也不会了。

就在收到你这封信之前，我接到了你们的订婚通知，是你的未婚妻寄来的。回信中我向她表达了我的真挚祝愿，现在我要再次为你送上祝福。我担心我的病会影响你的行程安排，不过我现在没什么事了，我感觉自己又恢复了正常。

我一直认为，以你的社会地位和为家庭做出的贡献，你应该结婚，这也是母亲多年来的希望。结婚后，你的心会更加安定，不管以后还要面对多少困难。

最重要的就是你不要拖延你的婚期。有了妻子，你以后就不再感觉孤独，家里也会热闹起来，也许还会有新成员的加入。

不管我对父母有什么其他看法，至少在婚姻方面，作为已婚人士，他们是典范，鲁兰和他的妻子也是。我永远忘不了父亲去世的时候，母亲只说了一个字，这让我比从前更爱我们的老母亲。

发病的时候，我的脑中又出现了津德尔特的房子里的每一间屋子，每一条小路，和花园里的每一样植物。我还看到了周围田野的景色，邻居们，教堂，房子后面的菜园，甚至墓地中金合欢树上的喜鹊窝。这是因为我对最初的日子记忆犹新，比你们能想起更早些的事情。除了母亲和我，没有谁能记得所有这些了。

你该知道，你结婚的事让我多么地高兴。为了养家，要是有机会在古皮尔展出我的画，可以选择那两幅向日葵，这些由你来决定。这两幅画在视觉上富于变化，非常吸引人，当你长时间注视它们时，画面会呈现出更加丰富的效果。

牡丹是捷宁的，蜀葵是科斯特的，在某种程度上说，向日葵是我的。

对我来说，生活是不易的。可惜没有机会和你共度一日，让你看看我正在创作的作品，还有我的房子。可我还是宁愿你看不到我现在的状况，不想让这糟糕的环境留在你印象之中。

既然高更已经走了，（你没有意见的话）你还是继续每月给我一百五十法郎吧。我们或许应该研究下这个月的花销问题。不管如何计划，我都觉得自己的生活挺可悲的，但又能怎么办呢？这实在是件麻烦的事。尽管在绘画上，我花掉了很多钱，投入了很多心血，我的画却依然不值钱。这次住院又不得已多了一百多法郎的花销。对了，出院那天我和鲁兰在餐馆高兴地吃了一顿，开心到忘了去担忧病是否会复发。

想到这次住院的费用，还有因发病把家里搞得一团乱，床单和衣服都脏了，我一回家就把欠别人（和我一样穷的人）的钱还了，是不是有些大手大脚？我是不是做错了？还是说我应该再节省一点？

结果是八日前后我就身无分文了。一两天后我借了五法郎，艰难地撑到了十日。直到今天（1月17日）还没收到你的信，除了饿肚子别无他法，而更让我痛苦的是，在这种条件下，我的病无法康复。

尽管如此，我还是继续画画，除了雷伊医生的肖像画（已经作为纪念留给他了），已经在室内完成了三幅作品。没有什么比生病和随之而来的可怜境地更加令人痛苦的了。我感觉很虚弱,心中充满不安和恐惧。

他们说过度敏感是我这次发病的主要原因,其实我只不过是贫血而已,所以我必须让自己吃饱饭。我冒昧地去问了雷伊医生,我现在的首要大事是不是恢复体力,万一我不得已要饿上一个星期,他是否能想起我不曾发疯的时候。

高更的电报致使你又多了花销,他是不是声称当时这么做是个明智的决定?假如我像你想的那么疯狂,为什么我们这个出色的搭档没有表现出更多的冷静?

聊聊我们的朋友高更吧。他竟然找借口说,担心他的到来会让我心烦。可他无法否认,我一直在不停地联系他,一遍遍地告诉他,我要立刻和他见面。我和他说,为了不让你担心,我和他之间继续保持这种关系,但他不听。

我不太赞成你用这样的方式给高更钱,那样的话,他和我们之间就只是做过几次生意的交情了。如果事情按这样的方式发展,运气不好的话,也许会花更多的钱。

他是不是还没认识到我们不是在剥削他,而恰恰相反,我们急于让他的生活和工作有所保障,让他能够过得体面?如果我们的做法与他设想的画家协会不一致,也不符合他心中的其他梦想,何不认为他只是无意中给你我带来了麻烦并造成浪费,其实并不是他的责任?

如果高更可以彻底检查下自己,或让专业医师来替他检查,说实话我不敢想结果会是怎样。我在不同场合见他做过你和我都不会去做的事,因为我们有良知。此外还听说过有关他这方面的一两件事。近距离观察他时,我想,他大概是被空想,或是骄傲冲昏了头脑，这是不负责任的行为。他的优点是擅长用绝妙的方法把费用的支出逐日安排好。我对此总是心不在焉，脑子里想的都是如何实现理想，而他对金钱方面的事情更在行。他的弱点是，面对突然的刺激，或是莫名其妙的干扰，他会把已经安排好的一切打乱。

我对高更不再搭理我然后跑掉的古怪行为很不满。大胆分析了情况之后，不难看出他就是印象派的波拿马小老虎，他在阿尔消失不见（我实在不知道该怎么表述），和那个返回埃及的小下士相似，或者说他们的行径完全一致——这个人后来又去了巴黎，总是让军队陷入困境之中。

从你对他的资助，可以看出你的高尚品格。

高更的身体比我们都要强壮，所以他的感情也比我们更强烈。他是个父亲，他的妻子和孩子都在丹麦，但他却想去地球的另一端——马提尼克岛生活。而这势必使他面临心中的欲望和现实的需求之间不可调和的矛盾。我曾擅自向他保证，如果他来和我们一同过安定的日子，在阿尔画画而不再浪费钱，同时靠你的帮助卖画赚钱，这样的话他的妻子一定会写信给他，对他的安稳表现出满意的态度。然而后来他生了一场大病，当时最重要的事是查找病因进行治疗。来到这边后他的病好了很多。

高更对南方抱有一种非常美好自由的想象，他带着这样的想象去了北方工作！哎呀，这听起来也是挺有意思的事了。

让我感到奇怪的是，他说他想要我的那幅向日葵，大概是要拿他留在这里的几幅习作和我交换，也可能是让我送给他。我会把他的习作寄还给他，这些画对我来说没用，但对他可能有用，而我肯定要留着我的向日葵画作。我之前已经送了两幅给他，足够给他欣赏了。如果他对我的做法不满意，那就让他拿走他那幅小尺寸马提尼克油画，还有他从布列塔尼寄来的肖像画，不过同时他得把我的肖像画和两幅向日葵油画还给我，这些都被他带去了巴黎。高更自认为很精明，在他所谓的"巴黎银行业务"方面经验丰富。或许你我对此都太大意了。

高更的事搞得我身心俱疲。对于你的破费我很难过，这对谁都不是件好事。这又一次证明了祸不单行这句俗话，好在一切都过去了。这么多的困苦无疑让我变得谨小慎微，但我并没有因此放弃希望。

这次生病后重看之前画的油画，我觉得最好的就是那幅《卧室》。我今天画的是我那把椅子，上面没放东西，就是之前画的那把放着烟斗和烟袋的白木椅子。那幅画和高更的椅子是姊妹篇，我想通过画中鲜艳的颜色来表达光的效果。

我不太操心画能否快速卖出，因为我的作品数量还不够多。但我在努力画画，以钢铁般的意志继续工作。

我又画了幅自画像给你。我刚刚还完成了一幅油画，你看后大概会觉得很别致，画中有一个装着柠檬和橙子的柳条篮，一根柏树枝，还有一副蓝色手套。你以前看过我画的类似这种水果篮。

在我的创作中，好运坏运并存，而不是只有坏运气。如果对收藏者来说，我们的那幅蒙蒂切利的花卉画值五百法郎——当然它确实值这么多钱——我敢说我的向日葵在苏格兰人或美国人眼中也值五百法郎。你来的时候在高更的房间里一定注意到那两幅向日葵油画了吧，我刚刚重新照着画了两幅一模一样的画。

最近我身体上的恢复和工作方面的进展还不赖。回想一个月前的状态，再对比此刻的情况，我感到恐慌。我知道胳膊或腿骨折后可以痊愈，但没想过头脑失常后也能康复。我常常问自己——"康

413

复了又能怎样？"甚至身体的恢复让我感觉害怕。不过，让人无法忍受的幻觉终于消失了，变成了单纯的噩梦，我想是我服用的溴化钾起了作用。

趁着这里还是冬天，让我继续安静地创作吧。生活中又多了新的花销，我恐怕要做出改变或是搬家了。我找不到一个能长期居住的地方。我没有放弃画画，我相信当事情真的走上正轨，就会有成功的那一天，我们为之投入的金钱会得以回报。

要么把我关在疯人院（我并不反对在头脑不清醒时进疯人院），要么在采取预防措施的前提下让我全力工作。如果我的精神正常，就能完成一开始承诺送给你的画；如果不是必须把我关在小牢房里，那我就还有能力继续为还债而赚钱。我从早到晚不停地工作，是为了向你证明（除非我的工作也是一种幻觉），我们并非盲目地插手蒙彼利埃的布里亚所展开的伟大事业（他费尽心力要在南方创立一个艺术学派）。

在接下来的二月和三月，我想完成去年画的一些习作的复制品。我们一心扑在印象派上，对我来说，努力画画是为了确保自己能在其中占有一席之地，哪怕只是一个小小的位置。

在为你结婚的事情做准备之前，我要利用这两个月的时间努力画画。

你们准备在婚后，也就是春天的时候，开一家世代相传的画店，那不是件容易的事。等店铺开张了，你们有钱支付薪水的话，我就向你讨要一个画师的职位。你为了支持我，一直过着不富裕的生活，只要我还活着，就一定要把你花在我身上的钱还给你。你有了一个体贴善良的妻子，有她在，我们的生活一定会生机勃勃。只要这个世界不灭亡，就始终会有画家和画商的存在，尤其是像你这样兼顾艺术宣传者身份的人。

鲁兰昨天走了。我手头有一幅他妻子的肖像画还没完成，是从生病之前就开始动工的。这幅画的颜色是在红色系中玫瑰色到橘色范围内挑选的，还有正黄色、柠檬黄，以及浅绿色和深绿色。如果能画完这幅画就好了，但我担心鲁兰走以后，她不愿再当模特。

现在人人都害怕我，但这种情况应该不会长久。我们都会面临死亡，也都会得病。生病自然不是件让人愉快的事，但又有什么办法呢？最好就是尽量不生病。

听到你带来的有关高更的消息，我很高兴。他应邀参加比利时的画展，并在巴黎取得了一些成绩。我想他已经在那里站稳了脚跟。

我完全没有必要到热带去，因为我已经拥有了这个小乡村。我一直觉得热带是个值得画的地方，但就我个人而言，我太老了，尤其对于一个"纸人"[①]来说，到了那边吃不消。高更会去吗？

我们只是链条中的一个环节。实际上老高更和我是互相理解的，如果说我们确实有点疯狂，那又如何呢？对于别人的质疑，作为一个彻头彻尾的画家，难道我们不能用我们的画笔来进行反驳吗？也许有一天人人都会患精神病、舞蹈病或别的什么病，那有没有解药呢？德拉克洛瓦、柏辽兹和瓦格纳都有解药。对于所有疯狂的画家来说，我们的解药和慰藉或许是某种带着些许善意的充分补偿。这便再一次证明，世俗的野心和名利会消失殆尽，但人们不论是对祖先还是对后代，都一样抱着深切的同情心。

昨天我去看了"阿尔姑娘的疯狂"，这边新兴的一种演出方式。这是一个普罗旺斯文学团体，他们表演圣诞颂歌或田园诗，带有中

[①] 凡高在割掉耳朵的地方装上纸壳，自称为"纸人"。

世纪基督剧院的怀旧色彩。昨晚我第一次睡觉没做噩梦。

别人说我看起来明显好转了，我没想到自己能恢复，心里充满了各种各样的感情和希望。天气很好，没有风，实属难得，我太想去画画了。我的话语中仍有先前过度兴奋的影子，但这不足为奇，在塔拉斯孔这块神奇的土地上，所有人都有点疯疯癫癫的。

邻居们对我都特别好，因为这里的人要么发烧，要么精神不正常。我们同病相怜，所有人都像一家人。我去探望了那个我发疯时去找的姑娘。人们告诉我，这样的事情在这边并不罕见。那位姑娘当时受到惊吓昏了过去，但现在没事了。她在人们口中是个不错的女孩。

今天警察局长来看我了，非常友好。他一边握手一边对我说，我可以把他当作朋友，任何时候如果需要帮助，可以去找他商量。我欣然答应，也许很快就会去找他，如果有人找我的房子麻烦的话。

我想，胆大的人会找我来画像。鲁兰是个很穷的小雇员，却备受尊敬，你知道的，我给他的一家人都画了肖像画。医生下达过严格的医嘱，让我多出去走走，别做任何脑力工作。但对我来说，工作就是一种消遣，可以分散我的注意力，说得更确切些，画画的时候我能保持正常，所以我没有放下工作。我对那些问候我身体情况的人说，我要一死了之，这样一来病也没了。一旦得了这个乡村的病，哎呀，那以后就也得不了别的病了。我的意思是，我对自己不抱任何幻想了。

老好人鲁兰陪我离开医院的时候，我觉得自己的精神没什么问题，直到后来我才觉得自己确实是病了。是的，没错，折磨我的除了激情、疯狂，还有各种兆头，就像坐在三脚架上的希腊先知所说的预言①一样。我的嘴里总是念念有词,阿尔女人都是这个样子。

所有这些让我变得很衰弱。我的体力能恢复过来就好,但我和雷伊医生说过,一旦有了一点病情加重的征兆,我就返回医院,请他或艾克斯的精神病医生为我医治。以后我离不开医生的相伴,因为他最了解我的病情,而这也是我不会离开这里的另外一个原因。

如果我们(不管是你,还是我)生了病,除了烦恼和痛苦,还能得到什么呢?这样一来我们的斗志就彻底垮了。我们还是安下心来继续工作吧,尽可能照顾好自己的身体。

你在工作中所付出的心血会得到别人的感激吗?也许不会吧。就连我为成立画家协会所付出的努力和遭受的痛苦也受到过其他画家的怀疑。我觉得,组织建立印象派协会并将其发展壮大,是件遥不可及的事情了。也许是我太把它当回事了,也许是他们太让我寒心了,所以我现在对此很消极。

不管是你还是我,都要履行自己的责任,在这方面,我们不只是说说而已,而是付出了实际行动,当我们一路走到最后的时候,或许会抱着平静的心态再次碰面。而当我神志不清的时候,我所热爱的一切都变得混乱无章,我不认为这就是现实,也不愿成为冒牌的先知。疾病或者死亡对我来说,已经不是什么令我恐惧的事情了。

但为什么你在这个时候会思考婚约或者生死的问题呢?

我收到了高更的信,信里写满了各种各样的计划,他靠作品赚钱的日子不远了。我还没给他回信。我很高兴有一件事是确定的,我和他彼此都愿意,如果有必要的话,再次一起同住。

高更非常喜欢我画的向日葵,万一他索要那两幅中的一幅,就

---

① 在古希腊神话中,阿波罗神借女祭司皮西娅之口发布晦涩难懂的预言性言辞。

417

让他在自己的作品中送两幅给你和你的未婚妻——要选质量在平均水平之上的作品。

至于独立画家展览,把《丰收》和《白色果园》送去就足够了,如果你觉得好,可以再加上小幅的《普罗旺斯女孩》或《播种者》。我没把这个画展放在心上。我真正想做的,是有朝一日用三十幅更优秀的习作刷新你对我的认识,让你知道,在我们的绘画事业中,我也能画出动人的作品。我现在画的这些画,加上之前给你的一些,如《收获》和《白色果园》,将作为这个计划的坚实基础。天呐,现在这些画分散两地,但如果你看得到我脑中把他们列为整体的样子,我敢说你一定会感到欣慰。

关于这座小黄房子,我在交租的时候,房东的代理人对我非常客气,有着阿尔人那种待人平等的态度。然后我告诉他,我不需要租约。我需要一种家的感觉来恢复我的精神,所以我暂时还要继续住在这里。

但如果我的精神完全正常,那就不必这么做。人就是这样,不是健康,就是生病。我的意思并不是说我不需要长时间的调养。不过,这里和我同病相怜的人告诉我一个事实:失去理智的情况是不可避免的。所以我不需要你对别人说我没有病,或者我以后不会再发病。

我会尽可能遵照医嘱行事,我认为那是一种责任,也是工作的一部分,所以必须做到。这里的医院对这种病非常了解,只要不讳疾忌医,就能得到恰当的治疗。

文森特在2月又一次被送进医院。他觉得有人要毒死他。萨尔医生(阿尔的新教牧师,提奥12月来陪护凡高时,看到他对凡高很关心)写信来询问凡高的情况。雷伊医生回电说:"凡高的情况很好，让他住在医院吧。"

——乔安娜·凡高

  我的精神状态很不好，没有写信的心情了。今天我暂时回了家，希望能好起来。

  我总是觉得自己很正常，我认为我的病只是这个地方特有的现象，所以即便再次发作（希望别再发作了），还是要安心等待它过去。我对雷伊医生说，如果我有必要去艾克斯，那我就去。他以前这样提议过，我也同意了。

  作为一个画家和一个工作者，我的性格是这样的：我不允许任何人，包括你或者医生，对我采取那样的行动而不事先通知我并和我商量。从最初到现在，我在工作的时候都始终保持着正常的状态。是把我的画室留在这里，还是搬到艾克斯去，对此我有权利决定，或者说我至少可以表达自己的意愿。

  住在这里的好处，就是里韦过去常常说的，"他们全都是病人"，所以至少我不会感到孤单。我已经在我的邻居中和雷伊医生那找到了这样的友情，这让我宁愿一直生病，也不想忘掉他们的善良。但这里的人对画家和绘画的偏见令人意想不到。他们有些迷信，对画人像心生恐惧，我在城里听到过这样的议论。

  不幸的是，我容易被别人的信仰所影响，不敢去嘲笑那种可能很荒唐的见解。但是我在这里已经待了不止一年，听到过几乎所有扣在我、高更还有绘画头上的罪名。他们知道现在我人在医院，如果我再次发病，那也没什么好说的，他们会继续自己的信仰。我不想由别的医生为我医治。我在这边已经进了两次疯人院了，何不"既来之则安之"呢？

你不必替我考虑太多，也别着急。我们大概只能顺其自然，无法改变既定的命运。无论生活是什么滋味，我们都要一口口吞下去。只要你的日子平静安宁，我也会感觉好一些。

唯一的问题是，我希望能继续靠我的双手，把我花掉的钱赚回来。这些天阳光明媚且有风，我常出去散步，呼吸新鲜空气。昨天和今天我都在画画。

如果我不是那么敏感的话，也许会对这个乡村的黑白颠倒和离弦走板嗤之以鼻。现如今我被搞得不快乐。算了，算了，毕竟有很多画家，因为这样或那样的原因发疯，我会慢慢安慰自己的。我更加理解了高更的痛苦，他在热带也有同样的感受——这种过度的敏感。

自从遭遇了这些，我不敢再劝说其他画家来这里了。他们如果来的话，就要冒着丧失理智的风险。科宁、德汉、伊萨克逊最好都别来，让他们去昂蒂布或尼斯，去芒通应该更适合。

你说我可以去巴黎，谢谢你的好意，但是大城市的繁荣让我难以消受。

2月27日，文森特再次住院，这一次并没有发生什么。整整一个月，他非常沉默。

——乔安娜·凡高

你的信中充满善意的言辞，但我在其中读出了你作为兄弟的苦恼，我不该再对你保持沉默了。我以一个兄长的身份，在神志清醒的状态下给你写的信，我没有发疯，这是真的。

这里的一些人向市长递交了一份请愿书（超过八十人在上面签了名），把我描述成一个不应该有行动自由的人。警察局的巡官下命令把我再次监禁起来。所以在这段漫长的时间里,我被关起来了,住在一个有人看守的监牢里,即使我没有犯罪,也没人能证明我犯了什么罪。什么都不必说,在我灵魂的秘密法庭中,我可以应对所有指控;什么都不必说,我不会生气,我觉得在这样的事情中,替自己辩白,就等于说自己有罪。我只愿把我的想法都告诉你。

你知道吗?当这里许多人聚集起来一起反对某一个人(他还是一个病人),那感觉就像是当头一棒。我全心全意友好待人,却没想到会遭受如此的打击。

我的精神状态波动很大,但我竭尽全力恢复平静,强烈的情感只会加重我的病情。虽然我此刻是完全冷静的,却可能会突然爆发激烈的情绪,轻易陷入又一次的精神过度兴奋状态。如果我无法抑制住愤怒,我就会立刻被人看作是一个危险的精神病患者。但是在经历了反反复复的打击过后,我变得十分谦卑,愿意去忍耐。因为如果我在外面行动自由,当有人冒犯或侮辱我的时候,我很难每次都控制住情绪,那样的话,别人就会趁机做出对我不利的事。现在被关在这里,除了没有自由以外,其实也没那么糟糕。

最重要的是你也要保持冷静,别因此影响你自己的事情。你能拥有稳定的家庭,对我来说也是莫大的安慰——等你结婚后,我们也许能找到另一条更加安稳的路。

同时我也恳请你,就让我在这安静地待着吧。别人对我说,市长和巡官其实都很友好,会尽力解决我和村民之间的问题。我告诉市长,如果能让那些人彻底满意了,我可以投河自尽;不管怎样,我伤害了自己,就证明我没有要伤害他们的意思。我还对他们说,我负担不起搬家的费用。我已经三个月没有画画了,重点是,如果他们没让我心烦意乱,没让我担惊受怕,我是可以画画的。

这是一种侮辱——也就是说，他们的所作所为没有任何道理。我想说，我宁愿死掉，也不想引起这样的麻烦，受这样的罪。好吧，好吧，承受且不抱怨，这是我学会的第一课。我们最好的应对方式，或许就是对我们承受的巨大痛苦一笑置之，就像世上那些伟大的人所做的一样。要像个男人，扛起压力，朝着目标勇往直前。在现今的社会中，我们这些画家只不过是些破损的舰船。而问题就在于，只有承认命运中的这些客观事实，才能心安理得地活下去。

我在这里没有任何可以消遣的事做——他们甚至禁止我抽烟，而别的病人没有这样的限制——我只好整天整夜地想着所有我认识的人。我多希望能给你寄些油画呀，可是门上了锁，警察和看守都在盯着我。假设我彻底变成一个疯子（当然，这也不是不可能），因此可以享受不一样的待遇——我有呼吸新鲜空气和画画的自由，那么老实讲，我宁愿屈从。我亲爱的兄弟，不要担心，我现在很平静。他们也许只是想把我隔离起来。

医院的管理人员（我不知该怎么说好）是耶稣的信徒，他们非常能干，非常聪明，非常厉害，他们甚至也像印象派画家，懂得如何对病人进行细致入微的询问。在某种程度上来说，这其实也是我保持沉默的原因。你一定不要因为我受到影响，而我也会一个人自谋生路，毕竟我是个男人。

听说萨尔先生准备到其他地方为我另寻住处。我觉得这样很好，可以有个容身之处了。之后我可以到马赛去，或者其他更远的地方，找一个更好的环境。但是在动身之前，我们要好好考虑一下。你也看到了，来到南方后，我的运气并不比在北方时好。所以不论什么地方，都是一样的。至于这个你所谓的"美妙的南方"，我觉得更适合那些状态稳定、比我更优秀的人。而我只配得上那种不惹眼的、中等平庸的风景。

萨尔先生是个非常善良、诚恳的人。

根据自我判断，我不能算是个疯子。你可以看到，我在这段时间画的作品，不比其他时候画得差。尽管工作让我疲劳，我却意犹未尽。相信我，如果没人干扰我，我能画出和去年的果园一样好的画，甚至能画得更好。我只希望在我忙于创作时，或者吃饭、睡觉、（因为没有妻子）偶尔逛妓院时，可以不受别人的干涉。现在无论我做什么，他们都来捣乱。

要不是这件事让你担忧了，要不是我的工作被耽搁了，我是可以对其一笑置之的。如果他们继续出其不意地扰乱我，就可能让我这暂时性的精神紊乱演变成长久的慢性疾病。对我来说，最好的方式是和别人同住，但我宁愿永远住在这监牢里，也不想耽误和影响别人的生活。所以我现在最希望的就是能够自由进出医院。如果我是个天主教徒就好了，那我就能当个修道士了。

我见到了西涅克，这次见面对我来说大有益处。我们去了画室，面对大门打不开的情况，他用简单直接的好办法将其解决，所以最终我们还是进去了。人们都说他很粗暴，但我觉得他是个非常温和的人，可以自我调节情绪，保持冷静。我很少或者说从来没有和某个印象派画家，在自由交谈的时候不起冲突。

毫无疑问，他的这次到访也有你的功劳，谢谢你，这让我的精神也振奋了一些。我给了他一幅静物画作为纪念，但这幅画中描绘了两条烟熏鲱鱼，于是惹恼了阿尔的警官（当地的警官被称作"鲱鱼"）。你记不记得我在巴黎也画过两三次同样的画？有一次还换回了一条地毯。

最近有一些画是值得寄给你的，西涅克也对此表示了肯定。他看了我的作品，没有觉得难以接受。

我借外出的机会买了一本书——卡米耶·勒莫尼埃的《那些土地》。我津津有味地读了两个章节——这本书非常吸引人，写得很深刻。这是几个月来我第一次手里捧着一本书。读书对我来说太重要了，对我身体的康复也很有帮助。

西涅克觉得我看起来挺健康的，我也不认为我有问题。雷伊医生说我不按时吃饭，吃得也少，却总是喝很多咖啡和酒。这些我都承认，但其实我的精神状态和去年夏天没有差别，都很容易激动，而我也必须让自己兴奋起来，画家总是要进行创作的。

我一定要遭受被关在监牢或住在疯人院的痛苦吗？罗什福尔、雨果、魁奈等人就是很好的例子，他们不都被流放过吗？其中罗什福尔还进过监狱。这比单纯生病更受罪。我并不是说我和他们的经历一样，相比之下，我的层次要低很多。我想说的是，我和他们承受的痛苦类似。

我在思考该如何心甘情愿地接受疯子这个角色，就像德加接受公证人的角色一样。而现实情况是，我觉得自己没有能力胜任这样的"人物设定"。

住在医院的这些日子，他们对我看得很紧，除此之外，还有很多别的烦恼，所有这些都让我心烦意乱，也带给我很大的困惑。对我来说，这三个月是多么奇怪啊。当时间的帷幔忽地被拉开，当命中注定的事情猝不及防地发生，人的精神往往会遭受难以形容的苦楚。你说的的确没错，非常在理，即便是看到了希望，也要接受可能到来的悲惨现实。我想重新投入到创作当中，画画的事情耽误得太久了。

现在一切都很顺利。昨天和前天我去城里买了些绘画材料，随信附上一张需要购置的颜料清单。之所以做这些准备，是因为我马上又要开始画果园了。唉，要是之前那些烦心的事没有发生，那该多好啊！

在医院时，我的房间里挂着著名的《男人肖像》(木刻画)，从宾的速写册中挑选的《草叶》，德拉克洛瓦的《哀悼基督》和《慈悲的人》，以及梅索尼埃的《阅读者》。

我现在正在读巴尔扎克的《乡村医生》，非常好的一本小说。里面有个女性角色，生性敏感却不疯癫，非常吸引人。为了不让自己空虚无聊，我曾托人带过来几本书。我又读了一遍《汤姆叔叔的小屋》，以及狄更斯的圣诞小说。

我这是第五次修改《摇篮曲》了。你看到这幅作品后会同意我的看法——那只不过是廉价商店里的彩色石版画而已，甚至不像照片那样拥有正确的比例。而我想达到的是这样的效果——一个不会画画的水手出海时，可以看着画，思念他的妻子。

回家以后，我搞清楚了我的邻居并不在请愿书的签字名单里。我想或许在其他地方，也有对我友好的人。

我的朋友鲁兰来看我了，他要我代他问候你，并向你道喜。我猜你会在阿姆斯特丹举办婚礼。我总是在欢庆的时刻对美好的希望秉持保留的态度，这是一种精神上的痛苦，但你绝不要因此认为，我不像别人那般真心为你们祝福。我希望你和你的妻子永远幸福。

鲁兰的来访让我非常高兴。他总是带着在你看来特别重的行李，但他却一脸轻松，看起来还是那么健康快乐。从他的谈话可以听出，即使适应了新的环境，生活也并没有因此轻松起来，这对我的未来也是一种提醒。

关于画室何去何从的问题，聊天时我问了他的意见——按照萨尔先生和雷伊医生的建议,我无论如何都应该在复活节的时候离开这里。我费了很大力气改造这个房子,让它和从前大不相同,而如今他们逼我离开,好吧,我应该把煤气管道拆下来毁掉,这做法合情合理,只是我不忍心这样。在这件事上,我能做的只有告诉自己,我为那些未知的后辈辛苦布置了一个永久居所。

鲁兰说(确切地说,他在话语中暗示),他一点也不喜欢这个冬天笼罩在阿尔的不安氛围,更不用说发生在我身上的事了。各地的情况都差不多:生意不景气,资财耗尽,人们灰心丧气,还有,就像你说的,人们不满足于只当旁观者,因为丢了工作而变得心怀恶意。

鲁兰对我虽然不像父亲对儿子那般(他也没那么老),却和老兵对待年轻士兵的态度一模一样,默默地关心、照顾我。他总是让我感觉他在对我说(虽然他一个字都没有说出来),"我们不知道明天会发生什么,但不管怎样,你要记得有我在。"这样的表达来自一个既不愤怒,也不伤心,既不完美,也不幸福,偶尔还会做错事的人,是相当有分量的。他是个多么有智慧、多么感情充沛,多么值得信赖的好人啊!

我没有权利抱怨有关阿尔的一切,在这里见到的一些事物让我永生难忘。而鲁兰希望待在马赛。

亲爱的兄弟,现在我觉得自己没有病到必须被关起来的程度。我已经康复了,只是心里有一种隐约的忧伤,难以表述。不管怎样,我的体力已经恢复了,我又在工作了。如果我的状况不适宜离开疯人院,那我就安心留下,我觉得我在那里也能找到绘画的题材。不管我的感情有多么强烈,不管在我体力不足时,精神世界会有怎样的表达,我都不会在陈腐破旧的历史基础上,筑造我心中的雄伟建筑。所以对我来说，无论发生什么——哪怕一直待在这里——其实都是一样的，我觉得到最后，命运会把一切扯平。

幸运的是最近天气很好，阳光普照大地，这里的人们暂时忘掉了他们的全部悲伤，满心都是高昂的情绪和美好的幻想。

现在我的画架上放着这样一幅油画：路旁有一片长满桃树的果园，背景是阿尔卑斯山脉。我画了六幅描绘春天的习作，其中有两大幅画的是果园。必须要找塔塞订购十米画布和一些颜料，这个很着急，因为这样的景色转瞬即逝。感谢你寄来了刊登有《吹笛少年》和福兰的素描作品的杂志，和他们的画相比，我的则显得特别伤感。

下决心搬家是一件很难的事，也带来了烦恼和麻烦，特别是在这种看不到希望，也感受不到好运的地方。我已经租了雷伊医生的两个小房间，不贵，但和我的画室没有一点共同之处。在我搬家前，或者说在我给你寄出作品前，我把另一份房租交了。在我欠下的六十五法郎中，包括我付给那个房东的二十五法郎，另外还预付了三个月房租（我找他租了一个房间，用来存放我的家具），此外还花了十法郎搬家。

今天结了医院的账，剩下的钱差不多能撑到月底。

我愿意在月底的时候住进圣雷米医院，或者去萨尔先生说过的另一所类似的医疗机构。请原谅我没有详细论述其中的利弊，因为谈这些对我来说是精神上的折磨。不管在哪里——阿尔或是其他地方——我都没有能力再弄一间新的画室了，希望这样说你能明白为什么我做此决定。如果再一次与世隔绝般地在画室里创作，除了去咖啡馆或酒馆外没有其他消遣方式——我想我受不了这样的生活。如果和别人同住，我是说跟另一个画家一起生活，则需要承担起将画室维持下去的责任，这太难了，真的太难了，对我来说是个过重的负担。我现在已经恢复了工作的能力,很怕会再次失去它。我想还是暂时住在医院里吧,这样自己感觉安心,别人也踏实了。所以我们先这样试三个月,看看效果如何。

我开始将发疯看作一种疾病并接受了它,就像对待其他疾病一样,这种想法让我心里舒服了很多。我对发病的原因做了推测,我想的没错。你知道吗?酒精是致使我发疯的一个重要原因,然而它来得慢,如果病能好的话,自然去得也慢。或者也有可能是抽烟引起的,道理一样。

(我们被要求不能说谎,不能盗窃,不能犯任何罪,无论其大小。不管社会好还是不好,我们都无法改变这个事实:我们置身于其中。而如果在这社会中,只有美德是不可缺少的,那一切都会变得复杂起来。

告诉你,在那段奇怪的日子里,很多事情在我看来都是难以理解的,因为我精神的异常状态,经过这一段,我不再讨厌老邦葛罗斯了。[①])

我准备画些油画和素描,尽量不把精神的狂乱带入其中。如果可能的话,我一定要在白天的时候出去画画。既然我现在每天都能出去,我想以后也没有问题。在这里,普通的食物对我来说最为适宜,要是能配上点葡萄酒就更好了,半公升够,用不着一夸脱。我一点也不介意和别人同住一个病房,相反,那会让我感觉放松。至于是否会住单人病房,目前还不知道那样的医院会如何安排。

你不必感到难过。这些天的忙碌——搬家,处理家具,把准备寄给你的油画打包——的确令人伤感,但对我来说最悲伤的事情,

[①] 邦葛罗斯是伏尔泰小说《老实人》中主人公的家庭教师,是一个极度乐观的人。

是所有这些都是你以兄弟之情赞助给我的，这么多年来是你一直支持着我，但现在却不得已回顾过去，把这些坎坷的经历说给你听——然而，我的感受却难以言表。

雷伊医生和萨尔先生和我想法一样。我们终归要承受属于这个时代的疾病——从某种程度上来说，能过上几年身体安康的日子，再去接受迟早会来的犬马之疾，也是件公平的事。如果说生什么病可以选择的话，我绝对不选发疯，不过一旦得过这种病，以后就不会再得了。不管怎样，能继续画些油画，或许也算是一种安慰。

我不知道以后是否会经常给你写信，因为我的头脑有时不够清醒，无法很有条理地写信。

你对我的所有付出，如今在我看来更加伟大。你要相信善良是难得的天性，如果没有看到任何回报，我亲爱的兄弟，请不要着急。这种品质会伴随你一生，尽可能多地把它献给你的妻子。你要相信我现在很平静，我对自己说：你拥有一份永恒的情谊。总之，不要担心我过得不好。

很抱歉给萨尔先生和雷伊医生，尤其是给你带来的麻烦，那接下来要怎么办呢？我的精神还没有稳定到能够继续像以往一样工作——也就是说我不再去公共场合画画了。现在我的情绪平稳了一些，确实感到我曾陷入精神和肉体的不健康状态，而且持续了很长的一段时间。别人看到我发疯的样子时，自然会感到害怕，然而我那时却以为我是正常的，事实当然并非如此。我或多或少可以感到，不管怎样人们都希望我是健康的，想到这，我对他们的看法就宽容了很多。无论如何，我的情绪受到了影响，遗憾的是已经发生的事情无法被改变。

很希望能听你说说有关母亲和妹妹的消息，她们过得好不好？

告诉她们不要为我的事过于伤心，也许我是有些不幸，但我以后应该还是会有正常的日子的。我们身边的人几乎都有这样或那样的问题，所以这个问题不值得当回事。还有，对于未来的打算，不能再当自己是二十岁了，我已经三十六岁了。

你要用平常心看待我进疯人院的事。精神问题反复发作，所以对我来说无论如何都要毫不犹豫地离开这里。我在逐渐恢复思考的能力，但目前我仍精神恍惚，还无法支配自己的生活。我自始至终都是一个可怜的自我主义者，我脑海中挥之不去的想法是：最好马上住进疯人院。以我的情况来看，大自然的能量比任何治疗都更有效。

很高兴听到你说，结婚以后心情比从前开朗了；你还说母亲看起来更年轻了，这让我大为喜悦。如果你有了小孩（或许已经有了），她一定会非常开心的。

我不反对加入外籍军团服兵役（他们把年龄限制提高到了四十岁）。从身体情况来看，我比以前好多了，也许当兵比其他事情更有益于我的身体，不过我不会草率行之，我会仔细斟酌并征求医生的建议。如果我不参军，只要条件允许，我肯定会毫不犹豫地继续画画。至于巴黎或者阿旺桥，我恐怕去不了了。

除此之外，大部分时间里我没有什么强烈的欲望，也没有过分惋惜的情绪。有时，我会极度想拥抱某个人（类似一个做家务的女人），那感觉就像波浪将自己撞向孤独绝望的峭壁，但那种感觉只是过度激动的情绪失控，并非现实。雷伊医生和我时常谈笑起这种感觉，他说爱情其实也是一种细菌，我觉得这种说法并不奇怪，也没有人会因此感到困扰。相比印在纸上的基督（由新教、天主教或其他别的教创办的杜瓦尔公司所提供），勒南所描写的基督不是给人们带来了千百倍的安慰吗？为什么爱情就不是这样了呢？一有机会，我就去读勒南的《反基督者》。

啊，我亲爱的提奥，你应该看看此时的橄榄树，古银色的叶子变成了绿色，背景是蓝天，还有犁过的橘色土地。这一切与你在北方时所想象的样子非常不同。就像是荷兰牧场上修剪过的柳树，或是沙丘上的橡树丛，风吹过橄榄林，树叶发出窸窸窣窣的声音，听起来有种神秘又古老的感觉。这种摄人心魄的美让我不敢去动笔，也无法展开想象。

你马上会收到我寄去的两箱油画，其中大部分一定不会让你反感。

明天就是5月1日了，祝你新的一岁一切顺利，最重要的是身体健康。我多么希望能把我的体力传递一些给你。我现在感觉浑身有使不完的劲儿。但这并不等于我的精神已经恢复到正常状态了。①

今天我忙着把我的画和习作打包装箱。其中一幅画的颜料已经开始脱落，我拿了些报纸塞在上面。这是我最好的一幅作品，你看一眼就会明白，如果我这破烂的画室能继续开下去，将来会有多辉煌。这幅习作和其他一些作品一样，在我生病期间受了潮。那时洪水冲进了房子里，有几英尺深，等我回来时，水和硝石都从墙壁里渗了出来。

这件事让我深受打击——不仅画室被毁了，作为画室的衍生物，那些习作也遭了殃。一切已无力回天，而我想创建一个简单长久的画室的愿望又是那么强烈。我觉得我在打一场必输的战役，说得更准确些，是我脆弱的性格导致了失败，我只好带着难以名状的深深

---

① 5月1日是提奥的生日。

自责离开。这或许就是我在发病时疯狂哭喊的原因——我想保护自己，却又无能为力。创建这个画室不是为了我自己，而是为了其他不太走运的画家，他们需要这样一个地方。

在我们之前，也有人做过同样的事情。蒙彼利埃的布里亚将全部财产和他的一生都投入到绘画收藏的事业中，最终却没有取得显著的成就。是的——在市政美术馆一个阴冷的房间里，可以看到他那张令人心碎的脸孔，以及许多幅优秀的作品，你一定会为之动容，但那种感动，就像去墓园时一样。画会像花一样凋零——连德拉克洛瓦的一些画也是如此。那我们这些画家算什么？我认为黎施潘做得没错，他要把我们这样的人都送进疯人院。

萨尔先生去过圣雷米了，那里的人不愿让我到医院外画画，还要收我至少一百法郎。所以说一方面，如果被关起来，我就无法画画，那样也难恢复健康；另一方面，整个生病期间我需要每个月交付一百法郎。

这真是个坏消息。如果可以，我宁愿加入外籍军团服役五年。但不知我有没有当兵的资格？我的事在这里人尽皆知，所以我担心他们不会收我。我知道没有哪个地方愿意免费收留我，就算我自己承担全部画画的费用，并把作品全部留给医院也不行。这对我真的不太公平。

和萨尔先生聊过之后，我精疲力竭，不知所措。要不是有你一直给我关心和帮助，我早就被他们的无情逼得自杀了。我太懦弱了，一定会受不了而自我了断的。此时此刻，我们有权利向社会提出抗议，捍卫自己。

如果我必须在监视下画画，那么天呐，这样的地方还值得花钱住进去吗？我还不如住进兵营呢，相比之下在那里更适合创作。要是有熟人能帮我入伍，我一定会去。不要觉得我的想法是发疯的又一表现，我要和你，以及萨尔先生谈的就是这件事，如果我决定要去，一定是经过了平心静气的认真考虑。

我的生活举步维艰，不管是之前还是现在，我的精神状态始终欠佳。我想不出什么办法来使自己的生活得到平衡。不管在哪里，这里的医院或是其他地方，只有遵循某种规则才能让我感到平静，去参军的话也会是差不多的情况。但如果我去参军，八成会遭到拒绝，他们会认为我是个白痴或癫痫病人，还有可能当我是个慢性病人（听说法国有五千个癫痫病人，其中四千人被监禁了起来，所以我的情况并不特殊）。要是在巴黎的话，和德塔耶[①]说一声，我就能马上被录取。

你一定要摒弃"牺牲"的思想。在我的一生中，或者说我的大部分时间，都在寻找一件除了殉道者外，可以让我坚持下去的事情。如果我遇到麻烦，或者惹来了麻烦，老实讲，我会手足无措的。世事无常，总令人摸不着头脑，能否赚回我们在绘画上付出的钱财，是个大大的问号。不考虑这些的话，我的身体还算不错。

一定要记住，如果你把养家的钱用来资助我画画，那将是一种极大的罪过。你肯定知道，成功的几率是非常小的，而我也确实不可避免地尝到了挫败感。

为了能继续待一段时间，我预付了三十法郎，但他们不会让我无期限留在这里，不过在做决定之前，我还有充分时间去考虑。关在疯人院里要花不少钱，但费用也许还是比租房子便宜。再次独居对我来说是个想都不敢想的事情，太恐怖了。我把家具存放在了夜

[①] 爱德华·德塔耶是法国学术画家和军事画家，被称作"法国军队半官方画家"。

间咖啡馆，或许我可以去那住，但那样一来我就得每天和曾经的邻居们碰面。不管怎样总要做个决定,最好是你和萨尔先生替我做主。请记住，对于你们的任何决定，我都不会说不，即便要我去费用高又无法随意外出画画的圣雷米医院，我也不反对。

这些天我也在做着力所能及的事——我画了几幅画：开满粉色花朵的栗树林荫道；一棵开花的小樱桃树；一片紫藤；一条公园里的小路，地面上光影斑驳。今天天气很热，不过我的精神不错，今天画画时的状态比以往都好。现在城镇里没有人再议论我了，所以当我在公园里画画的时候，除了一些好奇的路人，不会再被打扰。但是画油画所花费的钱没有得到回报，令我感到亏欠你太多，如果能有所转机就好了。

从长远来看，我们会对什么样的结果感到满意呢？你在古皮尔公司承担的业务比我当初多很多，你也经历了一些艰难的时光。父亲负担着那样一个大家庭，经济上非常困难，可一切都需要钱来维持，你全力以赴支撑着这个家。我发病的时候，一直在思考着这些问题，心里百感交集。最重要的是，我感受到了我们彼此之间的兄弟情谊，那种感情如此深厚，难以动摇。

你的来信情真意切，真的，让我一整天都很高兴。现在谈谈去圣雷米的事情吧。一个画家只不过是一根链条中的一个环节，不管有没有找到艺术的真谛，总能被它抚慰。所以，尽管我非常愿意去圣雷米医院，对我这样的男人来说，最好还是去参军。

我的身体情况非常好，至于精神方面，不敢说是不是也有同样的状态。

如果我偶尔由于生理需求渴望女人，就特别需要想一想老邦葛罗斯。酒精和烟草也具有这样的优点，或者说是缺点。换句话说，它们在一定程度上可以抑制性欲。在艺术实践中，这一点应该被利用起来。

那么，这就是一种考验，而一个人是不会忘记欺骗的。我只是极度担心，德行和节欲会再次把我带进那种状态——罗盘会失效，身在其中的我必须让自己少一点激情，来保持好心情。而只要我还有精力，情绪问题对我来说都不算什么，我希望可以和一起生活的人相互依赖。

凭借我对艺术的了解，总有一天我会再次投身到创作中去，对此我怀有希望，即便是在疯人院里。矫揉造作的巴黎画家生活对我来说有什么用呢？我永远不会有丝毫那样的想法，同时也少了最初创作时的热情。

所经历的动荡对于"印象派"自然是有好处的，但你和我却要因此受苦。就像我的好朋友鲁兰说的："你们所做的是为别人垫好踏脚石。"不管怎样，至少我们知道，我们是为了谁做了什么。

听好了——不要把目光只集中在印象派画家身上，任何作品中的任何优点都值得我们关注和把握。当然，色彩在印象派画家的创作中得到了发展与进步（尽管他们逐渐走偏了），德拉克洛瓦在这方面是无人能及的。米勒的画几乎是没有颜色的，可他的作品多么出色啊！从这点上来看，发疯是有好处的，让人变得比以前包容。而印象派的众多闪光之处却没有得到人们的重视。

闪光之处如果出现那些非印象派画家的作品中，就一定不会被人们忽视，例如儒尔当、佩兰，以及所有那些我们年轻时熟知的画家。为什么印象派画家不被重视呢？为什么不能平等地对待他们呢？为什么像杜比尼、科斯特和捷宁这样的人就不是色彩专家了呢？我不后悔曾浅显地研究过色彩理论。但总的来说，在人物刻画上，德拉克洛瓦、米勒和一些雕塑家要比印象派画家，甚至比朱利斯·布雷顿出色得多。

我的兄弟，简单来说，我们应该面对现实。随着年龄的增长，我们已经无法跻身年轻人的行列了。我们这个年代的人，喜欢米勒、布雷顿、伊斯雷尔斯、惠斯勒、德拉克洛瓦，还有莱斯。我坚信，于我而言，除此之外没有别的选择，我也不想踏上另一条路。

对于印象派，我会始终怀有热忱之心，但我正逐步回归来巴黎之前的理念。如今你结婚了，我们无须再为伟大的理想而生活，但请相信，我们仍需要一些小的理想作为特别的精神慰藉，我对此别无怨言。

啊！你对皮维和德拉克洛瓦的评价完全正确，他们确实用作品向世人展示了什么是油画。但我们不能把不同的事物混淆在一起。我深感自己无法成为一个有分量的画家，但如果我不是这样的性格，如果我受过不同的教育或身处另一种环境，现在或许会大不一样。

有时候，我后悔没能坚持荷兰画家惯用的灰暗色调，画蒙马特的风景的时候，轻易丢掉了这个传统。我也想重新开始用芦秆笔多画些素描，这样的方式同样有趣，同时又省了钱，就像去年在蒙马特画风景画一样。

今天我画了一幅素描，画面很暗，作为一张描绘春天的画，看起来过于沉闷了。

许多画家都疯掉了，这是事实。至少可以这么说：生活让人变得恍惚。如果可以重新将精力全部投入到画画中去，那该有多好啊，但我还是免不了精神失常的。对我来说，在哪儿都一样。这家医院房间充裕，足够用来建立画室，供二十多个画家创作。

现在我正在收拾行李，萨尔先生一有时间就会陪我一同去。在我寄给你的这批油画中，希望有你喜欢的。如果我继续画画，估计早晚会再去巴黎，等到那时候，我一定要把那些旧的油画好好整理一番。

圣雷米，*1889年5月*

我想，到这里来是个不错的决定，看到各种各样的精神病患者以及他们真实的生活，让我不再莫名感到恐惧不安。环境的改变对我有好处。

我又找回了创作的激情，十分强烈，画画对我来说就像是一种责任。画画令我着迷，如此一来，我还是学不会如何自谋生路，面对余下的人生，依然束手无策。

我住的小房间贴着灰绿色壁纸，挂着两片海绿色窗帘，窗帘上印着颜色很浅的玫瑰，其中一些血红色线条非常鲜艳。这窗帘或许是某位破产富豪的遗物，图案异常精美。一把老旧的扶手椅（可能也是同样来历）上罩着色彩缤纷的椅套，有棕色、红色、白色、黑色、勿忘我蓝色和深绿色，看上去仿佛迪亚斯或蒙蒂切利的作品。透过铁栏窗户，可以看到一块围墙里的麦田，宛如一幅范·霍因的风景画。清晨时可以看见光芒万丈的太阳从麦田上升起。这里有三十多个空房间，除了我住的这间，我还有一间画室。

这里的食物还凑合，尝起来有些发霉的味道，就像巴黎破餐馆或寄宿旅馆里的食物一样。这里可怜的病人整天无所事事（没有书看，只能玩玩滚球或者跳棋），每天除了定时定量把鹰嘴豆、扁豆、兵豆和其他吃食塞进肚子里，没有别的日常娱乐。我们在阴雨天时住的那个房间，像是沉闷的村庄里的三等候车室，那里有一些精神病人衣着高贵,他们总是戴着帽子和眼镜,拿着手杖,披着旅行斗篷。

过去我挺反感这些人,但想到我们这一行有那么多人——特罗容、米歇尔、梅里翁、容特、M·马里斯、蒙蒂切利以及其他许多画家——都落得这一下场,我的内心就倍感凄凉。现在我对自己的病不再恐惧了,换句话说,我觉得发疯并不比得其他病更可怕。以这样的视角去看待这些画家,他们就还是最初内心宁静的样子。这想种法并非微不足道,相反,我觉得很庆幸。

尽管这里有些病人会大喊大叫,或胡言乱语,他们之间彼此理解,在发病的时候互相帮助。他们说,我们一定要包容别人,这样一来,别人才能包容我们,我们彼此间感同身受。我有时会和其中一个表达能力有缺陷的病人聊天,因为他不怕我。病人间的互相帮助也包括那些发起疯来歇斯底里的人,为了使他们不伤害到自己,发病时其他人会帮忙控制,如果病人之间打起架来,会被别人拉开。

这里也确实有一些情况更为严重的病人,他们要么作风下流,要么十分凶狠,这些人住在另一个院子里。

还有另一件让我感到安慰的事情:我从别的病人那里了解到,他们在发病的时候也和我一样,能听到各种奇怪的声音和说话声,而且眼中看到的事物也一样发生了变化。这减轻了我初次发病时残留的恐惧,那种怪异的感觉突然来袭时,我被吓得魂不附体。当得知这只是病症的一部分时,就不觉得害怕了。要不是这么近距离观察别的病人,就无法从这种长时间的恐惧中挣脱出来。

发病时的痛苦让人难以忍受,这真不是开玩笑。大多数癫痫病人会咬伤自己的舌头。雷伊医生说,他曾见过和我一样弄伤自己耳朵的病人。人一旦知道自己得了什么病,一旦清楚自己的状况,明白自己会发病,就能想办法防范痛苦和恐惧的侵袭。这五个月来我的痛苦已经有所减缓，所以我很有希望战胜病魔，至少不再剧烈发作。

这里有个病人像我一样，两周以来一直在大喊大叫、胡言乱语，他说他听到了走廊里人们说话的回声，这大概是因为他的听觉神经出了问题，变得过度敏感。雷伊医生有一天告诉我，这是癫痫发作时常有的症状。发病的时候，我难受得无法动弹，那时真想昏过去后再也不要醒来。现在这种对生活的恐惧感已经没那么强烈了，也不像之前那么抑郁，但对于重新燃起希望并付诸行动，还需要时间。

很奇怪，上一次发病后，我心中几乎没有任何想法和欲望了，我想知道，失去热情是否意味着人会慢慢消沉，不再努力向上。我没有任何想法，也不在意日常生活的种种，例如，我几乎不想见朋友，尽管我一直想念着他们。所以说，现在还没到考虑离开这里的时候，我对一切都悲观失望。我住在这里，医生自然能更好地了解我的病情，也能更准确地建议我什么时候可以画画。

现在我每周洗两次澡，每次洗两小时。我的胃比一年前好很多了，据我所知，我需要继续接受治疗。

我从没看到别的病人身上流露出想出去的愿望，大概是由于我们这样的人在外面时被狠狠打击过。我十分不理解他们的懒散，不过这就是南方生活的弊端。这里的乡村多么美丽，天空多么湛蓝，阳光多么明媚呀！目前在医院里，我看到的景色只有窗外的花园。当我在花园里画画的时候，他们全都过来看，告诉你，他们绝对比阿尔的正常人更加理性，更有礼貌，他们不会打扰我工作。

我到这边已经整整一个月了。我希望年底的时候，我能想清楚我想要什么，以及我能做什么。我会渐渐恢复重新开始创作的冲动。但是就目前来讲，我不愿再回巴黎，或者去什么别的地方。

大多数住在这里的人，都遭受着精神上的极度痛苦。而我的工作帮我消除了一部分痛苦。虽然画画会消耗掉很多绘画材料，但到月末的时候，多用些画布和颜料把我看到的景色画下来，总比什么都不做要划算，反正不管怎样，你也要为我支付食宿费，所以我继续画了下去。

画画是不是一件美好的事，有没有任何用处，这点着实令人生疑。但能怎么办呢？有些人即使精神失常了或者生病了，依然热爱大自然。这些人就是画家。喜欢手工艺品的人，都对绘画作品欣赏有加。

那个废弃的花园里种着高大的松树，树下的草坪长得又高又乱，里面混着各种杂草，这些足够我画的了。至今我还没有出去过呢。圣雷米附近的村庄非常漂亮，或许我可以慢慢争取到机会，外出游览一些地方。

我把手头的四幅花园主题的油画寄给你，你会发现，我生活的绝大多数时间都是在这里度过的，这也挺好的，至少我还拥有灿烂的阳光。

昨天我画了一只巨大的夜间飞蛾，也被称为"死神之首"。它的颜色极为特别——黑色、灰色，混了深红色和混了橄榄绿的白色。这只飞蛾的体积非常大。为了画它，不得不杀死它，把这么美丽的昆虫弄死了，挺可惜的。

你对《摇篮曲》的评价让我欣喜。普通人认为彩色石版画赏心悦目，认为手摇风琴声令人沉醉，和出入沙龙的某些城市人相比，他们的情感往往更为真挚。我又画了一幅油画，还是跟小商店卖的石版画一样普通，画中描绘了无边的绿茵和其中的恋人们，常春藤缠绕着粗大的树干，地上也爬满了常春藤和长春花，树荫下有一条石凳和一丛浅色的玫瑰。画这样的主题，一定要独具一格。

今天清晨，太阳还没出来的时候，我透过窗户向外眺望了很久。这时候的乡村除了晨星，什么看不到。星星看起来非常大。杜比尼和卢梭都曾画过这样的场景，在作品中表现出景色的幽静、安宁和壮观，同时也加入了一种独特的、忧伤的感觉。我并不反感这样的情绪表达。

如果高更愿意接受的话，请把《摇篮曲》的复制画送给他，再把另一幅送给贝尔纳，作为纪念。我从阿尔寄给你的那批画中，如果有你认为不太好的，请把它们毁掉，或者，只把其中还看得过去的挂出来。至于挑选作品参加独立画展的事，你做主吧，就当我不在。不要选择太普通的作品，也不要挑那些太怪的，例如《星夜》和画着黄叶的风景画。因为这两幅画在色彩上选用了对比色，人们看了后大概会觉得，画面所展现的夜景效果不如其他人的作品。

最近天气不错，我又画了不少作品。有十二幅正在创作中，两幅柏树的习作选用了深绿色颜料，非常难画。我采用厚涂法，用铅白色颜料描绘前景，让土地看起来很坚实，再在上面涂抹别的颜色。蒙蒂切利经常用这样的方法画。我这几天去了周边进行创作，我的精神不是特别好，但不用担心，我还不至于昏倒。

有时画完画后，我会烦闷到要死。很奇怪，每当我努力让自己对事物保持清晰的看法时（例如"为什么我会来到这里"，答案是：这和其他事情一样，只不过出于偶然罢了），一种强烈的焦虑和恐惧就会紧紧抓住我，阻止我思考。现在这种情况的确慢慢缓和了，但令人想不到的是，虽然我并不害怕这种感觉，却无法做到心神安宁。你大概觉得我一定会尽力恢复活力，发挥自己的价值——至少我要画出比以前更好的作品。但如果某段时间你经济紧张，给我寄颜料和画布成为很大的负担，那样的话就不要再寄了。相信我，过日子比搞这些抽象的艺术重要。一切都要以你的家庭为重，那是排在第一位的事情，其次才是画画。

我刚刚收到一本罗德的书（大概是我们某个妹妹寄来的），书写得不错，但我认为对于书的内容来说，《生活的意义》这个书名显得有些夸大。这本书显然不是那种读后令人快乐的书。我想，作者一定由于肺病吃了不少苦头，因此对任何事情都有点悲观。不管怎样，他承认妻子的陪伴给了他慰藉，在这一点上他是幸运的。但终归这本书对我没起到什么作用，没有教会我找到人生的方向，也没有任何其他方面的指导。这本书有点老生常谈的味道，令我惊讶的是，在这个时代出这样一本书，竟卖到了三个半法郎的价格。总而言之，我还是更喜欢阿尔方斯·卡尔、苏威斯特和德罗兹的著作，他们的书比罗德的生动。这本书似乎对妹妹们有很大的影响，我听维尔提起过。然而好女人和好书之间，并不存在什么联系。

我怀着极大的兴趣，重读了伏尔泰的《查狄格，或曰命运》。这位伟大的作家隐晦地用他的作品告诉读者，人生是有方向的，尽管人们都明白，事情不总是朝着睿智的人所希望的那样发展。

我不知道该寄希望于什么，无论是在这里还是在别的地方画画，对我来说完全一样，而待在这里画画，似乎是最容易办到的事情。每一天的生活都没有差别，除了思考麦田和柏树值不值得我大费周折近距离观察，就再也没有别的想法了。

学会摒弃抱怨承受折磨，学会消除厌恶面对伤痛，过程中也许会头晕目眩，虽然如此，却有可能在命运的另一端看到疼痛存在的积极意义，如果从我们现在的视角看过去，常常看不到泛滥的无望背后被遮挡住的希望。对于这点我们几乎一无所知，所以还是凝视麦田吧，哪怕只在画中。

我在一天之中最热的时候画了麦田，过程很顺利。我注意到这里的阳光对麦子的作用很大，很快麦子就变得金黄了。

这里没有荞麦和油菜，总的来说，这里的庄稼没有家乡的品种丰富。我特别想画一幅开花的荞麦田，或者油菜花和亚麻，可能以后有机会去诺曼底或布列塔尼画。这里也看不到谷仓或农舍上面长满苔藓的屋顶，也看不到山毛榉树篱上交错的老枝干，以及真正的石楠和白桦树，而这些美景在纽南司空见惯。不过南方的美在于葡萄园。葡萄园和麦田一样，令人陶醉。山坡上长满了百里香和其他散发香气的植物，非常美，空气清澈透明，所以站在山上放眼望去，比在家乡时看得更高更远。蔚蓝的天空永远不会使我厌倦。

我画了一幅麦田风景画，黄色调，非常明亮，这大概是我画过的最鲜艳的油画了。画柏树的念头总是盘旋在我的脑中，它们有着如同埃及方尖碑一样的线条和比例，非常壮美，那种绿色极其特别，看上去就像是阳光普照的风景中的一块黑斑。但这黑斑非常吸引人，也是在想象中最难被捕捉下来的东西。不过你会看到那蓝色背景衬托下的柏树，或者说，是长在蓝色背景中的柏树。想要画这里的自然风光，或者别的地方也一样，必须花一长段时间让自己身在其中。

我想把柏树画下来，处理成向日葵油画那样的风格。让我感到诧异的是，我眼中柏树的样子，还没有哪个前人画过。

这两幅柏树油画中，我觉得目前还在画的那幅更好。画中的柏树高大魁伟，前景是低矮的荆棘和灌木，背景是紫色的山峦，粉绿相间的天空中挂着一轮新月。我特意用颜料厚涂前景。这幅画要画上很多天。住在这里最大的问题是，要每天给自己找事情做。

今天寄给你十二幅油画的素描稿。这些画现在来看笔触很浅，也许和纸太光滑有关。最后画的是那幅《麦田》，画中有几个小小的收割者和一个大大的太阳。还有一幅油画和这幅题材几乎相同，但色调不一样，那幅选用了灰绿色调，背景是蓝白相间的天空。

我还画了一幅柏树的油画，除了柏树，画中还有麦穗、罂粟以及像苏格兰格子呢一样的蓝天。另一幅柏树油画是仿照蒙蒂切利的方式，用厚涂法画的，阳光下的麦田也涂得很厚，以表现出炙热的感觉。我相信雷德看到这些画后会相信，和我们继续做生意，他不会有损失。

我在读莎士比亚的作品时会想起雷德，而之前我的状态极差时，就更会想到他！我觉得我对他太刻薄了，那时我谴责他：应该多去关注画家而不是作品。

而我是没有资格说这种话的，哪怕面对我们同时代的画家常常遭遇的问题——没有足够的钱维持生活和购买颜料，而同时又花高价入手已逝画家的作品。我在报纸上读到一封希腊古董收藏家写给朋友的信，里面有句话是这样说的："你热爱大自然，我热爱一切用手创造的事物，我们的品味看似不同，归根结底是一致的。"我觉得他的话比我的高明。

莎士比亚的作品非常好。我现在开始阅读我了解不多的系列了，之前就想读，但总因为一些事情分心，要么就是没时间。我所说的是他的历史剧。

我在读的时候，没有思考那个时代的人观点是否和我们的不同，也没有琢磨如果把他们放置在与共和党派和社会主义信仰对立的位置，结果会怎样。但使我感动的是，作品中人物的声音，经过几个世纪，通过莎士比亚的笔，传到了我们这里（一些当代小说家的作品也一样）。读的时候并不觉得陌生，这些人物如此鲜活，让你感觉和他们似曾相识。伦勃朗是孤独的，至少在画家中被孤立过，但那又怎样呢？不管是《哀玛墟巡礼者》还是《犹太新娘》，我们可以在其中看到温和的神情——那种悲伤的温柔，那种圣人的光芒在画中表现得如此自然——而莎士比亚的著作也有很多类似的地方。

很幸运我有时间阅读或重读这些作品，我还特别想看一看荷马的书。

今天早上我和这里的医生聊了一会儿。他对我说的话正好回应了我所思考的一个问题，那就是即便我已经康复了，还要再等一年才能离开，因为这段时间有可能会复发。他还把他的房子提供给我存放家具，这样一来我们就不用交双份费用了。

我现在有机会过上了有节制的生活。过去我常常喝酒，因为我不知道除此之外还能怎么办。保持冷静、节制有度可以让人处于一种思维敏捷的状态。这就好比是用灰色调还是鲜艳色调画一幅画。事实上，我想画更多灰色调的作品。我现在回到了年轻时的想法，我猜，那时候别人都说我很冷静，冷静到过于严肃了。

今天早上收到乔安娜的来信，带来了一个极好的消息，祝贺你们！你曾担心你们两个都没有很好的身体条件孕育下一代，而现在未出世的孩子牵动着你们的心，这让我很有感触。这个还未落地的孩子所得到的爱难道比那些父母健康的孩子少吗？当然不。鲁兰家庭贫困，孩子却也生得健康可爱。所以就像老话讲的，既来之则安之，心怀善意、积极乐观地耐心等待吧，让一切顺其自然。

在巴黎，你全身心投入在艺术生意上，工作成了你的第二天性，而这也让你的身体远不如农民的强健。在这样简单纯粹的状态中，你需要妻子和子女的陪伴，建立一种连带关系，这是人人都会有的

445

想法。但对于我这样一个生活在乡村的画家，一个人生活并不难，因为在这里，很容易就感受到人与人之间存在的纽带关联。而在城市里生活，特别是像你这种，在古皮尔公司连续工作了十年的人，独自生活是不可能的。

还未出生的孩子一定让你们满怀期待，我也非常高兴，我敢说孩子的降生会让你的内心更加安宁。我准备尽快回一趟阿尔，寄一些油画给你，即便你生活在城市里，还是体会一下农民的感受吧。

说到你们让我做你儿子的教父，首先，现在怀的这胎不一定是男孩，不管怎样，就目前的状况来讲，还是等我病好出院再说吧。母亲肯定已经打定主意要用父亲的名字给孩子命名。在我看来，既然如此，还是遵照母亲的意愿为好。

明天我会寄给你一卷油画，我还放了些写生习作进去，那并非油画创作的素材。事情往往就是这样：在画出一幅优秀的作品之前，一定要先画一些作为前期准备。这次寄去的作品包括：《鸢尾花》，《圣雷米医院风景》，《开花的桃树》（阿尔），《草地》（阿尔），《橄榄树》（圣雷米），《老柳树》（阿尔），《开花的果园》。

接下来寄去的一批画的大多是麦田和橄榄园。我最近完成了一幅山景图，画中山脚下的橄榄树丛里有一间深色茅屋。屋外，蝉在放声歌唱——那是一种刺耳的嘶鸣，比蟋蟀的叫声响亮十倍，烧毁的草呈现出好看的古金色调。南方的这些沿须德海而建的美丽城市，曾经那么繁荣，如今却了无生气。在颓废没落的当下，难能可贵的是，蝉还遵循着苏格拉底精神，仍在这里用古希腊语歌唱人生。

我回了趟阿尔，拾掇一直存放在那里的油画，是这里的看护陪我去的。我们去了萨尔先生的房子，但他外出度假了；我们又到医院去找雷伊医生，不过也没看到他。剩下的时间是和以前的邻居一起度过的，那时请的清洁女工也在。我对那些见证我生病的人，总是心存好感，而能够再次见到那时善待我的人，对我来说大有好处。

文森特从阿尔回来后几日，再次发病。——乔安娜·凡高

前段时间对我来说，提笔写信很难。一连几天，我的精神陷入不受控制的状态，和在阿尔时一样错乱，至少不比那时好。我连续四天由于喉咙肿痛，无法吞咽食物。

兄弟，我这次发病时，正在田地里画画，那天风挺大。我会把这幅画寄给你，虽然病情复发，我还是完成了它。这是一次更为理性的尝试，选用了多种绿色、红色和铁锈般的赭黄色，正如我曾和你说过的，我时常渴望重新开始作画，并使用在北方时常用的色调。

你可以想象到，在我开始认为我已经完全康复的时候，病却复发了，这于我是多么地痛苦。这也意味着将来病还会再次发作，实在糟透了。和你说这些是为了告诉你，我现在的状态还不能去巴黎或阿旺桥。如果能有好转，或者处于病情稳定阶段，我迟早要再回巴黎的，也可以去布列塔尼待一段时间。但我现在看不到任何可能性，让我有勇气和希望去实现我的计划。其实我们早就明白，我们所从事的工作，本就不是一件令人愉快的事情。

如果对医院的管理有信心，那么最好是把我的所有家具都搬过来，然后悄悄离开。这样做首先是因为住宿费太贵了，他们索取的不仅仅是我的钱，还有你的钱，而且最近我对其他一些病人心生恐惧。总之，有许多原因让我感到，在这里待下去对我来说不是件好事。也许是我夸大了再次被病魔打到的悲惨处境，但我真的害怕。

你一定会说（正如我对自己说的），问题出在我自己身上，和

周围环境及其他人无关。这种状况令人难过,但我确实也不能操之过急,要有更多的耐心。佩龙医生对我很好,他很有经验,所以我从不怀疑他的诊断和医嘱。我现在的情绪很低迷。

我感觉自己的行为像个傻子——我跑去找医生,求他们准许我画画。画画似乎对我的康复很有帮助,这些天我无法到那间分给我当画室的房间去画画,整天无事可做,我快受不了了。工作的时候意志变得强大,精神上的衰弱也就缓解了,画画比任何其他事情都让我感到放松。对我来说最好的治疗方法,就是让自己全身心投入到创作中去。

如果能去一个农场里生活,或至少待上一段时间,应该对我有好处,我可以在那里画画。

这里的医生和我聊起了蒙蒂切利,他说他总感觉蒙蒂切利是个怪人。其实他的精神问题只出现在生命接近尾声的时候,就他最后几年的悲惨境遇来说,精神由于承受过多重担而垮掉不足为奇。人们没有权利因为这一点,就武断地说他的作品没有艺术价值。

你在信里说,莫斯想邀请小贝尔纳和我参加下一届二十人画展,让我很意外。你说莫斯看了我的油画,让我想起很多比利时画家。然后回忆就如同雪崩一样,劈头盖脸向我袭来。我试图将当代所有佛兰德斯画派[①]重新集合起来,像瑞士人一样被乡愁困扰。这对我没有什么好处,因为我们需要不停向前走,而不应该频频回首过往。

尽管将我的画放在那么多比利时画家的作品旁边,让我深感自

[①] 十五世纪,在今天的比利时、卢森堡以及荷兰部分地区形成一种叫弗兰德斯画派的风格,其代表人物是凡·爱克,他被认为是欧洲绘画史上最早运用"油画"的画家,在他使用油画颜料的时候,意大利画家都还在画"蛋彩画"或"湿壁画"。

卑，因为他们实在太有天分了，但我还是非常愿意参展。麦勒里如今是位非常出色的画家，几年前就已经展露出他的才华了，我一定要尽我所能在秋天时画出好的作品。

我常常会想起那些在布列塔尼的朋友，他们一定在忙着创作，画的作品也比我的好。如果我在那时就拥有现在的经历，那么我就不会到南方来画画了。如果我能自由自在地独立生活，那么我就会始终怀有对工作的热情，因为有太多美好的东西值得被画下来了。

在这里，炙热天气中的蝉鸣声，就像农家灶台上蟋蟀的叫声一样动听。兄弟，我们要始终记得，那些微小的情感是我们生活的指挥官，我们毫无察觉地被它们控制着。从过去和将来的错误中汲取勇气可以治愈我的问题，但这对我来说太难了。不要忘记，从今以后，既不是我们的愤怒和忧愁，也不是我们对温良个性或普通常识的感知，会成为我们唯一的向导，尤其不可能成为我们最后的防御。尽管如今的生活离我们年轻时对画家生活的想象相去甚远，这使我们兄弟俩不顾一切结成战斗伙伴面对命运，但如果你现在也面临着沉重的负担，我们不如少一些对对方的关心和付出。

很多事情是相互关联的，例如在这里吃东西时，有时会发现食物里爬出蟑螂，就会让我想起在巴黎的时候。而在巴黎时，有时也会找到一种在田野中的感觉。这样的感觉并不多，但也算一种心灵上的慰藉。所以，接受你的父亲身份吧，就像一个在石楠树丛中生活的人一样去接受新生命的到来——尽管身处城市的喧嚣、混乱和痛苦之中，你我身上仍保有石楠树丛的气息，即使我们羞于表达对故乡的依恋。换句话说，作为一个流浪异乡的可怜人，接受你做父亲的身份吧，等以后再带着那种穷人的天性，回归故乡的真实生活。

属于我们的命运迟早会到来，不过如此。对我来说，忘掉所有的乐趣，忘掉我们随心所欲不拘小节的日子，是虚伪的表现。你就要做父亲了，那将带给你许多小的烦恼，但与此同时，一些大的烦恼会永远消失，人生本就是这样。

那些一定会触动一位准父亲的情感，你当然也会拥有，我们那可敬的父亲也同样具备，并表现得强烈且美好。这种情感就像是一阵有益的西北风，虽不能抚慰人心，却可以净化空气。新生命的到来真的带给我很大的喜悦，也会极大地帮助我摆脱精神上的疲乏，还可能会治愈我对生活的漠然。总之，想到要成为你儿子（你的妻子相信未出世的孩子是个男孩）的伯父，我就找回了生活的乐趣。她有强烈的预感，认为肚子里的是个男孩，这让我感觉很有趣。

我的兄弟，最重要的是你千万别为我着急，也不要担心我或为我难过。你认为把我与外界隔离是有必要且对我有好处的，这种想法不怎么合理，我需要的是有条不紊地耐心等待康复。如果能想明白这点，就可以为今年冬天的到来积蓄能量。

我想，这里的冬天一定很沉闷，我一定要尽力让自己过得充实。我总想着把去年画的习作做些修改。最近我被一幅果园的大尺寸习作拖慢了速度，这幅画实在有难度，我依靠记忆反复重画，在过程中找到了更好地表现色调协调性的方法。

我在房间里拼命画画，这样的状态对我来说有好处，赶走了那些不正常的想法。

他们说——我也非常愿意去相信——了解自己是件非常难的事，而画自己也并不容易。我现在正在画两幅自画像，因为找不到别的模特，也因为我有段时间没画人物画了。其中一幅是我早上起床后画的，我身形瘦弱，脸色苍白，像个鬼一样。画的背景是深蓝紫色的，头部选用了白色调，中间夹杂着黄色，这些颜色搭配在一起，带来不错的效果。之后我又画了另一幅，长度是这幅的四分之三，背景是明亮色调。总之，我从早到晚都在工作，画得很顺利。所以，让我们保持北方人的沉着冷静吧。艺术生活的凄凉会把人的心绞得粉碎。我的体力在一天天地恢复，我都担心我过于健壮了，因为一个画家没必要拥有像大力神那么强悍的体魄。

已经九月了，秋天就要来了，冬天紧随其后。

昨天我开始慢慢恢复工作了，画了透过房间窗口看到的风景——一片耕作中的黄色麦茬地。我的手头有一幅月亮从田地上升起的油画，另外我在努力完成生病前就开始画的《收割者》。这幅习作的整个画面都是黄色调，颜料涂得非常厚，但主题却很美，也很简单。我观察着这个收割者——酷暑中，他那模糊的身影拼命地忙着自己的工作——我在他的身上看到了死神的影子，仿佛人类就是他正在收割的麦子。所以，可以这么说——这幅画和我先前画的播种者所表现的情感正好相反。这个死神并没有让人感到丝毫悲伤，他在光天化日下出现，所有一切都沐浴在纯金般的阳光中。①

我又在重画这幅画了，我不会放弃的，会在新的画布上再试一次。啊，我感觉我未来的一段时间状态会很好。

接下来该怎么办呢——继续在医院住几个月还是搬走——我不知道。问题是一旦病情复发，那可不是闹着玩的，要是冒险出院，万一发了病，不管对你还是别人，都会造成严重的后果。据我判断，病情很可能会在冬天复发，也就是三个月之后，所以如果现在走的

---

① 《圣经》中耶稣把信徒比作麦子，等时候到了就要被收割（进入天堂）；而古希腊神话中，死神被赋予"身穿黑色斗篷，手拿巨大镰刀"的形象。

话就太危险了。再过几个月,我会变得软弱无力、愚笨麻木,或许换一种生活方式会对我有很大帮助。

我会非常努力地画画,看看圣诞节前后我会不会再发病吧。等病好以后,我会不顾一切地对这里的管理人员说"去死吧",然后回北方去,想待多久待多久。这是我对未来的假设,当然事情的发展并不一定真的如此。

我亲爱的兄弟,我一直是在工作的间隙给你写信的,我就想着了魔一样地画画。我觉得这对我的治疗有利。欧仁·德拉克洛瓦曾说过:"我到了牙齿都掉光,呼吸将耗尽的时候,才发现油画的意义。"这句话或许会在我的身上得到印证。因为这不幸的疾病,使得我凭借一股傻劲画画,虽然速度很慢,却从早到晚没有停歇,而秘密或许就在于此——漫长而缓慢地工作。这会带来什么结果呢?我觉得就是我手头的一两幅还不错的作品吧——《收割者》和明亮背景的自画像,后者打算送去参加二十人画展,如果他们到时还记得有我参展的话。事实上,参不参展对我来说都一样。我忘不了那些比利时画家带给我的启发,这才是正面、积极的事,其他都是次要的。

我要竭尽全力地让自己有所成就,这将是我精神失常的避雷针。我十分小心翼翼,把自己封闭起来不与外界接触。我不想和那些与我同样遭遇的人交往,你可以说我太自私,但我觉得这没什么不好,我们需要做的是推动我的绘画事业。我必须要比以前画得更好,这才是头等大事。

此时此刻,我的头脑正在有序地运转,我感觉自己完全正常。我的现况是:在发病间隙(如果很不幸,病情会时常发作的话)、头脑清醒的时候,我一定要坚持画画,虽然这条路很艰难。针对我的病情，佩龙医生只是说"但愿不再发病，"但就我自己而言，我希望最好是长期不再发病，至少能持续几年。

总之，我宁愿像现在这样，疾病从身体里爆发出来，也不想像在巴黎时那样浑身难受，却不知为何。把我刚完成的那幅明亮背景的自画像，与在巴黎时画的自画像相比，你会发现我现在的头脑比那时清醒很多。等亲自看了这幅画，你就明白我的意思了，尽管我的目光没有之前那么有神，但我的脸却更加平和了。我费了一番功夫才完成这幅画，如果能碰到老毕沙罗，请拿给他看。

昨天我开始画看守长的肖像画，他结婚了，住在离这只有几步路的一幢小房子里，之后可能也会给他的妻子画。他的脸非常有意思，要不是看起来充满智慧并和蔼可亲，会让人联想到一头猛兽。马赛两次爆发霍乱期间，他都在医院，简而言之，他见证了许许多多的病痛和死亡，所以他的脸上总有一种凝重的表情。不过，他也是一个普普通通的平民，是一个极为典型的南方人。总之，如果我能画好这幅画，就会寄给你。

这些天，画肖像画的冲动非常强烈，我和高更曾多次谈过这类问题，以致最后精神都吃不消了。只要坚持下去，就能画出好的作品，这也是我们的目标。我打算重新开始画肖像画并恢复从前的水平，画出有特色的作品，这样难道不好吗？你会说：我懂得如何将人的样子一五一十地展现在画布上，因此刚刚的话听起来很傻，但肖像画的确是一个无穷无尽的领域。

我收到了高更的一封信，我非常想看看他们现在手头的作品。我相信他们一定会在布列塔尼画出佳作。

请小心保存拉塞尔给我画的肖像画，我太喜欢那一幅了。

啊哈！《收割者》终于完成了。这幅画非常简练，我觉得你可以把它挂在家里。这幅画表现的是伟大的自然之书中死神的形象，而我在其中寻求一种"接近欢乐的氛围"。除了一条紫色的山脉，整个画面都是黄色调，是那种淡淡的金黄色。我觉得透过病房的铁窗能看到这样的景象，是件挺奇特的事。

我想我在月底前可以完成十二幅油画（30号画布），他们中两两一对：一幅是先画的习作，一幅是后画的油画。或许我在南方的这段时间，终于能结出果实了。

我六个星期没有出门了，连花园都没有去过。不过下周，等我完成手头的几幅油画，无论如何也要出去一趟。要是能去山里画上一整天，会让我非常快乐，希望他们同意我去。

如果说我的内心有所期盼，你知道我的期盼是什么吗？对你来说，等待你的将是一个家庭，而对我来说，则是大自然里的种种——泥土、草地、谷物、农民。也就是说，我们不仅仅在为了热爱的人或事而努力，另一方面，在必要的时候，他们可以慰藉并激励我们。

我思考着这样一个问题：在这边，无论我在哪儿住多久，似乎都要应对普遍存在的偏见——我甚至不知道这些偏见是什么——这让我难以和别人相处。

我亲爱的兄弟，你知道，我有一千条理由到南方来，投入到忘我的工作中：比如，寻找不同的光效，相信在更明亮的天空下观察大自然，可以更准确地把握日本画家的感受和他们描绘自然的方式；比如，想看到更耀眼的太阳，我觉得只有这样才能真正理解德拉克洛瓦的画中所蕴含的手法和技巧，而北方的阳光都被雾气遮挡了。

所有这些都是真实存在的，如果看了都德在《达达兰》中的描述，自然会更加热衷于南方。我也确实在这边结识了我喜欢的朋友，看到了我喜欢的景物，这样你就能理解，为什么不论病症有多恐怖，我依然对这里怀有强烈的情感——这种情感是会让我在离开以后，还想再回来画画的吧？

不管怎样，我可能会很快回到北方。是的，我不想隐瞒你，正如我没有隐瞒我在暴饮暴食一样，我迫不及待要回北方，去看看我的朋友们，还有北方的乡村——尽管我的工作进展顺利，找到了多年来一直寻找未果的东西。

我在发病的时候，越来越容易出现荒谬的宗教幻象，意识到这一点，我想我必须要回北方了。

我把第二次发病和第一次相比较，认为病因来自于外界影响，而非自我产生。也许是我搞错了，你说的对，我对所有宗教方面的夸张描述都心怀恐惧。作为一个具有现代思想、狂热崇拜左拉、龚古尔兄弟的艺术爱好者，我竟然会像一个迷信的人一样出现这种幻象，这些在北方时从未侵扰过我的思想如今让我迷惑不解，并心生惧怕。

我是个对环境极其敏感的人，我在古老的修道院、阿尔的医院、和这边的房子里分别住了几个月，我怀疑发疯时的幻象正是由此出现。我确实不应该生活在这样的气氛中，尽管发病时，宗教思想有时能带给我很大的安慰。上次发病时，发生了一件倒霉的事：德拉克洛瓦的石版画《圣母怜子图》同其他石版画一起，掉到了调色油和颜料上，损毁了。我非常难过，现在时不时抽空临摹那幅画，希望能画出些原作的感觉。

你想想看，我现在是一个被管制的犯人，这种地方非但没有治愈病人，还让病人产生这些宗教幻觉！所以我最好还是离开这里，哪怕去参军，也比关在这儿强。

是的，我们一定要结束在这里的生活，我无法同时做两件事情：画画，以及没有尽头地忍受着和这些奇怪的病人住在一起的日子——这太让人难受了。我想下楼但没有成功，我已经有两个月没出去了。长久来看我会丧失掉画画的能力，我的绘画事业将在此止步。

我责怪自己太懦弱，我应该更好地捍卫我的画室，应该与警察和邻居们战斗。换作别人的话，也许早已拿起左轮手枪，打死其中一个无赖了，而作为一个画家，这样的行为当然会被赦免。我要是能那样做就好了，但是我胆小怕事，而且还酗酒，患病。面对发病时的痛苦，我也非常害怕——就像某个打算投河自尽的人，却因发现水太冷，而挣扎着往岸上爬。

发病时，面对痛苦和煎熬，我胆小懦弱——懦弱得有些过头了。也许正是这种我之前不愿去克服的懦弱品质，让我现在能吃下两个人的饭量，让我埋头于工作，让我尽量不和其他病人接触，以免病情复发。

避免鲁莽行事，也不要表现出轻率的样子，听我说完留在这里的弊端后，想必你已经了解了我的想法——不管这里的修女有多好，我也不想再被人看管了，所以我要离开这里，搬到某个人家中。我有充足的理由搬家，并且对今年冬天可能会突然复发的精神失常做好了心理准备。

很高兴你也想到了老毕沙罗，你看，我总有地方去的，如果不去他家，可以去别的地方。非常希望在你的孩子降生后，我能回到巴黎，但不是住在你那儿（肯定也不可能），我会在巴黎另找一个画家同住。

佩龙医生并没有说我会完全康复，我觉得这样也对，他让我明白没有什么事情是绝对肯定的，谁也不能提前预知一切。我自己感觉我的病会再次发作。

你问我是否要迁居巴黎，我的回答是肯定的，现在打算到巴黎去，和当初决定到这里来，都是带着同样平静的心态，也是出于同样的考虑——即便很有可能，我的后半生不再离开巴黎了。如果搬家的话，我们要谨慎小心，不能不顾后果地匆忙行事，就当作再也没有退路。

明年再画一年，从艺术的角度来讲，我大概就算掌握绘画技能了，但这也要看运气。

生命悄然流逝，时光一去不返，我知道画画的机会也是一样，走了就不会再回来，正因如此我才埋头专心创作——对我来说时间尤为珍贵，因为一次严重的发病就可能会永远摧毁我画画的能力。

昨天我当面问佩龙医生："既然你要去巴黎，不如也带我一起去，可好？"他含糊其辞地回复说，这个要求太突然了。不过他对我非常和气、宽容，只要那专制的院长不在时（即便在的时候也是如此），他总是给我很多自由。

要是老毕沙罗愿意让我和他同住就好了。

毕竟人不能只做画画这一件事，应该去和别人接触，并在与人交往的过程中逐渐恢复元气，慢慢累积想法。我不再去期望病不再复发，相反，要面对我会不时发病的现实。等到那时候，我可以去疯人院，或进城里的监狱，那些地方一般都设有单人房。

这个医院对病人的治疗非常简单化，连病人外出都不提供特别照顾，医院方面根本不管。他们让病人整天无所事事，给我们吃的食物也不新鲜，有的轻度发霉。告诉你，我打第一天来，就拒绝吃这些食物。一直到发病前，我只吃面包并喝一点汤。如果继续待在这里的话，就只能这样下去。这次发病后，佩龙医生给了我一些酒和肉，真的，我非常高兴地吃光喝净。不过他无法一直对我破例，不得不顾及医院的规定，这也没错。

但是，我不在意身体是否强壮，我一心只想画出佳作，成为一名真正的画家，此外别无他求，对我来说，这样的想法合情合理。

这种单调懒散的生活有害无利，而不管生活在城市还是乡村，这也是温暖气候下人们普遍存在的弊病。了解到有这样一种完全不同的生活方式，我自然要抵抗住，不受其影响。

我很清楚一点：如果足够勇敢，就可以全然接受痛苦和死亡，放弃自己的欲望和私心，这样便能自然康复。但这对我来说没有用。我喜欢画画，喜欢观察人和事物，以及生活里的一切——你可以说，画中的世界并非真实。是的，真实的生活是另一番样子，我不觉得自己是那种随时准备好去生活或去受苦的人。我只不过是在忧伤中勇敢，在不适时忍受，但画画的时候我却很有耐性。

悲伤不能像积聚在沼泽中的水一样，堆积在我们心里。

我很想为母亲重画一遍《收割者》，因为我相信她能看得懂这幅画——它和乡下历书上的原始木版画一样简单易懂。或者我还可以为她另画一幅，作为生日礼物送给她。我想给母亲和妹妹画些荷兰风景画，我觉得这个主意不错。我还要为另一个人画一幅。我很乐意安下心来画这些画，就像为了参加二十人画展而做准备。为不懂画的人作画也是件好事。我会从十二个主题中挑选最好的送给她们，这样她们拿到手的便是我最用心的作品。

笔触是个多么奇妙的东西啊！在户外画画时，常常会经历风吹日晒，并承受着人们好奇的目光。不管怎样，还是要尽全力工作，在画布上填满色彩，捕捉事物的真实面貌和本质，而这是创作过程中最难的部分。但经过一段时间，重新面对这幅画的时候，又不得不对画面做出调整，呈现出更加和谐、更加赏心悦目的效果，还可以随心所欲地将感受到的平静与快乐加入其中。

我画完了看守长的肖像。这幅画和我的自画像形成了很有意思的对比。自画像中我的形象是模糊的，看不真切的，而他的形象则流露出一种军人的气概，黑色的眼睛小而有神。

我把这幅画作为礼物送给了他，如果他的妻子愿意当模特，我也会为她画一张。她的容颜已经衰老，是个看起来郁郁寡欢、听天由命的小人物。她太平凡了，平凡到让我宁愿去画一片落满灰尘的草叶。我在画他家后面的橄榄树时，同她交谈过。她对我说，她不相信我有病——确实如此，如果你看到我画画时的样子，也会这么觉得。我思维清晰，下笔沉着，一气呵成地临摹了德拉克洛瓦的《圣母怜子图》。

啊！我永远也无法把自己对这里一些人的印象表现出来。通往南方的旅程对北方人来说无疑是新鲜的尝试，但北方人很难融入南方的生活。我可以预见自己在未来会有所成就，那时我会怀念如今透过病房铁窗注视田野中收割者时的孤苦。有得必有失。

如果你想成功，想一直出类拔萃，就不能有我这样的性格。我永远不会去做别人觉得我应该做的事，或那些我本应盼望和追求的事。不过，因为我经常头晕目眩，可能我永远只会是一个四流或五流的画家。我知道，德拉克洛瓦和米勒的作品是无价之宝，富有独创性且无人能超越。但我想大胆地说，我也是个不错的画家，也能画出优秀的作品。我会以这些画家为榜样，尽自己所能以他们为目标而努力。

我仍觉得我和高更可以再在一起画画。我认为他可以画出比以往更好的作品，让他放宽心！我还想再画他的肖像画。你看没看过他画的我的肖像画？画中的我正在画向日葵。我的脸色后来变得有神采多了，但当时真的是满脸疲惫，却又干劲知足。

想要了解乡村，就得和穷苦的农民生活在一起，住在狭小的农舍或客栈里。我和博克说过这些，因为他抱怨说，他找不到任何吸引他或打动他的东西。我带他一起在村子里转了两天，给他指了三十处可以用来创作的题材——这里的风光和北方截然不同，和摩洛哥一样充满特色。

你知道为什么欧仁·德拉克洛瓦的画如此吸引人吗？为了画《客西马尼园》，他提前去观察真正的橄榄园是什么样子的。同样，他也去看过强烈的密斯特拉风掀起海浪的景象。因为他对自己说，这些历史上的人物，不管是威尼斯总督，十字军，还是圣女，都与现如今他们的后代拥有同样的特点，过着相似的生活。你可以从《摇篮曲》这幅画中看出，我也在努力描绘现实中的人们，尽管我的尝试是失败的、徒劳的。倘若我有力气继续画，我就会以现实中的人为原型，去描绘圣人和圣女的形象。他们本应看起来属于另一个时代，却有着当今中产阶级的样子，又和早期的基督徒有某些共同之处。

然而，由此激发的感情实在太强烈了，我要抑制住情绪。但过一阵子，过一阵子很难说不会再次发病。

你说得太对了：我必须画画——哪怕只画卷心菜和莴苣，只要能让心平静下来就好，之后再去做其他力所能及的事。等再拿到以前那些习作时，我会复制一些，比如《塔拉斯孔马车》《葡萄园》，还有《丰收》。我最想复制的是那幅红色的《夜间咖啡馆》，从色彩上看，这幅画是最有特色的。但画面中间穿白色衣服的人物必须调整颜色，改善构图。我敢说，通过绿色和红色的精心搭配，这幅画展现了真正的南方味道。

我的体力很快就消耗殆尽了，但我可以预见，未来将有难以计数的佳作出自其他画家之手。而这使我一而再、再而三地确信：为了让他们的职业道路更加顺畅，在南方设立一个画室很有必要。

我现在已经临摹了米勒的十幅《田间劳作》中的七幅，你会惊讶于被我赋予了色彩的画面效果。我还准备临摹德拉克洛瓦的《善良的撒玛利亚人》。我很喜欢临摹，至于人物画，尽管暂时没有模特，我心里还是常惦记着。临摹或许是种老套的方法，但我并不介意。我追寻的目标是什么，以及为什么临摹对我有好处，我将尽力给你解释清楚。

我们画家总是被要求像作曲家一样随性创作，而不是照着样子画。话虽如此，但音乐和绘画其实并不一样，一个人在演奏贝多芬的时候，可以加入自己的想法。在音乐中，特别是在歌唱时，对作品的诠释非常重要，而且没有规定说作曲家只能演绎自己的作品。我临摹德拉克洛瓦和米勒的画，并加上颜色，不过我对颜色搭配理论的记忆是模糊的，只能保证在感觉上是对的，而这就是我对别人的作品的诠释。

许多人不愿临摹，也有许多人喜欢临摹。我开始临摹是出于偶然，但我发现我从中学到了很多，最重要的是，有时临摹对我来说是一种慰藉。油画刷夹在我的手指间，就像琴弓架在小提琴上，这感觉令我十分愉悦。今天我画了一幅《剪羊毛》，选用了淡紫色到黄色的色彩范围。

像这样的坏天气，适合临摹大量作品，我确实应该多画些人物画。的确，凡事皆有利弊，天气不好虽然倒霉，却也让我有更多时间练习。

明天我会寄给你一些油画。我非常喜欢《采石场入口》，我在画这幅画的时候发病了。我觉得深绿色和赭色调搭配在一起很不错，虽然带着些忧郁的感觉，但看起来很舒服，所以我对这幅画挺满意。那幅《群山》或许也是这样，别人会说，山不是那个样子的，怎么可能有手指那么宽的黑色轮廓？

点缀着白云的《橄榄树》中，背景是群山，还有《月升》和夜晚习作，都在构图上做了夸张处理，线条扭曲得像古老的树。橄榄树画得很形象，在另一幅画中也是一样，我尝试表现出白天时，绿色的甲虫和蝉在大热天中飞来飞去的景象。我在另一卷油画中加进了一幅以花为主题的习作——这幅没什么特点，但我还是不想把它毁掉。

总之，在我看来，除了《麦田》《群山》《果园》、画着蓝色群山的《橄榄树》、肖像画以及《采石场入口》之外，其他的作品一无是处，线条缺乏个人想法和情感。

这些作品中的线条经过深思熟虑被紧密地安排在一起，逐渐形成一幅画，即便风格是夸张的。这就是高更和贝尔纳的观念——他们不追求一棵树的具体形状，因为人们知道树的形状是圆的还是方的——老实讲，他们是对的，他们被那些要求绘画如同摄影一样精确的人气得发疯，这样的画呈现出的完美实则空洞无物。他们也不会追求群山的正确色调，对此他们说：上帝创造的山是蓝色的，对吧？那就给山涂上蓝色颜料，但别挑剔是哪一种蓝，只要是蓝色不就行了？——是的，把山画成蓝色的，这样就够了！

高更在解释这些的时候，就像个天才一样，但他很怕显露出这种才能，他想做的只是把对年轻一辈有用的话表达出来，这种做法令人感动。他可真是个怪人！

你说我是个工作狂，不，我不赞同。我对自己的作品非常不满意，唯一能安慰我的，是历练丰富的人对我说的话：画画的前十年是不会有什么成绩的。这样说来，未来应该会越来越好。

你知道我经常思考些什么吗？我想，即使还没成功，我仍要继续我所从事的工作，总有人会认可我的作品。不过这又有什么关系呢？我非常强烈地认为，人和麦子是一样的，如果不是生长在田间，就是经由磨石碾压最后变成面包，这都无所谓。至于幸福和不幸之间的差别，我想，两者都是必要和有用的，死亡或消失，和活着之间的关系也是如此。即使面对一种令我恐惧、会将我毁灭的疾病，这种信仰也不会动摇。

我准备寄给你一些小尺寸油画，还有四五幅送给母亲和妹妹的习作。这些习作已经风干，分别是《麦田》《柏树》《橄榄树》《收割者》和《卧室》的复制品，但画幅更小，还有我的一小幅自画像。这是一个好的开始，我想，让妹妹收藏一些我的画，对你及对我都是件值得高兴的事。

一说到《收割者》这幅画，我的第一感觉就是画得不好。不过，赶上阴郁寒冷的天气时，我总会想起大热天里，笼罩在麦田上火炉般的暑气，所以这样的画面也不算太夸张。我现在还在为母亲和妹妹用小尺寸画布，复制一些我认为画得不错的油画，我希望她们收藏的作品还有：红色和绿色的《葡萄园》，粉色的《栗树》，以及你展出过的夜景习作。我担心她们不欣赏这些画，觉得其中一两幅没有可取之处，甚至很难看。母亲和维尔可以任意处置我的画，想到她们也许想把我的画送给其他姐妹，我会多寄一些给她们。你觉得有必要给这些画裱框吗？我感觉它们不配如此。

我后来放进去的那幅自画像会让母亲觉得，虽然我在巴黎和其他大城市生活过多年，却仍然能从我的脸上看到典型的津德尔特农民的样子，就像普林斯兄弟一样。[1] 有时我也会像他们一样感受和思考问题。农民是世界上贡献最大的人，只有闲暇的时候，才会去赏画、读书。毫无疑问，我不如农民。

不过，我还是孜孜不倦地在我的画布上犁地，就像他们在田间耕耘一样。我们坚持工作的动力是对大自然的热爱。只要不遗余力地紧握画笔，就会在绘画上有所收获。

你会看到，在坚忍中我正在一点点进步，而这种品质正是由生病带来的。我现在感觉自己很正常，也记不得那些痛苦的日子了。有绘画和食物陪伴，这种状态应该会持续挺长时间，只要不发病，我就会继续画下去。月底时你会再次收到我的十几幅习作。

这里有美丽的秋景可画，橄榄树非常有特点，我正拼命努力将它们的美展现在画布上。这些橄榄树是古银色的，有时透着蓝色，有时又透着绿色或古铜色，靠近地面的部分逐渐褪成白色，土壤的颜色则是从黄色、玫瑰色、紫色、橘色到暗赭红色。太难画了，真的很难，但很适合我，我着迷于用金色和银色作画。总有一天我会画出一幅自己印象中的橄榄树，就像我用黄色去画向日葵一样。要是去年秋天也能看到这样的景色就好了！现在这种半自由的状态常常会阻碍我做力所能及的事。

要有耐心，你会这样告诉我。我必须要有耐心。

我们这边的秋日美妙绝伦，我正在抓紧机会画画。我画了一幅长在石头地面上的，叶子全都变黄的桑树，映衬在湛蓝的天空下。我希望你能在这幅习作中，看到我追随蒙蒂切利的痕迹。

---

[1] 托恩·普林斯和皮埃特·普林斯兄弟是津德尔特的农民，曾是凡高的同学。

听到伊萨克逊先生要针对我的习作写一篇文章的消息，我很惊讶。我现在的作品没什么值得一提的。等我回来的时候，作品至少会形成一种完整的"普罗旺斯印象"。但是，如果我捕捉到了橄榄树、无花果树、葡萄树、柏树以及其他更具独特性的事物，例如阿尔卑斯山，他会如何评价呢？

我想劝他等等再写，这样他的文章绝不会有任何损失，在下一年的创作中，他会看到更多具有个人特点的作品，以及画功更扎实的素描，还有对普罗旺斯这个南方地域更丰富的认知。

既然我如今暂住在这里，等待度过冬天，迎来春天，不如夏天也继续待在这里？这主要得看我的身体情况。

我画了两棵叶子正在变黄的白杨树，以群山为背景；还有一幅公园的秋景图，笔法更加自然纯朴。总之，在还没有用行动证明对一个地方的热爱之前，离开是件困难的事。你必须去亲自感受这个乡村。是不是正因如此，才让塞尚的画那么与众不同？

你说奥维尔是一个令人期待的地方，如果不再考虑别的，我们就选定那里吧。要是去北方，即便那个加歇医生的家里没有空余房间，在你和毕沙罗的引荐下，他是会介绍我住别人家的，或干脆住在客栈里。最重要的是认识这个医生，这样一来，在我发病的时候，就不会落到警察手里，被强行带入疯人院。

不要担心，我去北方会像去一个新的国家一样兴趣盎然。

等我到北方的时候，打算画一些希腊风格的习作——你知道的，就是只用蓝色和白色颜料，再加一点橘色画成的作品，就像在户外画的一样。我必须画素描，努力塑造自己的风格。尽管你说这样做往往会影响绘画的其他方面，但我还是很想去探索个人风格，我想画出经过深思熟虑之后，更加有气魄的素描作品。如果这样做会使我更加接近于贝尔纳和高更的风格,那也没有办法。吉约曼的素描就很有个人风格和特点。

我很想近期再去趟阿尔,我不相信佩龙医生所说的——我的发病和之前去阿尔有关,但我还是没敢和他提出这一请求。我非常想见那里的一些人,尽管南方没有如同美好的布雷奥那样的情人将我的心俘虏,我却不知不觉地爱上了那里的人和事物。

我刚在外面完成了一幅耗时不短的油画,画的还是《收割者》里的那一块麦田。画中都是土块,背景是干旱的土地和阿尔卑斯山的绝壁,前景是一株蓟和一些干草,画面的中间是一个农民在拖着一捆稻草。这是一幅笔触粗糙的习作,画面不再是全部黄色调,而是全部紫色调。这幅画将作为补充,使《收割者》系列更加完整,也让刻画的内容更清晰易懂。因为《收割者》看起来像是偶然而作,而这幅画的补充会使人打消这种印象。

我还画了两幅花园与疯人院的风景,看起来非常吸引人。我试着在画中重塑景物曾经的样子,用简练、强调的方式描绘蓝天下的松树和雪松丛高傲倔强的品质。此外,我还画了一幅雨景,和一幅有几棵高大松树的夜景。你会看到,这幅画中的松树比以前画中出现的更加有特点。

不过我并不在意这一点,我在意的是一个比我厉害很多的人——莫尼埃,他描绘过博里纳日的《斯克洛奈斯》:换班工人进矿井,工厂的红色屋顶和黑烟囱映衬在美丽的灰色天空下——这一切都是我曾经想画下来的景象,都是我觉得应该去创作却至今没有落笔的画面。对于画家来说,还有无数相关的题材可以去画,应该深入到矿井中,把光的效果用画笔表现出来。

高更寄来一封热情洋溢的信,讲述了他和德汉在海边的简单生活。但我明显感觉到,他的状态并不是特别好。我很了解为什么会这样:他们很难找到模特,也无法像他们最初设想的那般节俭地生活。印象派画家的现状就是如此糟糕:绘画事业进展缓慢,无法超越前辈创造的骄人业绩。

我最近看到妇女捡拾橄榄的场景,想画下来,但由于找不到模特而没画成。

高更给我寄来了《橄榄园中的基督》草图,我并不欣赏这幅作品。而谈到贝尔纳的画,我认为他可能从来没见过真正的橄榄树。他一点也没有搞清楚事物的本质。不,我没有同他们交流过对于《圣经》的理解。如果我留在这里,我不会去画什么《橄榄园中的基督》,而是画采摘橄榄的场景,让人物在画中占据合适的比例,这会让观赏者展开联想。伦勃朗和德拉克洛瓦的宗教主题作品都很出色,比文艺复兴前的画家画得还要好。

我必须要告诉你,我已经去过阿尔了,并且见到了萨尔先生。佩龙医生告诉我,我的状况大有好转,他对我满怀希望,并认为这次的阿尔之行对我的健康没有影响。我在那边待了两天,偶尔去趟阿尔是件好事。凭我的感觉,如今那里没有人对我怀有敌意,相反,人们很友好,甚至对我的到来表示欢迎。住在乡村,可以有机会慢慢适应那里的环境,这对一个异乡人来说并非易事,却有利于创作。不过这次旅行到底会不会再次导致发病,还要等着瞧。我感觉是不会的。

佩龙医生认为,严格来讲,我得的不是精神病。他说的没错,因为在发病的间歇期,我的状态非常正常,甚至比患病前还要正常。还好,那些讨厌的噩梦不再折磨我了。发病的时候,噩梦一直烦扰着我,我失去了一切意识。但这会推动我投身到创作中去,像矿工那样，认真努力地工作。矿工们总是冒着生命危险，加快节奏完成工作。阵发性的抑郁常常让我痛苦不堪，随着我的身体逐渐复原，我的头脑也更加理智冷静，同时越发觉得画画于我来说是件傻事，因为它花费了我们太多的财力，却毫无回报，甚至连本钱都捞不回来。然后我便难以快乐起来，以我现在的年纪，想要转行做别的工作，已是难上加难。

可是该怎么办呢？如果我的身体状况稳定，可以继续画画，我会再次尝试卖画、参展、和别人交换作品，这样的话，一方面可以减轻你的负担，另一方面可以让我恢复些活力。不瞒你说，这里的生活非常单调无聊，其他病人整天无所事事，在他们的影响下，难免也会萎靡不振。尤其晚上的时候烦闷得要死。天呐，再加上冬天的景色也让人高兴不起来。

如果我那时知道去巴黎坐火车只需花二十五法郎的话，我肯定就去了。当时没去就是考虑到路费的问题。我想，无论如何，春天的时候回到北方，去再次感受那边的人事物，是个不错的选择，因为这边的生活实在让人精神萎靡，长久下去我会失去活力的。我过去想不到如今我的状态能恢复得那么好。不过，去不去北方，还是取决于会不会影响你的生活，最好不要贸然决定。我们再等等的话，也许就不需要投奔奥维尔的医生或毕沙罗一家了。我们还是不要对我的病乱加猜测，虽然我总忍不住这样。不管怎样，我要尽自己所能去创作。我准备经过长途旅行，到山里去寻找风景。现在树叶已经快掉光了，景致与北方相似，天气也挺冷的，不过这边的山多少挡住了些西北风。

非常感谢你寄来的一包颜料，还有一件很不错的羊毛背心。你对我太好了，我多么希望能画出优秀的作品，来向你证明，你的付出是值得的。说到冬天的衣服，虽然不多，但足够保暖了，等到春天时再添置新的吧。我只有画画的时候才会外出，所以我总是穿些破烂的衣服。我平时穿的是一件天鹅绒夹克和裤子。

我最近完成的是一幅描绘阿尔疯人院病房的习作，不过这几天没有画布了，所以我就把乡村的各个角落都走了一遍。你说乔已经感觉到胎动了，你一定深深感受到了生命的奇妙，这比看风景有趣多了。你的生活有了如此大的改变，我真为你高兴。

米勒的那幅《人生第一步》多么美好啊！

在与米勒作品一同寄来的荷兰报纸里，我看到了一些有关巴黎的报道，我觉得这都是伊萨克逊提供的素材。或许不该和你说，我觉得他对我的评价实在言过其实，所以我不愿让他写任何关于我的事情。

这个月我去了橄榄林画画。贝尔纳和高更的《橄榄园中的基督》让我很生气，他们的作品中没有一样东西是经过对事物的实地观察而画出来的。当然，我对取材于《圣经》没有异议——我已经写信给贝尔纳和高更，信中我告诉他们，我认为我们的职责是去思考而不是凭空幻想，因此我惊讶于他们这些随心所欲画出来的作品。这样的画给我的感觉不是提不起兴趣，而是让我陷入心灰意冷的痛苦中，看不到任何希望。

这些天天气晴朗，阳光明媚，即便有些冷，我还是会在早上和傍晚到果园里画画，完成了几幅油画作品（30号画布）。连同之前寄给你的三幅，这些画算是对《橄榄园中的基督》的反驳。橄榄树的样子多变，就好像家乡的柳树或北方去顶的树一样。橄榄树和柏树之于此地，正如柳树之于我们的家乡。

相比贝尔纳和高更的抽象风格，我的画显得很粗糙，却能带给人乡村的感觉和泥土的气息。很少有人画橄榄树和柏树,从展出的角度来讲,我的画应该运去英国,我深知他们那里需要什么样的作品。

不管如何,我还是相信我能画出一些被人们认可的作品。事情越来越像我对伊萨克逊说的那样:如果勤于写生,而不去事先琢磨"我要画这个或那个",就像毫无艺术感地去做一双鞋子,那么结果往往是无法经常性地诞生出好的作品,但是,在这种没有目标的日子里,可以逐渐掌握某种和前辈的作品中相呼应的题材。同时也会慢慢了解乡村是什么样子的,这和第一次看到时的印象截然不同。

日积月累的经验和枯燥工作,使得未来收获成果,也激发画家画出比较完整、真实的作品。我们要想一直干下去,就得像农民那样朴实地劳动。

我对布鲁塞尔的画展还是有兴趣的,我会从这里寄几幅画去参展。虽然这些画并不是在一个地方画的,却看起来仍有津德尔特的味道。我相信那些所谓不懂画的人也能看明白。

我希望自己能习惯于在天冷的时候画画——清晨时分,白色的霜和雾带给画面非常迷人的效果。我还很想用画橄榄树的方式去画群山。我画了一幅比过去更为严谨的山景习作——一道荒山峡谷里,一条小溪沿着河床蜿蜒流过。画面是紫色调的。是的,我绝对能把阿尔卑斯山的风景画成一个系列作品,因为我已经观察很久了,比任何人都可以胜任。

很高兴听到你说,某本彩色印刷品中刊登了蒙蒂切利的作品,并配有文字,这引起了我很大的兴趣。我希望他们能把你收藏的花束作品用彩色印刷技术复制出来。

我很想有一天,我的油画也能像这样制成一两块模板。我正在创作的是妇女们捡拾橄榄的油画，很适合制版。整幅画的色调非常细腻，是根据一幅同样大小的习作回忆画成。我想把一些过去了很久的，已被时间冲淡的记忆画下来。

我还想画一幅傍晚时分的书店，门面是黄粉相间的，有路人从门前经过——多么现代的题材。这样的画面会让人感觉到光的焦点——我是说，这个题材非常适合和《橄榄树》《麦田》放到一起，因为书店也在播种着各种书籍和印刷品。没错，要让巴黎看起来和乡村一样美。

尽管天气寒冷，直到现在，我还在坚持外出画画，我觉得这对我的工作以及我的状态都有好处。白天的时候西北风横扫乡村，快到傍晚时风渐渐变小，这时的天空呈现出淡淡的柠檬色，美极了，松树荒凉的轮廓映衬其中，如同制作精美的黑色蕾丝。

昨天我寄出三个包裹。其他十二幅油画习作（30号画布）还没有干，稍后再寄。这些画中绝大部分是秋天时创作的，都很难画。有时我觉得这些画很难看，有时又觉得挺不错。最近画的一幅是乡村景色习作，画中一些男人在劳动——他们在几棵高大的法国梧桐树下修路，还可以在画中看到沙石堆、粗壮的树干、变黄的树叶、一幢房屋的正面和几个小小的身影。

从我生病到现在已经一年了。从去年到这次住院，我确实没有想到自己能恢复成现在这样。刚开始生病的时候，我无法说服自己住院。而现在我觉得我应该再早些接受治疗，但作为人，总是免不了犯错。

你告诉我别太焦虑，好日子总会到来。你知道吗？对我来说只有越画越好，才算拥有了好日子，如此一来，你就能拿到一批具有感染力的普罗旺斯习作。如果有朝一日我的创作不再给家庭带来经济负担，那就是我最大的安慰了。

对于过去，我常常自责，我的病或多或少是自己造成的。我总想着能否用某种方式做出弥补，但去分析和思考这些问题往往很费脑力，这种感觉比以往任何事情都更让我难以应付。我对过往思虑太多了。

父亲和母亲对我的付出比对其他人多太多了，而我的天性似乎就是不快乐，我是在巴黎的时候发现这一点的。你尽可能地在经济上帮助父亲，常常忽视自己的利益，和你相比，我差得太远。你比我具备更多的自我牺牲精神，这成为你根深蒂固的性格。父亲过世后，我去巴黎找你，我们之间的近距离相处让我了解到，你对父亲的感情是那么深。现在我想对你说，我当初离开巴黎是件好事，过于密切的相处并不好，生活不该是这样。不得不说，现在我们分隔两地，要比过去住在一起好得多。

文森特在这时又一次发病。

祝你和乔新年快乐。佩龙医生肯定已经写信给你，并告知你我再一次发病的消息。我又让你担心了吧，真不想这样，很抱歉。这次发病在一周内就控制住了，至于会不会再次发作，想这个又有什么用呢？首先，我们不了解，也不能预见将来的情况会是怎样，而最重要的是，我决不能浪费时间。只要佩龙医生准许我画画，我就马上开始工作；如果他一直不同意，那我就离开这个地方。能让我的状态保持相对稳定的事情就是画画。

昨天萨尔先生来看我，让我很惊喜，他对我如此费心，很是过意不去，真希望自己能早日康复。他来的时候我的状态不错，可以平静地和他交谈。

我担心还会再次发病，也担心佩龙医生不敢再让我像之前那样生活。尤其糟糕的是，我不得不和那些每天、每月、每年都无所事事的同病相怜之人朝夕相处。我和萨尔先生也说过这个，劝他千万不要向别人推荐这个疯人院，因为把这些精神病患者集中在这里，是件危险的事，头脑清醒的人进来后也会丧失理智。

你马上会收到一些油画。我在开始画这些作品的时候格外平静，比任何时候都更平静。可奇怪的是，突然间，我的精神毫无缘由地再度陷入混乱。

我现在非常沮丧，看不到未来，也找不到出路。我知道，我无法继续无限期地待在这里。但去年几次的发病，正是由于画画，才让我一点点地恢复正常，这是不争的事实。所以这一次，大概也会是这样。很快，当天气不那么冷了，我就有机会外出画画，我很想把未完成的作品画完。准备画的主题已经在我心中酝酿成熟，我也提前找到了几处想画的景色。我为什么要改变表达艺术的方式呢？所以继续画画吧，尽可能多去创作，就像什么都没发生过一样。

我发病的时候，下了一场雨夹雪。夜里起床观望乡村景色，我从没看过如此令我感动、让我心潮澎湃的美丽画面。

今天我寄走了一些油画。其中习作《峡谷》是在西北风肆虐的一天创作的——我用几块大石头固定住了画架。画还没干，之前还画了同样的一幅素描，而油画作品表现出恰当的情感，运用了更多颜色。此外还有《犁过的田地》、《捡橄榄的女人》、《田野》、《橄榄树》及临摹米勒的《挖掘者》、《通宵》。另外也寄去了一幅描绘圣雷米最繁华的林荫街道的写生习作，还有之前忘记提到的《雨》。请务必给这些画装上内框，再配上白色外框，之后再去欣赏。

离开这里——我是说假如——到时就能知道我的油画是否有价值。我想保留一些自己的作品,再收藏一些其他人的,或许还可以试着做点生意。

我生病的时候,佩龙先生过来对我说,他收到你的来信,问我愿不愿意展出作品。我说不想。对于这个决定也没什么可说的,你告诉我展览将在1月3日举办,我希望他们一切照常进行。

昨天我寄了两幅油画到马赛,作为给我的朋友鲁兰的礼物,其中包括橄榄林中的白房子和背景是淡紫色群山的麦田。我给了萨尔先生一小幅油画,画的是粉色和红色的天竺葵,全黑色背景,和我在巴黎时画过的一样。

我刚刚为这里的一个工人画了一小幅肖像画,他说准备把画寄给他的母亲。也就是说,我已经重新开始工作了。如果佩龙医生觉得这样不妥的话,应该就不会准许。他曾说:"祈祷吧,但愿病别再复发了"——他以前也是这么说的,一字不差。和我交谈时他非常和气,要我随心所欲地放松心情,并让我尽所能和负面情绪作斗争。我照着他的话做了。在他看来,这个过程不足为奇,对于这种病,没有快速的治疗方法,时间和环境也许能起到些作用。所以,即便是半禁闭状态,我仍有事情做。

我很想再去趟阿尔,不用马上动身,等2月底再去。我想再看看我的朋友们,和他们见面会让我精神倍增,也顺便看看自己能否吃得消去巴黎的行程。到那儿后我得再交三个月存放家具的房租,这些家具就算对我没用,对于其他想住在乡村的画家也是有用的。如果把家具寄给高更好吗?他好像要去布列塔尼住段时间,这样是不是还不如寄给你?可是你没有多余的空间摆放它们。把这三个笨重的旧衣柜送人,我以后就不用再支付房租了,可能也会省掉包装费。因为这些家具，我得多花大约三十法郎。

我要写封短信给高更和德汉，问他们是否打算去布列塔尼，是否愿意接收我的家具，以及是否希望我也一同去那边。

高更隐晦地提出，以他的名义创建一个画室，成员包括他、德汉和我，不过他坚持要先去越南北部，对于画画这件事，他似乎不再那么热衷，我也不知道到底是怎么回事。他是真的要去越南，他需要更大的空间，去探索生活中的艺术，这样做有些道理。他写信的时候有所保留，措辞也比去年严肃多了。如果你读到他的信，会觉得他的想法特别正确，而不幸的是，一个能量如此大的人却身处无人相助的境地。毕沙罗和吉约曼也是同样处境。怎么会这样！怎么会这样啊！

我又给拉塞尔写了封短信，和他提起了高更，因为我知道，拉塞尔是个有能力又靠得住的人。他和高更本质上都是乡下人，我并不是说他们粗野，而是他们对远方的田野都心怀眷恋，可能比你我都更依恋乡村。他们在我眼里就是这样的。

我希望高更把你我当作他的真朋友，但不要太过依赖我们。

很高兴看到你对我临摹的米勒的《通宵》发表看法。我越想越觉得应该这样做——把他那些没时间画成油画的作品临摹下来。不过，把他的素描或木刻版画画成油画，并不是单纯的模仿。这更像在翻译，也就是把他那些以黑白光影呈现的作品翻译成用色彩呈现的作品。印象派画家对色彩的研究和运用还会继续发展，但其中很多人都忽视了和其他画派间的联系，我会努力让他们看到，印象派画家和其他画家并不是截然无关的。

直截了当地画，避免隐晦的表达阻碍观感，这是我学到的又一课。不管是一幅画还是一本书，都要认真去对待。如果某件事是我的责任，我会集中精力做好这一件事。不要忘记我们已然老去，没有资格再自命不凡了。

佩龙医生在1月29日的信中说，文森特从阿尔回来后，又一次发病。

——乔安娜·凡高

我现在感觉好多了，和之前一样，这次发病的时候我头脑混乱，心情焦虑。

今天听到了你的好消息：你终于做父亲了，乔度过了危险期，孩子也很健康。我的喜悦简直难以言表。真的太棒了！母亲一定会乐坏的！说到孩子的名字，为什么不以我们父亲的名字"提奥"命名他呢？这样的话我会很高兴的。①

我这就开始画一幅用来装饰你们卧室的画——大幅的白色杏花绽放在蓝天下。

我读了《法兰西信使》上有关我的作品的文章，作者是阿尔伯特·奥利尔，读完我感到很惊讶。你应该知道，我并不像文章里描述的那样作画，不过我由此得到启发，知道了以后该怎样画。从这点来看，这篇文章没有偏差。我认为，这篇文章并不只是写出来指点我的，也用来指点其他印象派画家。他向我，也向其他画家提出了一个理想中的集体自我。他直截了当地告诉我哪些方面画得好，尽管我的作品不够完美。他的评论对我来说是莫大的安慰，对此我很感谢，也想让他知道我对他的感激之情。但他应该可以理解，我

---

① 提奥和乔安娜坚持用"文森特"作为孩子的名字。

还不够强大，没有力量承担如此重任。我认为这种赞扬应该给予高更那样的人，而我是次要的。奥利尔专门写文章评论我，你应该猜得到我有多荣幸。在我看来，这篇文章言过其实了，和伊萨克逊的那篇关于你的文章一样，里面写的是当今的画家已经放弃了争吵，蒙马特大道上正悄悄上演一场重大的运动。

所以，如果你和我收获了一些名气，我们一定要尽力保持几分冷静的头脑。另外，你要开始有意识地给你的小家营造出满满的艺术氛围。

这篇文章让我既感激又开心，就如同讽刺时事的滑稽剧中所唱的那样，它就像奖章一样被人需要。另外，作为艺术评论，它写得有特点。可不可以把文章复印一份，分别寄给雷德、特斯迪格还有科尔叔叔？这篇文章有助于我们像其他人一样，早日通过努力得到回报，来弥补曾经的付出。如果你看到奥利尔先生，请替我向他道谢。我也会寄给你一封写给他的短信，请你转交。当然，我还要送他一幅习作。

我希望洛泽先生能来。他用石版画的形式临摹了蒙蒂切利的油画，我很想和他认识。他说到普罗旺斯的时候，提及了创作的难点。他谈论更多的是应该去做什么，而不是已经做了什么。那些画着柏树的风景画！啊，这样的画创作起来可不容易。奥利尔也觉察到了这一点，他说就连黑色也是一种颜色，还提到了柏树火焰般的外形。我考虑了很多，但还是不敢付诸实践。和谨慎的伊萨克逊一样，我觉得我们还没准备好。画完向日葵之后，我便开始寻找与其相对立却又效果相同的事物。我找到了，那就是柏树，没有其他更好的选择了。

总之，你带给我的好消息，还有这篇文章，以及许多其他事情，都让我今天开心极了。如果能和你待上一段时间，这边的人和环境带给我的影响就会烟消云散。但我们一定要冷静思考，是否有必要在这时候把钱花在路费上。如果取消这次行程，也许可以利用这段时间，为高更或洛泽画些画。

高更已经回到了巴黎。他写信说，他在丹麦办了画展，并且取得了极大的成功。他没在这边多留一阵，真是遗憾。要是今年能和他一起创作，便要好于我单独一个人画画。我在想，如果这次他没能去成别的地方，愿不愿意再和我一起工作？

这些天天气很不好，但今天却春光明媚。田野里麦苗生长，远处紫色群山屹立，到处都是开花的杏树，这一切太美了。

春天往往会让我精神振奋。而且，今天你在信中告诉我，在布鲁塞尔的二十人画展上，我的一幅油画卖了四百法郎。这个数字和其他画的售价相比微不足道，但我要继续努力多画，并尽可能在绘画材料上省着花钱。你有没有注意到，你寄给我的报纸上刊登了一篇有关几位画家（柯罗、卢梭、杜普雷）多产的文章？你是否记得，我们曾多次讨论过同样的问题（多产的必要性）？刚到巴黎时我说过，等我画成二百幅油画，就可以坐享其成了。

我很想借卖掉画的好运气去巴黎找你。感谢这里的医生，我比刚来的时候情绪稳定多了，身体状况也好多了。

2月24日，文森特在阿尔住了两天后又一次发病。他由一辆马车送回圣雷米医院，没人知道他在阿尔的时候是在哪里过的夜。他随身带去的一幅阿尔女人油画始终没有找到。4月1日，佩龙医生在信中说，这次发病持续时间比以往长，而这也终于证明了，去阿尔的旅行确实会引发他的病情。

我试着重新开始写信，一点点地写。麻烦出在我的头脑上，虽然不疼，但一片混乱。

工作进展得不错，最近完成的一幅油画主题是鲜花盛开的树枝——这可能是我迄今为止最好的一幅，我在其中投入了最大的耐心。作画的时候我内心平静，笔触稳健，可是画完后第二天却累垮了。很难理解为什么会这样，但是，唉，偏偏就是如此。

我不知道未来该怎么想，怎么做，我只是很想离开这里。不想说得太具体，不过半年前我就跟你提出过，如果再次发病，希望能换一家医院。这件事拖了太久，其间我又发过一次病。我那时正在工作期间，打算完成手头的几幅油画，不然的话不会继续待下去。不过，我该去哪里呢？

有些人和我遭遇相同，他们在工作了半辈子之后，却落得个走投无路的境地。被禁闭在房间里自然难以取得进步，但也的确有人在失去自由的情况下依然顽强工作。我对自己几乎绝望了。或许，或许我应该到乡下去住段时间，来帮助我恢复健康。

如果回荷兰，能不能找到工作的地方？能不能不费力地把握住机会？我觉得我们的家乡荷兰还是相对重视绘画的，回去的话，我应该不会因为画画而被人为难。而这边的人对绘画抱有迷信的观念，他们带给我的失落感难以言表。从本质上讲，作为一个人，画家确实过于专注他所看到的事物，而对生活中的其他东西往往缺乏足够的了解。

昨天我想读一读收到的来信，但我的头脑不够清醒，无法看懂信的内容。其中包括拉塞尔的来信，还有家中寄来的，我没有勇气去读，心情低落。我们的妹妹文笔很好，她所描述的城市景色，就像现代小说中所写的一样。我总劝说她，与其把精力放在做家务活上，不如从事艺术创作，因为据我所知，她的感受力非常丰富，但以她这样的年纪，想在艺术领域发挥才能，不是件容易的事。我很担心她因为搞艺术而遭受挫折和打击，不过她满身的朝气和活力会帮助她克服过去的。

生病的时候，凭借对北方的记忆，我完成了一些小幅油画。刚画完的一幅描绘的是阳光下的草地一角，画面尽显生机盎然。我还想重画灯光效果下的《吃土豆的人》。原先那幅画的颜色，现在一定变得很黑了，我想我应该可以根据记忆再画一遍。除此之外，还可以重画《拾穗的女人》和《挖掘者》，你喜欢的话，再加上《纽南的古老教堂塔楼》和《农舍》。

我是在画杏花的时候发病的，如果当时可以继续画，就能多完成一些以开花的树为主题的作品。而现在花期已过，看来我确实没这个运气。

请转告奥利尔先生，不要再写任何关于我的文章了。要让他知道，其实从一开始他就误解我了，我太容易因宣传而感到压力。画画可以让我放松，但别人的议论所带给我的痛苦，远比他想象的要多。

你提出要我回到北方，我接受这个建议。几乎可以肯定，到北方后我会很快恢复健康，虽然不能确保几年内不再反复，至少不会很快发作。这次发病后，当我再次走进花园，马上就恢复了清醒的头脑，开始工作。我脑中的想法太多了，对于那些无法实现的，我不会执意为之。我的笔触变得很呆板，由此我想到，如果能离开这个我不了解，也不想了解的环境，我就一定可以找到画画的感觉。我的生活太难了，我也许会死去，也许会失掉工作的能力。

家具暂时还放在阿尔，由朋友保管。如果你需要的话，他们会寄给你，不过包装和运输的费用差不多和家具一样贵了。我觉得这次行程就像遭遇一场海难。算了，我们做不成喜欢的事，也做不成该做的事。

我觉得，两周时间足够用来做搬家的准备了。如果你坚持的话，我会让别人陪伴我坐到塔拉斯孔或再前面一两站。到了巴黎后，你就去里昂火车站接我。我要直截了当和你说：我拒绝你的提议，不需要请人一路护送我过去。只要上了火车，我就安全了，而我也不是危险分子。要是我真的发了病，车上也会有别的旅客在，不是吗？再说，沿途车站的工作人员难道不知道该如何处理这种情况吗？你不要对此太过担忧，不然的话，我会因负担过重而灰心丧气。我相信旅途中我的精神状态不会出现问题。如果按照你说的做，那我所承受的压力会超过我发病时的痛苦，所以我可以保持情绪稳定。就像我刚刚对佩龙医生说的那样，每次发病后，总会有三四个月的平稳期，所以要趁这个时候搬家。不论如何我都要离开，我非走不可。

现在马上走的话，我就可以尽早认识另一位医生。要是不久之后再次发病，我们要根据严重程度，决定是否住进疯人院。如果必须住院，我要选择一个准许病人在田间或工厂里工作的地方，这样方便我找到创作的主题。

我觉得你应该马上给未来的那位医生朋友写封信，说："我的哥哥非常想认识您，他准备在巴黎多待一段时间，在此之前想咨询下您的意见，希望您能同意他去您所在的村子里住上几周，在这期间进行创作。他认为回到北方后，病情会有所减轻，而如果继续留在南方，病情就会加重——他坚信可以和您达成共识。"

最好尽快去乡下和这位加歇医生见面。我要向他证明，我仍然能够头脑清醒地画画，而他也会对我进行适当的治疗。他喜欢绘画，借此我们可以结下长久的友谊。我和你待两三天，不会久留，之后就出发去医生那里，一开始我会先住在客栈。到时我要外出画画，对工作的渴望快要将我吞噬了，而对于其他事情，我提不起一点兴趣。我快受不了了，我的好兄弟。我再也无法忍耐了，必须离开，哪怕这是最后一次搬家。这里的环境带给我的压力大到难以形容——我已经忍了一年多了——我需要新鲜空气，我被沉闷和沮丧压抑得难以呼吸。生活在监控之下太不容易了，即便是出于同情，也无法忍受失去自由和与世隔绝。这样的经历在我的额头刻下难以抹平的皱纹，既然带给我如此大的压力，就该做个了断。我有权利根据自己的喜好更换住处，这里没有我想要的全部自由。改变生活环境对我也许会有好处。

塔塞寄来的颜料和画布已经收到，我对你的感谢无以言表，如果不能画画，我的病会更严重。最近一切顺利，我的状态也很好，可怕的疾病像暴风雨一样，如今消失不见。我觉得佩龙医生是不会反对我立刻搬家的。

到巴黎后，如果身体状况足够好，我很想画一幅很早就想画的作品——一家黄色调的书店。我到达后第二天就去画。告诉你，我画画的时候头脑是绝对清醒的，笔触流畅，有条不紊。

我很想再去看日本版画展。尽管《费加罗报》里面的描述让人感觉乏味，我却从不觉得参加沙龙是件没有意义的事，相反，我总能从中找到吸引我的作品。

很奇怪，最后这几天，这里的风景带给我色彩方面的全新灵感，就像那天我们被修拉的油画震撼到一样。我亲爱的兄弟，到这以后我在画画方面比以前自信了，对南方颇有微词的我未免有些忘恩负义。坦白说，离开这里，我的内心是悲伤的。

至于哪天走，要看我什么时候打包好我的油画。画画时我投入了太多激情，以至于整理打包比创作过程还要难很多。

我画了两幅花园里新长出来的青草油画，其中一幅画面非常简单——开着白花和蒲公英的草地，以及一小丛玫瑰。除此之外，我还画了一幅插在绿色花瓶里的粉玫瑰，背景是黄绿色；一幅以浅绿色为背景的玫瑰花；还有两幅大束的紫色鸢尾花——一幅以粉色为背景，绿色、粉色、紫色组合在一起，产生了柔和的效果；另一幅中的紫色花束衬托在柠檬黄色背景下，花瓶和台面是另一种黄色，形成了一种反差很大的互补色，而这种强烈的对比却又互相增添了效果。这些油画需要一个月的时间才能晾干，到那时我已经离开了，但工作人员会帮我寄走。希望有人愿意买下它们，好弥补这趟路途所花的费用。

今天早上雨停了后，我又去看了看乡村的景色，空气清新，繁花盛开——唉，要是我没有生病，能不被打扰地专心创作，把我感受到的乡村都画下来，我一定会画出很多佳作！我怀着和别人相同的抱负来到这里，经历着和别人一样的不被理解和伤心沮丧。不管怎样，热切盼望着与你重聚并见到你的妻子和孩子，时刻思念着在我遭遇不幸时惦念我的朋友们，这些便是我生活的慰藉。

我希望能在周日前到达巴黎，这样就可以在你闲暇之时与你共处一天。

说实在的，从我们在车站分别直到今天，我感觉过了很长很长时间。

凡高的人生轨迹：

1890年5月末，文森特来到了人生旅途的最后一站——奥维尔小镇，在那里，得到了同为艺术爱好者的加歇医生的悉心照料。同年7月27日，瓦兹河畔的奥维尔麦田里响起了一声沉闷的枪声，两天后，文森特在提奥的怀中离世。

瓦兹河畔的奥维尔，1890年5月

之所以用法文写信，是因为在南方住了两年之后，我觉得这样能更好地表达我想说的话。奥维尔是个美丽的小镇，可以看到一些古老的茅草屋，这在其他地方已经很少见了。这里和巴黎截然不同，身在其中就会体验到什么是真正的乡村，不过从杜比尼时期开始，还是改变了很多。这种改变倒是不令人讨厌——新建了许多别墅和各式各样的当代中产阶级住宅，被繁花围绕，阳光下引人夺目。这些建筑和那些逐渐荒废的古老茅草屋一样漂亮。

这是一个草木繁盛的乡村，当旧社会衍生出新社会时，所带来的改变不会令人不快，物质生活的幸福感正在孕育之中。我在这里看到了，或者说，我认为我看到了皮维·德·沙瓦纳所描绘的宁静祥和的风景画——没有工厂，只有在精心料理下生长得郁郁葱葱的美丽绿树。这里色彩丰富，有太多可以画下来的事物。我所见到的和之前想象的一样：走到哪里，都能看到许多紫罗兰色调。在南方生活的经历让我可以更好地去了解北方。对某个地方和那里人们的生活方式深入了解，有利于再去观察其他地方。

杜比尼夫人和杜米埃夫人也住在奥维尔，至少我能确定，杜比尼夫人就在这儿。

我见到了加歇医生，在我看来他性格古怪，精神上似乎也有问题，至少承受着和我一样的痛苦。不过作为一个医生，他有足够的

能力和精神病作斗争。虽然如此,我对他的印象并不坏,当我们谈论起比利时以及那些古代画家时,他那愁苦的脸庞逐渐展露出笑容。我觉得我会和他成为朋友的。

他介绍我去了一家客栈,住宿费每天要六法郎。我自己找到一家日租金只要三个半法郎的地方,不过没去成。加歇医生说,我应该安心住在他推荐的那家,所以我只得照办。

我的地址是玛丽广场,雷伏家,在找到新的住处前,我暂住这里。等我画完一些习作,就会知道搬家对我到底是好是坏。不过有一点是不公平的,对于画画的人来说,和别人同样工作并承担生活开支,花的却是双倍的钱,因为要买绘画材料。

加歇医生让我放心大胆地工作,不要考虑后果。如果我在奥维尔定居下来,我想画一些当地的风景画,或许可以卖出去,来弥补我在这里的花销——说真的,这儿的确很美。奥维尔有着地地道道的乡村景色,充满特色,非常入画,这让我觉得,即使最终卖不出去,画下来也是值得的。

不画或少画会造成双倍的浪费,我所体会到的就是如此。如果放弃画画,转而寻找别的道路,也是同样道理。兄弟,对于这个问题我考虑了很久,并不是说我的画足够好,而是我要少画次品。我相信,会有人愿意买下我的画。而其他事情都是次要的,例如与人交往,我也没有那种天分。而且你看,我不用去刻意和别人交际,我画画的时候,就会有人来到我的住处,这和我主动结识别人结果一样。通过画画来认识朋友,是最好的方式。

回头告诉我,博克小姐买下的是哪一幅画。我必须要给她的弟弟写封信以示感谢,并提议和他们俩分别交换一幅作品。我觉得他们付的钱超出了画本身的价值,作为朋友他们在照顾我。

我画了一幅茅草屋顶的习作，前景是开花的豌豆田和麦田，背景是群山——你们看了一定会觉得不错。

昨天和今天一直在刮风下雨，不过再次看到雨中的景色效果，也还不错。

今天见到了加歇医生，我会在周二早上去他家画画，并和他共进午餐，之后他会来找我看画。他看起来是个明智的人，不过对于医生的工作不是那么信心满满，就像我对画画的态度一样。作为医生他很称职，始终忠于自己的职业和信仰。他的样子和你我一样，健康状况不是很好。他比我们年长，几年前妻子去世了。我们已经成了很好的朋友，巧的是他也知道蒙彼利埃的布里亚，并和我的看法一致：他是现代艺术史上有影响力的人。我准备画他的肖像画，很有可能也为他十九岁的女儿画一幅。

我对自己的病束手无策。刚刚我又难受了一阵——事实上，经过长期的隔离生活，我感觉度日如年。在巴黎时，我强烈地体会到一切喧嚣与我无关，只要一画画，内心就安静了。不管怎样，我都不后悔回来。我很高兴离你们俩和朋友们近了，要是等你休假时，我们能再在一起共度一周的时间，那就太好了。

加歇医生对我说，如果神经衰弱或别的什么让我难以忍受，他有把握可以让症状减轻，还让我把实际情况都和他说，不要顾虑太多。好吧，我可能早晚会需要他的帮助，不过到目前为止都很正常。或许情况会越来越好，我觉得我的病多半是在南方感染到的，回到北方后一切就会烟消云散了。

加歇医生收藏了一幅毕沙罗的佳作，两幅塞尚画得很出色的花束，还有一幅塞尚的乡村风景画。能在这里画画，我很高兴，可以说是非常兴奋。一些画面隐约呈现在我脑中，需要花时间去把它们构思清楚，一点点成行。我画了一幅老葡萄树的素描，打算之后画成油画，还创作了一幅粉色栗树和一幅白色栗树习作。如果条件允许，我希望能画些人物画。我得给你列个购买颜料的清单了。我觉得在室内作画没什么意思。不太走运的是这里的物价不低，不过加歇医生说，周围所有村镇都是如此，他也深感无奈。以后我都要住在相识的医生家附近，我可以把画作为医疗费送给他，但对别人我不能这么做，以免节外生枝。

总之，我现在每天都整日工作，天气很不错，我完全投入在创作中。我很好，每天九点睡觉，早上基本五点起床。在经历了长期的病痛折磨后，我希望能顺利地重新恢复健康。相比去阿尔之前，我的落笔更加稳健，我也希望能一直保持这样的进步。加歇医生认为我的希望会成真。

在你床下存放的一大堆油画中，我觉得其中很多幅可以改得更好些。上周我把在加歇医生家画的两幅习作送给了他，一幅画着芦荟、金盏花和柏树，另一幅是上周日画的白玫瑰、葡萄树和一个身穿白衣的人。每次去他家，总能画出不错的作品。告辞的时候，他都会邀请我下个周日或周一再去他家吃饭。去他那里画画是件愉快的事，不过吃饭却成了负担，因为这个友善的朋友总是不厌其烦地做四五道菜。吃这么多菜对我来说难以消受，他其实和我一样，消化系统也不是那么好。但对此我并没有提出异议，因为这样的场面会让他回想起一家人一起吃饭的旧时光，我们有和他相似的回忆。

总之，老加歇和你我非常非常相像。

我正在画他的肖像：他戴着精致的白帽子，颜色很浅，双手也是浅肤色，身穿一件蓝色长衣，钴蓝色背景。他倚靠着一张红桌子，桌面上放着一本黄色的书，和一株开着紫色花朵的毛地黄。这幅画和我来这之前创作的自画像有异曲同工之妙。加歇医生非常欣赏这幅画，要我再画一幅一模一样的送给他，我很愿意这样做。另外，他现在逐渐能够看懂我在阿尔画的最后一幅肖像画了。每次来找我看画，他总是反复研究这两幅肖像画，他完全理解了它们，是的，完完全全、原原本本地理解了。他对我说，他一直很喜欢德拉克洛瓦的《哀悼基督》，如果我能为他临摹一幅，他会非常高兴。

以后他也许会帮我寻找模特。我觉得他非常懂我们，为了艺术，他会尽其所能、一心一意地同我们一起工作。他可能还会再让我为他画些肖像画，我会照办，这样做是为了向他表明，虽然不是以钱的形式报答他，我们仍要感谢他为我们所做的一切。

他的家里满满当当的，就像个古董店一样杂乱，堆满了黑色的古董，除了几幅印象派画作，其余物品都是黑色，黑色，黑色。不过他家也有个优点，就是到处可以找到插花的瓶瓶罐罐，可以用来画静物写生。他收藏了一幅吉约曼的自画像，时间很久了，颜色都已暗沉，但还是很吸引人；还有一幅同样是吉约曼画的床上的裸女，我觉得画得很好。

我急于再次临摹邦格的裸体人物炭画习作。我可以画得很快——也就是一个月画六十幅。如果我再不去研究人物比例和裸体画，我就画不好了。别觉得这样做没用或可笑。

和你重聚，并见到乔（我觉得她是个通情达理、单纯友善的人）和与我同名的小家伙让我倍感愉快，同样让我高兴的还有再次和其他画家一起据理力争、热烈讨论，尤其是沉浸在那属于画家的小小世界中。这些日子以来，这么多开心的事彻底驱散了我的病症，虽然我知道，我大概不能对此抱有过多期望。

提奥携其家人从巴黎来看望文森特。

周日给我留下了非常美好的回忆,我希望以后我们可以经常相聚。你们走后,我又画了两幅树林中房子的习作。关于住宿问题是这样的:床铺费每晚一法郎,如果我带着家具租房住,三百六十五法郎到五百法郎之间的价格都可以。我很希望你们俩能和我一起在乡下生活一段时间。

不过我现在觉得,我必须当那些家具已经丢了。既然我都不在那边了,朋友是不会把家具寄给我的,他们大概懒得费力去寄,按照传统习惯,过客离开时,会把临时购买的家具留下,毕竟我去了巴黎,就像去了另一番天地。除此之外,更大的原因在于,他们不想再把自己搅进和我有关的事情中,成为人们茶余饭后的谈论对象。

我刚画了一幅和《丰收》(这幅画挂在你的钢琴边)风格一致的画:从高处放眼眺望的田野间,有一条小路和一辆马车。我正在画的是一幅描绘琉森罂粟田的作品。

在我的房子旁边,刚刚住下了一群美国人。他们也画画,不过没看到他们画的什么。那个在战神广场展出日本画的德穆兰回来了,我想去见他。有朝一日我也想在咖啡馆里举办个人画展,要是能和谢雷特一起也不错,他一定也有类似想法。我很想不久后去巴黎呆几天,去看看科斯特、捷宁及其他一两个朋友。

很高兴听到高更和德汉一起出发的消息,我和他说过,去布列塔尼是个不错的选择,你说得对,这比他留在巴黎强。

绘画的未来不会在这里,而是将聚焦在爪哇、马提尼克、巴西或澳大利亚这些热带地区,不过,你、我和高更大概不属于那里。或许在遥远的某一天,印象派画家们会在那边进行艺术创作,像米勒或毕沙罗一样坚守着自己的阵地。

令我高兴的是，那幅阿尔姑娘肖像画，是严格依照高更的素描完成的，很合他的心意。我尽力让油画忠实于素描，同时在色彩的选择、内涵的表达和素描的风格上做出自己的理解。

你可以把这幅画看作是结合了所有阿尔姑娘肖像特征的作品。由于这类画作很少，所以把它收藏起来吧，作为属于我们俩的，也是总结了我们一起工作的那几个月的作品。为了画它，我病了一个月。不过就像我们所期待的，高更和其他少数几个画家能够看懂这幅画。加歇医生看过之后踌躇了几分钟，随后表达了对这幅画强烈的欣赏之情，并说："能画得这样简练，太厉害了！"

好极了。我想用蚀刻版画的形式再将其美好展现一次，作为这一系列的结尾。

我写信给高更说，我只在巴黎住了三天，城市的喧嚣让我难以消受，为了不影响我的精神健康，最明智的做法还是离开城市，回乡村生活。想要见他的话需要大费周折，我好久没看到他的画了，不过去那里对我来说有点困难。如果他同意，我想去布列塔尼和他同住一个月，画一两幅风景画。最重要的是能够再和他相聚，并认识一下德汉。如果我们的画在南方有销路，我们就努力创作一些有分量的作品。

我希望他制作一些南方题材的蚀刻版画。我在加歇医生家就可以做蚀刻版画，不用花钱。这件事绝对值得做，如果你赞成，可以将它们作为洛泽制作的蒙蒂切利版画续篇。洛泽很欣赏阿尔女人头像画。高更大概会和我一起把他的一些油画作品刻成版画。加歇医生想去巴黎看我的油画，到时我们可以挑选其中一些做成版画。

现在我手头有两幅习作：一幅是一丛野生植物，包括蓟、麦穗、还有各种叶子，蓟近乎红色，麦穗油绿，叶子接近黄色；另一幅画的是夜空下树丛中的白房子，窗户里透出橘色的光，周围的植物是深绿色的，透着一点暗淡的玫瑰色。我想用大尺寸的画布把杜比尼的别墅和花园画下来，我已经画过小幅习作了。

我终于收到有关我的家具的消息了。阿尔的那个朋友一直在生病，他被一头牛用角顶伤了，他的妻子在信中说，由于这个原因，这件事就一直耽搁着。不过他们会在周日的时候把家具寄出。他们的运气实在不好，这位妻子也病了，但在信中没有一句怨言，只是说我在离开前没有去看他们，这让他们感到难过。其实我也很难过。

油画已经从圣雷米寄来。《鸢尾花》已经干透了，很希望你能欣赏这幅画。包裹里还有玫瑰花、麦田和一幅小尺寸的山峦风景画。此外，还有一幅星空下的柏树，这是最后一次尝试——夜空中有一弯黯淡的月亮，这纤细的新月从地球投射的阴影中勉强显露出身影——而一旁的一颗星星出奇明亮地闪耀着，在群青色的天空中散发着玫瑰色和绿色相间的光芒，十分柔和，云朵则匆匆飘过。夜空下，沿路有高高的黄色秸秆，远处是阿尔卑斯的蓝色山脉。一家老式客栈的窗户透出黄色灯光，画面中央是一棵高大笔直的柏树，色泽昏暗。路上有一辆白马拉着的黄色马车和两个晚出散步的行人。这幅画非常浪漫，也很有普罗旺斯风情。我可能会为这幅画以及其他一些风景画制作蚀刻版画，来纪念在普罗旺斯的日子，我想把其中一幅送给高更。我还画了一幅加歇医生的肖像画，他脸上那心碎的表情，代表了属于我们的时代——这和高更对他那幅《橄榄园中的基督》的解读相似：这种情绪不需要被理解，但确实存在。不管怎样，我们都在关注着他的创作。

前天和昨天我都在画加歇医生女儿的肖像画，希望你很快可以看到。她穿着红色的连衣裙，背后的墙是绿色的，带有橘色斑点，红色的地毯上也有绿色斑点图案，钢琴则是深紫色。画的时候我很享受，但过程并不容易。

我发现这幅画和另一张横幅的麦田画很搭配，虽然一幅是人物画，一幅是风景画，但放在一起相得益彰，不过，想让人们能够理解这样两幅画之间耐人寻味的联系，还有很长的路要走。尽管如此，还是有些人认识到了这一点，很了不起。在服饰方面，人们常会搭配各种漂亮的浅色系，如果能叫住这些经过的路人并画下他们的肖像，就能创作出堪比过去任何一个时代的佳作。我还常常能从大自然中看到皮维作品里所表现的魅力——介于艺术和自然之间的美。

加歇医生答应说，会另找时间让他的女儿拿着小风琴，再摆一次造型供我画画。我可能还会再找一个乡村女孩当模特。

我正在试着画麦子——画中只有蓝绿色麦秆和麦穗，长长的叶子像缎带一样，绿色中夹杂着玫瑰色，麦穗微微变黄，边缘是浅玫瑰色，看起来如同粘着尘土的花朵——也像粉色的藤蔓盘绕着麦秆。这是一幅由各种绿色组成的画，色彩十分协调，形成了一整片绿色。这些绿色之间的细微差别，会给人一种麦穗在微风中轻轻摇摆的感觉，仿佛听到那温柔的沙沙声。我想在这个生动却又安静的背景上画几个人物。

我还画了一幅麦田油画，以及一幅与之相配的画。后者描绘的是灌木丛、淡紫色的白杨树，以及树下各种颜色的花，有玫瑰色、黄色、白色和绿色。此外还有一幅夜间风景画——黄色的天空下的两棵黑色的梨树和麦田，紫色背景中，远处的别墅被暗绿色的植物包围着。

刚刚收到你的信，你说孩子病了，我非常想去探望你们，但考虑到我的情况比你目前焦虑的状态还要脆弱，就忍住了冲动。我担心会给你添乱。

如果离开布索的话，以后会怎样呢？我的感觉是，我们都过度紧张了，没有必要纠结于搞清楚我们到底应该做什么。而你似乎要一意孤行，这让我很吃惊。

对此我能做点什么呢？或者，你有什么想要我做的吗？

提奥曾说起放弃职位、独立创业的计划，但有太多事情需要准备。几天后，文森特抵达巴黎。

我常常思念我的小侄子。他好吗？

乔和我们一样，也太疲劳了。谈到创业，要操心的事太多，压力太大，你这是在荆棘丛中播种。

我远远没有平静下来。我尽己所能去恢复，但毫不隐瞒地说，我不敢保证我的头脑能一直保持必要的清醒。如果再次发病，请你见谅。我很担心我的精神再次失常，奇怪的是，我甚至都不知道自己生活在什么样的状况里——是否和从前一样，每个月需要一百五十法郎。我陷入了这样的困惑，思考着有没有一种方式，能让我们再见面时保持平静？希望如此。

毫无疑问，小家伙是我们所有人的心头肉。自从你给他取了和我一样的名字，我就希望他可以拥有一个比我冷静的灵魂。我的人生实在太艰难了。

我觉得我们根本指望不上加歇医生。他比我病得还重，至少我们差不多。所以现在的状况是，一个盲人给另一个盲人领路，他们都会摔进沟里的，难道不是吗？我不知道该怎么说。可以肯定的是，我上一次发病很严重，很大程度上是受到了其他病人的影响。被禁闭起来太折磨人了，可是老佩龙完全无视这一点，让我和其他那些无可救药的人一起过沉闷乏味的生活。

我能弄到一个住处，有三个小房间，一年一百五十法郎。虽然看不出哪里好，但也比唐吉老爹那满是虱子的破房子强。我要找一个可以住宿并存放油画的地方。一定要完好地保存那些作品，这样的话，将来靠它们赚钱的机会就会多一些。我说的不是我自己的画，而是贝尔纳、布雷奥、拉塞尔、吉约曼和捷宁的作品，不好好保管的话，它们会慢慢损毁的。这些画——再次声明，不是我的画——都是有价值的商品，如不重视，就将造成我们共同的损失。

暂且不谈理想，这也是能让你我生存下去，不至于穷途末路的保障。算上留在圣雷米的油画，我手头至少还有八幅。我要努力保持画画的能力。说真的，在绘画方面达到一定的水准不容易，如果不再画了，对于这项技能来说，失去比得到要来得更容易，也更迅速。前途变得更加黑暗了，我看不到一点幸福的可能性。此刻我只能说，我们都需要休息——我感觉自己已经透支。关于我的事就说这么多吧——这就是我的命运，不可更改，只能接受。

我最近一直在努力画画，完成了四幅油画习作和两幅素描。准备寄给你的一幅素描画的是一个古老的葡萄园和一位农妇，我想依照它创作一幅大尺寸油画。另一幅30号画布的油画作品中也画了农妇，戴着一顶大大的黄帽子，上面扎着天蓝色的蝴蝶结。她面色红润，深蓝色的大衣上点缀着橘色波点，背景是麦田。我觉得这幅画看起来有些粗糙。另一幅横幅的田野风景画很像米歇尔的一幅作品，但色调不同，我选用的是柔和的绿色、黄色和蓝绿色。

高更写来一封信，内容忧郁。他有去马达加斯加的打算，但可以看出他的计划是茫然的，因为他也不知道还能去哪里。刚刚我收到了乔的来信，这实在是给我的福音书，将我从痛苦中解救了出来。是我的到访造成了这种痛苦，所有人都因此而不愉快。我们都意识到，我们的物质生活很快就没有保障了，这可不是件小事；而我们体弱多病的身体状况，也同样需要得到重视。

回来后我很难过，这场向你袭来的暴风雨，同样也侵扰着我。我该怎么办呢？你是知道的，我总想让自己快乐起来，但我的生活从根本上受到了威胁，我的步履也逐渐蹒跚起来。我担心——虽然到不了忧心忡忡的地步，但多少有点害怕——我成为你们心怀畏惧的负担，但乔的来信清楚明白地让我相信，你们知道我也在不遗余力地努力，和你们一样。

于是，一回到住处我就再次投入到创作中，虽然我的手几乎抓不牢画笔，但我知道自己要做什么，回来后我已经画了三幅大尺寸油画。其中两幅画的都是暴风雨下漫无边际的麦田，画中所表达的悲伤和孤独对我来说是自然的情感流露，毫不费力。我觉得这两幅画可以把那些我无法用文字表达的内容传达给你们，让你们看到我眼中那生机盎然的乡村景色。真希望你们很快看到这两幅作品。仅仅是为了身体健康，也很有必要在花园里作画，去见证花朵的生长。

第三幅油画是杜比尼的花园，我刚到这里时就开始构思了。

现在，我已完全沉醉在这一望无际的麦田中了。这麦田如同大海一般辽阔，呈现柔和的黄色或绿色，一直绵延至远方的群山。犁过并除过草的田地是温柔的紫色，还有绿色的土豆花均匀地点缀在麦田中。蓝、白、粉、紫构成了天空的柔美色调，将所有这一切笼罩其中。

我的情绪非常平静，我想把这景象画下来。

我很想写信给你，我有很多话要说，但当提笔的时候，写信的欲望却完全消失了，我再次感到和你倾诉并没有什么用。

我仍然热爱艺术，热爱生活，但说到结婚，那对我来说是奢望而已。我太老了（至少我自己这样认为），走不了回头路，也无法另做选择。那种欲望已离我远去，但由此而来的痛苦却一直在。我担心未来，比方说，到我四十岁的时候——算了，还是不说了——我一无所知，完全不知道将来会何去何从。我关心的只是绘画，我专心致志投入其中，就像那些受我爱戴和敬仰的画家一样努力创作。

画家们越来越走投无路了。可是，现在让他们明白画家协会的意义是不是太晚了？或许你会说，一些画商会联合起来支持印象派画家。但这不会长久的。总之，单靠个人的能力没什么用。我们已经试过一次了，我们是否应该从头来过呢？

我又画了一幅古老的茅草屋习作，还有两幅描绘雨后广阔麦田的油画。既然最要紧的事进展顺利，我为什么还要说很多无关紧要的小事呢？我们还有很长的路要走，才能有机会在一起冷静地讨论画作的买卖。而其他画家，无论他们有什么样的想法，都会本能地回避这一问题。好吧，坦白来讲——我们只能靠作品说话。

但是，我亲爱的兄弟，我要用尽全力再次衷心表述那些我反复对你说过的话——我心中的你，不是一个只会卖柯罗作品的画商。在我的诸多画作中，你的付出功不可没，你是真正的参与者。有了你的支持和守护，我的作品才能在生活的暴风骤雨中，依然蕴含最真挚纯粹的情感。

现在画商们主要经营已故画家的作品，他们和在世画家的关系十分紧张。情况就是这样，所以面对如此危机，我一定要把前面那些话告诉你，即使不全面，至少表达了最重要的内容。

我为绘画事业付出了全部,还搭上了一半理智。你不在利益至上的商人之列,仍坚持着自己的立场,心怀仁慈。可是,又有什么用呢?

在想象中同你握手

文森特

1890 年 7 月 27 日

译后记

海牙的畅想

凡高在欧洲美术史上有着举足轻重的地位，艺术成就享誉世界。他的艺术生命虽然短暂，作品数量却十分惊人。不过，或许很少有人知道，除了绘画作品之外，凡高还给这个世界留下了大量感情真挚、文笔优美的书信，这是后世理解凡高、研究凡高的一笔宝贵财富，我们熟知的描写凡高的著名传记《渴望生活——凡高传》就是参照凡高书信的内容，搜集线索创作而成。

由凡高书信整理而成的中文作品，目前在国内已经有了几个不错的版本，再次呕心沥血地将它翻译和出版，是因为它真正地打动了我，而经典作品的译本也从来都不嫌多，每个译者对作品会有不同的理解，每个年代的叙述方式也略有差别，多些版本对读者而言可以多些选择，对译者而言也是对作者思想的反刍与分享。

这本凡高书信集，是由我和曾经的一位同事——一位重度"凡高迷"共同翻译完成的。之所以选择她来合译，是因为凡高流传于世的书信卷帙浩繁，经过选编之后也有四五十万字，多一个人翻译，便能让读者早日与它见面；二来是因为她对凡高的作品比较熟悉，又真诚地热爱着凡高，我们在对凡高的理解与欣赏上都能达到高度共鸣，文字的调性也比较一致。在分配任务时，我也动了些小心思。书稿前半部分比较沉闷，皆为凡高走上艺术人生之前的凡尘琐事，后半部分则更具戏剧性和传奇色彩，比如他与另一位印象派巨匠高更的"爱恨情仇"，割耳事件的来龙去脉……这样曲折精彩的章节我不忍据为己有，于是就把它交给那位感情丰富的合作伙伴。

整个翻译的过程大约六个多月，其中有很多不足为外人道的苦楚。凡高的著名画作都是在1883年之后完成的，而我所翻译的内容都在1883年之前，要想找到这个时期的绘画作品的准确信息确实有些难度，疑惑不解时我也会拿来成熟的版本参考借鉴，以令我们的版本更加准确完整。不过请大家放心，遇到困难时我每次都是先按照自己的理解译完之后，才拿来与其他版本比对，反复揣摩之后再修改理解有偏差的部分。凡高书信集是由一封封信件连缀起来编排的，这对不够了解凡高的人来说，可能阅读起来有些障碍。因此这一版本的《凡高自传》里我们特别收集整理了凡高的主要生活经历，做"凡高的人生轨迹"小栏目，插入相应位置作为背景介绍，使全文阅读起来更加流畅连贯。

在我翻译的凡高书信的前两个章节里，凡高的内心时而汹涌澎湃时而又纠结痛苦，自然而然地我也感受到了这种凡高式的纠结。如同绘画一样，翻译工作也是一个孤独的创作活动，付出的时间和精力很多，但却很难得到体面的回报和肯定，所以翻译过程中我也偶尔会精神恍惚，觉得自己不务正业。另一方面，这是我第一次翻译书信体著作，在取舍方面就有些不知如何拿捏。于是便采取先把大部分自己能够读懂的部分译出，再反复推敲晦涩难懂的段落，尽量展现书信的全貌，使读者尽可能捕捉到凡高的所有思绪。

既然翻译凡高，就难免会把自己代入其中。凡高感觉自己诸事不顺，郁郁不得志，而人到中年的我也有着类似的感受。这种感受在翻译他的内心活动时最为突出，有时会让自己罢笔沉思良久，不知自己是在翻译还是在自行创作。

如果你问我最近最想去哪里旅游，我会说海牙，那里有太多凡高的足迹，同时也变成了我的回忆……

赵习群

2019 年 8 月 2 日于译品斋

浮生若寄

和许多人一样,第一次被凡高感动,源自那幅《星夜》和它的衍生歌曲 Vincent。看着用油彩涂抹的迷幻夜空,听着 Don Mclean 的深情吟唱,我当时在想:这幅画的背后究竟隐藏了哪样孤独却丰盈的灵魂,让人一眼万年。

对凡高的喜爱并不是循序渐进的理性过程,那是一种盲目的吸引,也可称之为主观的移情——遇见凡高,内心的孤独从此找到了出口,被完全释放在他的印象里,他的调色盘上,和他的短暂人生中。

别说你不孤独,孤独是人生的常态。

从着手翻译开始,到敲完最后一个字,经历了秋、冬、春,转眼就快入夏——这个人们口中的"抑郁天才"离去的季节。在凡高三十七年的生命中,属于绘画的只有最后十年,而就在这十年间,许多耐人寻味的作品从他的笔下诞生,然后又遭受多数人的冷落,但值得欣慰的是,多年以后,它们最终跨越了时间和地域,成为世纪经典。

这就不得不提到提奥和乔安娜,也是这本书里一封封信件的接收者和整理者。在如今的许多文章中,都把提奥称为凡高的"迷弟",这么说也没错,提奥对于哥哥在经济上和精神上的支持,从不图回报,也毫无怨言。而凡高对弟弟的感恩之情更是难以言表,无数的信件中,他都用简单有力的语言表达谢意和自责之情,无奈于自己给提奥增加了负担，却又无论如何也放不下他所热爱的绘画事业。在最后一封信中，凡高写道："有了你的支持和守护，我的作品才能在生活的暴风骤雨中，依然蕴含最真挚纯粹的情感。"这是他对提奥的所有致谢中，最动人的一句表达。

乔安娜是提奥的妻子，两人结婚一年后诞下一子，乔安娜从怀孕起就坚持为孩子取名"文森特"，来表达对凡高的敬意。小文森特出生后几个月，凡高自杀身亡，半年后，提奥抱病离世。这位伟大的女性，怀着对丈夫的爱，以及对凡高的欣赏与崇敬，整理了兄弟俩的往来信件和凡高堆积如山的画作，数年后，在她和儿子的努力下，凡高和他的作品终于向世人展露了光芒。这或许应了他自己说过的话："画完的作品和酒窖里的酒一样，需要时间来酝酿。"

而我觉得，他的成就也是一种回报。很多人恐怕并不知道，凡高生平最大的心愿是在法国南部创立画室，让所有和他一样穷困潦倒却热爱绘画的印象派画家有个栖身之地。他常说自己是否成功并不重要，甘愿为后人铺路，尽己所能无私奉献。他的心太干净，干净得不堪一击，在生命的最后阶段，只有画画才能让他保持内心的平静。

凡高的一世，浮生若寄。麦田里的那声枪响并不是终结，他的艺术生命永远延续，被后人视如珍宝。遗憾的是，他来不及看到这一切便匆匆离去；幸运的是，我们还可以对着他的画深深怀念。

感谢乔安娜。

感谢提奥。

感谢凡高。

感谢每一个孤独又纯粹的灵魂。

赵 越

2019 年 4 月 22 日